本成果受到中国人民大学 2019 年度"中央高校建设世界一流大学（学科）和特色发展引导专项资金"支持

他山石集

TASHANSHI JI

徐浩 著

人民出版社

序　　言

本文集收入了笔者在 1985—2017 年发表过的 27 篇文章。这些文章并未收录在我已出版的专著和教材中，所以长期以来一直分散各处，出版此文集为将它们汇总在一起提供了机会。收入本文集的文章按内容分为中世纪英国史和中西历史比较，史学理论及史学史，以及综述、书评与书序三部分，各个部分的文章按发表时间排列，记录了我 30 余年学习和工作的部分足迹。

我的研究方向侧重于西欧（主要是英国）中世纪史、工业革命前中西历史比较、西方史学理论及史学史等，这些偏好与我硕士研究生时的专业方向和后来的教学工作密切相关。1980 年我进入天津师范大学（当时为天津师范学院）历史系本科学习，1984 年师从天津师范大学历史系教授庞卓恒先生学习西欧中世纪史。当时庞先生的招生专业为史学理论，研究方向是中西封建社会的比较理论和实践。庞先生自 1983 年开始招收硕士研究生，前两届都是学习西欧中世纪史方向的。侯建新教授是庞先生的第一届硕士研究生，我和张永健是第二届。我们一起到庞先生家上专业外语，使用的是贝内特的《英国庄园生活》，①这部经典著作让我们对"黑暗的"西欧中世纪有了完全不同的了解。此外，与以往将唯物史观抽象和机械地归结为生产力与生产关系、经济基础与上层建筑的矛盾运动不同，庞先生依据马克思和恩格斯合著的《德意志意识形态》等文章，将历史视为劳动者物质力量和精神

---

① H. S. Bennett, *Life on the English Manor: A Study of Peasant Conditions, 1150-1400*, Cambridge: Cambridge University Press, 1956. 该书中译本见［英］亨利·斯坦利·贝内特著，龙秀清、孙立田、赵文君译，侯建新校：《英国庄园生活：1150—1400 年农民状况研究》，人民出版社 2005 年。

力量的发展史。而中西劳动者物质力量和精神力量发展的条件相差悬殊,正如马克思在《资本主义生产以前的各种形态》中所讲的那样,实行土地公有制的亚细亚公社是较为专制的,而建立在私有制或公有和私有混合基础上的古希腊罗马和日耳曼公社则是较为民主的,不同的所有制和政体形式为劳动者的物质和精神力量的发展提供了不同的发展条件,并最终导致各自走上不同的历史道路。① 应该说,贝内特的著作和庞先生对唯物史观的诠释引领我们进入了中世纪史和中西历史比较研究领域。

1985年庞先生在天津师范大学举办"中外封建社会劳动者生产生活状况比较研究讨论会",并要求我们三位硕士研究生各写一篇与会论文。我的论文是收入本书第一部分的《中世纪英国农村的行政、司法及教区体制与农民的关系》,这大概是国内学术界第一次专门研究中世纪英国农村的村庄、庄园法庭和教区的体制与运作问题。文章得到庞先生的仔细修改,会议期间又承蒙《历史研究》编辑部世界史编辑室主任李玉奎先生的厚爱,1986年第1期发表于《历史研究》。之后,我继续在中世纪英国政法制度上进行探索,并比较了古代中国的相关制度,完成了硕士学位论文《英国中古时代行政、司法和教化体制述论——兼与中国封建社会相关体制比较》。以此为基础,我发表了收入在第一部分的《中古英国中央和地方行政体制述论》(《社会科学家》1988年第2期)、《中英封建社会农村的行政、司法和教化体制的比较》(《世界历史》1988年第3期)、《英国中世纪的法律结构与法制传统》(《历史研究》1990年第6期)等学术论文。我对中世纪英国农村的村庄、庄园法庭和教区体制与运作的研究也收到良好的社会反响,《中世纪英国农村的行政、司法和教区体制及其与英国农民的关系——兼与封建时代中国农村体制比较》一文收入南开大学历史系、天津师范大学历史系、中国世界中世纪史研究会、《历史研究》编辑部编的《中外封建社会劳动者状况比较研究论文集》(南开大学出版社1989年版),《中世纪英国农村的行政、司法及教区体制与农民的关系》收入《中国人文社会科学博士硕士文库·历史学卷》(浙江教育出版社1998年版)。

自20世纪90年代以来,我的研究重点从中世纪英国的政治法律制度

---

① 相关论述后来集中收入庞卓恒:《人的发展与历史发展》,吉林文史出版社1988年。

转向转型时期的经济社会问题。本文集第一部分其他文章的问题意识来自于英国从封建向资本主义过渡、中世纪西欧工商业如何发展等。《英国农村封建生产关系向资本主义的转变》（《历史研究》1991年第5期）、《论中世纪晚期英国农村生产要素市场》（《历史研究》1994年第3期）从生产关系和生产要素市场角度论述了中世纪晚期英国历史转型问题。中世纪西欧工商业研究是我2002年获批的教育部人文社会科学研究基金"十五"规划项目，该课题研究迁延日久，最终成果为《中世纪西欧工商业研究》（生活·读书·新知三联书店2018年版）。在研究过程中，我共发表了约18篇论文，绝大部收入该书，未进入该书的《前工业社会中的城市市场结构与市场导向的商业化》（《史学月刊》2005年第2期）、《中世纪英国城市人口估算》（《史学集刊》2015年第1期）被编入本书。《从中世纪的契约关系看欧洲文明》（《史学理论研究》2014年第2期）、《相似还是相异？——近现代国外有关中西方文明的历史比较》（《史学理论研究》2016年第3期）则是应邀之作，分别为《史学理论研究》圆桌会议"欧洲文明再认识"和有关比较史学问题的理论沙龙撰写的短文，旨在从特定角度揭示欧洲文明的特征和中西历史的差异性。

如果说西欧中世纪史和中西历史比较研究是我科研的主业，西方史学理论及史学史则可以称之为副业。我对西方史学理论及史学史的研究开始于1987年到中国人民大学历史系任教之后。我能够来人大工作，也与庞先生办会有关。1986年，庞先生在天津师范大学举办史学理论研讨会。《世界历史》编辑部编审张联芳先生、中国人民大学历史系主任王汝丰先生出席会议。会议期间，我和张先生一见如故。他向王先生介绍我是庞先生的高足，在《历史研究》发表过论文，推荐我到人大工作，王先生听后慨然应允。1987年我硕士研究生毕业后到中国人民大学任教，1988年寒假后同时承担"中西历史比较"和"当代西方史学流派"两门本科生课程教学。对我而言，后一门课的难度大大超过前者。在硕士研究生期间，我们虽然接触过当代西方史学流派，但那并不是我的专业方向，头脑中没有这门课的结构体系。为此，我专程去天津找侯建新教授寻求合著《当代西方史学流派》教材，他也来人大一起协商拟定该书的章节目录，记得我们俩坐在红一楼前的松树下，一边喝茶一边你一言我一语地完成了这项工作。该书书稿约20世纪90年代初交付出版社,但由于当时学术著作出版难,直到1996年才在历史系毛佩琦教授(时任人大科研处处长)和石亚军副教务长等领导的帮助下得以由中国人民大学出版社出版。

《当代西方史学流派》出版后广受好评。2000年中国人民大学出版社进行了第二次印刷,2011年台湾的台北昭明出版社出版了竖排繁体字版。该书还被列入教育部研究生教学用书、教育部普通高等教育"十一"国家级教材。2009年中国人民大学出版社出版了第二版,该版在原有基础上增补了许多新的史学流派,字数增加近一倍。在该书首次出版后的很长时间中,我们分别在人大和天津师范大学开设这门课程,由此西方史学理论及史学史成为了我们的副业。

本文集第二部分中的文章的内容涉及史学理论和史学史。经济社会史和新世界史(又称全球史)是20世纪晚期英美兴起的史学流派,21世纪以来为我国学者所重视。《英国经济-社会史研究:理论与实践》(载侯建新主编:《经济-社会史:历史研究的新方向》,商务印书馆2002年版)、《什么是世界史?——欧美与我国世界史学科建设刍议》(《经济社会史评论》2015年第1期)分别介绍了上述两个史学流派的发展状况和我们如何学习借鉴等问题。第二类主要是我作为《史学理论研究》杂志编委为该杂志圆桌会议撰写的笔谈文章,以及《史学理论结构的非平衡发展——西方与古代中国的比较》(《史学理论研究》2005年第1期),主要探讨了古代中国和西方史学理论发展的各自特点。此外,2004年我参与刘北成教授主持的教育部普通高等学校人文社会科学重点研究基地北京师范大学史学理论与史学史研究中心重大项目"17世纪至19世纪中叶中西史学比较研究",承担了其中的"西方历史批判方法研究"部分。在此期间,作为该项目的组成部分与相关研究,我发表了《论古代希腊历史批判方法的演进》(《中国人民大学学报》2009年第2期)、《论德国古典历史主义及其演变》(《贵州社会科学》2014年第11期)。《简论马克思的西欧封建社会形态理论》(《史学理论研究》2018年第2期)则是为马克思诞辰200周年的圆桌会议撰写的短文,集中论述了其西欧封建社会形态没有普适性的观点,因而五种生产方式有悖于马克思的论述。

本文集第三部分汇集了笔者发表过的会议和研究综述、书评和序言。

会议综述是我最早发表的文章,即《中外封建社会劳动者生产生活状况比较研究讨论会综述》(《天津师范大学学报》1985年第4期,作者荣建、许郝、左蘅分别为张永健、徐浩和庞卓恒)。会议综述与前述的与会文章的写作对我而言是最好的训练,为后来硕士论文写作和走上工作岗位后独立从事科研活动奠定了较为扎实的基础。《新世纪中国的世界中世纪史研究》(《中国人民大学中国人文社会科学发展研究报告》,中国人民大学出版社2007年版)是应邀之作,对新世纪我国世界中古史研究做了重点述评。《中世纪晚期英国农村的变迁与现代化的启动——评〈现代化第一基石〉》(《历史研究》1992年第3期,作者史铭、徐浩,其中史铭即李玉奎先生),《戴尔新说:英国社会转型起于13世纪》(侯建新主编:《经济-社会史评论》第四辑,2008年),《中世纪西欧与现代社会的起源》(《中华读书报》2014年11月26日第9版,清华大学·中华读书报主办清风雅集·第六辑《现代世界的诞生》会评),分别是为侯建新、戴尔和麦克法兰教授的著作撰写的书评。其中在为戴尔的《转型时代》一书撰写书评时,他有关中世纪中期转型的观点还难以为人理解,但十多年后的今天,戴尔的观点几乎成为常识。实际上,麦克法兰更早提出中世纪中期转型的观点,他认为13世纪的英国农民最早摆脱家庭纽带,率先普遍使用工资劳动者和实行土地个人所有制(而非家族所有制),从而告别了传统的农民经济。麦克法兰的上述观点最早见于其1978年出版的《英国个人主义的起源——家庭、财产权和社会转型》(中译本由管可秾译,商务印书馆2008年版),出版后引起较大争议。但随着20世纪晚期以来经济社会史研究的推进,2001年《现代世界的诞生》出版后,①学术界已逐渐认同其中世纪中期以来英国农民家庭中雇佣劳动力(即工资劳动者)和个人财产所有制普遍存在的观点,这些观点也从个别人类学家的异端奇说变成史学界几乎普遍接受的常识。

《戴尔〈转型的时代——中世纪晚期英国的经济与社会〉中译本序》(社会科学文献出版社2010年版),《王向梅〈中世纪英国农村妇女研究〉序》(中国社会科学出版社2013年版),《莫玉梅〈中世纪英国犹太人研究

---

① [英]艾伦·麦克法兰著,管可秾译:《现代世界的诞生》,上海人民出版社2013年,致中国读者,第004页。

1066—1290〉序》(人民出版社2016年版),是我为戴尔的著作,以及我的两位博士生出版的毕业论文撰写的书序。这两类事情我都乐于为之,前者是学者分内的工作,后者是尽一份教师的责任。

  以上文章是我几十年来学习和工作留下的部分足迹,现结集出版,取名《他山石集》。"他山石"来自《诗经·小雅·鹤鸣》中的诗句"他山之石,可以为错""他山之石,可以攻玉",比喻任何进步都离不开汲取他人的经验教训。中国的改革开放正是一个不断向世界其他国家特别是西方发达国家学习和自我完善的过程,四十年来中国所取得的巨大成绩昭示了改革开放的重要性,中国未来的发展无疑仍需要继续扩大改革开放。开放必须深入了解和研究世界其他国家特别是西方发达国家的现状,但现状只能使我们知其然而不能知其所以然。如果想要知其所以然,还必须进一步了解外国史,特别是西方国家如何走向发达和现代文明的经验教训。从这个意义上说,外国史特别是西方发达国家的历史无疑是中国现代化过程中不可或缺的"他山石"。

  本书文章保持了发表时的原貌,除统一注释和改动明显错误外,未做任何修改。

徐　浩

2018年7月初谨识

目　录

序　言 ··· 1

第一部分　西欧中世纪和中西历史比较研究

中世纪英国农村的行政、司法及教区体制与农民的关系 ················ 3
中古英国中央和地方行政体制述论 ······························· 19
中英封建社会农村的行政、司法和教化体制的比较 ················· 32
英国中世纪的法律结构与法制传统 ······························· 50
英国农村封建生产关系向资本主义的转变 ························· 70
论中世纪晚期英国农业生产要素市场 ····························· 92
前工业社会中的城市市场结构与市场导向的商业化 ················ 108
从中世纪的契约关系看欧洲文明 ································ 117
中世纪英国城市人口估算 ······································ 122
相似还是相异？——近现代国外有关中西方文明的历史比较 ········ 143

第二部分　西方史学理论及史学史

英国经济—社会史研究：理论与实践 ····························· 153
新世纪中国史学理论研究感言 ·································· 169
史学理论结构的非平衡发展——西方和古代中国的比较 ············ 173

进一步加强史学理论学科的建设 …………………………………… 188
论古代希腊历史批判方法的演进 …………………………………… 194
百尺竿头,更进一步 …………………………………………………… 207
论德国古典历史主义及其演变 ……………………………………… 211
什么是世界史?——欧美与我国世界史学科建设刍议 …………… 226
简论马克思的西欧封建社会形态理论 ……………………………… 236

第三部分 综述、书评与书序

中外封建社会劳动者生产生活状况比较研究讨论会综述 ……… 245
新世纪中国的世界中世纪史研究 …………………………………… 265
中世纪晚期英国农村的变迁与现代化的启动——评《现代化第一
　基石》 ……………………………………………………………… 276
戴尔新说:英国社会转型起于13世纪 ……………………………… 295
戴尔《转型的时代——中世纪晚期英国的经济与社会》中译本序 …… 309
王向梅《中世纪英国农村妇女研究》序 ……………………………… 317
中世纪西欧与现代社会的起源 ……………………………………… 324
莫玉梅《中世纪英国犹太人研究 1066—1290》序 ………………… 328

后　　记 ………………………………………………………………… 334

第一部分

西欧中世纪和中西历史比较研究

中世纪英国农村的行政、司法及
教区体制与农民的关系

中世纪英国农村的行政、司法和教区体制很有特色,对于英国的农民,尤其对于农村经济以及社会生活等诸方面都产生了深远的影响。但是,关于这一问题,目前在我国史学界鲜有论及,本文拟作一些粗浅的探讨,以求教于诸位师长和同行。

一

诺曼征服以后,英国的地方行政体制经过征服者威廉的改革,逐步确立下来。全国分成若干郡,每郡又分成若干个百户区,百户区之下再分成若干个村或村镇。① 村是农村基层行政单位,它实际上是由原来的农村公社演变而来。在盎格鲁-撒克逊时期,村镇已经存在。② 美国学者汉尼斯·泰勒认为,村社共同体在德意志表现为马尔克,在不列颠以村镇的形式再现出来,逐渐演变为政治组织机构的一部分。③ 他将村镇视作村社共同体的同义词。《不列颠百科全书·英国法》相关词条同样把村或村镇视为百户区之下的基层单位。马克思指出,西欧这种村社共同体"在整个中世纪内是自由和人民生活的唯一中心",④但被套上了封建的国家制服和农奴制的枷

---

① [英]F. 波洛克、[英]F. W. 梅特兰:《英国法律史》第3卷,剑桥大学出版社1923年,第529页。
② [英]莫尔顿著,谢琏造、瞿菊农、李稼年、黎世清译:《人民的英国史》,生活·读书·新知三联书店1958年,第37页。
③ [英]泰勒:《英国宪政的由来及其发展》第1编,剑桥大学出版社1889年,第12页。
④ 《马克思恩格斯全集》第19卷,人民出版社1963年,第449页。

锁,成为农村基层行政单位,因而它同时又是"上千年之久的人民受奴役的基础"。①

庄园是在村镇的支点上建立起来的。在封建化过程中,原先的村镇公社成员、自主地的所有者逐渐分化,许多人沦为自由佃农,后来又沦为农奴。村镇不再是公社成员的自治体,而是处于依附地位,但即使在庄园化的地方,村镇共同体及其某些职能也未完全消逝,只是在各项管理工作中退居次要或辅助地位。庄园和村镇在地域上并不总是吻合的,一个庄园未必等于一个村镇。苏联著名中世纪史学者科斯敏斯基对庄园和村镇的关系做过深入考察。在他所调查的650个村镇中,有336个与庄园不是对应的。他补充说,在诺森伯里亚、丹尼莱和东英格兰,村镇与庄园恰好吻合的情况极为少见。② 因而,生活在同一个村镇的两个人,即使耕种相同数量的土地,但由于他们所属的庄园不同,他们各自负担的地租和生活状况也就不会相同。在实现了庄园化的地区,庄园成了实际的基层行政单位。

庄园行政体制的基础是庄官制度。各个庄园的庄官人数和职权各异,我们只能从若干庄园中抽出具有代表性的庄官制度进行分析。

在英国,庄园主也许是一个骑士、乡绅或仅是一个普通的自由人,但在多数情形下,是一个世俗贵族、主教、修道院长或其他僧侣,国王当然也是拥有众多庄园的庄园主。③ 在后面几种情况下,庄园主一般都占有几个、十几个甚至几十个以上的庄园。经营如此庞大的地产,绝非领主孤家寡人所能胜任,他必须借助他人,于是,庄官制度应运而生。庄园中的所有执事人员大致可分成两类:一是管理者,二是供领主差使的仆役。地位较高的管理者由自由人充任,地位较低的管理者以及庄园仆役则由农奴出身的人担任。位居庄官之首的是领主的大总管,他是领主的私人代表,统管领主的全部地产。在普通农民的心目中,大总管与领主的权力几乎同样大。大总管通常

---

① 《马克思恩格斯全集》第19卷,第539页。
② [英] H. S. 贝内特:《英国庄园生活》,剑桥大学出版社1956年,第41—42页。庄园与村镇的关系较复杂,大体上可分三种:庄园等于村镇,庄园领主也是村镇的领主,庄园与村镇同名;庄园大于城镇,如德拉姆主教持有67个村镇,它们分布在10个庄园里;庄园小于村镇,在英格兰南部和剑桥郡,在同一个村镇有2—4个庄园(前揭波洛克、梅特兰书,第596、608—609页)。
③ [美]切尼:《英格兰的产业和社会史·导言》,伦敦麦克米兰公司1916年,第39页。

由领主的亲属担任,例如在拉姆齐修道院的几个庄园中,1160年担任大总管职务的人是该修道院院长的胞兄弟。地位显赫必然报酬丰厚,如1130年,伯卡姆斯蒂德的大总管年薪高达15镑6先令8便士,此外还得到两件罩衣和一些干草、木材等实物报酬。大总管经常去每个庄园检查工作,并作为领主的代表主持庄园法庭的审判和十户联保组的督察。庄园管理者中的第二号人物是总管,总管一般由自由人担任,但有的由农奴担任。总管一般管理几个庄园。一个拥有十几个甚至几十个庄园的领主,除了有一个负责管理全部地产的大总管外,还设置若干名总管。总管的收入比大总管低许多,但远高于其他庄官的收入。例如德罗克斯福德的总管,年薪6镑,而一个犁把式的年薪仅8先令,羊倌4先令。总管对领主负责,代表领主的利益,有时难免与农奴们发生冲突,甚至遭到围攻。为此,伯克郡明文规定凡攻击庄园总管者,要被罚款6便士。即使如此,那些获罪于农奴的总管身遭攻击或家产被哄抢的事也屡见不鲜。①

与庄园日常生活发生直接联系、实际管理庄园事务的是管事。管事只能由农奴出身的人担任。在中世纪法学家看来,凡曾做过管事的人,其身份无疑是农奴。庄园大总管和总管一般是外乡人,而管事往往是本庄园的人,他生长在庄园,熟悉庄园的情况,由他实际领导庄园的生产,从感情上说,农奴们更容易接受。因此,由谁担任管事,关乎领主和农奴的切身利益,他们都不会轻易让自己感到满意的管事卸职。成绩卓著的管事几乎终身任职。依照惯例,自由土地持有者豁免了这项奴役色彩很强的差遣,而较小的维兰又无出任庄园管事的资格,因而管事一般要由那些殷实富裕的维兰担任,如斯佩尔斯伯里庄园的管事托马斯就是个全份地持有者。② 选拔管事的方法有三种:由领主直接任命,或先经农奴初选后由领主定夺,或由农奴选举。有的地方的农奴们通过向领主纳款等方式,极力争取自己选举管事的权利。但由于管事的工作繁重而琐碎,并要承担一定的风险,加上带有农奴身份这个极不光彩的印迹,所以那些有可能被指派或当选为管事的农奴往往通过各种手段逃避此项职务。1222年,在布尔沃海斯,农奴交给领主20先令以

---

① 前揭贝内特书,第164页。
② [美]G. C. 霍曼斯:《13世纪的英国村民》,哈佛大学出版社1942年,第297、299页。

赎免出任管事的义务;同年,在因格里色,十二个维尔格特持有者交 6 先令 8 便士,为了他们能不当此职。这或许也是农奴们向领主施加压力的一种方式。鉴于这种情况,某些庄园从公共土地中专门拨出一定量的土地作为管事的职田,以鼓励农奴出任管事。其实,管事的报酬虽不算丰厚,但仍是其同侪不可企及的。他的收入至少是犁把式和车把式的两倍。此外,管事在公共份地中继续领耕自己的条田份地,并享受蠲免租税、放宽劳役和临时拨给一块草地或宅基地等项优待。因而管事的生活水平是较高的,有的甚至成了领主的债主。管事是庄园管理的中枢人物。当大总管、总管不在庄园的时候,或者在不设大总管或总管官职的情况下,他要独立领导庄园全部经济事务。管事的工作可分两部分:首先,他是领主自营地农业生产的管理人,①每天要给农奴们派活儿,督促他们按时起床和下地,监视他们耕田、用马车运货、施肥和播种等;他要检查打谷的工作,防止农奴浪费和偷盗谷物;他要照看领主的牲畜,不使它们生病;他要定期向庄园仆役分发食物;他要亲自把拒服劳役的人送到庄园法庭;他必须从庄园以外买进自营地生产所需要的全部物品,再将盈余的东西卖掉;在每年的米迦勒节(9 月 29 日)前后,他要造出本年度领主自营地上的全部收入、支出和盈余的详细账目,随时准备接受上司的检查。② 由此可知,管事无疑要由庄园中办事练达、颇孚众望的维兰担任。其次,在村镇和庄园合一的地方,庄园的管事又是一村之长。作为村长,他要同其他四名维兰作为本村镇的代表按期出席巡回法官法庭、郡守法庭及郡和百户区法庭。③

管事以下的庄官均出身农奴。其中地位仅次于管事的是护地倌。护地倌的选拔方法和酬劳与庄园管事相似。他也是从较为殷实的维兰中挑选的,其主要职责有三:把走失的牲畜找回关在栏里;充当庄园法庭的当差;协助管理领主自营地的农业生产。其次还有庄园衙役,负责收集租税和传达法庭的命令。再往下是犁把式、车把式、猪倌、羊倌、牛倌和鹅倌。他们的身份具有二重性。米勒似乎认为他们也是经农奴选举产生的,带有点庄官的性质。贝内特说,他们持有的土地很少,只靠土地上的收入根本不足以维持

---

① [美]格拉斯:《一个英国村庄的经济社会史》,哈佛大学出版社 1930 年,第 8 页。
② 前揭霍曼斯书,第 300 页。
③ 前揭波洛克、梅特兰书,第 564 页;霍曼斯书,第 323 页;泰勒书,第 191、203 页。

一家人的生活,必须在富有的邻居那里或庄园开辟其他生活渠道。霍曼斯也认为他们通常来自茅舍农阶层。所以,与其说他们是庄官,毋宁说他们是庄仆更确切。特别需要指出的是,管事及其以下的庄官在公共份地上都领耕自己的条田份地,和其他农奴一样从事农业劳动;不过职位较高的庄官是庄园中较大份地持有者。如有的地方规定,持有一维尔格特土地的农奴或其他依附农有义务出任国王或领主的官吏;仅持有半维尔格特土地的人有义务担任庄园衙役或十户长。不难看出,在中世纪英国农奴的心目中,担任管事以下的官职,既是获得某种权力和优待的机会,又是颇不光彩的差遣,是繁重和冒险的劳役,因而出现"役随地定"这样的惯例,即占有多少份地,就必须承担相应的包括担任庄官在内的劳役。

在不担任官职的农奴与庄官的冲突中,农奴往往处于有利的地位。这首先是因为领主或庄官与农奴之间所发生的任何争执,都要通过庄园法庭解决。庄园法庭虽然是领主统治农奴的工具,但判决权并不完全掌握在领主个人手里。"个人自由"和"除法庭干涉以外不受任何干涉的独立性"这些"古代日耳曼自由中的精华部分",①在中世纪英国农民的心里扎下了根,这显然与农村公社原始民主传统的保存有极大关系。比如,在1278年,某管事将一个农奴扭送到庄园法庭,告发他诈病不服劳役,在家里偷干私活儿。庄园法庭的陪审团根据调查结果作出如下判决:管事与该农奴之间积有宿怨,他利用职权公报私仇,为此他要受到罚款的处分。又如,按照庄园习惯法,农奴有义务向领主缴纳磨坊捐,故农奴务必到本庄园领主的磨坊磨粮;违反者,如果不是初犯,领主有权没收其驮粮用的马匹,磨坊主可没收该人的粮食。1302年,某领主在其庄园以外抓住了一个去外庄园磨粮的本庄农奴,便按规定没收了他的马匹,并把粮食交给本庄园磨坊主。在庄园法庭上,被告基于这次没收是在庄园以外发生的这个事实据理力争,因为领主在其庄园以外干涉农奴的行动不合惯例。1315年,凯克哈姆庄园法庭开庭时,某些佃户申诉,他们没有用马车为他们的领主运送粪肥的义务。法庭经过调查,准许佃户们的恳请。在这些佃户们看来,他们与领主发生的争论,也应像村民之间的任何其他争论那样,根据在庄园法庭上宣布过的习惯法

---

① 《马克思恩格斯选集》第3卷,人民出版社1972年,第395页。

裁决。1280年,在普雷斯顿,大总管西蒙强迫农奴希尔德布兰德出任管事。希尔德布兰德非常憎恶这个职务。他伙同十五六个人火烧西蒙的住宅,杀了他的猎鹿,粗暴地对待他的马,并把西蒙本人拖到正在燃烧的房前用刀斧恫吓他,直到西蒙起誓以后不再做损害他们利益的事,并对他们此次的反抗不予追究方才作罢。①

除开与领主有亲属关系的大总管,其他庄官对领主和自身职责的忠实程度是值得怀疑的。且不说农奴出身的管事,就是总管也常因贪利受贿或受到农奴方面的压力而置领主的利益于不顾。庄园习惯法规定,农奴死后,领主要征收继承捐,但达恩赫尔庄园的总管因受了贿赂,对死者的全部财产均未征收继承捐。此后,这个庄园的农奴就竭力把不征继承捐作为该庄园的惯例固定下来。虽然后来领主恢复了原来的惯例,但此例说明,该庄园的农奴至少曾在一个时期里取得了废除继承捐的胜利。②

许多事实表明,确如恩格斯所说"以马尔克公社的形式保存下来一部分真正的氏族制度",使得"农民甚至在中世纪农奴制的最残酷条件下,也能有地方性的团结和抵抗的手段"。③

二

英国中世纪农村的法律和司法体制也有值得注意的特点。那时英国农村并无常设的法院机构。所谓法庭,实际上是指按期召开的审理案件的会议,大体上可分为郡法庭会、百户区法庭会和庄园法庭会。郡法庭按其出席人数的多寡和开庭周期的疏密又分为:巡回法官法庭,每七年开一次,这是一个郡出席人数最多的法庭;每年召开两次的法庭;还有每月开一次的普通郡法庭。④ 百户区法庭分为大百户法庭和小百户法庭。前者也称郡法庭或刑事法庭,每年举行两次,在郡守主持下进行十户联保组的督察。后者每月举行一次,由郡守的代表主持,解决细小的债务争端。实际上,在不同时期

---

① 前揭贝内特书,第170页。
② 前揭贝内特书,第101—102页。
③ 《马克思恩格斯选集》第4卷,人民出版社1972年,第153页。
④ 前揭波洛克、梅特兰书,第544页。

和地区,各类法庭开庭时间和出席起诉人的范围都不同。如在亨利三世统治下,一般的郡法庭会通常每月例会一次,而林肯郡法庭会却每四十天开一次,1219 年萨里郡法庭会因过于频繁地举行而受到处罚。至于百户区法庭会,1234 年的一个法令宣布每三周召集一次;该法令同时提及在亨利二世统治时期,百户区法庭会每两周例会一次。出席起诉人(Suitor)是众说纷纭的问题。一种意见认为出席起诉人是自由土地持有者,相反的意见则主张他们是佃农。其实,承担各类法庭的起诉(Suit)是服役持有地(Service tenement)的负担之一,如同耕种土地要缴纳地租和提供服役一样。不是所有的自由土地持有者或佃户都要向法庭承担起诉的义务,有时出席起诉人是一个村镇或修道院的代表;出席起诉人有分工,例如有的只参加每月一次的郡或百户区法庭的例会,其他人则出席每半年举行的郡或百户区法庭会。

百户区法庭之下是各庄园法庭,负责审理本庄园的案件。在庄园里,农民们经常聚合在一起,解决许多有关司法和管理方面的事务。庄园法庭有两种:一是习惯法法庭。从理论上讲,习惯法法庭每三周开庭一次,而在实际生活中却不很规则。法庭例会那天称"法日",领主的代表大总管主持审判,每个男性成年维兰都有义务作为出席起诉人参加庄园法庭,那些未经领主允许又无正当理由的缺席者要被罚款,法庭判决完全由法庭陪审团或全体起诉人独立做出。二是十户联保组督察法庭,每年举行两次,出席者除维兰外,还有自由土地持有者,大总管同样是该法庭的主持人。习惯法法庭以仲裁各种冒犯、债务等民事纠纷为主;督察法庭则主要审理刑事案例,特别要检查十户联保组是否健全。① 十户联保组是诺曼人在盎格-鲁撒克逊的亲属互保制的基础上建立的,是维持农村社会治安、缉捕盗贼的主要组织。原则上,村镇中每个年满 12 岁的男性,无论是自由人还是农奴,都要编入十户联保组。但实际上许多人如达官、骑士及其亲属并不编入,就连自由土地持有者也不例外,结果,编入十户组的人一般是不自由人。十户联保组由 10—12 人组成,十户长任期一年。② 十户联保组的督察是大百户法庭和庄

---

① 前揭霍曼斯书,第 310—326 页。
② 十户组的形式较复杂,有些地区,按 10—12 人编成十户组;另一些地方,以地域区划结成十户组,如一个村镇就是一个十户组;还有的地方根本没有十户联保组组织(见前揭波洛克、梅特兰书,第 568—569 页)。

园督察法庭的主要内容,任务是检查十户联保组的组织是否健全,对没有编入十户组的人是否课以罚金。涉及庄园的督察项目有:破坏王国治安和侵犯王室特权与否;领地法庭是否召集开庭;庄园主要官员及其僚属的工作是否令人满意;牲畜是否得到良好的饲养;土地是否耕种;是否有人未经允许私自让其子去做教士或嫁其女儿等。

恩格斯对于英吉利法曾给予高度赞誉,并从法律渊源和内容方面,揭示了其不同于大陆法的"独特"性,称它为"具有自己的十分独特的发展和整个大陆都不知道的对个人自由的保障的英吉利法"。他把英吉利法的这种"独特"性,明确概括成"个人自由、地方自治以及除法庭干涉以外不受任何干涉的独立性"。① 13世纪以前,英国法律的发展大致经过三个阶段:相当于马尔克习惯法的"村法"阶段、庄园习惯法阶段和普通法阶段。贝内特注意到庄园习惯法包含了许多"村法",他认为,正是这些村法逐步演变成庄园习惯法。贝内特所说的"bylaws",我译成"村法",并推想其可能是指相当于马尔克习惯法那样的法律,理由是:首先,"township"这个词在英国北部各郡又称为"by",有"村镇"的意思。② 其次,据《韦氏英语大词典》,"by"有"城""村"的意思,该词典把"by-laws"释为"atownlaw",而在英国中世纪,"town"与"village"有时是互换使用的。这大概与英国中世纪城市兴起过程有关,往往一个village被宣称为town,一个town被宣告是一个village。最后,在贝内特的著作中,"by-laws"一词,有时写成"village by-laws",而每当论及其内容时,几乎总是与庄园的公共份地、草地的使用原则有密切关系。恩格斯说过,关于耕地、草地、牧场和其他一切土地的分配和利用的规定,"构成了从各个不同时代留传下来的许多马尔克章程的主要内容"。③ 庄园习惯法除继承了村法中有关公共份地、草地、森林和牧场使用原则的内容外,还加入了领主对农奴的大量强制性的惯例,如各种奴役性捐税征收的数量、用工的天数、出席法庭和出任庄官的义务等。普通法的创立完成于13世纪,这可能与亨利一世开始实行的巡回审判制度有联系。普通法的主要渊源是盎格鲁-撒克逊的习惯法,英国学者詹克斯甚至认为其中"没有一点

---

① 《马克思恩格斯选集》第3卷,第152、395页。
② 前揭泰勒书,第12页。
③ 《马克思恩格斯全集》第19卷,第359页。

是新统帅和强大的中央政府所强加的"。① 英国法律的独特性,还表现在它完全是一步判例法。梅因认为,"英国的法律是成文的判例法,他和法典法的唯一不同之处,只在于它是用不同的方法写成的"。判例是法官和法庭判案的主要依据,"一旦判决被宣告并列入记录以后","我们不得不承认新的判决已经改变了法律"。②

陪审团在庄园法庭中的作用是很值得注意的问题。我们先探讨庄园陪审团的起源。泰勒说,在郡和百户区法庭中,法官是法庭的全体出席人,任何判决均由法庭出席者全体做出,这显然是原来农村公社时代留下的痕迹。然而,进入封建时代以后,法庭全体出席人一起裁决是不可能的,在郡和百户区法庭里,全体出席人把判决权委托给法庭的判决委员会,由其作出判决。泰勒对于陪审团起源的解释无疑是片面的,他认为由出席法庭的全体陪审者作出判决的办法在实际上之所以行不通,完全是由于"不方便"的结果。事实上,发生这个转变的主要原因是随着封建化的进程而发生阶级分化的结果。"只有当古老的人民自由已经大部丧失,为法庭服务和服兵役已成为贫穷了的自由人民的重担的时候",③陪审员法庭才有可能取代农村公社时代的民众法庭。大约在13世纪,庄园法庭从郡和百户区法庭那里引进了陪审团制度,并愈来愈多地加以使用。庄园法庭陪审团的形成过程最能说明陪审团制度的起源。直到13世纪,庄园法庭还保留着古代村社民众法庭的主要特征。庄园法庭的召开地点没有任何限制,有的在屋旁绿地上,有的在庄园议事厅、教区教堂或佃户家里,有的就在大树下进行。如前所述,判决由全体出席法庭的人作出。至少到13世纪末,有的地方维兰仍参与庄园法庭的决判。如果法庭缺乏代表性或出席的人数过少,判决就要延期作出。然而,此时的自由人已不把出席法庭当成是自己作为公社成员的天然权利,相反,这项事务愈来愈强加在农奴身上。而农奴也把出席法庭视为沉重负担,总是寻找借口逃避。鉴于这种情况,有的领主规定,如果农奴

---

① [英]詹克斯:《英国法律简史》,伦敦梅休因出版社1928年,第17页。引自陈守一等:《法学论文集:纪念北京大学法律学系重建三十周年》,北京大学出版社1984年,第166页。
② [英]梅因:《古代法》,商务印书馆1964年,第8、9页。
③ 《马克思恩格斯全集》第19卷,第360页。

因事不能出庭,要口头或书面通知法庭,且要找出证明人。可能经常因为出席法庭的人数过少而延误判决,这种由法庭全体参加人作出判决的古代惯例已难存在下去,约到13世纪,庄园法庭只好从郡和百户区法庭那里引进陪审团制度。①

庄园法庭陪审团有一个发展的过程。一些庄园最初是由自由人和农奴组成混合陪审团。可能由于自由人不愿与农奴搅在一起,担心由此降低自己的地位的缘故,这种混合陪审团不久就被分别组成的自由人陪审团和农奴陪审团取而代之。如14世纪末,在因哥德米尔就存在两种陪审团。在1399年,还出现自由人陪审员和非自由人陪审员这样的术语。稍后,这两类陪审团各自担负起处理其同侪案件的责任,陪审员从庄园居民中选出,有的庄园档案中存很长的陪审员候补人名单,可为证明。庄园陪审团的主要责任有两项。首先是对各类案件进行调查,帮助法庭澄清事实真相。贝内特说,有两种负责调查的陪审团,一种是对侵犯王室特权、破坏王国治安案件进行调查的陪审团,它主要用于督察法庭;另一种是对本庄园的各项冒犯案件和日常工作进行调查的陪审团,用于庄园习惯法法庭。它们调查的结果将直接影响法庭的判决。所以,有的领主不惜本钱贿赂陪审团,以求调查和判决对自己有利。陪审团的另一项职责是在所调查的事实的基础上作出判决。判决的程序是这样的:法庭首先听取有关陪审员对本案的调查结果,然后宣布,调查人已经逐项陈述了本案全部经过,并无疏漏之处,据此,判决如下,等等。有时,可能由于陪审团的判决欠公允,所以,当事人在法庭上当众用粗鲁的语言攻击陪审团,法庭主持人大总管也无力阻止。此外,向法庭提出的调查结果或作出的判决务必须由陪审员一致同意,"陪审员的一致,不仅在刑事判罪上,而且在民事诉讼的判决上都是绝对必要的"。②固执己见的陪审员要被罚款。

下面再来看一下庄园法庭是怎样处理案件的。根据某些庄园惯例,领

---

① 英国陪审制从亨利二世(1154—1189)的司法改革正式开始实行。它的更早的渊源应追溯到日耳曼农村公社时代的原始民主制度,如塔西佗谈到,公元1世纪时的日耳曼部落大会推举出本部落各区各村执行法律的官员,每个官员有一百个辅助的人作为他们的参谋者,并帮助他处理案件(齐思和、耿淡如、寿纪瑜选译:《中世纪初期的西欧》,生活·读书·新知三联书店1958年,第9页)。

② 《马克思恩格斯选集》第3卷,第149页。

主要证明一个人的农奴身份,必须由被告两个人以上的亲属出庭作证;考虑到妇女的性格太脆弱,经受不住这种场合的考验,因而证人得由被告的男性亲属担任。领主一方可以利用证明被告亲属是农奴的办法,从血缘关系上反推被告本人确为农奴身份;被告的农奴也可能借自己亲属的庇护证明自己不是农奴后代,从而摆脱农奴制枷锁,争得自由。如1280年,在诺森伯兰,某领主想要证明一个人是他的农奴,找来被告的一个姐妹及其两个远房亲属——其中一个是女性——为证人。被告依据庄园惯例驳斥说,妇女的性格太脆弱,在这类诉讼中法庭不应承认她的作证资格。法庭最后判决,原告把如此脆弱的证人带到法庭是错误的,并推论他找不到令人满意的男性证人,故宣布被告是自由人。①

在图廷·贝克庄园,有个叫理查德·布雷德维特的农奴,持有22.5英亩土地,地租和其他负担合5先令18便士。1394—1402年,他几乎年年都因违反各种庄园习惯法而受到起诉。1394年法庭令他在下次开庭时出示法庭文卷副本以证明他的土地持有权。但18个月后他也没出示,法庭再次敦促他下次出示,下一个秋季开庭期他仍未出示。他被控告未经任何许可在过去两年间占用两英亩土地而且不交地租。1400年,他因在领主的草地上放牧牛羊被判罚款,还被起诉攻击和殴打总管并抢掠其财物。对此,布雷德维特部分承认,另一部分指控则由于他找到了五个证人而由大总管宣告撤销。② 法庭最终责令他交3先令4便士的实物作为赔偿,③这大概如恩格斯说过的那样,原来在自由的日耳曼人那里,"任何过失,甚至杀人也可以用罚金(Wergeld)来赎罪"。④ 在世俗封建主的法庭里,较少有刑讯逼供、屈打成招和以肉体处罚作为惩戒手段的例证。在这里,政治统治主要是借经济制裁实现的,其主要表现是罚金。庄园法庭的罚金名目繁多,使农民动辄得咎。毫无疑问,这对英国农民无疑是沉重的负担。

---

① 前揭贝内特书,第313页。
② 庄园习惯法规定,如果一个人被指控有罪时,大总管可允许被告找6—12人(包括被告在内)为证人。他们如能起誓保证被告完全是无辜的,即可宣告无罪。
③ 前揭贝内特书,第215—216页。
④ 《马克思恩格斯全集》第19卷,第500页。

三

宗教活动是中世纪英国农民生活的重要组成部分。在盎格鲁-撒克逊时期,英格兰就皈依了基督教并采纳其教阶制。英格兰的基督教会在全国建立起各级教会组织。全国划分成坎特伯雷和约克两个大主教区,首脑是大主教,下设17个主教区,每个主教区设主教一人。主教区之下设教区,英国农民在这里过宗教生活。教区是教会的基层组织,由一个村镇共同体的信徒、一个地方教堂和一名教区神甫组成。在1086年以前,教区通常由若干村镇组成,面积很大。后来在英格兰的大部分地区村镇和教区逐渐吻合,村镇成为宗教和世俗事务结合的共同体。汉尼斯·泰勒指出,村镇不仅与世俗政权而且与教会建立了联系。教区的范围就是一个教区神甫的宗教管辖区。凡是不属于庄园的事务要在教区会议上处理,而后者原先是村镇为处理教会事务而召开的会议。①

村教堂通常位于村镇的中心,石头砌成,高大而威严。村中以教堂为轴心,一条条弯曲的小路通向农民的家门口。每个人一生中几个重要的时刻,如出生受洗、婚配和丧葬都得有教堂的帮助。教民们经过教堂时,看到它那高耸的塔顶、宽阔的广场、花格子窗户和墙上神秘的雕刻、绘画,会很自然地联想到另一个世界。然而,中世纪农民对上帝的供奉,与其说是出自内心虔诚的信仰,毋宁说是习惯使然。数百年来,他们已经过惯了下地干活儿、参加礼拜和出席法庭这套生活了。"教徒群众的宗教观念,主要就是天堂和炼狱、地狱,恶鬼比上帝还更深入人心。"②因此,不管信仰与否,他都要去做弥撒和履行一个教民的义务。基督教是讲究繁文缛节的宗教,有天天是宗教节日的说法。农民不可能参加全部圣日。在一年里,领主把农民参加的圣日严格限制在56天之内,52个礼拜天农民要去教堂做弥撒,四天参加其他圣日。一般来说,农民在圣日不必为领主服劳役。按照庄园的惯例,农奴出席法庭顶一个劳役日;如果法庭召开那天适逢圣日,领主会抓住这个巧

---

① 前揭泰勒书,第30页。
② 杨真:《基督教史纲》上册,生活·读书·新知三联书店1979年,第213页。

合,不再顶销他的劳役日。

教区的职责侧重于教化。因此,教会法庭有优先处理不道德案件的权力。如在英国中世纪,寡妇没有守节规矩,只要交纳再婚捐,随时可以改嫁,但正式婚姻关系之外的两性行为,要受到教会法庭的严厉制裁。被告不仅要被罚款,还要受到肉体的惩戒。

然而,作为"万流归宗"的基督教,对中世纪的英国农民在精神和肉体上的束缚力究竟有多大,禁锢有多牢呢?这需要从实际情况而不是教义教规上去判断。宗教本身是高度抽象的,教区的神职人员及其与教民的关系却是实在的。高级僧侣由于充当上帝在人间的"代表",垄断着精神统治权力,又占有全国1/3以上的地产,在相当长时期里一直是封建统治阶级中最有实力的贵族集团。但是,教会的基层组织和下层僧侣却远不是那么神圣和威严。而中世纪农村的普通教民对上帝的形象和品格的理解也是很模糊的,他们大都只能凭上帝使者的言行勾画他们心目中的上帝。

教区的神职人员包括教区长、本堂神甫和执事等人。有的村镇包括两个以上领主的庄园,而各庄园又建有自己的教堂,在这种情况下,教区长也许要管辖两个以上的教堂。除固定的货币收入外,教区神职人员都有一块"僧田"。僧田是根据每人的职务,在庄园公共份地上拨出的。同庄园的农民一样,教区神职人员或躬耕垄亩,或把土地转租他人。他们还出入市场,卖掉自己多余的牲畜和谷物,如果说教区神职人员的世俗化,已经降低了他们在本区教民心目中的威信,那么,许多教区神职人员的愚昧无知、玩忽职守、道德沦丧和见利忘义等行为则更加使自己威信扫地。1222年的一次调查表明,在大约17个教区工作的教士中有五人不能解释弥撒圣礼的主要内容。在索宁,有个人当了四年神甫,竟不懂得在四旬斋第一个礼拜天朗读的福音书,也不能解释弥撒主要部分的头一个字。教民从这些愚昧无知的神甫那里学不到什么东西。教区神职人员的玩忽职守也令人瞠目。例如,韦斯顿小教堂的神甫约翰·保罗竟接连几个星期不去教堂,致使礼拜时无人朗读弥撒。教区伤风败俗的事屡有发生。1397年的调查表明,281个教区中只有44个教区被认为良好,占12%左右。在另外237个教区中,教区长、本堂神甫等60人被指控犯有通奸和强奸罪。科沃尔的神甫被指控伪造遗嘱,自己成为遗嘱执行人。诸如此类,不一而足。这样的神职人员会给教民什么影响，也就可想而知了。

四

通过以上的概述，可以看到，中世纪英国农村的行政、司法和教区体制，同中国秦汉以后的地方组织有明显的差异。

从社会政治结构看，英国封建社会具有多极性、分散性的特点，而中国从秦汉以来基本上是大一统的专制主义中央集权体制。中世纪英国农民一身兼有三重身份，在村镇里，他是村民，也是国王的臣民；在庄园中，他是领主的庄民；在教区，他又是教民。无论村镇、庄园或教区都有权管理和监督他们的行为，但它们中哪一方也不能完全控制他们。教权、王权和领主权力，由于利害关系不同，往往处在相互矛盾和斗争之中，这在很大程度上抵消了统治阶级整体的力量。英国农民可以在教权、王权和领主权之间的空隙和矛盾中，利用长期保留下来的马尔克公社的原始民主传统，通过自己的劳动创造着使封建主的地位日益削弱的条件。相反，在中国，教权始终没有成长到能够与世俗国家政权分庭抗礼的程度，而是长期依附于世俗国家权力，靠后者保护而求得存在和发展。国家和私家地主虽然在争夺土地、户口和财源等方面存在纠葛，但总体上讲，中国的地主阶级是希望能有一个强大的中央政权保护其利益的。因此，皇权凌驾于一切权力之上，并通过各级地方政府，直至每个农民生活于其中的里甲编户组织卓有成效地行使着统治权。

在中世纪英国庄园中，大总管和总管是领主的代表，往往兼理几个庄园，但实际的日常事务、管理职能主要由有农奴身份的管事承担。在村镇和庄园吻合的地方，管事既是领主庄园的管事，同时又兼任本村的村长。作为本村的行政官，他代表该村镇出席郡和百户区法庭。在庄园里，他主要管理与农业生产相关的事务，至于司法、教化和治安等项工作，分别由庄园法庭、教区和十户组负责。管事并非本庄园的名门贵胄，也没有尊崇的地位。根反，他只是庄园中一个普普通通的农奴，在大多数情况下，他是经过农奴选举或认可而担此重任的，他要对他们负责。中国秦汉时期的乡里制度，反映了中国封建时代社会政治结构的基本特征，即宗法性和集权性。秦汉的三老、魏晋的三长等"是由昔日的宗子、族长、家长变成宗法地主而成乡里头目"①的,地位尊崇,且有品级。此外,秦汉以后的乡里制还有集权性的一面。无论是按比户口、宣传教化、督催赋税,还是维持治安和受理案件,都是在乡官权力的管辖下。而且乡官直接向他上一级的地方官府负责,扮演着专制主义封建国家统治乡村的代理人的角色。唐宋以后,乡官制演变为"职役"制,即把乡里保甲职务由有薪俸的官职变成由拥有一定财产的人必须承担的差役。从表面上看,这与英国庄园的庄官制有相似的地方。但二者的实质并不相同。唐宋以后,担任里长、里正或保甲长的人虽然不一定是地主,有时可能是上层农民,但乡里保甲的实权始终操纵在集政权、族权和教化权于一身的当地地主恶霸手里,那种乡里保甲组织也始终是封建专制政权的地方基层组织。

英国庄园审判所依据的法律是在村法的基础上发展起来的庄园习惯法。各庄园的习惯法的内容、数量不是固定不变的,往往是新的判例否定旧的判例。换言之,法律总是适应着不断变化的客观条件,不断增加新的内容。然而,中国封建时代的法律则完全是由封建专制政权制定和颁行的,其中很少有以习惯法为基础的内容更找不到与英国封建法律中所保存的"古代日耳曼自由中的精华部分"相对应的内容,即"个人自由、地方自治以及除法庭干涉以外不受任何干涉的独立性"。例如第一部通行于全国的统一法律——《秦律》的全部内容都表明它"是王权的凝聚物,又是王权的护身符,因而是封建专制主义法律的表现"。② 以后历代的封建法律也无例外。在中国封建司法体制中也根本不存在英国那种陪审制,审判权完全掌握在各级封建官员手中。法律的变更也几乎完全出于专制君主的意志,即所谓"前主所是著为律,后主所是疏为令"。③ 此外,就是地主家族的"家规""家法"也是同皇帝的"王法"相吻合的。最后,恶霸地主有自己的"私设公堂",那里的"法律"也是地主恶霸"私设"的。

宗教在中国的历史也很悠久,但其作用和影响远不如礼教。无论是在中国土生土长的道教,还是从印度传入的佛教,都根本无力与专制皇权抗

---

① 白钢:《略论乡官制度》,《光明日报》1984年12月5日。
② 高敏:《云梦秦简初探》(增订本),河南人民出版社1979年,第324页。
③ 《汉书·杜周传》。

衡，更不能建立起英国那样与世俗国家权力分庭抗礼的教权，而只能附属于封建皇权。在中国代替宗教教化人民的是礼教。礼教的核心是"君君、臣臣、父父、子子"和"三纲""五常"的信条。衣食住行、婚丧嫁娶、生老病死，都必须恪守其"礼"，否则就是大逆不道。总之，中国农民身上紧束着皇权、神权和族权的枷锁，它们严重束缚着中国农民自主活动能力的发挥，同时也使得封建时代的中国农民的精神负荷远远超过封建时代的英国农民。相比之下，英国农民在那种相对粗陋而松散的农村行政、司法和教区体制之下，所受的束缚远较中国的农民为轻，这当然使英国农民有较大的发挥自主活动的余地，因而也有利于其生产、生活和其他社会实践活动。

原载《历史研究》1986年第1期。

中古英国中央和地方行政体制述论

行政体制对处于任何历史时期的国家来说都是至关重要的问题,因为它构成国家各级行政管理机构的骨骼和经络。它从各国特殊的历史环境中产生出来,反过来又对该国的社会历史进程发生不同影响。目前,我国史学界对英国中古时代的行政管理体制的注意还很不够,系统和全面探讨这个问题的文章则更少。本文即想在此方面做些尝试。

一、中央机构

中世纪英国王权较欧洲大陆封建列国为强,这是学界普遍认同的观点,表现在:中央机构的迅疾发展和日臻完善,王权不甘囿于王室直辖领地,而以惊人的毅力和胆识行之有效地纳地方于自己的监控下。

诺曼征服未久,诺曼诸王以自己在诺曼底时所使用的制度为蓝本,采撷盎格鲁-撒克逊时期咨议会的某些特征,创制了君主法院和咨议院。在英国中世政治制度史上,这两个机构占有举足轻重的地位,成为日后发展起来的专门化的英国中世中央全部行政、立法和司法部门的滥觞,其影响惠及近现代。

众所周知,中世英国政府的职能大致归属于财政和司法两大类。唯其如此,专司此两项职能的政府部门能够率先从君主法院游离出来,成为独立的政府机构。首先,国王税收的大宗来源于王室直辖领地的诸庄园,余者来自各种封建税收。为了给征收封建税收提供可靠的尺度,同时也使国王详知封臣额的土地和收入数额,威廉一世遂派政府专员会同地方陪审员逐个百户区进行调查稽核,尔后将所获得的珍贵数据资料汇编成《土地调查册》

(又名《末日审判书》,以下简称 D. B.),此项工作是由君主法院领导实施的。显然,如此繁杂的财政调查、稽核、监督和管理职责单靠君主法院难以承担,由此诱发出使政府财政部门专门化,即建立财务署的设想。亨利二世(1154—1189)的一系列改革之一使上述想法变为现实,财务署遂成为从君主法院分裂出去的第一个专门化的财政部门。这个时期,财务署还保留着受理王国税收诉讼的司法权,不过,伴随 13 世纪出现的要求政府司法部门专门化的阵阵呼声,这种局面宣告结束。

  毫无疑问,激发政府司法部门专门化的诱因勃兴于 12 世纪中叶肇始的中央司法集权化的改革潮流。中央集权化的开山祖师是亨利二世。此人是一位伟大的颇具创造精神的国王,也是英国普通法的奠基人。他彻底摧毁了贵族们未经王室特许私自建造的城堡,平复了他的前任统治所造成的无政府状态,进而又大刀阔斧地进行了颇具创造精神的司法改革,旨在通过将地方法庭候审或误审的各类民刑诉讼吸引到君主法院来的办法,抑制并最终取缔地方法庭的司法权,扩展君主法院司法权的范围,以期达到有效地控制地方之目的。亨利二世以革新诉讼程序为诱饵,确实收到了将地方诉讼移至君主法院受理的预期结果。然而,君主法院怎能一下承担起审理这数量庞大、种类杂糅的诉讼案件的职责呢?因而,从君主法院独立出几个专门的法院,使其各有侧重地审理各类诉讼案件的改革势在必行。于是从 13 世纪下半叶起,政府司法机构专门化的浪潮蓬勃兴起。继财政署与君主法院分离之后,主审民事诉讼的高等民事法院和专审刑事诉讼的王座法院先后脱离君主法院而另起炉灶,专司王国税收诉讼的财务大臣法院也独树旗帜,与财务署分道扬镳。需要予以说明的是:上述三种法院同为中央法院,均属普通法法庭,他们都有自己的主任法官、法庭案卷和印章,也都依据普通法审理案件。至此,中世英国政府司法部门专门化的过程暂告结束。

  除君主法院外,诺曼人呈现给英国中世政治制度史的另一个同等重要的政府机构是咨议院。我们可以毫不夸大地说,英国中世和近代政府的行政(财务署除外)和立法机关正是由此衍生而成。

  如前文所示,君主法院按其人员组成和工作性质分为两部分。在中央集权化的过程中,一个由政府官员集结而成的小型化的执行王国行政,立法和司法工作的机构几经分合,演化成财务署和三个中央法院。政府的行政权和立法权留给了由教俗首席佃户组成的咨议院。我们看到,咨议院最初似乎是君主法院的组成部分,它与小型化的君主法院没有明显的权力界限。不过,这两个机构貌合而神离。早期的咨议院的职能侧重于咨询和顾问方面。王国中的首席佃户(也是贵族),将自己视作国王的"天生顾问",国家的重要行政和立法工作都要事先征得他们的首肯或默许方可付诸实施。国王的言行不得逾越封建法律所规定的范围,对于那些公然蔑视甚至践踏常规的国王,贵族可以诉诸武力,迫其就范。因为这种封建法律倾慕于贵族民主制,力避君主专制。咨议院的发展脉络大致可划分为三个阶段:11—13世纪为早期阶段,其成员主要由教俗大佃主组成,是国王的咨询和顾问班子;14世纪至1540年为中期阶段,咨议院的成分趋向复杂化,且数量庞大,除咨询职能外,兼及行政和立法,开始从咨议机关向政府行政机关转变;1540年,咨议院易名枢密院,蜕变为政府的行政机构。我们目前所知咨议院的活动早至亨利二世君临之时。亨利进行的司法改革,没有祖宗成例可咨援引,只得借助君主法院的立法活动为其鸣锣开道。亨利对于教士犯罪而诉诸教会法庭进行审判,从而逃避责罚的做法深感义愤,力图将涉案教士剥夺圣职,移交世俗法庭惩办。为此,他首先责成咨议院对世俗和教会司法权的界限进行调查,而后授权小型化的君主法院据此草拟一个国家往昔对教会拥有的习惯权利的声明,并于1164年在克拉伦敦召集教俗首席佃户参加咨议院会议以征询他们的意见,这个声明博得贵族们的认可,这就是著名的《科拉伦敦宪章》。同样,1166年和1176年亨利先后向巡回法官颁发的旨在授予他们王国民事和刑事司法权并借助于陪审团进行调查的《科拉伦敦大诏令》和《诺桑普敦大诏令》,事先也同咨议院充分协商,征得其同意后公诸天下。与此相反,亨利二世以后,尤其是安茹王朝末代君主约翰(1199—1216)和金雀花王朝(1216—1399)诸王统治时期,这种国王与贵族勠力合作的传统遭到践踏。国王们总是试图摆脱那些讨厌的专好指手画脚的贵族们的纠缠,依靠少数亲信近臣,建立君主专制。然而,大多数国王在贵族们面前碰得焦头烂额,他们无法回避这样铁一般的事实:君主专制与封建社会分散管理权的性质势同水火,没有哪一个国王在他的直接控制下,拥有足够的现金或军事力量,用以向贵族们的要求提出全面挑战。要想政绩斐然，一个国王必须引导贵族们精诚合作，确实将他们当成自己的天生顾问，以极大的耐力说服咨议院支持自己。14世纪以后，咨议院的职能和人员配备发生很大变化，表现在：咨议院成员不再是清一色的教俗大佃主，其职能也力求摆脱单一的咨询顾问性质，兼及行政和立法工作。不过，这些变化经历多次曲折波动，历时百余年方才如愿以偿。

枢密院从咨议院脱胎后，中世英国的政府机构尚未臻完备，立法权在政府部门中急于寻觅归宿，其结果导致国会两院的设立。

英国中世贵族包括五级爵位，即公、侯、伯、子、男。在11、12世纪，他们都跻身于中央和地方高官要职，特别是伯爵官职，更是政府派驻地方的封疆大吏，掌管地方的行政、司法和军事大权。及至12世纪后，贵族阶层演变为一个封闭的特权集团，并与政府中非贵族出身的官员分道扬镳。从中央到地方，他们不再承担实职。当然，有的时候，政府为了笼络有影响的显贵以博取他们对政府工作的支持，还是将政府中的重要官职授予这些家族。不过，这只是权宜之计，且这类官职严禁在贵族家内世袭持有。与此相反，担任政府重要职务的官员许多是非贵族出身，国王向他们封赐贵族爵位，以加重他们的地位和影响。贵族拥有许多特权：他们承袭家族徽号，享受法律豁免权，除非涉案叛逆罪、重刑罪或违反王国安宁罪，他们不会被捕或被褫夺公权。作为国王的天生顾问，他们干预政府工作，监督国王、政府和官员是否有违背法律的行为。此外，贵族成员如果犯有叛逆罪或重刑罪，涉案人犯要经由贵族审理，不诉诸任何中央法院和地方法院，这就是所谓的"贵族审判"。鉴于贵族拥有的上述特权和职能，这个封闭的集团完全有必要单独构成一个机构，于是完全由贵族组成的上议院遂告诞生。

下议院作为国家最高立法机关的出现是由于自12世纪起，两股新生的与封建主义异己的力量静悄悄地发展着，其中之一就是以经营地产为生业的骑士、乡绅、绅士和约曼阶层。[①] 而诱发这股力量在历史舞台上主沉浮的

---

① 广义上，骑士、乡绅、绅士和约曼都属于乡绅；狭义上，不包括骑士和约曼在内，乡绅中的各阶层地位也不同，区分的标准是财产数额，如有的法令规定：骑士的年收入是20镑，乡绅（狭义上，下同）5—10镑，富兰克林5镑，后来财产额涨到骑士40—80镑，乡绅20—40镑。此外，骑士、乡绅和约曼通常经营地产，而绅士的职业较复杂，包括大学教授、国家公职人员和教士等。

酵母是亨利二世所实行的军役改革,即免除骑士军役而代之以缴纳盾牌钱。骑士、乡绅和约曼起初都同服军役或担任荣誉侍从有关,骁勇善战是他们共同具备的禀赋。蠲除军役后,他们把精力倾注于农业上,许多人由往昔桀骜不驯、好勇尚武的赳赳武夫转变成承佃贵族地产、关心国内市场的农场主。他们还广泛参与中央和地方的管理,俨然是郡和基层教区的头面人物。他们与另一股新生力量即市民一起支持王权,拥护统一,形成强大的社会政治经济力量。1265年的西门议会和1295年的模范国会,都有从各郡和自治城市遴选出来的骑士和市民参加,乔叟笔下的约曼在国会中拥有席位。上下两院共同组成国家的最高立法机关——国会。至1297年,国会获得批准赋税的权力;1322年,又将立法权牢牢控制在自己手中。

二、郡和百户区

在中央政府的权力还未强大到能够卓有成效地控制地方政务以前,郡和百户区无疑是地方上行政和司法职能的重要部门,前者的发展致使后者衰败。从某种意义上说中央集权化的历史也是郡和百户区式微的历史。

如何调整中央与地方的关系,是中央集权化触及的一个重要课题。在英格兰,贵族的封地比较分散,地方的独立性较同时期的法国和德国为弱。表现之一是:与法国和德国不同,英国不存在地区(如郡和百户区)习惯法,英国习惯法是庄园惯例。这也不是说英国地方与政府的统属关系很牢固,相反,地方紧密地隶属于中央是中央集权化的成果。对于中世之初的英王来说,统治那广袤的领土(包括欧洲大陆的诺曼底)无疑是很难的:国王深居宫阙而使国家长治久安是不切实际的痴想,他务必要有骑士般健壮的体魄和永不衰竭的精力,既要在马背上打天下,也须在马背上治天下,他得不停顿地骑马从王国的这个角落跑到那个角落,以强化地方对他的忠诚。不过,这种原始状况并未持续太久。亨利二世的改革,使财务署成为独立的政府部门,创设巡回审判制度。每年两次,郡守去财务署结算他征收的封建税款,向财务处大臣详细报告自己的政绩;巡回法官定期检查郡守品行,督察郡府工作。此外,亨利还将地方诉讼吸引到君主法院,裁撤地方法庭司法权限。无疑,这些措施都收到抑制郡守及地方权力的效果。尽管如此,中央政府对郡守仍怀疑虑。因此,郡守检查未久之后,政府将研询死因法官安插于郡守左右,以监视郡守的活动,保卫王国利益。研询死因法官的地位稍逊于郡守,由郡法庭选举产生。其中许多人都是骑士,或是殷实富裕的乡绅和约曼。他主要督责签订致死原因,尤其是那些突然死亡或暴力死亡的原因,并将结果记录在案,供巡回法官参阅。13世纪下半叶,他的权力升至巅峰。①

从12世纪末至13世纪这百余年间,在政府为贬抑郡守而发动的一系列强大攻势下,郡守的权限和作用比以往的确大大削弱了。伴随着封建主义从巅峰跌入谷底,封建税款亦难征集。郡守每年两次去财务署结账不过是残留他脑海中的美好回忆,他失去了对郡财政权的控制;亨利司法改革的结果,使郡法庭会的许多民刑诉讼移至中央法院和巡回法院,特别是大宪章中明文禁止郡守审理刑事诉讼的条款,都使郡守的司法权丧失殆尽;从郡乡绅中遴选的军事指挥官成为常设的郡官,往昔郡守拥有的军事指挥权也化作过眼云烟,终成历史陈迹。1340年的一个法令规定:郡守由财务署任命,任期一年。② 纵观这一时期,虽然郡守官职仍有一定诱惑力,但主要是强加在骑士、乡绅、绅士和富裕农民(如富兰克林、约曼)肩头的差役,以致不任郡守竟成为贵族享受的特权。至14、15世纪,骑士和部分乡绅起而效仿,规避出任郡守的义务。因而中世纪晚期出现了这样的现象:大批富兰克林和约曼出任郡守一职。乔叟的描述即是明证,他们是下院议员和郡守,虽然头顶没有贴着骑士乡绅的标签(其中许多人不愿接受),可是,他们的社会地位得到认可,他们是无冕之王。尽管郡守官职连遭贬抑,可能是政府姑念旧日合作的情谊,并未像对待伯爵那样,将他从郡的历史中一笔抹掉。郡守仍保留着对地方普通事务的管理权,如执行政府令状,管理郡监狱,监督郡议员选举,维持地方治安等。不过,郡的头把交椅非治安法官莫属了。

治安法官是政府派至各郡收管原归郡守行使的那部分行政和司法权的

---

① [英]N. 诺德姆—扬:《14世纪的乡绅》,牛津克拉伦登出版社1969年,第51—52页;[英]W. S. 霍兹沃斯:《英国法律史》(History of The English Law)第1卷,伦敦梅休因出版社1922年,第83—85页。

② 前揭N. 诺德姆—扬书,第54页。

官员。12、13世纪,随着中央司法集权化的深入,中央法院和巡回法院几乎鲸吞了地方法庭司法权,只将维持地方治安和处治轻微民刑诉讼的司法权留给地方法庭。14、15世纪,地方法庭仅存的这点儿权力也被收缴,交由治安法官掌管。至此,旧日那种潜伏着割据性和离心力的地方体系完全纳入中央集权化的轨道。

如其名所示,治安法官最初是政府为管理地方治安设置的。理查德一世时(1189—1199),大法官休伯特·沃尔特曾发布治安保护令,并提名骑士负责该项工作。这些骑士收捕罪犯,送交法庭究办,他们是治安法官的鼻祖。爱德华二世时(1307—1327),除继续承担治安工作外,通过国王特别委任的方式,他们还接受许多其他工作。及至爱德华三世时期(1327—1377),治安法官已然成为郡之首脑。他们由国王任命,来源于郡骑士和乡绅阶层,并受财产条件限制。① 治安法官的数额经常浮动,1388年的法令规定,每郡设6名治安法官;1390年增至8名,此后一直升降不定。

郡以下的分区是百户区,在约克郡、林肯郡、德拜郡和诺丁汉郡,相当于百户区一级的分区叫"小邑",在最北端的几个郡则称"分区"。各郡所包括的百户区相差悬殊,如在 D. B. 编撰时期,肯特和萨塞克斯两郡各有60个百户区。与此同时,兰开郡的百户区不超过6个,柴郡有7个。虽然中世英国地方的权力重心在郡府,但是,作为地方行政区划中的一级,百户区无疑在地方管理史上占有一席之位。英国中古历史上两个著名的财政调查册 D. B. 和1279年编定的《百户区案卷》的调查,即以百户区为单位进行的。此外,百户区作为介于郡和村镇之间的地方政府,特别承担对违犯地方治安的微小的民刑案件的司法权。例如,在十户组建立之前,百户区就负有缉捕杀人凶犯和盗贼的责任。但是,由于英国中世郡的权力较大,与之相比,百户区的重要性就显得逊色了,有关它的史料也传世不多。因而除了百户区

---

① 比如在德赖·德雷顿庄园,3个管事分别任职29年、17年和21年。威廉·基利连续16年担任奥金汤庄园的管事;而尼古拉斯在1267—1314年连续47年任埃尔明汤的管事(E. 米勒,J. 哈彻:《中世纪英国的农业社会和经济变迁》,朗曼出版社1978年,第193页)。不过,管事任职的长短依负担而定:那些职轻赚重的管事无疑愿意长期任职;反之,任职者不会久居此职。

法庭和郡守法庭的活动外,我们对于百户区的其他情况所知甚微。百户区的首脑是百户长,他由郡守派往治下的百户区,全面负责那里的工作。百户长的主要工作就是主持每月召开一次的百户区法庭会。与郡的沉浮相似,在中央集权化的进程中,百户区本来就不甚重要的地位进一步下降,到14世纪,除那些经过国王特许而由私人持有的百户区继续发挥作用外,多数百户区的司法权被治安法官收回,百户区的历史就此结束了。

三、村镇和庄园

毋庸置疑,诺曼征服后,郡和百户区之下的建制是村镇和庄园。

我们知道,日耳曼民族长期保持着原始民主和地方自治的传统。村民经常举行集会以商讨关乎共同利益的事务。进入中世纪后,这种传统被完整地继承下来,诚如马克思所指出的那样,它使得"农民甚至在中世纪农奴制的最残酷条件下,也能有地方性的团结和抵抗的手段"。[①] 诺曼征服后,由于庄园和庄园法庭强化对地方的管理,村镇自由民集会以及作为这种会议决议保存下来的村法的重要性大大削弱了。值得庆幸的是,这种悠久的传统已经根深蒂固地印刻在中世纪人们的记忆里。在北部诸郡和约克郡的部分地区,村法传播很广,在庄园化地区,影响极大。村法经由村镇共同体(包括自由人和维兰)共同拟制,并征得庄园领主和庄官的同意,方才具有法律效力,违反者要被判罚款,因为这是对整个共同体的侵害。[②] 14世纪以前,村法并未形诸文字,只是存储在每个村民的记忆中,它们一般不同于庄园习惯法:村法保留着在日耳曼人中普遍采用的那种原始的马尔克村社习惯法的特征,其内容几乎全是与庄园各类土地的使用原则相关。恩格斯说过,关于耕地、草地、牧场和其他一切土地的分配和利用的规定,"构成了从各个不同时代流传下来的许多马尔克章程的主要内容"。[③] 不过,敞田制实施以前的村法,我们不得而知。从14世纪起,村法通常被记录在庄园法庭的案卷上,成为庄园惯例的组成部分。

---

① 《马克思恩格斯选集》第4卷,人民出版社1972年,第153页。
② [美]霍曼斯:《13世纪的英国村民》,哈佛大学出版社1942年,第104页。
③ 前揭霍曼斯书,第102页。

庄园行政体制的基础是庄官制度。各个庄园的庄官人数和职权各异，我们只能从若干庄园中抽出具有代表性的庄官驻地进行分析。

在英国，庄园主也许是一个骑士、乡绅，或仅是一个普通的自由人；但在多数情形下，是一个世俗贵族、主教、修道院长或其他僧侣，国王当然也是拥有众多庄园的庄园主。在后面几种情况下，庄园主一般都占有几个、十几个甚至几十个以上的庄园。① 经营如此庞大的地产，绝非领主孤家寡人所能胜任，他必须借助他人，于是，庄官制度应运而生。庄园中所有执事人员大致可分成两类：一是管理者，二是供领主差使的仆奴。地位较高的管理者由自由人（甚至骑士和乡绅）充任，地位较低的管理者以及庄园仆役则由农奴出身的人担任。位居庄官之首的是领主的大总管。起初，大总管并不是领主地产的代管人，而是其家庭总管，履行家内服役，因而他的权力和声誉远不及后来管理地产的侪辈。大总管是领主的私人代表，统管领主的全部地产。由于庄园主的地位相去悬殊，因而大总管的身份也互不相同。比如，在英国东海岸的霍尔德内斯，奥马列的领主是伯爵，所以他的大总管通常要由拥有采邑的骑士出任。② 至于那些小领主（如乡绅），他们的大总管大概只是个自由人。大总管许多时候由领主的亲属担任，例如拉姆齐修道院的几个庄园中，1160年担任大总管年薪高达15镑6先令8便士，此外，还得到两件罩衣和一些干草、木材等食物报酬。大总管经常去每个庄园检查工作，并作为领主的代表主持庄园法庭的审判和十户联保组的督察。庄园管理者中的第二号人物是总管。总管一般由自由人担任，但有的由农奴担任。总管一般管理几个庄园。通常拥有十几个甚至几十个庄园的领主，除了有一个（有时设两人）负责管理全部地产的大总管以外，还设置若干名总管。总管的收入比大总管低许多，但远高于其他庄官。例如洛克斯福德的总管，年薪6镑，而一个犁把式的年薪仅8先令，羊倌4先令。总管除了全面负责几个庄园的管理外，还有两项具体职责，如果大总管兼理几十个庄园（他们遍布许多郡），他除亲赴各庄园主持每年两次的督查法庭外，根本无暇主持每三周一次的庄园法庭会。遇到这种情况，总管就要作为

---

① ［英］B. 英格利希：《霍尔德内斯的领主》，牛津大学出版社1979年，第65页。
② ［英］贝内特：《英国庄园生活》，剑桥大学出版社1956年，第164页。

领主的代表主持庄园法庭。总管的另一项具体职责是协助庄园管事编集庄园账簿,以备上司的检查。总管对领主负责,代表领主的利益,有时难免与农奴们发生冲突,甚至遭到围攻。为此,伯克郡明文规定,凡攻击庄园总管者,要被罚款6便士。即使如此,那些获罪于农奴的总管身遭攻击或家产被哄抢的事也屡见不鲜。①

　　与庄园日常生活发生直接联系、实际管理庄园事务的是管事。管事只能由农奴出身的人担任。在中世纪法学家看来,凡曾做过管事的人,其身份无疑是农奴。庄园大总管和总管一般是外乡人,而管事往往是本庄园的人,他生长在庄园,熟悉庄园的情况,由他实际领导庄园的生产,从感情上说,农奴们更容易接受。因此,由谁担任管事,关乎领主和农奴的切身利益,他们都不会轻易让自己感到满意的管事卸职。成绩卓著的管事几乎终身任职。②依照惯例,自由土地持有者豁免了这项奴役色彩很强的差遣,而较小的维兰或茅舍农、边地农又无出任庄园管事的资格,因而管事一般要由那些殷实富裕的维兰担任,如斯佩尔斯伯里庄园的管事托马斯就是个全份地持有者。选拔管事的方法有三种:由领主直接任命,或先经农奴初选,后由领主定夺,或由农奴选举。有的地方农奴们通过向领主纳款等方式,极力争取自己选举管事的权利。但由于管事的工作繁重而琐碎,并要承担一定的风险,又是判明农奴身份的重要标志,所以那些有可能被指派或当选为管事的农奴往往通过各种手段逃避此项职务。1222年,在布尔沃海斯,农奴交给领主20先令以赎免出任管事的义务;同年,在因格里色,12个维尔格特持有者为了他们能不当此职交了6先令8便士。这或许也是农奴们向领主施加压力的一种方式。鉴于这种情况,某些庄园从公共土地中专门拨出一定量的土地作为管事的职田,以鼓励农奴出任管事。其实,管事的报酬虽不算丰厚,但仍是其同侪不可企及的。他的收入至少是犁把式和车把式的两倍。此外,管事在公共份地中继续领耕自己的条田份地,并享受蠲免租税、放宽

---

　　① 比如在德赖·德雷顿庄园,3个管事分别任职29年、17年和21年。威廉·基利连续16年担任奥金汤庄园的管事;而尼古拉斯在1267—1314年连续47年任埃尔明汤的管事(E. 米勒、J. 哈彻:《中世纪英国的农业社会和经济变迁》,朗曼出版社1978年,第193页)。不过,管事任职的长短依负担而定:那些职轻廪重的管事无疑愿意长期任职;反之,任职者不会久居此职。

　　② [美]格拉斯:《一个英国村庄的经济社会史》,哈佛大学出版社1930年,第8页。

劳役和临时拨给一块草地或宅基地等项优待。因而管事的生活水平是较高的,有的甚至成了领主的债主。管事是庄园管理的中枢人物。当大总管、总管不在庄园的时候,或者在不设大总管或总管官职的情况下,他要独立领导庄园全部经济事务。管事的工作可分为两部分:首先,他是领主自营地农业生产的管理人,①每天要给农奴们派活儿,督促他们按时起床和下地,监视他们耕田、用马车运货、施肥和播种等;他要定期向庄园仆役分发食物;他要亲自把拒服劳役的人送到庄园法庭;他必须从庄园以外买进自营地生产所需要的全部物品,再将盈余的东西卖掉;在每年的米迦勒节(9月29日)前后,他(在本村神甫帮助下)要造出本年度领主自营地上的全部收入、支出和盈余的详细账目,随时准备接受上司的检查。② 由此可知,管事无疑要由庄园中办事练达、颇孚众望的农奴担任。其次,在村镇和庄园合一的地方,庄园的管事又是一村之长。作为村长,他要同其他四名(有说六名)维兰作为本村镇的代表按期出席巡回法院、郡守法庭以及郡和百户区法庭会。

  管事以下的庄官均出身农奴。其中地位仅次于管事的是护地倌。护地倌的选拔方法和酬劳与庄园管事相似。他也是从较为殷实的维兰中挑选的,其主要职责有三:把迷途牲畜找回关在栏里(为此,他要在庄园法庭指控迷途牲畜的主人,以便受损失的村民得到赔偿);充当庄园法庭的当差,协助管理领主自营地的农业生产。其次还有庄园衙役,负责收集租税和传达法庭的命令。他的地位很低,通常来自茅舍农。再往下是犁把式、车把式、猪倌、羊倌、牛倌和鹅倌等。他们的身份具有两重性。E. 米勒似乎认为他们也是经农奴选举产生的,带有点庄官的性质。H. S. 贝内特说,他们持有的土地很少,只靠土地上的收入根本不足以维持一家人的生活,必须在富有的邻居那里或庄园开辟其他生活渠道。G. C. 霍曼斯也认为他们通常来自茅舍农阶层。所以,与其说他们是庄官,毋宁说他们是庄仆更确切。特别需要指出的是:管事及其以下的庄官在公共份地上都领耕自己的条田份地,和其他农奴一样从事农业劳动;不过职位较高的庄官是庄园中较大份地持

---

① 前揭霍曼斯书,第300页。
② 《马克思恩格斯选集》第3卷,人民出版社1972年,第395页。

有者。如有的地方规定,有一维尔格特土地的农奴或其他依附农有义务出任国王或领主的官吏;仅持有半维尔格特土地的人有义务担任庄园衙役或十户长。不难看出,在中世纪英国农奴的心目中,担任管事以下的官职,既是获得某种权力和优待的机会,又是颇不光彩的差遣,是繁重和冒险的劳役,因而出现"役"随地定这样的惯例,即占有多少份地,就必须承担相应的包括担任庄官在内的劳役。

在不担任官职的农奴与庄官的冲突中,农奴往往处于有利的地位。庄官法庭虽然是领主统治农奴的工具,但判决权并不完全掌握在领主个人手里。"个人自由"和"除法庭干涉以外不受任何干涉的独立性",这些"古代日耳曼自由中的精华部分",①在中世纪英国农民的心里扎下了根,这显然与农村公社原始民主传统的保存有极大关系。

除开与领主有亲属关系的大总管,其他庄官对领主和自身职责的忠实程度是值得怀疑的。且不说农奴出身的管事,就是总管也常因贪利受贿或受到农奴方面的压力而置领主的利益于不顾。庄园习惯法规定,农奴死后,领主要征收继承捐。但达恩赫尔庄园的总管因受了贿赂,对死者的全部财产均未征收继承捐。此后,这个庄园的农奴就竭力把不征继承捐作为该庄园的惯例固定下来。虽然后来领主恢复了原来的惯例,但此例说明,该庄园的农奴至少曾在一个时期里取得了废除继承捐的胜利。②

许多事实表明,确如恩格斯所说,"以马尔克公社的形式保存下来一部分真正的氏族制度",使得"农民甚至在中世纪农奴制的最残酷条件下,也能有地方性的团结和抵抗的手段"。

庄园农奴制的黄金时代在13世纪悄然逝去,封建依附关系也从巅峰跌入谷底,这是14、15世纪英国农村社会发生的沧桑巨变,它为敲响封建制度的丧钟、呼唤资本主义时代的到来埋下了伏笔。

上述三节旨在表明:中古英国这套行政管理体制形成较晚,它是在英国的劳动者的物质力量和精神力量以及个人自主活动的能力已经处于较高的发展阶段的时候才确立下来的,因而它不可能如中国夏、商、周三代那样建

---

① 前揭贝内特书,第170页。
② [英]J. Z. 蒂托:《英国农业社会》,伦敦乔治·艾伦和安文1969年,第45页。

立起一套"较为专制的"统治机构,而只能适应劳动者的现实状况建立起"较为民主的"行政管理体制。这种体制对劳动者生产生活过程的反作用相对较弱,因而在客观上有利于劳动者物质力量和精神力量的发展和积累,从而推动英国社会在近代走在世界的最前列。

原载《社会科学家》1988 年第 2 期。

中英封建社会农村的行政、司法和教化体制的比较

中英封建社会农村的行政、司法和教化体制有许多不同点,这些不同点使得它们对各自封建社会劳动者的生产生活过程和各自封建社会延续时间的长短都发挥了不同的作用。本文试图通过对中英封建社会农村的行政、司法和教化体制的比较,揭示它们对两国封建社会劳动者生产生活过程的不同影响,同时也兼答中国封建社会何以这样长、英国封建社会为什么那样短这个带有现实意义的问题。

一

中世纪英国农村的行政体制是在马克思指出过的那种具有日耳曼所有制特征的公社共同体和罗马不列颠时代的村社组织解体的基础上建立起来的。

对于日耳曼公社所有制的特征,马克思曾做过比较详尽的描述,指出这种公社只是存在于公社成员每次集会的形式中,而公社中的每一个单独的家庭就是一个经济整体,它单独地构成一个独立的生产中心。因而这种公社只是一种松散的联合而不是联合体。此外日耳曼公社的成员在公社内部还拥有广泛的政治经济权利。他们除了拥有平等的土地份额及其使用权外,在参加立法、管理和裁判方面,也都拥有同样的机会。[①] 公

---

① 《马克思恩格斯全集》第46卷上,人民出版社1979年,第480—481页;第19卷,人民出版社1963年,第359—360页。

元5世纪左右,在声势浩大的民族大迁徙浪潮中,日耳曼民族的一个部落盎格鲁-撒克逊人入主不列颠岛,在与土著克尔特人的冲突持续了近3个世纪之后定居下来。此时的不列颠岛,罗马不列颠时代的村社组织仍然依稀可辨。这种村社组织大约有两种类型:一种是罗马化和私有制的程度发展较深的田庄(Villa),它是罗马人或罗马化的不列颠人孤立的住宅和生产单位,与古罗马史学家瓦罗所描述的公元前1世纪的罗马农庄①有相似的地方。但田庄内部的生产者已不再是奴隶,而似乎是一种奴役性还较弱的佃农。另一种是受罗马因素影响甚微的小村(Village),在那里土地被划分成小块由个人耕种,公社成员以小村为单位居住。② 盎格鲁-撒克逊人在日耳曼尼亚那种本来就很松散的公社共同体,在受到不列颠岛上罗马私有制因素的侵蚀后,很快就名存实亡。在盎格鲁-撒克逊时代的初期,名义上国王对土地拥有最高权力;实际上耕地早已成为自主地,不依附于领主的其偿命金③为200先令的自由人是社会的基础。此时的耕地早已取消了在公社成员间定期分配的做法,而是以作为一个大家庭份地的海德④为单位进行分配。与这种大家庭份地相应,国王的赋税和军役也按照海德征派,因而拥有海德份地的家长制大家庭一度成为社会组织的基础。由于既不再实行定期分配耕地,日后那种依靠农奴提供劳役地租并且实行定期轮作的敞田制也还未开始实行,再者,拥有海德份地的家长制大家庭作为社会组织的基层单位,因而日耳曼人原来那种只靠自由土地所有者定期或经常举行集会来维系的松散的公社共同体也就失去了继续存在下去的意义。大约11世纪,英格兰农村才又重新按村镇(township 或 village)划分,也就是说那种有较多人口的中世纪的村镇似乎是到11世纪

---

① [古罗马]M.T. 瓦罗:《论农业》第1卷,商务印书馆1982年,第11—18章。

② [英]R.G. 柯林武德、[英]J.N.L. 穆尔斯:《罗马时代的不列颠和英国村落》(*Roman Britain and the English Settlements*),牛津大学出版社1975年,第208—225页。

③ 偿命金(wergild)是指按照被害人的身份和地位的尊卑高低而付给其亲属相应数额的赔偿金。比如,杀害国王也与杀害普通人一样偿付罚金,仅罚金数量较多而已。依据《麦喜阿法》,国王的生命和大主教一样值7200先令(见苏联司法部:《国家与法权通史》第2分册,中国人民大学出版社1956年,第314页)。

④ 海德(hide)是中世纪初期英格兰的土地单位,约80—120英亩不等,相当于528—729中国市亩,为一个家长制大家庭的份地单位。

才组成的。

中世纪英国农村的行政体制正是在这样的历史背景下建立起来的。

中世纪英国农村的行政体制的内部组织结构也很有特色。11世纪左右建立起来的村镇是隶属于郡和百户区这套国家行政系统的,也就是说,当时英国农村的行政系统大体说来是郡、百户区和村镇这样三级。但这与中国封建社会长期实行的郡县乡里体制不同,这是因为中世纪英国农村的村镇具有较强的自治性和独立性,除了每年两次巡回督察的郡守法庭审判会和每月一次例会的百户区法庭审判会需要村镇派代表出席外,其他大部分时间村镇是独立行使自己的职权的。中世纪英国农村的基层行政体制也不同于中国自秦汉以来在农村实行的乡里保甲这样的单向形式,而是采用村镇—庄园并行的双向管理方式。中世纪英国的村镇首先是村民的自治体。在村镇的会议上,村民们要共同协商和制定自己的村法(by-laws),而村法较之庄园习惯法似乎具有更高的法律权威。在实行敞田制的地方,村镇负责调整休耕地、草地和耕地的轮换,监督公共土地如荒地、森林、牧场的利用;同时还要维护本村的治安和缉捕罪犯。与村镇平行的基层组织是庄园。庄园是领主的自主地或采邑,其土地分为领主自营地和农奴的条田份地。庄园设有大总管、总管和管事等庄官,专门负责管理领主自营地的生产,监督农奴在那里从事的周工和布恩工的劳动。有些时候,庄园和村镇在地域上是合一的。在这种村镇—庄园合一的共同体中,有农奴,也有自由人。自由农民受到国王法庭的保护,他们不出席也不接受庄园法庭的审判;同时他们也不承担领主的周工劳役,只是在农忙季节向领主提供布恩工,被临时安排去监督农奴的劳动。因此领主对本庄园自由农民的约束力是极有限的。在多数情况下,领主是拥有许多庄园的贵族,他们不参加农业劳动;相反,务农成为身份卑贱的一种标志。他们也不亲自管理庄园,而是把庄园的管理工作委托给大总管等庄官负责。① 作为贵族,他只需向自己的上级领主提供军役和出席他召开的法庭会。在村镇—庄园里,庄官可能全部由自由农民和农奴担任。中世纪英国不存在专职的庄官队伍,出任庄官甚至是强加在农奴份地上的一种劳役。担任庄官的人既不是氏族部落贵族的后裔,也

---

① [法]M. 布洛赫:《封建社会》(Feudal Society)第2编,伦敦1978年,第302页。

非村镇—庄园中有身份地位的人。① 他们一般是经过农奴的选举或经农民认可而担此重任的,他们尽管要依庄园惯例行事,但还是经常受到农奴的围攻。在村镇—庄园组织中,家族血缘关系也随着个体家庭代替父系家长制大家庭而趋淡化。日耳曼人从来就不是合族共居的,如马克思指出的那样:"各个家长住在森林之中,彼此相隔很远的距离。"② 塔西陀虽曾写道:"他们的军阵的编制并非临时随意排列,而是按照各个家庭和血缘关系编制的。"③ 但这仅仅是为了激发战士们杀敌御侮的气概。由于民族迁徙和激烈动荡的历史环境,氏族血缘关系早已破坏殆尽,那种旧日靠着门第出身而操权柄的氏族部落贵族也几乎消失得无影无踪;靠着权力、财富和为国王服役而置身显达的新贵族取代了他们,④ 从而避免了在农村行政体制中血缘关系与国家权力结合而发展成为中国那样的把家族血缘关系与政治统治权力结为一体的宗法制。但是这并不是说在中世纪英国农村的行政体制中丝毫没有烙上家族血缘关系的印痕。相反,亲属关系是每个封建社会的基本因素之一。在中古时期的英国,与血缘关系相关的多种制度残留下来,诸如血亲复仇和按血缘亲疏程度分享偿命金制度、被告亲属在法庭作证制度⑤和亲属互保制等。如阿尔福雷德国王统治时期(871—899),血亲仇杀的范围包括母系和父系的亲属。12 世纪的法律文献更是明确规定母系亲属接受偿命金的 1/3,父系亲属 2/3。⑥ 起初法庭的证人也只限于由被告的亲属担任,而且这种由被告亲属出庭作证的惯例直到 13 世纪晚期仍被庄园法庭采用着。⑦ 诺曼征服以后,为了维护地方治安和缉捕罪犯,村镇建立了按地域划分的十户联保组,它的前身是盎格鲁-撒克逊在 10 世纪早期实行的亲属互保

---

① 大总管例外,他经常是本庄领主的亲属,但大总管有时候也由富裕农民出任(见前揭 M. 布洛赫书,第 338—339 页)。

② 《马克思恩格斯全集》第 46 卷上,第 480 页。

③ [古罗马]塔西陀:《日耳曼尼亚志》,商务印书馆 1985 年,第 59 页。

④ [英]F. M. 斯坦顿:《盎格鲁-萨克逊时代的英格兰》(*Anglo-Saxon England*),剑桥大学出版社 1975 年,第 304 页;[法]M. 布洛赫:《封建社会》第 2 编,第 284—285 页。

⑤ 证人制度是指中世纪英国各级地方法庭审判会广泛使用的由被告向法庭提供证人以证明自己是无罪的一种惯例。

⑥ [英]F. M. 斯坦顿:《盎格鲁-萨克逊时代的英格兰》,第 316 页。

⑦ [英]H. S. 贝内特:《英国庄园生活》(*Life on the English Manor*),剑桥大学出版社 1956 年,第 313 页。

制度。但总的说来,中世纪英国农村的血缘关系不像中国那样与封建政治权力结为一体,亲属关系被置于具有马尔克原始民主色彩的习惯法支配之下,而且这种血缘关系伴随着劳动者的生产生活方式的改变而在迅速淡化中。

英国封建社会农村行政体制形成的历史背景和内部组织结构的特点,决定了它在英国中世纪历史上的地位和作用。恩格斯揭示过马尔克公社的两重性,指出一方面,"以马尔克公社的形式保存下来一部分真正的氏族制度,并把它带到封建国家里去,从而使被压迫阶级即农民甚至在中世纪农奴制的最残酷条件下,也能有地方性的团结和抵抗的手段";①另一方面,由于它又作为封建国家统治农村的基层单位而存在,所以它也是"……上千年之久的人民受奴役的基础"。② 恩格斯论述的中世纪村社的那种奴役性,用于加洛林王朝(768—987)及其后裔统治下的国家内部的村社组织无疑是正确的。虽然从总体说来,英国的村镇也具有恩格斯所指出的那种奴役性,但是由于英国比较特殊的历史条件,如村庄共同体有较长时间没有作为封建国家统治农村的基层行政单位而存在,封建制度发生和确立的时间较迟而资本主义的生产关系出现较早等,所有这一切都使真正作为封建国家基层行政单位而存在的那种村镇的时间持续较短,大体上只存在于11—15世纪这400年间。又由于不列颠保留的马尔克公社的那种原始民主和地方自治的传统较深,而受罗马因素的影响相对较小,所有这些也都使得这种村镇的封建奴役性相对较弱,因而对劳动者的束缚也相对较轻。不然我们就无法解释为什么英国的封建制度11、12世纪才刚刚确立,13、14世纪就出现了大量的公簿持有农,15、16世纪出现了大批的自耕农,而且这些富裕的自耕农在后来的英国资产阶级革命中很快就成了"克伦威尔的主要力量"③这个事实。

对照英国,我们比较一下中国的情况。

与中世纪英国的那种农村行政体制生成的历史背景不同,中国战国以来形成的郡县乡里什伍体制是建立在具有亚细亚公社所有制特征的殷周井田制公社解体的基础上的。亚细亚所有制的前提是"单个人对公社来说不是独立的",因为"每一个单个的人在事实上失去了财产,或者说,财产……

---

① 《马克思恩格斯选集》第4卷,人民出版社1972年,第153页。
② 《马克思恩格斯全集》第19卷,人民出版社1963年,第539页。
③ 《马克思恩格斯选集》第2卷,人民出版社1972年,第228页。

对这单个的人来说是间接的财产,因为这种财产,是由作为这许多共同体之父的专制君主所体现的统一总体,通过这些单个的公社而赐予他的"。① 与日耳曼公社那种表现为独立主体的个人不同,中国殷周时代的劳动者是处于马克思所说的那种尽人皆是奴隶的地位,因而这种公社不是"较为民主"的那种类型,而是"较为专制的"。②《诗经》《孟子》等古书中所反映的殷周时期的井田制公社正是马克思所说的那种具有亚细亚所有制特征的公社共同体。从《诗经》"普天之下,莫非王土;率土之滨,莫非王臣",到《左传》"封略之内,何非君土;食土之毛,谁非君臣",不正是这种专制国家对土地拥有最高所有权的真实写照吗?这与日耳曼公社所有制下那种个人是所有者和盎格鲁-撒克逊时代作为自主地存在的那种家长制大家庭份地单位的海德根本不同。与日耳曼公社那种已经形成独立的生产能力的个人不同,中国殷周时期的井田制公社内部的劳动者还没有最终形成个体生产的能力,那时劳动的主要方式还是在各级公社共同体首领的指挥和监督下进行大规模的原始协作劳动,"噫嘻成王,既昭假尔。率时农夫,播厥百谷。骏发而私,终三十里。亦服尔耕,十千维耦"。③《诗经·七月》中虽然也提到了那时的劳动者已经有了自己的家室和少量的财产,但这种家庭不仅在大田农作时要依靠共同体的原始协作劳动,而且除土地以外的其他财产也要依赖这种宗法共同体的赐予,所以共同体的首领要向劳动者"授衣"和"食我农人",农夫们常常发出"无衣无褐,何以卒岁"的悲鸣。④ 我们之所以用这样多的篇幅追忆殷周社会及其以前的状况,是想说明这一时期的历史为中国封建社会后来的发展带来了难以估量的影响,或者说为那以后的发展规定了方向。中国秦汉以后形成的农村体制正是继承了殷周井田制公社的基本特质而建立的。战国秦汉以来形成的农村行政体制的内部组织结构也与英国殊异。这是因为战国以来建立的那种乡里什伍保甲组织根本不具备中世纪英国村镇那样的马尔克公社的"个人自由"和"地方自治"⑤的传统

---

① 《马克思恩格斯全集》第46卷上,第484页。
② 《马克思恩格斯全集》第46卷上,第473—474页。
③ 《诗经·周颂·噫嘻》。
④ 《诗经·小雅·甫田》,《诗经·豳风·七月》。
⑤ 《马克思恩格斯选集》第3卷,人民出版社1972年,第359页。

和管理体制。战国以来开始实行的"编户"制度和邻里保甲制度使小农直接由封建国家控制。在中国,虽然有时也会出现豪强世家和佛门寺院私自冒隐大量人口的情况,但这与中世纪英国村镇里那种王权、教化权和领主权力相互分割的情形也不相同,①因为国家编户一旦成为豪强世家和佛门寺院里的隐户,他的姓名就从国家的户籍簿上消失了,也就从此脱离了乡里保甲组织对他的控制和保护,完全成为私家的隐户私口,前者也就垄断了对他们的行政、司法和教化的权力,也就是说,这三方面的权力仍然集中在一个统治体系之中。在中国封建时代的农村体制中,作为国家基层行政统治单位的乡里组织也完全控制了农村的行政、司法和教化的职能。秦汉乡一级的行政官吏如三老、啬夫和游徼分别负责教化、听讼收赋税和徼循盗贼的工作,而这些职能在英国分别由教区、庄园法庭和十户组这三个性质完全不同的机构承担。而且由于不具有类似马尔克公社民众大会那样的原始民主和地方自治的传统和由劳动者在不同程度上参与选免农村基层官吏的惯例,致使生活在乡里什伍体制下的劳动者根本不能直接参与更不用说影响和决策乡里的事务了。由于劳动方式的不同,再加上没有经过如盎格鲁-撒克逊人那样大规模的远途迁徙和激烈动荡的历史环境,氏族血缘关系在乡里组织里大批保存下来,"乡党莫如齿"②和"死徙无出乡,乡田同井,出入相友,守望相助,疾病相扶持",③这些话虽然出自战国时期的孟子之口,但此种现象却不幸一直保留在从秦汉至明清的农村中。同样在这种带有氏族宗法关系色彩的乡里组织中的乡官,也大多不是来自普通的劳动者,而是"皆起源于原始社会之氏族及公社长老,而至阶级社会则变为国家最基层之官吏",④从而形成了血缘关系与国家权力合一的宗法制。唐宋以后,这种制度没有实质性的变化,只有两点稍需注意。首先汉末魏晋南北朝以来,以豪强地主和世家大族为代表的地方分裂势力急剧膨胀,以致篡夺了中央和地

---

① 中世纪英国的王权、教权和领主权力彼此分割的现象在那种村镇、庄园和教区三位一体的共同体中较为显著。在这种共同体里,教区执掌教化,村镇负责行政治安,庄园法庭管理司法,三者各自独立行使职权。与此相应,生活在这种共同体内的每个成员既作为教区的教民(parishioners),也作为国王的臣民(即村民 villager),同时还作为领主的庄民(villain)。

② 《孟子·公孙丑下》。

③ 《孟子·滕文公上》。

④ 童书业:《春秋左传研究》,上海人民出版社1983年,第182页。

方的国家权力,如东晋的世家大族政权和北魏前期实行的宗主督护制。这期间乡里乡官制度或被家族组织取而代之,或名存而实亡。北魏前期和宋明以来,国家承认了这种家族组织的合法性和族长对其族人操有的行政、司法和教化的权力。其次,唐宋以后,乡官制度演变成职役制,即把乡里保甲职务由有薪俸的官职变成由拥有一定财产的人必须承担的差役,然而这也不同于英国的庄官制。因为担任乡里头目的人虽不一定是地主,但乡里保甲的实权始终操纵在集政权、族权和教化权于一身的当地恶霸地主手里,那里的乡里保甲组织也始终是封建专制政权的基层组织。

由于战国以来形成的这套农村行政体制与中世纪英国的村镇在历史背景和内部组织结构等方面的差异,使得它们所处的地位和导致的结果也不相同。在中国,一方面,这套农村体制是适应中国劳动者的个人生产力和个人独立性还相当微弱的状况而建立起来的,因而最初是有利于把千万个分散的劳动者的力量集结成为社会生产力的体制,有利于当时的中国劳动者发挥其主动性、积极性和创造性的体制。另一方面,唐宋以来,中国封建社会的劳动者的生产能力和社会交往能力都发生了很大变化,然而这套体制却日趋僵化和腐朽,基本上成为束缚生产力继续发展的桎梏和羁绊,由于它的存在和作用,极大地阻碍了中国封建时代劳动者独立性和自主活动能力的正常发挥和发展,因而也就起到了维护这种封建专制制度的反动作用。

二

中英封建社会农村的法律和司法体制也有许多不同的地方。

盎格鲁-撒克逊时代,英国还不存在一部通行全国的统一法律,各个地区法庭依据当地的习惯法审理各类案件。诺曼征服后面对的是"英格兰由相互对抗的法庭和相互冲突的司法权的一张网络覆盖着,'它们植根于不同的原则和不同的权力,如王权、教会权、封建领主权和古代公社权'"。[①] 对于征服者来说,将各地习惯法整齐划一,建立起全国统一的法律是加强王

---

① [英]W. S. 霍兹沃斯:《英国法律史》(History of The English Law)第1卷,伦敦梅休因出版社1922年,第4页。

权消除分裂的重要步骤。诺曼征服以后所使用的法律同样渊源于盎格鲁-撒克逊时代的习惯法,对此 M. 布洛赫说得很明白:"在盎格鲁-撒克逊时代的英格兰,法律语言是俗语,……不识字的法官让别人给他们念这些手写本,也能通晓其意。直到卡纽特统治时期(1016—1035),统治者们才把这些习惯法编纂完成,并用国王们的敕令对其加以订正。诺曼征服以后,似乎有必要使这些他们难解的文献内容对征服者至少对他们的教士有用。因而从12世纪开始,在这个岛上发展了同一时期为海峡另一边所不知道的事物——一种用拉丁文书写的实质上是建立在盎格鲁-撒克逊原始材料基础上的法律文献。"①在中世纪的英国,虽然国王的敕令也是封建法律的渊源之一,但它们要受到习惯法的制约,"习惯法已经成为唯一有生命力的法律渊源,君主们甚至在他们的立法中也不过要求对习惯法作出解释而已"。②

英国中世纪的习惯法部分是蛮族的习惯法,部分是郡、百户区和庄园法庭的判例。首先,从10世纪后半期起,英国的郡和百户区都成为兼理地方行政和司法的部门,它们各有自己的法庭。但种种迹象表明,庄园法庭的形成似乎是在12世纪以后。这是因为英国的封建制度是经过诺曼人输入大陆的封建生产关系而最终形成的。中世纪的英国有相当一部分地区没有实现庄园化,就是在那些后来实现了庄园化的地区,这个过程也需时日才能完成。其次,在13世纪以前,人们无处找寻英国庄园法庭的档案材料,到13世纪这类档案突然多起来。为什么会这样?单纯用中古时期文化普遍衰落以至于不能书写来解释这个疑点,显然不能令人信服;倘若那样教会庄园的法庭档案在13世纪以前应该完好地保留下来,因为教士在中世纪是最有才学的人。最后,恩格斯的一段话值得我们注意:"马尔克制度放弃重新分配耕地的办法以后所采取的形态,我们不仅在五到八世纪的古代'民族法'里,而且在英国和斯堪的那维亚中世纪的法律书籍里,在十三到十七世纪的许多日耳曼的马尔克章程(即所谓判例)里和法兰西北部的习惯法(coutumes)里都可以碰到。"③这里恩格斯把许多日耳曼的马尔克章程的上限放在13世纪不是偶然的。据此我们似乎可以得出这样的推论:中世纪英国的

---

① [法]M. 布洛赫:《封建社会》第1编,第110—111页。
② [法]M. 布洛赫:《封建社会》第1编,第110—111页。
③ 《马克思恩格斯全集》第19卷,第358页。

庄园法庭的出现大概在12世纪以后。

中世纪英国的司法体制除了我们比较熟悉的集体裁判、陪审团制度和证人制度外,同侪裁判也是一项被广泛使用的制度。如我们所知,细分起来,中世纪英国的庄园里包括三种法庭,它们分别是审理农奴案件的庄园法庭、审理刑事案件的刑事法庭和审理自由人案件的自由人法庭。一般说来,自由人不承担庄园法庭的诉讼和陪审员义务,他们只出席自由人法庭。陪审团制度形成的初期,曾经出现过自由人和农奴同时加入的混合陪审团,但时隔不久自由人不出任庄园法庭陪审员就成为惯例。这样自由人和农奴所参加的法庭和陪审团互不相扰,从而形成了自由人组成的陪审团仲裁自由人的案件,农奴组成的陪审团裁决农奴案件的局面,这是广义的同侪裁判法。同侪裁判还有狭义的一面,即在同一个领主那里接受采邑的自由附庸中间,权力和声望有着很大差别。因此,一个附庸只能要求具有与自己同样权力和声望的附庸的裁决,这就是同侪决定同侪的命运。①

中国封建社会的法律渊源与英国明显不同。夏、商、周三代几乎看不见习惯法的痕迹。孔子说:"殷因于夏礼,所损益,可知也;周因于殷礼,所损益,可知也。其或继周者,虽百世,可知也。"②在此孔子仅仅指出了三代礼制师承和革新的关系,并没有说明"夏礼""殷礼"的内涵究竟是什么。实际上中国古代只有刑名,根本没有法律。《左传》昭公六年有"夏有乱政而作禹刑,商有乱政而作汤刑,周有乱政而作九刑"的记载。周公"制礼",周礼是西周宗法社会的法律表现形态,而且"礼不下庶人,刑不上大夫"。③ 夏、商、周三代奠定了礼与刑的格局。春秋以前,不仅法律的拟制要由国王一人负责,而且这种法律还直接由封建官府秘藏。郑人铸刑书、晋人铸刑鼎遭到孔子和叔向的坚决反对,唯恐这样会"贵贱无序",④因为一旦"民知有辟,则不忌于上,并有争心,以征于书,而徼幸以成之,弗可为矣"。⑤ 春秋战国以后,中国历代的封建法律也全部是专制君主意志的表

---

① [法]M. 布洛赫:《封建社会》第2编,第333页。
② 《论语·为政》。
③ 《礼记·曲礼上》。
④ 《左传·昭公二十九年》。
⑤ 《左传·昭公六年》。

现,"夫生法者君也,守法者臣也",①而且这种法律的变更也要唯皇帝之命是从,"前主所是著为律,后者所是疏为令"。② 这与中世纪英国那种立法权和审判权掌握在由出席起诉人参加的各级地方法庭审判会手里完全不同。

中英封建社会农村的司法体制也不相同。封建时代的中国不存在中世纪英国那种带有地方自治性质的各级地方法庭审判会;相反各级封建官府衙门的公堂就是法庭,行政衙门与司法衙门不分。表面看来这与中世纪英国的郡、百户区和庄园法庭兼理行政和司法的做法有相似之处,其实二者并不相同。在英国各级地方法庭审判会上,行政和司法权力的承担者是全体法庭出席人,而那里的各级行政首脑只是主持者,有势力者虽然在判决中起重要作用,但在法理上任何判决都要由法庭全体出席人作出。在封建时代的中国,皇帝是全国行政和司法的最高长官,他的各级地方官府的首脑也是当地的行政官和法官,行政权和司法权握于一人之手。例如秦汉时期,郡守和县令除主持政务外,还兼理司法。《后汉书·百官制五》这样规定郡守的职掌:"凡郡国皆掌治民,进贤劝功,决讼检奸。……秋冬遣无害吏案讯诸囚,平其罪法,论课殿最。"至于县令的职责,该书又云:"皆掌治民,显善劝义,禁奸罚恶,理讼平贼,恤民时务,秋冬集课,上计于所属郡国。"乡里的诉讼案件则由啬夫受理,《汉书·百官公卿表》说他"职听讼,收赋税",主管一乡的司法和行政。到东汉时,啬夫只负责"知民善恶,为役先后,知民贫富,为赋多少,平其差品",③主要承担乡里的行政工作。魏晋南北朝时期,令、守、牧也是兼理行政和司法,"杀生之柄,决于牧守"。由于社会动荡,战乱频繁,豪强地主和世家大族以血缘关系为基础,或聚族自保,或举宗避难,秦汉以来的乡里乡官制度形同虚设,于是出现了北魏前期的宗主督护制。无疑这些壁坞堡垒里的宗主对那里的人民操有行政和司法的权力。唐宋以后,由于乡官制演变成职役制,里正由勋官后裔和富户白丁充任,所以乡官不再有"听诉讼"那样明确的司法权,而只负责检发人民的反抗活动和违法

---

① 《管子·任法》。
② 《汉书·杜周传》。
③ 《后汉书·百官志五》。

行为。宋明以来,随着社会上"敬宗收族"的风习日兴,宗法家族组织大盛。在这种家族组织里,族长对那里的族人握有行政、司法和教化的权力,对于犯罪的族人,他有权或"必惩以家法",或"送官究治"。①

三

在中英封建时代的农村体制中,教化职能分别由不同的部门、通过不同的人、以不同的内容、采取不同的形式来进行,因此所起的作用也不一样。

在英国封建社会的农村中,负责教化的机构是教区教堂。作为教区,它有征收什一税、洗礼和埋葬死去的教民三项职权。许多时候,教区与村镇的范围也是一致的。上述情况与11—13世纪村镇的兴起和庄园法庭的出现是同步进行的。公元800年以前,西欧普遍存在的是母教堂(或称老教堂、本教堂或大教堂),它们管辖的区域很大,并拥有对所辖地区征税、洗礼和埋葬的职权。公元800年,加洛林王朝开始把母教堂的教区职权下放给小教堂。在英国,这个转变过程却姗姗来迟。10—11世纪时,大量的村教堂相继建成,但这些村教堂并没有获得教区权。公元960年,埃德加国王把这些村教堂正式移交给母教堂管辖,并规定要是领主在自己的地产上建置带有院子的教堂,他可以把自己应付什一税的1/3交给这个教堂,而他的佃户们仍须把什一税全部上交母教堂。后来埃德加的限制逐渐放宽,非但领主的什一税而且他的佃户们的也都交给那些较小的教堂。② 诺曼征服后,多数母教堂由于征不到什一税,无法维持教堂的存在和神职人员的生活而相继淹没了。到了13世纪时,村教堂普遍获得了教区权。中古时代英国农村的教化职能就由这种获得了教区权的村教堂履行。教区教堂的收入来自四个方面:一是村民缴纳的大、小什一税;二是僧田的收入,它是由村镇拨给教区神甫(Vicar)使其躬耕自给的条田份地,数量从几英亩到几十英亩不等;三是教民们捐赠的圣坛钱;四是墓地钱,一般要征收死去的农奴的牲畜。这

---

① 《彭氏家谱·禁例》。
② [英]S. 雷诺兹:《900—1300年西欧的王国和共同体》(*Kingdoms and Communities in Western Europe 900-1300*),剑桥大学出版社1984年,第81—84页。

些收入的使用也有明确规定,一部分用于赈济施舍穷人,一部分用来维修圣坛,还有一部分作为教堂神职人员的薪金,余下来的留给神甫(rector)维持生活。①

教民和教区教堂的关系非常密切,宗教活动是中世纪英国农民生活中重要的组成部分。许多村教堂是领主出钱由他的佃户直接建在领主的土地上的,这样做于双方有利。领主由此可以向村民征收什一税和墓地钱,佃户们也为能够节省到远处教堂的往返时间而满意。中世纪英国的习惯法规定,教堂的建筑和内部装饰由教民们承担,比如他们要使教堂的中殿维修良好,要提供教堂塔顶上的铃铛、洗礼盆、圣像和蜡烛。教区神甫则负责维修圣坛。每个教民生命旅程上的几个重要阶段也得有教堂的帮助。一个人在教堂前接受洗礼,标志着他成为社会的一员;教堂门口的婚礼标志着他已经开始顶立门户;在他就要离别这个世界时,神甫要为他作临终忏悔;最后他的遗体还要埋葬在教堂的院子里。② 做弥撒是教民宗教活动的主要形式。礼拜天和基督教节日的弥撒比较隆重,此外在13世纪的英格兰,教民至少每天还要做一次弥撒。在教堂里参加仪式的教民也有地位的差别,比如在做弥撒时,乡绅尤其是教堂资助人可以坐在教堂东侧的圣坛上,普通的教民只能站在教堂的中殿;就是在中殿里,贫富村民之间也有位置的差别;神甫则站在正面的圣坛上。在仪式进行中,教民们只是被动的旁观者,偶尔他们也要低头、跪拜和画十字。③ 教堂的主持人是教区神甫,本来他应该由主教授予圣职并负责一个教区的教化。实际上由于教堂一般都建筑在领主的土地上,领主又是该教堂的资助人,他便攫取了教区神甫的推荐权。教区神甫一般不住在本教区,他的工作只好花钱雇人来做,这样 vicar 就成为教区实际的主持人。vicar 一词含有"代替"之意,他常常出身卑贱(许多人是农奴),没有受过良好的教育,生活也不宽裕。他要为新出生的婴儿洗礼、主持婚礼和埋葬死去的人,还要

---

① [美]G. C. 霍曼斯:《13世纪的英国村民》(*English Villagers of the Thirteenth Century*),哈佛大学出版社1942年,第385—386页。
② [美]G. C. 霍曼斯:《13世纪的英国村民》,第383、385—386页。
③ [美]G. C. 霍曼斯:《13世纪的英国村民》,第392、394、395页。

讲道。他一般要躬耕僧田,有些人还得为领主服周工劳役,照管教区的牲畜等。①

那么在这种教区共同体里面生活的那些教民们的宗教心理又是怎样的呢?

中古基督教是宣扬心理恐怖的宗教,"这些上帝的勇士们"手持的唯一利剑便是"利用万劫不复的地狱刑罚作威胁"。他们这样做的目的无非是想使那些踏进文明时代门槛不久的野蛮人尽早脱掉粗野的习性,有所畏忌,不致做出太越轨的事。其实,对于中世纪的人说来,中古基督教的教义中比较有约束力的部分并不是命定论和《摩西十诫》,而是有关世界末日和末日审判的内容。世界末日和末日审判的思想给中世纪人们的精神上带来的恐惧和痛苦是我们今天难以想象的。"最后灾难的思想很少如此强烈地冲击着此时人们的意识,他们思考它,估计它的先兆。"②人们丝毫也不怀疑世界果真有它的末日,而且相信它一天天地向人们走来。人们参照各种办法推算这一天的确切时间,究竟它在耶稣死后一千年到来呢,还是相反?对此人们苦苦思索。由于中古初期西方还没有一个精确统一的纪年,再加上人们是参照各种不同的方法进行推演的,如季节交替、圣餐周期、君主在位期和天象等,致使千年期的开始时间多达六七个日期。由于大灾变的思想长期萦回在人们的头脑中,也使那个时代的人们精神恍惚,稍有不测便以为是末日降临了。世界末日和末日审判的思想如此深入到中世纪人们的内心,是有其深刻的社会原因的。从公元1世纪到13世纪这一千余年间,兵荒马乱,从未间断。罗马人、盎格鲁-撒克逊人、丹麦人和诺曼人一次次的入侵和征服,社会的普遍混乱状态,使人们很容易把这些"人祸"与上帝的惩罚联系在一起,人们甚至认为上帝是有意安排人类在这相互残杀的腥风血雨和刀光剑影中走向自己的毁灭。其实,利用地狱刑罚相威胁也是中古基督教原始性的一面。中古神学家们所论证的万世一系的神学体系和基督教的经典《圣经》,由于多数教区神甫不懂拉丁文而难于传播到普通的教民们中

---

① [英]A. L. 普尔:《从末日审判书到大宪章》(*From Domesday Book to Magna Carte 1087—1216*),牛津大学出版社1975年,第59—60页。

② [法]M. 布洛赫:《封建社会》第1编,第84页。

去。因此,作为对中世纪人们进行精神统治的基督教也很难承担起精神鸦片和麻醉剂的功用。相反,这种对世界末日和末日审判的坚定不移的信念却给人们带来了另外一种心理感受:动乱的岁月再也不能忍受下去了;它甚至驱使人们把一切邪恶的领主贵族和邪恶的制度都视作上帝必加惩罚的对象,由此而诱发出农民中推翻现存邪恶势力的心理酵母,而这种心理与中国封建时代那种"苍天已死,黄天当立"的改朝换代思想和期待"真命天子"重新出现以及善恶轮回、三纲五常、天道思想存在着极大区别。

最后我们再回顾一下中国的情况。

中国封建社会的农村体制中不存在如英国那样的与农民日常生活关系如此密切的专司教化的机构,也大体上不存在那种仅以教化为职业的特殊阶层。秦汉有三老负责一乡的教化,但这种官职很快就消失了。地方守令倒是有"进贤劝功""显善劝义"的责任,但也起不了很大作用。佛教、基督教虽然在汉、唐、元、明之时相继传入中国,可对农村的渗透和影响远不如礼教。中国封建社会的农村中既没有如英国中世纪农村那样比较正规的集体宗教活动,也没有基督教末日审判和地狱刑罚那样令人心灵震颤的教义。在封建时代的中国,教化的职能主要是通过让每个人恪守一系列纲常伦理和行为规范的信条而实现的。

如前所述,中国封建社会是建立在如马克思所说的那种具有亚细亚所有制特征的公社解体的基础上的。殷周时期建立起以血缘关系与国家权力紧密结合为主要特征的世卿世禄的宗法制。后来亚细亚公社和殷周宗法制的主要特质在中国封建社会的社会关系、国家形态和文化心理结构中沉积下来。在文化心理结构方面,与那种主要靠着大规模的原始协作组织生产的殷周井田制公社和西周宗法制相适应建立起以"忠孝"为核心的一整套政治伦理思想。这种政治伦理思想的系统化、理论化就是孔孟的儒家学说。孔孟儒学的主旨是规范人伦关系,包括君臣关系、父子关系、兄弟关系、夫妇关系和朋友关系这五伦。在诸种关系中(朋友关系除外),父子关系是基础,其他关系都是由此生发出来的。这些关系的抽象形式就是"礼",礼是用来"经国家、定社稷、序民人、利后嗣者也"。[①] 礼的核心是"忠和孝",前

---

① 《左传·隐公十一年》。

者用来规范君臣关系,后者用来调整父子关系。所谓"父慈子孝"和"君使臣以礼,臣事君以忠"。父权是君权的依托,君权是父权的延伸、升华和归宿。倡导"孝"的目的是要使"人人亲其亲、长其长,而天下平"。① 由此我们不难看出中国封建时代的个人、家庭和国家三者间的关系,"天下之本在国,国之本在家,家之本在身"。② 那些胸怀宏远的封建士大夫也无一不是从"修身""齐家"开始,以实现他们"治国""平天下"的人生最高理想。西汉中期,董仲舒更把孔孟儒家学说发展成为"三纲五常""三从四德"这样的信条,以致每个人的生老病死、婚丧嫁娶都要恪守其礼,否则就是叛臣逆子,大逆不道。宋明之时,孔孟儒学更是升华为一种准宗教,这就是吃人的礼教。礼教宣扬"圣人千言万语,只是教人存天理、灭人欲"和"饿死事极小,失节事极大",③公然否认人生来俱有的一切欲望,以致为了达到"忠""孝""贞""烈"这样的人生境界,不惜要以身殉礼。因此后人一针见血地指出,"酷吏以法杀人,后儒以理杀人"。④

　　那么人们不禁要问:这种宗法性的政治伦理思想是借助什么力量辐射其强大威势的呢?首先是靠着封建国家的大力倡导。汉代孝子可以做官,察举制虽然名目繁多,但以乡举里选的"孝廉"为主,被举的孝廉先在郎署任职,而后再由郎官转迁为尚书、侍御史和地方县令长丞等官。唐宋以后,"孝悌力田""孝廉方正"成为科举考试以外的一种辅助选官的途径,但由孝入仕的传统还是延续到清代。封建政府还对那些奉行忠孝节义的人用立牌坊赐匾额等方式加以褒奖,史称"旌表"或"旌善",那些被表彰的家庭名曰"旌门"。《后汉书·百官志五》在述及三老教化的内容时云:"凡有孝子顺孙,贞女义妇,让财救患,及学士为民法式者,皆扁表其门,以兴善行。"《北史·隋炀帝纪》中也有"义夫节妇,旌表门闾"的记载,而且那些官修的正史中也专为贞妇烈女列传嘉奖。宋明以后,封建国家更是为那些笃守妇道的贞妇烈女兴建贞节牌坊,供后世效法。无疑国家对忠孝节义的提倡会起到指挥棒的作用。其次,由于这种政治伦理思想就是为人处世、待人接物的规

---

① 《孟子·离娄上》。
② 《朱子语类》第 12 卷。
③ 《二程遗书》第 22 卷。
④ 《东原文集·与某书》第 8 卷。

范准则,它全部包容在每个人的生老病死、婚丧嫁娶和举手投足之中,不像基督教和佛教的教义那样使人难得要领,所以这些礼仪规范早已潜移默化在每个人的头脑中,成为判断是非善恶的最高标准和强大的社会舆论的力量。孔子认为为士的标准之一就是要"宗族称孝焉,乡党称弟焉",①足见宗族乡党舆论的作用。东汉魏晋时期的乡里清议更直接影响一个人仕途的进退荣衰。鲁迅笔下的祥林嫂因为没有"从一而终",这"坏名声"迫使她饮恨而死;而"狂人"对吃人礼教的怀疑和抗争更为小巷邻里的男女老幼所难容! 难怪人们常常从心底里发出"人言可畏""舆论杀人"这样的愤懑声。最后,倘若把封建国家的大力提倡和社会舆论力量分别喻为指挥棒和软刀子的话,那么以法杀人是封建国家维护这种政治伦理思想的最后一招。历代的封建法律对于触犯伦理纲常的案件都要重刑轻罪。《唐律疏义》中将"不孝""不睦""不义"和"内乱"等伦理犯罪定为十恶不赦之罪;而且宗法家庭组织也可以依据族规族法处死那些不敬父母和不守妇道的人。此类记载在宋明以后的史籍中俯拾即是。

  在前面三节中,我们分别就封建时代中英两国农村的行政、司法和教化体制的不同点进行了比较。对于上述不同点的探讨,无疑会深化我们对中英两国封建社会各自的特殊性的认识。同时我们还应当看到,这些体制上的差异又导致了它们各自功能和作用的差异。总的来说,由于英国中世纪的那种农村体制是在那里的劳动者的个人力量和自主活动能力已经积蓄到较高程度的时候才建立起来的,再加上在这种农村体制中保存了较多的马尔克的原始民主和地方自治的传统,因而一方面,这种农村体制显得较为松散、粗陋和原始,不能如中国封建社会的农村体制那样对农村实行有效的管理;另一方面,也正是由于这种农村体制带有较强的松散性、粗陋性和原始性,它对于中世纪英国的劳动者的生产生活过程的反作用较中国为弱,而且当那里的劳动者的物质力量和精神力量积累到一定程度的时候也比较容易摧毁它。相反,在封建时代的中国,一方面,这套农村体制是适应中国劳动者的个人生产力和个人独立性还相当微弱的状况而建立起来的,因而最初是有利于把千万个分散的劳动者的力量集结为社会生产力,有利于当时的

---

① 《论语·乡党》。

中国劳动者发挥其主动性、积极性和创造性的体制;另一方面,也正是由于中国封建时代的农村体制是在劳动者的个人力量和自主活动能力还相当微弱的状况下建立起来的,所以它从一开始就具有较弱的宗法专制性和奴役性,缺少如英国农村体制中包含的原始民主和地方自治那样的传统。唐宋以后,中国的劳动者虽然积蓄起一定的物质力量和精神力量,个人的独立性较前也有所增强,可是这套农村体制也已经变得强固和僵化了,以致完全成为束缚生产力进一步发展的桎梏和羁绊,因而也就更不利于劳动者在其生产生活过程中发挥他们的自主活动能力和进一步积累足以使中国封建制度寿终正寝的物质力量和精神力量。这正是中国封建社会的存在时间较英国为长的原因所在。当然这两种农村体制和它们各自功能的差异归根到底还是由两国封建社会劳动者不同的生产生活过程决定的,也就是说,正是由于中英封建社会的劳动者不同的生产生活过程才导致了它们各自不同的农村体制和文化心理结构。

原载《世界历史》1988年第3期。

英国中世纪的法律结构与法制传统

中世纪英国的法律结构和体制具有多元化的特点。换言之,中世纪英国的法律机构不是出自同一个权力体系;相反,它们分别代表着迥然不同的政治和社会力量。长期居于主导地位的千差万别的习惯法和以相互的权利义务为条件的契约型的法制传统正是这种多元法律结构的重要标志。当然,法律结构与法律体制的多元性不是偶然或孤立存在的,它是由与之相应的特定的经济结构、政治结构和社会结构所决定的。本文拟从中古英国法律结构的多元化的角度对其司法体制和法制传统做一些剖析。

一、多元异质的农村司法体系

英国中世纪农村的法律和司法体制有值得注意的特点。那时英国农村并无常设的法院机构,所谓法庭,实际上是指按期召开的审理案件的会议,其他行政、军事和财政事务也在这种会议上处理。英国中古农村的司法机构种类繁杂,大体上可区分为郡法庭和百户区法庭、领地法庭和庄园法庭、郡守法庭和刑事法庭这样三种类型。在中央司法集权化实施前,这些农村法庭独揽了对地方治安和民刑案件的司法审判权;直到14、15世纪,它们才逐渐由中央司法机构替代。

郡和百户区法庭会在盎格鲁-撒克逊时代已经存在,诺曼征服曾一度打断了郡和百户区法庭的正常例会。亨利一世时期(1100—1135),郡和百户区法庭的活动才得以恢复。不过,在11、12世纪,国家根本无力控制地方事务,因而将地方事务委托给郡和百户区代管。郡和百户区法庭分别由郡守和百户长主持,仲裁各类诉讼案件,拥有全面的和终极的司法权。那时,郡和百户区法庭会的司法权限尚无明显差异,只是法庭的公诉人不同。郡法庭的公诉人通常是较大的自由土地持有者,如在该郡持有土地的大主教、主教、修道院长、世俗贵族、骑士及较小的自由土地持有者。此外,该郡管辖范围以内的各村镇的村长和4名维兰,每个自治城市的12名自治市民也要出席郡法庭会。百户区的公诉人一般是较小的自由土地持有者和佃户。①因此,涉讼教俗贵族和骑士的案件一般由郡法庭受理,普通自由人和佃户的诉讼则由百户区法庭仲裁。郡法庭会的出席公诉人的数量难以稽考,但我们见到过百户区法庭出席人数的记载。如在霍尔德内斯,平均而论,公诉人在60—80名之间。②可是我们同时发现,在诺丁汉郡的宾厄姆百户区,仅有12名公诉人,他们分别是10个贵族领地的代表(其中两个领地派出两名);在查理一世时,格洛斯特郡的伯克利百户区,有400名公诉人,但实际出席百户区法庭会的仅20余人。③郡和百户区法庭的例会日期略有不同。按照常规,郡法庭每月开庭一次,百户区法庭会每3个星期举行一次,但实际情况比较复杂。实际上,在不同的时间和地区,郡和百户区法庭的开庭时间有所不同,如在亨利三世统治下,郡法庭会通常每月例会一次,而林肯郡法庭会却每40天开一次,1219年萨里郡法庭因过于频繁地开庭而受到处罚。至于百户区法庭会,虽然1234年的一个法令宣布每8周召开一次,但该法令同时提及在亨利二世统治时期,百户区法庭会每两周例会一次。④

郡和百户区法庭之下是领地法庭(Court Baron)和庄园法庭。E. 切尼、G. C. 霍曼斯和 H. S. 贝内特都曾指出过,庄园中存在着两种类型的法庭,即审理自由人诉讼的领地法庭和受理维兰诉讼的庄园法庭。但他们都认为,在实际生活中,这种区分没有任何意义。果真是如此的吗?回答应当是否定的。笔者认为,这两种法庭出现的时间值得探讨,它可以帮助我们弄清

---

① [英]W. S. 霍兹沃斯:《英国法律史》(History of The English Law)第1卷,伦敦梅休因出版社1922年,第35页。

② [英]B. 英格利希:《霍尔德内斯的领主》(The Lord of Holderness 1086-1260),牛津大学出版社1979年,第114页。

③ [英]F. 波洛克、[英]F. W. 梅特兰:《英国法律史》(The History of English Law)第1卷,剑桥大学出版社1923年,第137页。

④ 前揭F. 波洛克、F. W. 梅特兰书,第1卷,第538页。

两者之间的关系。种种迹象表明,领地法庭先于庄园法庭而存在。众所周知,在征服过程中,威廉将大批土地赏赐给他的诺曼贵族和亲兵随从,同时承认他们对那方土地上的人民拥有行政和司法权力。同样,那些直接从威廉那里获得土地的较大封臣,又将其封地中的一部分分赐给自己的部下,由此形成金字塔式的土地的封建等级占有结构。依据封建原则,较大的封臣作为其领地内的封君有权召开领地法庭,审理其封臣和领地内普通自由人的诉讼案件。需要指出的是,从《末日审判书》的记载中我们不难觉察,在11世纪后半叶,自由人和依附农民之间的差别尚未拉开。"维兰"一词是诺曼人引进英格兰的一个法文词汇,用以指欧洲大陆早已出现的那些人身处于依附状态的农民。入主不列颠后,这些法裔贵族依据他们在法国的经验事实将那些人身刚刚出现不自由征兆的英国农民的名字前统统冠以维兰称号。不过,此时的维兰与领地内的普通自由人之间不可逾越的鸿沟尚未形成,有的时候,维兰居然同自由人一道出席领地法庭。嗣后,由于中央集权化的实施,有必要将自由人与维兰严格区别开来,因为自由人享受国王法庭和普通法的保护,维兰只能得到庄园惯例的保护。基于此,维兰和自由人之间的分界随之日益明朗起来。维兰不再能参加领地法庭的开庭,自由人因为有时会持有维兰份地或与其发生冲突,偶尔可能出席庄园法庭会。不过,亨利二世的司法改革使领地法庭一蹶不振,国王法庭和普通法法庭接过了领地法庭的自由人的诉讼案件。至中古中期,领地法庭名存实亡,这就是我们只知其"名"而不见其"实"的原因所在。

  庄园法庭是庄园行政和司法管理的中枢。在庄园里,农民们经常聚合在一起,解决许多有关司法和管理方面的事务。从理论上讲,庄园法庭每3周开庭一次,而在实际生活中却不很规则。1234年的一个法令规定,庄园法庭每3周例会一次。实际上,有些庄园的法庭会每年只召开1—2次;而在另一些地方,庄园法庭会每两周举行一次,这要视当地的具体情况而定。① 庄园法庭的主持人是领主的大总管,为此,他要不停顿地在领主的所有庄园中间穿梭而行。即使如此,对那些兼理几十个庄园的大总管来说,亲

---

① [英]H. S. 贝内特:《英国庄园生活》(Life on the English Manor),剑桥大学出版社1956年,第200页。

自主持每一个庄园法庭会仍是难以办到的事,遇到这种情况,庄园法庭会改由领主的总管主持。此外,那些只拥有一个或少数几个庄园的小领主,可能会亲自主持庄园法庭的例会,根本不需要代理人。庄园法庭的公诉人是成年的男性维兰。与向郡和百户区法庭提供公诉相仿,承担庄园法庭的公诉是维兰的服役持有地的负担的一部分,如同他耕种土地要缴纳地租和提供服役一样。那些未经领主允许又无正当理由的缺席者要被判罚款。庄园法庭也保留着古代村社民众法庭的某些特征。如庄园法庭的公诉人既是原告,又是法官,判决由他们共同作出。在会议进行中,大总管或总管只是会议的主持人,他们虽然会对判决施加影响,但在法理上任何判决都要由法庭全体出席人一致作出。有关集体裁判的实例确实很多,甚至到13世纪末,有的地方维兰仍要参加庄园法庭的判决。如果法庭缺乏代表性或出席的人数过少,判决就要延期作出。再如,庄园法庭的召开地点没有任何限制,有的在屋旁绿地上,有的在庄园议事厅、教区教堂或佃户家里,还有的就在大树下进行。

庄园法庭是封建法庭,它对维兰拥有的行政和司法的权力完全以封建土地所有权为基础,因而带有浓厚的封建强制性和奴役性。庄园法庭的权限包括两方面:一是有关庄园的经济管理,比如劳役的监督和履行,对各种侵犯行为的惩罚,维兰持有地的让渡,敞田制或耕地的管理,对维兰的婚姻、担任圣职和离开庄园的控制等;二是惩办各种违法活动,比如攻击庄官和邻居的暴力行为,各种民事争端如违约、不履行承诺或服役等。[①] 庄园法庭所依据的法律是庄园习惯法,也就是庄园惯例,它由庄园法庭案卷(Court rolls 即判例)、管事账簿(Reeve account)、实物租税清册(Customal)、货币租税清册(Rental)和庄园土地估价册(Extent)几部分构成。由于各庄园的具体情况极不相同,庄园习惯法亦千差万别。庄园习惯法是农民在长期的生产生活过程中约定俗成或是领主和农奴斗争的结果。它们一经形成,便具有了法律效力,任何人不得擅自更改。只有当新的习惯或判例产生出来,旧的习惯或判例才会失去法律效力。

与具有古代公社性质的郡和百户区法庭、封建的领地法庭和庄园法庭

---

① 前揭 H. S. 贝内特书,第 217—218 页。

并存,中世纪英国农村还有另两种带有特权性质的法庭,这就是郡守法庭(Sheriff's tourn)和庄园刑事法庭(Courtleet)。

在盎格鲁-撒克逊时期,百户区负责维持地方治安和缉捕凶犯的工作。为此,村镇之内建起了十户组,凶杀和盗窃案件一旦发生,十户组成员要大喊大叫地追捕罪犯。诺曼征服后,十户组又增加了连保的职责,即十户组成员彼此担保品行良好,如果其中一个犯罪,其他人员负责将其移交法庭究治。如果罪犯逃之夭夭,那么十户组要被判罚款。这一时期,维持地方治安和对刑事犯罪的司法权仍由地方政府掌握,私人无权问津。郡守每年两次在他治下的各百户区举行百户区法庭的特别会议(即召开郡守法庭或大百户区法庭会)。郡守法庭的督察范围极其广泛,凡是破坏"王国安宁"的行为都可纳于其内,比如侵占公产、阻塞道路、破坏房屋以及偷盗、凶杀、闹事、逃亡、伪证、伪造重量和衡量单位等不一而足。参加郡守法庭的有该百户区内的12名法人、各村镇的村长和4名维兰、各十户连保组的十户长等。郡守法庭的首要任务之一是进行十户连保组的督察(View of frank-pledge),即检查十户连保组的组织是否健全,对那些应该编入而实际没有编入十户组的人课以罚金。郡守法庭的另外一项任务就是对破坏王国安宁的犯罪予以调查,并对涉案人犯提起公诉,而判决由郡守而非法庭全体出席人作出。嗣后,许多百户区通过国王授予或私人非法篡夺等方式改由私人持有。比如1255年,威尔特郡共有39个百户区,其中16.5个百户区隶属于国家行政系统,而另外22.5个落入私人掌心。① 在那些由私人持有的百户区,召开郡守法庭、享有对刑事案件的司法权随之成为私人的特权。这些私人百户区管辖下的各庄园纷纷建起了刑事法庭,原先郡守法庭的工作现在全部由刑事法庭接管过来。庄园刑事法庭由大总管主持,陪审员一般由十户长组成。如同郡守法庭那样,陪审员的职责是对涉案人犯进行调查,并负责向法庭提起公诉,判决由大总管而非法庭全体出席人作出。庄园刑事法庭的督察项目与郡守法庭侧重点不同:除进行十户连保组的督察和对违犯王国安宁的犯罪予以调查外,庄园刑事法庭还加入了与庄园相关的调查项目,比如庄园法庭是否召集开庭,庄园主要官员及其僚属的工作是否令人满意,牲畜

---

① 前揭 F. 波洛克、F. W. 梅特兰书,第1卷,第558页。

是否得到良好的饲养,土地是否耕种,是否有人未经允许私自让其子做教士或嫁其女儿,等等。①

二、王国司法权的建立

　　国内外学者依据英国1086年成功地对全国进行了土地调查这个事实,认为英国的王权比较强大。这种观点大致是正确的,但并不全面。事实上,在中央行政和司法管理机构组建以前,国家对地方的管辖权根本得不到任何保障。征服者威廉挟战胜之余威,勉强维持着一个强大王权的外观,这种状况也仅持续了半个多世纪。亨利一世死后,社会遂陷于普遍混乱状态,致使当时的人们怀疑"基督及其圣徒都已入睡"。在很短的时期里,封建主们就建造起一千余处堡垒,一位中世纪的英国编年史作者指出,那些位卑势弱的居民"只服从最近城堡主人的命令"。封建主在其领地内完全按照本庄园的惯例对那里的人民行使统治权,因而一部古代编年史记载说:"在英国,法律已经死亡,已被埋入坟墓。"②11、12世纪,国家甚至无力承担起管理地方工作的责任,为了避免造成国家分裂和大的社会动乱,国王们必须经常视察全国各地。即使像亨利二世这样具有恢宏魄力和非凡才干的君主,也要"不停顿地骑马从帝国的这个角落跑到另外一个角落。他来回十分迅速,给人一种印象,好像他同时待在各个地点,这有助于使人们对他保持忠诚"。③ 与此相应,农村的司法体制也异常紊乱,古代公社的、封建的和特权的法庭共立并存,它们独揽了对地方治安和民刑案件的司法审判权,王权不过是徒具虚名,几乎处于瘫痪状态。

　　王国司法权和普通法法庭的创建工作是从亨利二世开始的,亨利二世的司法改革奏响了中央司法集权化的序曲。王国司法权的理论依据是12、13世纪勃兴的"王国安宁"的思想,即国王有义务保障他的臣民的生命和财产安全,任何侵犯都被认为是妨碍王国治安的犯罪行为,都要受到王国司法

---

① 前揭 H. S. 贝内特书,第209—210页。
② 上述资料转引自[苏]康·格·费多罗夫:《外国国家和法律制度史》,中国人民大学出版社1985年,第100页。
③ [英]安东尼娅·弗雷泽:《历代英王生平》,湖北人民出版社1985年,第42页。

机构的惩治。王国司法权的理论和实践同马尔克的民主传统和封建特权相抵牾,因而建立王国司法权的前提首先必须剥夺和收回那部分国家拥有的、从前由农村各类法庭代行的对地方治安和民刑诉讼案件的司法审判权。刑事司法权最早从地方法庭收归国家所有。1166年亨利二世发布科拉伦敦诏令,将审理刑事犯罪如杀人和盗窃的司法权授予巡回法院,并在该法院首先使用公诉陪审团这一崭新的调查和诉讼手段。1176年的诺桑普顿诏令除庄严重申了科拉伦敦诏令的基本精神外,还将伪造罪、叛逆罪和纵火罪一起纳入属于王国受理的刑事司法权内。1215年的《大宪章》也明文禁止郡守在郡法庭仲裁刑事诉讼;因而到13、14世纪,郡和百户区法庭只保留了对较小的民刑案件的司法权。由此可见,科拉伦敦和诺桑普顿诏令在中央司法集权化和建立王国司法权的过程中所具有的重要意义在于昭明:国王法庭对各类严重刑事犯罪拥有唯一的和最终的司法审判权。① 不过,王国司法权并未局限于刑事方面。在维护王国安宁思想的驱动下令各种民事诉讼也被当成破坏王国安宁的犯罪行为,一同归并到王国司法权的范畴中。国王法庭保卫自由人的权益,涉案自由土地所有权的诉讼应在国王法庭受理;领主法庭要想审理此类诉讼,需事先取得国王签发的特别许可令状;如果领主法庭侵犯了自由人的利益,那么后者也可以向国王法庭申请一张令状,它责令领主秉公断案。不仅如此,国王法庭还拥有改正地方法庭误判的权力,即通过向地方法庭发布误审修正令,任何被认为不公允的判决都可推翻,并将该案件移至国王法庭重审。经过上述立法和司法活动,王国司法权初步建立起来。但是,王国司法权未得涉足的最后一片禁区是特权司法领域。司法特权在盎格鲁-撒克逊时期业已存在,如"Sac and Soc"(即在庄园中召开法庭和进行审判的权利)、"infangthef and outfangthef"(即在庄园内外缉捕和绞死盗贼的权利)等。历史进入封建时代以后,司法特权亦得到长足发展,其中最重要的莫过于召开私人百户区法庭和举行十户连保组的督察了。亨利二世之时,百废俱兴,百业待举,无暇清理那些私人持有的司法特权,而亨利三世的懦弱无能又刺激了私人司法权向极端发展。爱德华一世(1273—1307)登基不久,便派政府专员详细调查国家权利被篡夺的情况,

---

① 前揭 W.S. 霍兹沃斯书,第1卷,第71—72、42页。

并将调查结果录于百户区案卷。基于此,爱德华进行了追究权利持有调查(Quo Warranto),他派遣政府专员携带百户区案卷的副本,调查那些司法特权的持有者是根据什么理由行使王权的。因为国王和王室法学家们都认为,除非经过王室的特别授予,否则任何司法特权都是非法的。由于许多司法特权根本没有经过国王授予,而是经私人非法篡夺取得的,通过调查,这部分司法特权被王国吊销。与此同时,那些由王国合法授予的司法特权的持有者也要按时出席巡回法院的开庭,以便接受巡回法官的检查,否则将会失去司法特权。总之,截至13世纪末,国家已经将全部重要的民事和刑事司法权收归国有。郡和百户区法庭的司法权仅限于维持地方治安和受理较小的民刑案件;郡守法庭也只能借助公诉陪审团调查犯罪事实,并提起公诉,而判决则由巡回法院作出;庄园刑事法庭和庄园法庭伴随庄园农奴制的迅速瓦解也已无利可图,庄园主不得不借助国王令状的权威挽救农奴制式微的命运。显而易见的是,王国司法权的创建没有借助于原先的农村司法机构;相反,它是以削弱后者为自己的发展开辟了前进的道路。普通法法庭是王国司法权的载体和执法机构,是国家直接控制的法庭的通称,如作为中央政府机构重要组成部分的王座法院、民事诉讼高等法院和财务大臣法院均系普通法法庭。此外,为了有效地对全国进行司法和行政管理,王国政府逐步建立起巡回审判制度。巡回审判就是由代表王国政府的法官定期到全国各地召开法庭会并监督、检查和处理地方全部政务的制度。巡回审判制度初创于亨利二世时期。1176年,政府指派18名法官组成6个巡回审判区;1179年又改为由21位法官组成4个巡回审判区,这就是总巡回法院(eyre)。在12、13世纪,总巡回法院发挥了重要作用。它代表君主法院,每7年巡回一次,到各地审理民刑案件,视察各地政府的施政情形。由于该法院每7年巡回一次,实行起来极不方便。为了弥补这种不足,大宪章规定某些诉讼可以每年在郡由法官审理。从爱德华一世开始,农村被重新划分成6个巡回审判区,每个巡同审判区的法官由1名中央法庭法官、1名高级状师和1名本地人组成,分别在每年的2月和7—8月开庭2次。这就是普通巡回法庭(assize),是专门负责审理地方民刑案件的。除了定期举行巡回审判外,王国政府还在各郡建立了四季法院(Court of Quarter Sessions),作为郡法庭和政府机构。该法庭每年召开4次,故名。其实际首脑是治安法官。

巡回审判制度建立后,原先的郡法庭和百户区法庭已经失去了对重要的民刑案件的司法审判权,只保留对地方治安和较小的民刑案件处置的权利。14世纪后,郡法庭和百户区法庭的这部分权力也由治安法官主持的四季法院统统接管过去,1416年的一个法令宣告了郡守法庭的最后废除,郡和百户区法庭随之也销声匿迹了。

三、法律源流、拟制和诉讼程序

法律源流、拟制和诉讼程序是中世纪英国法律的核心与精髓,也是开启英国中世纪历史圣殿之门的一把锁钥。恩格斯对于英吉利法曾给予高度赞誉,并从法律渊源和内容方面,揭示了其不同于大陆法的"独特"性,称它为"具有自己的十分独特的发展和整个大陆都不知道的对个人自由的保障的英吉利法",他还把英吉利法的这种"独特"性,明确概括成"个人自由、地方自治以及除法庭干涉以外不受任何干涉的独立性"。① 恩格斯的这些论述无疑为我们的探讨提供了极其宝贵的启示。

英国中世纪的法律基本上是一部习惯法。13世纪以前,英国法律的发展大致经过三个阶段:盎格鲁-撒克逊习惯法阶段、庄园习惯法阶段和普通法阶段。盎格鲁-撒克逊时代,英国根本不存在一部通行于全国的统一法律,各地方法庭依据当地习惯审理案件。因而,诺曼征服后面对的"英格兰由相互对抗的法庭和相互冲突的司法权的一张网络覆盖着,它们植根于不同的原则和不同的权力,如王权、教权、封建领主权和古代公社权"。② 盎格鲁-撒克逊习惯法分散性的特点并未因诺曼征服而稍有削弱,相反,这种分散性得到进一步发展。威廉以自己是忏悔者爱德华王位的合法继承人自诩,并沿用盎格鲁-撒克逊的习惯法以掩人耳目。对此,M. 布洛赫说得很明白:"在盎格鲁-撒克逊时代的英格兰,法律语言是俗语……不识字的法官让别人给他们念这些手写本,也能通晓其意。直到卡纽特统治时期(1016—1035),统治者们才把这些习惯法编纂完成,并用国王们的敕令对

---

① 《马克思恩格斯选集》第3卷,人民出版社1972年,第152、395页。
② [法]M. 布洛赫:《封建社会》(*Feudal Society*)第1编,第80页。

它们加以订正。诺曼征服后,似乎有必要使这些他们难解的文献内容对征服者至少对他们的教士有用。因而从12世纪开始,在这个岛上发展了同一时期为海峡另一边所不知道的事物———一种用拉丁文书写的实质上是建立在盎格鲁-撒克逊原始材料基础上的法律文献。"① 由此可知,继编纂《末日审判书》之后,诺曼人在征服后所做的另一项重要工作就是将原先盎格鲁-撒克逊的习惯法由盎格鲁-撒克逊土语翻译成拉丁文,作为这个国家的法律基准。我们可以推测,郡和百户区法庭就是参照这种习惯法审判案件的。12世纪,地方习惯法占据主导地位,这就是庄园习惯法或庄园惯例。它几乎在每个庄园都具有各自的特点,即使在同一个领主所拥有的若干个庄园中,习惯法也不尽相同。庄园惯例并非是由庄园主拟制的成文法;相反,立法机构是由庄园全体维兰出席的庄园法庭。在庄园法庭上,维兰不但是原告和法官,而且还是立法者,庄园主及其大总管只不过是会议的主持人,他们虽然可望在判决中起重要作用,但在法理上任何判决都要由法庭全体出席人一致作出。法庭判决的结果一般都记录在案,这就是"判例"。对此,梅因认为,"英国的法律是成文的判例法,它和法典法的唯一不同之处,只在于它是用不同的方法写成的"。判例成为法官和法庭断案的主要依据,"一旦判决被宣告并列入记录以后","我们不得不承认新的判决已经改变了法律"。② 由于庄园惯例不是成文法典,因此我们只能根据其登载在庄园法庭案卷、管事账簿、实物租税清册、货币租税清册和庄园土地估价册中的具体表现(即判例),分别对它们加以考察。1300年,埃尔顿庄园的法庭案卷载有19个茅舍农涉讼的记录。他们被起诉没有给领主的马车装草,而这些茅舍农却认为:自己没有履行这种服役的义务,除非大总管或总管提出邀请,他们也出于对领主的爱,心甘情愿这样做。对此,他们希望法庭予以调查。法庭经过调查确认:这些茅舍农有义务在草地里或领主庭院中将牧草垛起,但没有义务将牧草装上马车。③ 法庭判决虽然未能保存下来,但此例说明:农奴的劳役量确有一惯例值,并被记录在庄园有关的文献中。一旦

---

① 前揭 M. 布洛赫书,第1编,第96页。
② [英]梅因:《古代法》,商务印书馆1984年,第8、19页。
③ [美]G. C. 霍曼斯:《13世纪的英国村民》(*English Villagers of the Thirteenth Century*),哈佛大学出版社1942年,第104页。

超过此值,农奴完全有理由依据惯例或庄园的文卷记录予以抵制。当然,有的时候,领主在周工以外还要求农奴履行季节性极强的劳役即布恩工,但这要在领主或其庄官向农奴发出邀请并按规定提供酒饭的前提下方能进行。因为农奴向领主提供布恩工是出于友爱,如同当农活吃紧时他们也要相互帮助一样。对于每顿饭的品种、数量和质量,习惯法都做了相应的规定。比如在萨塞克斯郡,奇切斯特主教的一个庄园实物租税清册中就有此类记载:"毕晓普斯托恩、诺顿和登顿的惯例佃农使用自己的犁履行两个犁地布恩工。在这两天中,一天吃肉,另一天吃鱼,还有足量的啤酒。犁队中凡使用自己耕牛的人可在领主家中用餐。所有承担割麦布恩工的人其午餐有汤、小麦面包、牛肉和奶酪,晚餐包括面包、奶酪和啤酒。次日他们将有汤、小麦面包、鱼、奶酪和啤酒。在午餐时,面包不限量,晚餐每人限用一条面包。"① 这张布恩工食谱清单规定之精细,确实令人瞠目;它被记录在庄园实物租税清册中,又不免会发人深思。上述事实表明:虽然庄园习惯法包含了领主对农奴大量的强制性的惯例,如各种奴役性捐税征收的数量、周工的天数、出席法庭和出任庄官的义务等,但由于它保存了马尔克习惯法的传统,因而一定程度上也起到了限制领主恣意盘剥、保护农奴利益的功用。

13世纪开始,中央法院和巡回法院的司法实践急剧增加。通过国家立法,上述法院的司法权囊括国家所有重要的民刑案件。总巡回法院的法官们在审判案件中主要根据当地习惯,因而巡回审判的过程也就是了解各庄园习惯法的过程。当他们返回威斯敏斯特宫时,经过共同磋商,把各地分散的习惯法熔于一炉,成为统一的制度,施行于全国。由此我们不难看出,普通法的渊源同样是盎格鲁-撒克逊的习惯法,英国学者詹·克斯甚至认为其中"没有一点是新统帅和强大的中央政府所强加的"。② 普通法的基本含义就是通行于全国的法律,它在整个英国的领土上生效。需要指出的是,普通法并非对任何人都是"普通"的。在民法方面,自由人受国王法庭的保护的确切含义,就是受普通法的保护;涉讼维兰的案件只能在庄园法庭受理,

---

① 前揭 G.C. 霍曼斯书,第261页。
② [英]詹克斯:《英国法律简史》,伦敦梅休因出版社1928年,第17页。引自陈守一等:《法学论文集:纪念北京大学法律学系重建三十周年》,北京大学出版社1984年,第166页。

因而他们仅受庄园惯例的保护。不仅如此,普通法的诞生使维兰的法理地位急剧恶化。如前所述,在11、12世纪,自由人与维兰的法律地位尚无明显差异,因而区分自由人和维兰在实际生活中并无太大意义。普通法产生后,客观上存在着谁可以使用普通法并进而取得国王法庭保护的问题。结果,使用普通法成为自由人所享有的特权。

诉讼程序是英国司法体制中另一个值得探讨的问题,限于篇幅,这里只想重点讨论陪审制和向法庭提供诉讼两个问题。毋庸置疑,英国的陪审制在诺曼征服前就已存在。陪审团的起源是西方法律史上聚讼纷纭的问题。主要观点有罗马起源说、盎格鲁-撒克逊起源说、诺曼起源说和基督教会起源说。实际上,陪审制是古代罗马和日耳曼民族共同的遗产,将它归入任何单一的起源都与事实相左。比如,罗马共和国时期就存在着一种类型的陪审制。那时候,审理奴隶主统治集团内部犯罪案件的刑事法院,实质上就是陪审法院。它的陪审团通常由30—40人组成,陪审员全部是元老院元老、骑士和奴隶主,采用抽签的办法选举产生。① 再如,日耳曼村社的原始民主制度也有与陪审制相似的内容。如塔西陀谈到,公元1世纪时的日耳曼部落大会推举出本部落各区各村执行法律的官员,每个官员有一百个辅助的人作为他们的参谋者,并帮助他们处理案件。② 此外,加洛林朝诸王也拥有使用陪审团进行调查的权利。他们可以传唤共同体的成员,令他们提供自己所需要的情况。③ 在此基础上,1066年,法国籍的诺曼贵族入主不列颠后,将他们运用陪审制度解决土地所有权争议的方法导入英格兰。因而我们看到,这种由诺曼人直接输入的陪审制最先被用于1086年对全国土地的调查中。1164年亨利二世颁布科拉伦敦诏令,规定总巡回法院的法官在各地仲裁土地纠纷时,要从当地的骑士和自由农民中遴选12名知情者为证人,经宣誓后向法庭提供证言。如果证言一致,案件便据以解决,否则就要重新增选陪审团——这就是陪审员一致的原则。所以恩格斯说:"陪审员

---

① 周枬等:《罗马法》,群众出版社1985年,第52页。
② 齐思和、耿淡如、寿纪瑜选译:《中世纪初期的西欧》,生活·读书·新知三联书店1958年,第19页。
③ 前揭W. S.霍兹沃斯书,第1卷,第314页。

的一致,不仅在刑事判罪上,而且在民事诉讼的判决上都是绝对必要的。"①1166年,亨利第二次颁发科拉伦敦诏令,规定凡属重大刑事案件如凶杀、盗窃、抢劫、窝藏罪犯、伪造货币和文件、纵火等,都应当由百户区的12名陪审员予以调查并提起公诉。从此,中央法院、总巡回法院、郡守法庭和庄园刑事法庭都使用了公诉陪审团这一新的刑事审判程序。需要注意的是,首先,陪审员最初仅是事实的见证人或目击者,故都从邻居中遴选,被用来澄清争议的事实。后来,陪审员成为事实的裁判官,他们要亲自对犯罪事实作出调查,据以向法庭提起公诉,并作出裁定或判决。其次,用于民事和刑事调查的陪审团都是先从中央法院实施,起初,它们被当成国王法庭拥有的特权,借以将地方诉讼吸引到国王法庭受理。再次,不知是何缘故,郡和百户区法庭始终没有采用陪审制。

  13世纪时,庄园法庭从普通法法庭引进了陪审制。庄园法庭陪审团的发展经历了下述过程。一些庄园最初是由自由人和农奴组成混合陪审团。可能由于自由人不愿与农奴搅在一起,担心由此降低自己地位的缘故,这种混合陪审团不久就被分别组成的自由人陪审团和农奴陪审团取而代之。如14世纪末,在因哥德米尔就存在两种陪审团。在1399年,还出现自由人陪审员和非自由人陪审员这样的术语。稍后,这两类陪审团各自担负起处理其同侪案件的责任。陪审员从庄园居民中选出。有的庄园档案中存有很长的陪审员候补人名单,可为证明。庄园法庭陪审团的主要职责有两项。首先是对各类案件进行调查,帮助法庭澄清事实真相。贝内特说,有两种负责调查的陪审团:一种是对侵犯王室特权、破坏王国治安案件进行调查的陪审团,它主要用于刑事法庭,这就是前文提及的用于刑事诉讼的公诉陪审团;另一种是对本庄园的各种冒犯和日常工作进行调查的陪审团,它被用于庄园法庭。如果我们进一步探讨就会发现,公诉陪审团和庄园法庭陪审团各自使用的陪审员也有区别:公诉陪审团的陪审员由 Chief Pledge(即十户长)担任,庄园法庭的陪审员由 homage 组成。"homage"一词可译为"服从""效忠",此处显然喻指处于依附地位的人。十户长虽然由中等富裕程度的维兰担任,但此处他以国家基层官吏的身份对刑事案件予以调查,故此从称谓

---

① 《马克思恩格斯选集》第3卷,第149页。

上看不出依附关系的痕迹,维兰是领主的庄民,从法理上说,他们是为了领主的利益不受侵害而履行他们作为庄园法庭的陪审员的职责的,所以,他们作为陪审员的称谓"homage"显然透出依附关系的色彩。庄园法庭陪审团的另一项职责是在所调查的事实的基础上作出裁定。裁定的程序是这样的:法庭首先听取有关陪审员对本案的调查结果,而后宣布,调查人已经逐项陈述了本案全部经过,并无疏漏之处,据此裁定。陪审制的出现,特别是陪审团的功能由单纯的证人或目击者向事实的裁判官的转变,彻底摧毁了从古代村社民众法庭那里继承过来的集体裁判传统。

向法庭提供公诉(Suit)是我们应予注意的另一个问题。英国中世纪的农村法庭长期保存着古代村社民众法庭的传统:任何过失都被当成是对整个共同体的冒犯,因而共同体的其他成员既是原告,又是法官,他们享有出席会议并依法对上述冒犯作出判决的权利。在郡和百户区法庭,出席公诉人都是原告和法官这一古老传统被保存下来,郡守和百户长不过是会议的主持人,判决由出席法庭的全体公诉人一致作出。但是,从13世纪开始,向法庭提供公诉已经成为附着于土地上的义务,即把向法庭提供公诉与占有某块土地联系起来,使之成为土地保有条件的一部分,如同耕种土地要缴纳地租和提供服役那样。这种义务无疑是很繁重的。比如,一个家住德文郡的小自由土地持有者,每月要骑马去埃克塞特参加郡法庭会,会期仅有1天,但往返途中的时间需要一个星期,食宿等项开支也要由其自负。除郡法庭外,他还要出席百户区法庭和庄园法庭的例会。据此,我们完全有理由推测,他每月仅出席法庭至少要花去10天的时间。基于此,许多人想方设法博取国王的一纸特许以使自己蠲免这项恼人的服役。12世纪时,国王经常将这种特许状颁赐给修道院,有时也授予俗人。在爱德华一世继位以前,英国大部分地区都享有这种权利。即使那些无缘享受此特权的人,他们承担的法庭公诉义务也受到习惯的规范和制约,1226年发生于林肯郡守和法庭公诉人之间的争吵可资为证。那次,郡法庭会开了一整天,但仍有许多案件未及审理。郡守宣布法庭明天继续开庭。次日清晨,公诉人拒绝审理昨日余下的案件,因为依照惯例,郡法庭会的会期为1天。应该说,普通群众向法庭提供诉讼(即出席法庭会)是马尔克民主传统同封建奴役双向结合的产物。出席村民大会原本是每个马尔克成员正当和天然的权利,后来却蜕变成自由人或维兰持有领主土地所必须承担的一部分封建义务。它已不再是普通群众自觉自愿地行使自己作为公社成员的民主权利,而完全变成强制性的被迫接受的封建惯例。

四、王权的封建属性与法制传统

在中世纪英国,存在着两种截然不同的君权理论,即罗马的无限君权论和日耳曼的有限君权论。基于此,王权也被赋予两种属性:一种是建立在罗马无限君权论基础上的法理属性,另一种是建立在日耳曼有限君权论基础上的封建属性。① 上述两种君权理论及属性所触及的中心课题有两个:一是国王与法律的关系,即是法大于王、王在法下或者相反;二是国王与贵族的关系,即是与他们精诚合作、实行贵族民主制还是搞独断专行。英国中世纪史上许多重大事件都是环绕着这两个问题展开的,因而它们也是中世纪法学家关注的问题。

12世纪末的英国法学家格兰维尔,在其所著的《英王国的法律与习惯》一书的序言中说:"英国的法律虽然未写下来,但无疑应该称之为法律(因为君王所喜者即有法律效力,这本身就是法律),我的意思是说,那些法律可能是经由君王的权力,在贵族们的建议下,遇有疑难时在他们的会议上做出决定,然后公布的。"此处,格兰维尔虽然热衷于宣扬罗马的无限君权论("君主所喜者即有法律效力"一语是该论著名格言),但是他不得不承认国王的立法活动要"在贵族们的建议下",并且"遇有疑难时在他们的会议上做出决定"这一日耳曼有限君权论的原则。13世纪的英国法学家布莱克顿认为,一方面,国王是至高无上的,他不能被指控,如果国王做错事,他应该单独向上帝忏悔;另一方面,他又认为,王权在法律之下,没有法律治理的地方也就没有国王。法律须经与贵族们协商并征得他们同意后方可通过。法律抑制王权,国王应该通过尊重法律的途径向给他王室地产的那种法律作出报答。② 布莱克顿同时述及君权的两种属性,但他似乎更强调法律对王

---

① W. 厄尔曼:《中世纪政府的原则和政治》(Principles of Government and Politics in the Middle Age),伦敦巴诺公司1978年,第150—151页。
② 前揭W.S. 霍兹沃斯书,第2卷,第252—253页。

权的限制作用。

众所周知,中世纪英国政府的权力以立法和司法为要,因而对王权的分析亦应由此入手。

盎格鲁-撒克逊时期,国王就有会同贵族协商立法的传统,诺曼征服后,这种传统被完整地保存下来。比如,7世纪编纂的《伊尼法典》的序言这样写道:"我,伊尼,承蒙上帝恩典的威塞克斯国王,在我的父亲森列特、我的主教欧森伍德的建议和教导下,在所有我的人民的长老们和主要官吏们的协助下,并且还在一个上帝的仆人大会(按指教士大会)的协助下,曾经讨论了关于拯救我们的灵魂和使我们的国家安宁的问题,认为应当在我们的人民中建立和加强真正的法律和规章,以便以后任何长老或我们的臣民都不敢破坏我们的法令。"①又如,9世纪编定的《阿尔弗雷德大王法典》载有:"我,阿尔弗雷德,使这些法律收集在一起,命令把其中我的祖先们遵守而我所喜欢的那些记录下来,对于其中许多我不喜欢的,即在我的顾问们的建议下摒弃之,命令勿再遵守它们。可是我不敢把我所有的法律都记录下来,因为不知道后来者是否都喜欢它。这里我只收集那些所找到的对我最适当的法律。其他的则从略。"②12世纪由私人编辑的忏悔者爱德华法律,记载着征服者威廉寻找盎格鲁-撒克逊习惯法的事,说他在征服后第4年,在贵族们的建议下,召集地方通晓法律的贵族,了解他们的法律和习惯,并由各郡选出12人,宣誓忠实地说出他们的法律及习惯。③ 由此可见,盎格鲁-撒克逊诸王和征服者威廉的立法活动,要么是寻找和收集先王遗留下来的法律习惯,要么是会同贵族协商立法。因而国王不是立法者、王在法下的日耳曼有限君权论的传统占据优势地位。中世纪中期后,亨利二世和爱德华一世的立法活动异常频仍,但协商立法的传统并未中断。比如,亨利在制定旨在限制教会权力的科拉伦敦宪章时,曾召集贵族们参加咨议院会议,让他们公布以往国家对教会拥有的习惯权利,贵族们确认并记录下这些习

---

① [英]道格拉斯主编:《英国历史文献》第1卷,伦敦艾尔和斯波蒂斯伍德出版社1955年,第364页。
② 前揭道格拉斯书,第1卷,第373页。
③ [美]麦高文:《西方政治思想之发展》,纽约麦克米兰公司1932年版,第193页。

惯权利。① 爱德华常被人们称作金雀花王朝中最伟大的国王。但近年来西方史学家通过对在亨利三世时问世的《刘易斯之歌》的研究,改变了原来的看法。因为该书的作者披露说:"当他走投无路的时候,他答应你一切,但是一旦他脱离困境,他就自食其言。他用来达到他的目的的谎言,他称之为谨慎。不管他要求什么,他都认为是合法的,他认为他的权力是没有什么法律界限的。"② 不过,我们怀疑《刘易斯之歌》的作者对这位爱德华国王是否过分苛求了。实际上,爱德华一世在领导百户区调查时,在他的顾问罗伯特·伯恩内尔的指导下,进行了相当重要的立法活动,但都慎重地取得咨议院贵族同意,其结果就产生了对法律的扩大和澄清,因而为他赢得了"英国的查士丁尼"这个带有点夸张意味的称号。另外,即使君主们的敕令,也要以习惯法为依托。对此,M. 布洛赫评论说:"习惯法已经成为唯一有生命力的法律渊源,君主们甚至在他们的立法中也不过要求对习惯法作出解释而已。"③

英国中世纪,法庭是唯一的执法机关,离开法庭没有任何案件可以诉诸审判,这就是恩格斯所说的"除法庭干涉以外不受任何干涉的独立性"。同样,案件一经判决并被记录在案后,就成为法庭判例或习惯法,具有法律效力,除非出现新的判例,任何人无权擅自更改或废除。然而,有的国王不能很好地处理自己与法律、与贵族的关系,甚至践踏以往的习惯法,因而不免君臣兵戎相见。1215年约翰被反叛的贵族击败,被迫签署《大宪章》。《大宪章》的背面写有以下批语:"国王约翰和贵族之间关于向教会和英吉利王国提供自由权利之协议。"其中第39条规定:"任何自由人,如未经其同级贵族之依法裁判,或国法裁判,皆不得被逮捕、监禁、没收财产、剥夺法律保护权、流放或加以任何其他损害。"英王还承认:"如予或予之法官、行政官或任何其他臣仆,在任何方面干犯任何人之权利……而此25男爵即可联合全国人民,共同使用其权力,以一切方法向予施以抑制与压力,诸如夺予之城堡、土地与财产等等,务使此项错误终能照彼等之意见改正而后已。"④ 由

---

① 前揭 F. 波洛克、F. W. 梅特兰书,第1卷,第137页。
② 前揭安东尼娅·弗雷泽书,第73页。
③ 前揭 M. 布洛赫书,第1编,第110—111页。
④ 刘启戈、李雅书辑:《中世纪中期的西欧》,商务印书馆1962年,第69页。

此我们可以洞悉这种封建法律的权威性,国王必须在封建法律所允许的范围以内行使其权力,违反法律的君主将被视作暴君,臣民保有诛伐暴君的权利。至14世纪中叶,国会成为唯一的立法机关,王权进一步受到限制。

当然,中世纪英国历史发展的上述特点完全是由其特定的历史环境决定的。

诺曼征服后的英国王权比当时欧洲其他封建君主国为强,这是事实。同时,英国封建制度也是最接近于西欧封建制度的理想原则的。诚如马克思所说:"被导入的英国封建主义按其形式来说,比之由自然途径而形成的法兰西封建主义较为完备。"①西欧封建主义的理想原则是建立在领主——附庸契约型的相互权利与义务关系基础上的多元的封建等级结构。除非犯有十恶不赦的重罪外,任何事情都需要经过当事人双方按照惯例协商或由法庭裁判加以解决;反之,任何一方擅自更改或取消这种权利义务都是无效和非法的,并会被当作是对整个传统和习惯体系的蔑视与挑战,因而也是为社会所不容。毋庸讳言,这种封建传统在英国较之欧洲大陆其他封建君主国更为强大和持久。一方面,英国有基于武力征服而建立起来的强大王权,它来自对全国土地的唯一所有权。作为全国土地的唯一所有者,国王在名义上直接统治每一个教俗贵族和普通群众。所谓"我的附庸的附庸也是我的附庸",似乎大有中国封建帝王所标榜的"普天之下,莫非王土;率土之滨,莫非王臣"的味道。这同盛行于欧洲大陆的"我的附庸的附庸不是我的附庸"的封建原则形成鲜明对照。但另一方面,这种唯一的封建土地所有权和对臣民的直接统治并没有发展成赤裸裸的建立在绝对君主专制基础上的统治与从属关系。相反,协调和处理君臣之间、主仆之间关系的最正常、最有效、最经济的办法是向传统和习惯请教,是当事双方平等协商。造成这种局面的主要原因是英国的经济结构、阶级力量的对比与斗争,以及在此基础上形成的特殊政治结构。

入主不列颠后,征服者威廉把全国土地的1/7(或说1/5或说1/6)留给自己,把1/4给教会和修道院,其余全部分封给180个大封建贵族。威廉还基本上保存了盎格鲁-撒克逊时期的地方建制和农村公社组织。因此,农

---

① [德]马克思:《资本主义以前的各形态》,人民出版社1956年,第26页。

村公社也就保留了大量的属于全体公社成员共同所有的公有地。虽然理论上国王是全部土地的唯一所有者,但在现实生活中,土地归实际所有人(如领主)和耕种者世代所有或使用。这样就形成一种多元的物质利益集团和相应的经济结构。由于各利益集团的权利义务都受到传统和习惯的保护,因此也就获得了相对稳定性。在这种经济结构中,主要矛盾无疑是封建统治阶级同城乡普通劳动者之间的矛盾。在统治阶级内部,国王和封建贵族之间也存在矛盾。斗争的双方谁能获胜完全取决于传统习惯的力量,取决于阶级(或阶层)力量的对比,以及经常的、地方性的、小规模的(特别在14世纪以前)阶级(或阶层)之间的对抗与冲突。比如在国王和领主的关系上,王权不管多么强大,都应仅"限于封建制度特性所要求的各种条件以内……封建的约束体现着阶级势力的现有平衡,约束的界限虽不明确,却为人所共知"。① 这是一种封建君臣关系的正常状态。此外,封建传统还就在非常状态下如何协调君臣关系做了明确规定:"如果国王无耻地破坏封建的约束,并且一切纠正均归无效,诸侯就可以抛弃他对国王的效忠,用战争强硬行使自己的权利。"②《大宪章》正是这种封建传统在实际生活中的生动反映。再如在领主和农奴的关系上,尽管某些中世纪法学家(如格兰维尔和布莱克顿)和个别封建君主(如无地王约翰)从法律上肆意贬低农奴的地位,但是,"在实际上,法律却受到习惯的限制……农奴的固执和保守,他那不肯改变自己的作风,就是保卫旧习俗防线的强大武器。历200多年之久,农人的固执与诺曼法律家的狡猾在每一个庄园上作凶狠的斗争。起初,法学家取得了惊人的胜利,但是他们永不能超过某点以外。甚至在最恶劣的情况下,庄园上仍存有使农奴为人而不为物的权利的核心,仍存有自由的残余作为取得新权利的起点"。③ 可见,由于经济利益和经济结构的多元性,特别是由于传统力量的异常强大,以及阶级内部和阶级之间为维护传统的权威而进行的长期不懈的斗争,使得各阶层的权利义务都相对固定下来,并在此基础上形成相对稳定的多元的政治利益集团与相应的政治结构:王

---

① [英]莫尔顿著,谢琏造、瞿菊农、李稼年、黎世清译:《人民的英国史》,生活·读书·新知三联书店1958年,第60页。
② 前揭莫尔顿书,第61页。
③ 前揭莫尔顿书,第49—50页。

权、领主权、村社权和教会权共同组成英国的封建权力体系。在 12 世纪中叶以前,这种政权体系具有一种"权力下移"的特点,此后又经历了"权力上交"的发展过程。中世纪英国的各种政治权力都来源于经济权力(即封建土地所有权)并以获得经济利益为目的。英国中古的司法权直接来源于封建土地所有权,反过来又代表和维护它的利益和权威。由于多元的经济政治利益集团的存在,以及法庭作为唯一可被共同接受的权力部门,因此,各利益集团也就相应地建立起自己的法庭,因而其法律结构与体制也就必然是多元的,成为不同权力体系的代表。当然,在这种多元结构体系中,传统力量、特别是习惯法成为各个利益集团都必须共同遵守和维护的最高权威。

原载《历史研究》1990 年第 6 期。

英国农村封建生产关系向资本主义的转变

英国资本主义发展走的是农村促城市的道路。因此,农村生产关系的转换自然就构成英国社会变迁的核心。比较而言,英国农村内部的变革又是很孤独的,即几乎没有经历任何过渡形式,资本主义的大租地农场就彻底取代了封建的小农经营。那么,考察导致这场变革的经济、政治和阶级结构,乡绅的形成及其在农村变革中的作用,英国把农业资本主义发展的类型与必然性等问题,对于认识英国农村的这场变革,至关重要。

一、转变前英国的经济、政治和阶级结构的特点

英国 16—18 世纪资本主义生产关系在农村中的顺利发展,是以其 12 世纪至 15 世纪末逐渐形成的、带有过渡性质的经济、政治和阶级结构为前提的。马克思在研究前资本主义社会中商人资本对旧生产方式究竟在多大程度上起着解体作用时,提出过一个重要论点:"这首先取决于这些生产方式的坚固性和内部结构。并且,这个解体过程会导向何处,换句话说,什么样的新生产方式会代替旧生产方式,这不取决于商业,而是取决于旧生产方式本身的性质。"①马克思的话启示我们把生产方式扩展为整个经济、阶级与政治结构。诚然,这些结构并非是一种自发或固定不变的力量,因为归根到底,"社会结构和国家经常是从一定个人的生活过程中产生的"。② 马克思主义对于人与结构关系的认识既是辩证的,更是唯物的。

---

① [德]马克思:《资本论》第 3 卷,人民出版社 1975 年,第 371 页。
② 《马克思恩格斯选集》第 1 卷,人民出版社 1972 年,第 29 页。

农牧混合与畜工贸一体化经济结构的形成。中古早期,英国的封建经济结构是非常典型的,基本上是单一小农种植农业的格局。在农奴制劳役地租为主的庄园框架中种植业占绝对优势。谷物是下层阶级食物的基础,豆类食物常被称为"穷人的肉食",①牛羊肉无疑是农民很少能吃到的奢侈品。不过,因衣料靠羊毛提供,故畜牧业(特别是养羊业)还是在领主和农民经济中占有极小比例。由于羊毛只为满足自己生活需要而生产,加之受土地、技术、价格、资金和市场等诸多因素制约,故畜牧业的经营规模(特别是农民经济部分)极小,同市场联系也很少。从13世纪起,农业劳动生产率有较大幅度的提高,从而彻底摆脱了因饲料匮乏而无法使大批羊群过冬的难题。此时,养羊业在经济上的前景也日益可观。据波梁斯基估计,羊毛价格比谷物价格上涨速度快,因此,"牧场比耕地的价值高一倍"。② 由于有利可图,从13世纪起,作为工副业的养羊业在农村迅速发展起来,从而使养羊业突破了家庭消费的狭小天地,走上商品生产的轨道,经营规模迅速扩大。此时普通农民饲养的羊只较前有较大增加。1275年,在斯文科姆,有10个只拥有8英亩土地的维兰佃户每户却养羊50只。此前50年,在南威尔特郡3个修道院所属地产中,有一半以上的佃户都拥有羊群,其中在一个大村中,平均每户约有20只羊。③ 据此,我们完全有理由推测,那些拥有更多的土地、生活较为富裕的自由土地持有者和维兰,可能饲养着数量更大的羊群。领主拥有羊群的数量更为可观。1259年,温切斯特主教在汉普郡的几处庄园中,饲养了约29000只羊,半个世纪后,圣斯威辛修道院的副院长拥有20000只羊。④ 畜牧业在农业经济结构中比例的增大,也可以从牧场和牧草场在土地总面积中比例的提高得到印证。16世纪英国59个庄园中65个租地农场农业经营结构的比例是:耕地占49%,牧场和牧草场约占45%,完全突破了种植业占优势的传统农业经营结构。形成种植业和畜牧业协调发展的农牧混合经济结构。这种经济结构为英国农村由自然经济向

---

① [意]卡洛·M. 齐波拉主编:《欧洲经济史》第1卷,商务印书馆1988年,第88、89页。
② [苏]波梁斯基:《外国经济史》(资本主义时代),生活·读书·新知三联书店1963年,第29页。
③ [英]约翰·克拉潘著,范定九、王祖廉译:《简明不列颠经济史》,上海译文出版社1980年,第150页。
④ [英]约翰·克拉潘著,范定九、王祖廉译:《简明不列颠经济史》,第148—149页。

商品生产过渡提供了内在动力。因为,农牧混合结构是一种准稳定的经济结构,其稳定性在于农业,可变性在于畜牧业。羊毛与谷物不同,它除供农民、领主个人和家庭消费外,还可作为工业原料。超过个人消费的余额必然要成为买卖的对象。相反,农民和领主的余粮则可用作牲畜、家禽的饲料,或用来酿酒和贮存。因而,养羊业在商业经营上的前途比农业要大,英国农业能够在14—15世纪如此深刻地商品化,同养羊业在经济结构中的倾斜发展有着直接的和必然的联系。不仅如此,养羊业一旦形成商业化、企业化生产格局,就必然要侵蚀和摧毁封建农奴制赖以建立的人身依附关系,从而在农村产生大批人身自由的农业劳动者。当然,单纯的养羊业和把羊毛作为初级原料出口,并不能对农村自然经济的瓦解发挥致命作用,因为,比起耕种业来,养羊只需要较少的劳动力投入,出口羊毛也无须进行深加工,故两者都不会吸收太多的农业人口就业。如此,农村的产业结构就得不到调整,男耕女织、自给自足的封建经济结构就不可能从根本上得到改变。可见,为养羊业进行配套生产的近代呢绒手工业的建立和发展是英国农村封建经济结构彻底变革的突破口。这一转变发轫于14世纪中叶,大成于15世纪中期。呢绒业的兴起,标志着农村工副业逐渐从农业中游离出来——养羊业,羊毛加工业,再到织绒业。英国由一个羊毛原料出口国向呢绒出口国的转变,表明了这样的历史进程。

英格兰羊毛、呢绒出口对照表①

年 份	呢绒(匹)	羊毛(袋)
1347—1348	4422	35840
1366—1368	16000	35840
1392—1395	43000	19000
1461—1481	63000	不占重要地位
1509	84798	不占重要地位
1547	122354	不占重要地位
1554	160000	不占重要地位

① 据[英]M.M.波斯坦主编:《剑桥欧洲经济史》第2卷,剑桥大学出版社1971年,第192、193、419页。

摆脱家庭副业地位的乡村工业，迅速纳入商人资本主义的体系中。15世纪中叶，正是农村织布业进入分散工场手工业时期。作为与农村平行发展的独立产业，乡村工业为农村产业结构和劳动力分布结构的调整和转变提供了契机。到16世纪，农村工业几乎吸收了半数以上的农业人口就业。据当时人的叙述，在英国，几乎在每一个农户家中都可以听到纺车和织梭的声音。① 由此，"它产生了一个新的小农阶级，这些小农以种地为副业，而以工业劳动为主业，把产品直接或通过商人卖给手工工场"。② 这种结构性的调整，对中古农业向近代农业的过渡必然产生深刻影响。在工场手工业的新体制下，农村织布业一日千里。14世纪中叶至15世纪末百余年间，产量翻了14倍强，不仅完全占领了国内市场，还"衣被半个欧洲"，成为英国产业和贸易的重要支柱。

自由与非自由界限的消除和中产阶级的形成。英国典型封建阶级结构的特点是阶级成分的单一性。《土地调查册》展示出11世纪末英国阶级结构的全貌：贵族、市民、自由人、维兰、边地农和奴隶。市民仅占3%，自由人、维兰和边地农分别占12%、38%和32%。③ 城乡劳动者构成被压迫者的主体，他们与贵族领主一起形成封建生产关系的两极。此时的市民从阶级属性上说仍然是封建性的，他们在政治经济上都远未形成独立的新社会力量。阶级统治和剥削在法律关系上的反映，就是把所有社会成员区分为自由人和非自由人，法律身份不同，其政治、经济与社会地位也相差很大。在政治上，自由人可以得到普通法和国王法庭的保护，维兰则只与庄园法庭发生关系。在经济上，自由人一般是世袭土地持有者，除交纳地租或履行封建义务外，他们原则上不向领主提供惯例劳役，并享有自由迁徙的权利。相反，农奴是以在领主自营地上服役为条件而持有份地的人，他们被严格缚束在土地上，并向领主交纳各种与人身依附有关的税款。由此，农奴的经济负担重于自由人。因此，用合法或非法手段争得自由，是每个农奴改变自己的政治经济地位的先决条件。14—15世纪以后，这种典型的封建阶级结构逐

---

① ［苏］琼图洛夫：《外国经济史》，上海人民出版社1962年，第221、222页。
② 《马克思恩格斯全集》第23卷，人民出版社1972年，第816—817页。
③ ［英］莫尔顿著，谢琏造、瞿菊农、李稼年、黎世清译：《人民的英国史》，生活·读书·新知三联书店1958年，第47页。

渐动摇。

首先,清一色的封建阶级结构被打破。威廉·哈里森在《英国志》(1577)中曾写道,"英格兰全体国民中的各种人"通常分为4种,即"绅士"(包括称有号的贵族、骑士、乡绅);城镇公民和市民;农村自耕农,包括"按日计资的雇工,穷庄稼汉,部分零售商,……公簿持有农;以及所有的工匠,如裁缝、鞋匠、木匠、砖匠、石匠等"。① 11世纪初,罗伯特·赖斯在《萨福克的发现》中共列举7种等级称号:贵族、骑士、绅士、自耕农、城镇居民、庄稼汉、穷人。② 从哈里森和赖斯的归纳中,我们不难觉察中古后期阶级结构的变化:一个具有共同经济利益的阶级集团已经崛起。在阶级属性上,他们既同纯粹的封建阶级有本质的区别,也不完全等同于近代资产阶级,因此是一个尚未与封建阶级脱尽干系、具有资本主义经营意识的过渡阶级。这个阶级集团成员的社会和经济地位差别亦很大,包括农村中改用资本主义方式经营农场的大贵族,以及骑士、乡绅和富裕自耕农。在贵族集团中,真正采用资本主义方式经营种植业和畜牧业的人只是极少数,据说全英格兰总共不过5—8家。③ 因此,构成这个阶级集团主体的是骑士、乡绅和少数富裕自耕农。他们在经济上和社会地位上大体是处于大封建贵族和普通农民中间的阶层。他们靠新方法经营而致富,并通过牺牲没落贵族和穷苦农民的利益进一步增强实力。他们是没有称号的资产阶级化的贵族,或称新贵族,以示同那些有称号的仍以传统方法经营的封建旧贵族相区别。虽然在社会地位上新贵族同旧贵族还有差距,但在经济上少数新贵族无疑已经赶上甚至远远超过旧贵族。新贵族的队伍还不断得到城市的富有阶层的迅速补充。由于土地财产是衡量社会地位的最终尺度,因此,在城里赚了钱的人往往要投资于土地,加入新贵族的行列,成为贵族化的资产阶级。英国市民资产阶级的实力较农村新贵族为弱,他们尚不能独立构成"第三等级",相反要借助"新贵族"的头衔装潢门面。资产阶级化的贵族和贵族化的资产阶

---

① [英]基思·赖特森:《英国近代早期的社会等级》,载王觉非编:《英国政治经济和社会现代化》,南京大学出版社1989年,第197页。
② [英]基思·赖特森:《英国近代早期的社会等级》,载王觉非编:《英国政治经济和社会现代化》。
③ [英]施脱克马尔:《十六世纪英国简史》,上海人民出版社1959年,第48页。

级的形成,成为英国阶级结构变化的结果。两者联盟不仅决定了英国资本主义农业道路的发展方向,而且也是英国资产阶级革命具有浓厚保守性的主要原因。

其次,阶级结构的变化导致中古法律身份的解体。资本主义生产的主要特点之一是自由劳动力的存在。由身份到契约,也是社会近代化的重要标志。马克思指出:"在英国,农奴制实际上在十四世纪末期已经不存在了。当时,尤其是十五世纪,绝大多数人口是自由的自耕农,尽管他们的所有权还隐藏在封建的招牌后面。"[1]由于农牧业中资本主义因素的扩展,农奴制已名存实亡,法律身份不再是划分阶级或等级的标准,职业和经济状况成为主要依据。在中世纪晚期的英国农村中,公簿持有农的称谓取代维兰,成为中世纪法律身份解体的证据。在16世纪,公簿持有农占61.1%,自由持有者和租地持有者各占19.5%和12.6%,其他占6.7%。[2] 后两种人汇集了大量靠工资收入维持生活的茅舍农、边地农、各种工匠和短工阶级。莫尔顿认为,"到了14世纪农奴制衰落的时候,比起那些被束缚在庄园联合农业上的农奴来,他们有较快得到自由的趋势"。[3] 公簿持有农构成16世纪英国普通农民的主体。他们人身是自由的,在民事关系上享有充分的独立性。他们的租地权以庄园法庭文契的副本为凭据。庄园法庭只证明了他们的占有权,而土地的最高所有权仍然在封建主手中。所以这种自由又在一定程度上被打了折扣。他们不能自由迁徙,并要向领主承担地租及其他多种服役,否则,领主可以将其从份地上赶出。不过,在实际生活中,他们的处境似乎要好得多。对此,爱德华·科克爵士在《完全佃册农》(1673)一书中这样描写道:"现在那些佃册农(即公簿持有农——引者注)有着稳固的地位了,他们无需小心地考虑庄园主的不满,他们对每一突如其来的暴怒不再战栗不安了,他们安心地吃、喝和睡觉,他们唯一当心的重要事项,就是小心翼翼地履行对佃册地所规定的而为惯例所要求的那些责任或劳役。除此以外,就让领主皱眉蹙额吧,佃册农完全不在乎,他们知道自己是安全的,没有

---

[1] 《马克思恩格斯全集》第23卷,第784—785页。
[2] [英]R. H. 陶内:《16世纪农业问题》,朗曼出版社1912年,第23页。
[3] [英]莫尔顿著,谢琏造、瞿菊农、李稼年、黎世清译:《人民的英国史》,第48页。

任何危险。"① 公簿持有农法律身份的改善,既有利于他们弱化同庄园的联系而获得相对自由,也同时削弱了庄园对其实际土地所有权的保护或约束,小农的独立地位愈加不稳固了。

　　以乡绅为支点的二元政治结构的形成。英国典型的封建政治结构是一种完全建立在封建关系基础上的多元形式,即王权、教权、封建领主权和村社权共同组成封建的政治权力体系。② 由于历史文化因素的制约,征服后的英国王权虽很强大,但仍无力通过官僚科层达到对全国的直接统治。在英国,政治统治权是通过授予各集团以土地所有权来间接实现的。梅特兰认为,英国封建政权的特点是,所有权和统治权合一,公法与私权合一。③ 通过国王赠予等方式,英国教俗封建主都拥有巨额田产,因而也就获得了对其土地上的居民的统治权。在农村,表面看来,农奴的命运完全掌握在领主之手,封建庄园和各级法庭完全是对农奴实施政治统治与经济剥削的工具。但实际情况远非如此。无疑,农奴要承担名目繁多的封建义务,但也保有反抗领主任意勒索、保护其土地世袭使用的权利。不管农奴无权的理论何等喧嚣一时,但农奴无时无处不在同贪婪的领主斤斤计较,寸利必争。农奴负担的相对固定和较为稳定的土地世袭使用权,与庄园习惯法对农奴利益的保护息息相关。此外"在领主和个体农民持有地之间存在着农村公社。实际上代表农村公社的都是农村里的头面人物,他们是富裕农民的杰出分子,没有他们的合作,领地就难以管理。因为领主不但需要强制性的权力,他还需要居中调解的人"。④ 中世纪早期这种多元的封建政治结构因中央权力的集中、村社凝聚力的弱化和宗教改革而宣告解体。中世纪晚期,在此基础上,建立起一种由封建—资产阶级共同组成的二元政治结构。在这种结构中,国王仍是封建势力的最高代表。大多数旧贵族或死或衰,余者在政治经济上也日渐成为"多余的人"。在欧洲,君主们为国家稳定和扩大收入来

---

　　① ［英］约翰·克拉潘:《简明不列颠经济史》,第282页。
　　② 参见拙作《中世纪英国农村的行政、司法和教化体制及其与农民的关系》和《英国中世纪的法律结构与法制传统》,分别载《历史研究》1986年第1期和1990年第6期。
　　③ ［英］F. 波洛克、［英］F. W. 梅特兰:《英国法律史》第2卷,剑桥大学出版社1923年,第7页。
　　④ ［英］R. H. 希尔顿:《封建主义的危机》,《世界历史译丛》1980年第5期。

源,一般都寻求市民等级的支持与合作,用参政权和重商政策招徕他们。英国的情形略有不同,资本主义生产关系最早在农业中发展起来,于是贵族中间产生了一个集团,这个集团和资产阶级紧紧地结合在一起,其中一部分人是从资产阶级和大农中补充进来的。这些人很早就成为国王依靠的对象,并大批挤进郡和国家机构中去。下院是农村新贵族的大本营。在 14 世纪的下议院中,郡骑士和乡绅的代表占了很大优势,到 16—17 世纪,这种势力更为加强。比如,在 1640 年召开的长期国会中,下院议员共 527 人,其中廷臣与王家官员 52 人,贵族 72 人,骑士和乡绅 251 人,律师和城市官员等 88 人,商人 64 人。[①] 所以,乡绅较早成为中央和地方政权的基石,决定了农村生产关系和资产阶级革命渐进保守的方向:赋予新内容于旧形式之中,即用资本主义经营方式改造以庄园为代表的封建大地产,以议会制下的君主立宪制代替封建君主制。

二、乡绅的形成及其在生产关系变革中的作用

资产阶级化乡绅的崛起是英国中古史上最重大的事件,也是导致英国同欧洲其他国家(如法国)农村封建生产关系变革和资产阶级革命呈现差异的决定因素。因此,撇开乡绅,就根本无法说明英国由封建主义向资本主义生产关系过渡的历史。

乡绅是具有多种表达方式、内涵较为模糊的概念。它由两组不同的词表示:gentleman、gentry 和 esquire、squire。gentleman 有广义与狭义之分:广义上,它包括有称号的高级贵族,如前引威廉·哈里森的用法;狭义上,它同 gentry 一起指地位介于贵族和约曼之间的阶层(包括骑士)。squire 是 esquire 的缩写词,两者都指地位紧接在骑士之下的阶层。因此,一般而论,在农村中,gentleman 和 gentry 是指大乡绅,其经济和社会地位高于 squire 和 esquire(小乡绅)。除土地所有者外,其他阶层或职业的人也可通过被授予或购买等方式获此称号,此类人包括贵族幼子、城市富豪或国家官吏。[②] 许

---

① [英]安特勒:《长期国会的定量分析》,《过去与现在》总第 56 期,1972 年。
② 参见《韦氏英语大辞典》(非节略本百科版),纽约国际出版社 1979 年,第 624、756、1766 页。

多西方学者仅以财产和生活方式作为界定乡绅的标准,如哈里森认为,乡绅就是那些有财产"毋需自食其力,因而能够并愿意支付作为具有乡绅身份、花销和行为举止的人"。① 因此,财产标准是入选的首要条件。② 其实,法律上为各阶层规定的财产限额已远远脱离了实际情况。比如,到 14 世纪末,已有 3000 个 squires 家族的财产跃居到 gentleman 之上。而对中古法学家来说,这种情况是奇怪的事。此时,许多 squires 为各种实际目的已与骑士的地位拉平甚至后来居上。另外,富兰克林的上层的财产也早已赶上或超过 squires。1379 年第二次人头税开征时,国会将富兰克林与小乡绅的税额拉平可资为证。③ 这些富裕农民的上层常常有能力买进贵族、骑士和小乡绅的地产。所以,"这样的自耕农转入乡绅之列,不仅不是罕有的事,而相反的还相当普遍"。④ 对此,1607 年出版的《调查员对话集》曾有这样的评论:"农夫与约曼相差无几,约曼与大乡绅(genheman)相差无几,大乡绅与小乡绅(squire)相差无几。"⑤笔者认为,可以是否采用资本主义方式经营农业作为界定乡绅的主要标准,唯其如此,乡绅的成长历程和在农村生产关系变革中的作用才清晰可见。

  资产阶级化的乡绅在经济上起源于亨利一世起实行的骑士可以盾牌钱代替封建兵役的军役改革。此前,骑士是唯一的职业军人集团,骁勇善战是好骑士的标志,其采邑仅为满足骑士的生活和骑兵的全套装备。退役后,骑射就成为他们的偶尔消遣,财富便成为其追求的新目标。于是他们开始将精力倾注到经营农业、追逐利润上,成为农村的土财主。他们同封建旧贵族分道扬镳,而与商品生产意识极强的市民和富裕自耕农过从甚密,因而头脑机敏,市场观念增强。在农奴强制劳动弊多利少的情况下,他们不抱残守缺,坐吃山空,一般都较早地采用货币地租和依靠雇佣劳动,并由此发财致

---

① [英]基思·赖特森:《英国近代早期的社会等级》,载王觉非编:《英国政治经济和社会现代化》,第 198 页。
② 按照传统,骑士年收入至少 20 镑,乡绅 5 镑,富兰克林 40 先令。中世晚期,上述标准大幅度提高,如在柴郡和兰开斯特郡,骑士年收入为 40—80 镑,乡绅为 20—40 镑([英]M. J. 贝内特:《社会、所级和追逐名利》,剑桥大学出版社 1983 年,第 83—85 页)。
③ [英]R. H. 希尔顿:《中世纪晚期的英国农民》,牛津大学出版社 1979 年,第 26 页。
④ [英]施脱克马尔:《十六世纪英国简史》,第 333 页。
⑤ [英]M. 坎贝尔:《伊丽莎白和早期斯图亚特治下的英国约曼》,第 30 页。

富。他们的地产早就被称为"羊庄园"或"大块自由持有地"了。此外,他们中的许多人善于开拓,多种经营。从进行土地投机生意,到羊毛家兔买卖;从饲养牛羊到投资于矿井矿山和买卖粮食等。① 总之,他们经营与市场有关的、可以发财致富的一切生意。赚钱有方的乡绅虽是土财主,但不少人可富比王侯,成为经济上的暴发户。乡绅靠商品生产致富后,更加拥护王权和国家的稳定,国王也想通过吸收其参加政务,遏制旧贵族,增加经济收入,加强王权。乡绅参与政务是从地方开始的。自理查德一世(12世纪末)起,国家有意吸收乡绅参与郡的政务。乡绅参与郡务,既可遏制郡守(一般是大贵族担任)势力,又能捍卫王室利益,在乡村政治中发挥积极作用。骑士是"郡的骑士",他们把自己的时间和精力倾注于本郡的司法与行政工作。在郡中,乡绅曾被任命为"王权辩护官"②"土地归还官"和"研询死因法官",③参加郡法庭的估税和征税工作。但郡中最重要的职务是治安法官。治安法官最初是政府为管理地方治安而设置的。理查德一世时,大法官休伯特·沃尔特曾发布治安保护令,并提名骑士负责该项工作。这些骑士搜捕罪犯,送交法庭究办。他们是治安法官的鼻祖。爱德华二世时,除继续承担治安工作外,通过国王特别委任的方式,他们还接受许多其他工作。及至爱德华三世时,治安法官成为郡之首脑。他们由国王任命,来源于郡骑士和乡绅阶层,没有薪俸。治安法官的数额经常浮动,1388年的法律规定,每郡设6名治安法官;1390年增至8名,此后一直升降不定。都铎王朝时,地方的一切权力都由治安法官把持,所以国王在决定国家事务时,必须与他们妥协,不然任何措施都难以执行。到17世纪初,"凡乡间所有的公务无不尽归治安法官处理"。④ 乡绅成为郡的新贵和地方权力中心。从13世纪初起,乡绅又开始参与中央政府工作。从亨利三世开始,每郡两名骑士就不定期地出席咨议院会议(由国王及其直属佃户组成的商讨并决定国家事务的最高机构。1265年的西门国会则令有特许状的各市推举两名代表出席。

---

① [英]施脱克马尔:《十六世纪英国简史》,第50页。
② [英]A.G.R. 史密斯:《伊丽莎白时期的英国政府》,伦敦爱德华阿诺德1981年,第86页。
③ N. 德诺姆—扬:《14世纪的乡绅》,第51—54、83页。
④ [英]屈勒味林著,钱端升译:《英国史》,商务印书馆1931年,第350页。

从此,骑士和市民出席国会就作为制度确定下来。爱德华一世时,国会尚无贵族院与平民院之分。国王为国会主席,教俗大贵族、各郡骑士和各市市民代表定期出席。起先骑士和市民在国会中只能战战兢兢地退居人后,不问不敢主动发言。国会许多立法不经他们同意即可通过,贵族和大臣们可以无视他们而自由地处理一切事务。甚至 1290 年"置地法"通过时,平民代表根本不在现场。伴随骑士和市民经济实力的增强,其共同利益也不断发展。他们经常在国会中举行秘密的非正式会议。如果需要表决,他们就闭门而为秘密集会,这就是平民院的雏形。大约在爱德华三世时,国会分为贵族、平民两院。高级贵族通过国王下达的召集状进入贵族院,低级贵族、骑士、市民和富兰克林(后称约曼)则通过郡和城市选举而为下院议员。1297年,国会获得批准赋税的权力;1322 年,又将立法权牢牢控制在自己手中。到 15 世纪末,乡绅不论在政治上还是经济上,不论是在地方还是中央,都已形成一股强大力量。他们崛起后,必然要铲除妨碍他们继续发展的农村封建生产关系。具体讲,就是变封建土地所有权为近代资本主义私有权,变封建主—农民的封建剥削关系为土地所有者—租地农场主—农业工人的资本主义生产关系,变自然经济的小农生产为商品化、专业化的规模经营。通过15 世纪末至 18 世纪展开的圈地运动、教产还俗和对王党土地拍卖,英国农村全面而彻底地完成了由封建生产关系向资本主义生产关系的划时代的演变。

封建土地所有权的主要特征,是产权关系模糊不清。英国封建社会盛行的是一种"无土地没有领主"的封建等级土地所有制。特别是在农业较先进的南部和东南部各郡,封建等级土地所有制构成了英国封建生产关系与生产方式存在和运行的基础。教俗大贵族是国王之下最大的土地所有者。其中许多人(伯爵、男爵、主教、修道院、教长们)的土地扩展到许多郡县。这庞大的地产并非全由最初受封者经营。除留下直接领有的庄园外,大部分土地要再授封给下级的附庸,各级附庸都如法炮制,形成金字塔式的土地等级占有结构。封建等级土地所有制意味着同一块土地的所有权为许多人分享,同一块土地通过反复封授,往往形成一田多主。封建等级链条中的每一个人(如国王、公爵、伯爵、子爵、男爵等)都要求土地所有权的一份。在此基础上,就产生了所有权分为陪臣的从属所有权(使用权或低级所有权)和他的领主的最高所有权(土地支配权)的划分。这种土地所有权的缺陷是,"领主的土地所有权因陪臣的自由支配封土的要求而受到限制,而陪臣的权力又因他的主人的最高所有权受到限制"。[①] 在这种情况下,一方面,封君由于要得到封臣的封建义务(如出席宗主法庭、提供军役、缴纳襄助金、继承金或遗产税等),故其土地所有权的经济职能大部分丧失;另一方面,由于封建法律对封臣处置土地予以种种限制,故他们的土地也不能自由流动,优化组合,因而降低了土地的经济价值。因此,除国王在名义上是全国土地的最高所有者外,英国中世纪不存在近代意义上的土地私有权。因此,土地产权的变革就成为农村封建生产关系变革的基础,乡绅要求把他们的土地所有权从"封建招牌"后面解放出来,他们要求对地产的现代所有权(他们对地产只有封建权利),换言之,他们要求得到对土地的纯粹的资本主义所有权。圈地运动就是在这一背景下开始的。以圈地运动为代表的农村土地制度的变革,"为的是把土地变成纯粹的商品,扩大农业大规模生产的范围",[②]从而为农村种植和畜牧业的企业化、专业化和商业化生产创造必要条件。

那么谁的利益同这场变革联系最紧密?谁对这场变革的要求最迫切?谁在经济上、政治上和思想观念上早已为这场变革做好了准备?答案是乡绅。因此,以乡绅为代表的城乡中产阶级是农村生产关系变革的领导者、主力军和最大受益者。

首先,乡绅是农村资本主义生产关系的真正创始人。土地制度变革的直接动力来源于因市场扩大而带来的农产品和畜产品价格的上涨。在中世纪,英国羊毛产品的价格始终高于农产品的价格。这样,经营农业就变得无利可图了。劳役地租折算后,领主也曾试图靠雇工直接经营自营地。但因经营成本较高,得不偿失,因而还在黑死病以前,领主就开始将自营地租出去,黑死病又加速了这一历史进程。以温切斯特主教地产为例,14世纪该地产的领主自营地的自营面积在100年间减少近70%,其中38%的庄园已将自营地全部租出,领主自营经济已不复存在了。在那里,领主完全退出了

---

① [苏]波梁斯基:《外国经济史》,第230页。
② 《马克思恩格斯全集》第23卷,第792页。

生产管理领域,仅作为年金领取人而存在。乡绅逐渐成为在领主自营地基础上建立起来的资本主义农场的主人。尤其在15世纪中期以后,他们纷纷加入租地农场主的行列,不少骑士不仅改变了自己地产的经营方式,而且和小乡绅一起成为大封建主自用地的重要承租者。① 格拉斯也认为,领主自营地的第一批承租人是管事和农奴,然而,在16世纪下半叶和17世纪,情况发生了变化。乡绅大量涌入农场主的行列。② 对此,马克思曾详细指出:"在英国,最初形式的租地农场主是本身也是农奴的管事……在十四世纪下半叶,管事被由地主供给种籽、牲畜和农具的租地农民所代替。这种租地农民的地位同农民没有多大的区别,不过他剥削更多雇佣劳动。他不久就成为分成农,半租地农场主……这种形式在英国很快就消失了,代之而起的是真正的租地农场主,他靠使用雇佣工人来增殖自己的资本,并把剩余产品的一部分以货币或实物的形式作为地租交给地主。"③在此,马克思把租地农称为"半租地农场主",而"代之而起的"乡绅和少数上层自耕农才是资本主义的"真正的租地农场主"。马克思认为:"这个形式只有在那些在从封建主义生产方式过渡到资本主义生产方式时期支配着世界市场的国家,才能成为一般的常规。"④16世纪的英国,已经具备了资本主义租地农场主发展的一切"特别有利的情况",因此,"在十六世纪末,英国有了一个就当时情况来说已很富有的'资本主义租地农场主'阶级,是不足为奇的"。⑤ 陶内曾对16世纪52个庄园中67个农场的经营规模进行过调查统计。在这67个农场中,32个农场的经营面积超过200英亩,占53%,15%以上的农场达500—900英亩⑥。我们无法确切知道小乡绅和自耕农上层各自所拥有土地的准确数目。其实,两者在财产上早已经不相上下了,富有的自耕农的财产有时甚至还会超过小乡绅。因此,我们可以认为,那些拥有200英亩以上土地的农场主可能是少数自耕农的上层,但大部分是地位在自耕农之上的乡绅。租地农场主的诞生,标志着农村封建生产关系由量变到质变的完

---

① [英]C. 戴尔:《变化中社会的领主与农民》,剑桥大学出版社1980年,第221页。
② [美]格拉斯:《一个英国村庄的经济社会史》,哈佛大学出版社1930年,第101页。
③ 《马克思恩格斯全集》第23卷,第811页。
④ 《马克思恩格斯全集》第25卷,人民出版社1974年,第901页。
⑤ 《马克思恩格斯全集》第23卷,第813页。
⑥ [英]R. H. 陶内:《16世纪农业问题》,第212页。

成,因为"一旦资本主义租地农场主出现在土地所有者和实际从事劳动的农民之间,一切从农村旧的生产方式产生的关系就会解体"。①

其次,以乡绅为支点的二元政治结构为农村生产关系的顺利转型提供了保障。英国农村大规模的圈地运动大体上是从都铎王朝建立时开始的。无疑,资产阶级化的乡绅已成为都铎王朝财富和权力不可缺少的支点,虽然两者的利益并不完全一致。从本质上说,都铎王朝仍是封建政权,其阶级结构的基石是农村中成千上万的农民家庭和小农经济,失去了他们,封建王朝也就如铲除地基的大厦,势必彻底倾覆。对此,都铎君主们尚有清醒的认识。目睹圈地对小农毁灭性的摧残,为了维护封建国家的根本利益,都铎王朝曾试图用立法阻止事态的恶化。1489 年,亨利七世颁布法令,该法令列举由于毁坏农舍和变耕地为牧场而造成的种种弊端,并限制拆毁附有 20 英亩以上土地的农民房屋。随后在 1515 年颁布的法令中规定,在一年内,所有变为牧场的土地都应该恢复耕作。1534 年和 1536 年的法令又规定,任何人饲养的羊群都不能超过 2000 只或持有 2 个以上的农场,并重申拆掉篱笆开放全部已圈围的土地的法令。除颁布法令外,1517 年,政府还任命一个委员会去专门调查自 1488 年以来出现的所有圈地。圈地者要在大法官法庭被起诉,法庭将强迫他们具结拆毁其篱笆。1548 年,政府又任命一个新的委员会,以调查自亨利七世初年以来哪些大村和小村由于被圈作牧场而衰落了,有多少人养了 2000 只或更多的羊,多少公田落入私人之手,等等。② 遗憾的是,政府反圈地的法令和行动都一一落空了,农村里的圈地不但毫无缓解,反而变本加厉,愈演愈烈。不仅荒地,而且农民赖以维生的耕地也惨遭厄运。农村的险恶状况何以急转直下?是政府和治安法官软弱,无力制止吗?回答是否定的。造成反圈地法令及其措施失败的原因只有一个,即没有得到以乡绅为代表的当权者的合作。其一,反圈地法令未能实施和身居政要的圈地者有关。据 1715 年王室调查委员会报告书,圈地者有诺福克公爵、施鲁斯伯里伯爵、白金汉公爵、丹伯里勋爵、威廉·博伦伯爵、R.谢菲尔德爵士(下院议长)、J. 威特爵士(财政副大臣)和 J. 科顿爵士,而科

---

① 《马克思恩格斯全集》第 25 卷,第 901 页。
② [英]E. 利普森:《英国经济史》,伦敦亚当与查理斯·布莱克公司 1947 年,第 175—176 页。

顿就是政府反圈地的王室调查委员之一。另据1548年和1552年枢密官名单,证明获得年收入在200镑以上的修道院土地的31人中,有14人是枢密院的枢密官。① 其二,在都铎时期,政府的各项法令和措施的贯彻无不仰仗治安法官的配合。然而,乡绅是重要的圈地者。以圈地为代表的农村土地关系和耕作方式的变革,是符合乡绅阶层利益的,不仅如此,他们早就热心支持和广泛参加了原先对农民土地的掠夺,并且迅速发财致富,提高了自己的政治社会地位。因此,没有过去乡村生产关系的量变,就不会有乡绅现有的既得利益。以圈地运动为代表的农村土地所有权的变革会进一步扩展其既得利益,使限制其发展的封建生产关系发生根本性的质变,这是乡绅所热切渴望的。在此,他们与都铎王朝的分歧是原则性的、不可调和的。他们不可能用自己的双手撕毁展现在他们眼前的诱人的蓝图。如果说都铎君主们是用极认真的态度制定反圈地法令的,那么他们的失误是没有为这些法令的执行找到合适人选。遗憾的是,除治安法官外,都铎君主们恐怕再也找不出更合适的人选了。在每个郡,治安法官不仅数量大,而且还控制着作为郡政府的四季法庭。在都铎王朝开始时,每个郡平均少于10名治安法官,但到伊丽莎白统治时期,平均也许是40人或50人。在1580年,英格兰总共有1738名治安法官。② 在四季法庭中,治安法官取代了郡守成为主持人。他们是地方政府的关键人物。利普森分析说:"造成这种情况的原因是,都铎王朝管理力量依靠作为地方政府中枢的治安法官的忠诚和善意。然而,治安法官正是其利益同农业革命如此紧密一致的那些人……都铎王朝无力执行一项不被中产阶派接受的政策;他们的力量也是他们的短处,是他们权威的明确限度。"③另一位经济史学家也指出:"在英国,除伯爵领地的治安法官以外,不存在其他执行事实上已成立的法令的机关。这些官吏属于乡间小贵族,而且是同本身即是圈地的受益者或同受益者结盟的那些中产阶级有关联或结有姻亲关系。这便是都铎王朝所依靠的阶层。都铎王朝虽然可以颁布反对自己所依靠的阶级的利益的法令,但是,它却不能使法令得到

---

① 蒋孟引主编:《英国史》,中国社会科学出版社1988年,第287—288页。
② [英]A. G. R. 史密斯:《伊丽莎白时期的英国政府》,第90页。
③ [英]E. 利普森:《英国经济史》,第177页。

贯彻。"①由此可见,圈地几乎是在没有国家行政权力干预的情况下进行的。不仅如此,如果说在15世纪末和16世纪,法律还谴责和反对圈地的话,那么,从17世纪末起,"法律本身现在成了掠夺人民土地的工具"。② 对此,波梁斯基总结说:"在1677年,查理二世颁布了关于非法占有的法案,宣布一切不是根据文件和正式的契约而使用的土地,都成为地主任意支配的租地。'世袭地保有者'和'官册土地持有者'所往往引为根据的'习惯法',失去了效力。这些农民的地位更加不稳定了。领主现在有了剥夺农民土地的广泛机会。在18世纪,英国国会,不断颁布新法律,批准圈地运动。这类决议的数目与日俱增,因为国会在1702—1714年期间,曾经通过了三个这样的决议;在1714—1727年期间16个;在1760—1775年间732个;最后,1801年颁发了全面的"'圈地法律',规定地主有权放肆掠夺农民"。③ 可见,二元政治结构对土地所有权由封建主义向资本主义的顺利过渡提供了有利的政治环境。

最后,乡绅是农村土地所有权变革的最大受益者。第一,乡绅是圈地运动的最大受益者。莱斯特郡的圈地最有代表性,莱斯特郡位于英格兰中部平原敞田制的中心地区,这一地区的圈地在全国具有典型性。据统计,1485—1550年间,王室圈占土地占这一时期圈地总面积的2.1%;高级僧侣占17.6%;贵族占12.1%;乡绅占67.5%,而在1551—1607年间,乡绅占到70%以上。④ 在诺尔杜培尔的考宾镇,共有10个土地所有者,其中有1个骑士、1个大地主、3个乡绅和5个自耕农。他们签订了划分圈地范围的协定,其中骑士和乡绅获得了其中绝大部分土地。⑤ 第二,乡绅是教产还俗土地的最大获益者。萨文指出,"没收下来的寺院土地的主要部分为殷实的乡绅所得",特别是"为大官僚、宫廷官吏、中央部门官吏"所得。⑥ 从总体上,"在1558—1640年间,英国王室共拍卖了价值在400万英镑以上的地产,

---

① [德]汉斯·豪斯赫尔:《近代经济史》,商务印书馆1987年,第121页。
② 《马克思恩格斯全集》第23卷,第792页。
③ [苏]波梁斯基:《外国经济史》(资本主义时代),第242—243页。
④ [英]W.G.霍斯金斯:《掠夺时代——亨利八世时代的英国》,朗曼出版社1976年,第71页。
⑤ [英]施脱克马尔:《十六世纪英国简史》,第39页。
⑥ [苏]波梁斯基:《外国经济史》(资本主义时代),第31页。

其中大部分被乡绅购去。到 1640 年时,在大约 3000 个庄园中,乡绅占有 80%,贵族占不到 7%,王室占 2%"。① 各郡情况正好说明了这一点,如诺福克郡修道院共计 263 个庄园,教产还俗后 20 年,有 174 个庄园转入乡绅手里,占 66%。② 在埃塞克斯郡,在解放寺院后 100 年,即 1639 年,乡绅家族从 144 个增至 336 个,③其中许多人是因购买到教会土地而发家的。托尼通过考察格罗特郡、北安普顿郡和沃里克郡的 250 个教会庄园发现,其中大部分庄园为地方新贵所获。④ 第三,乡绅也从国有土地和王党成员土地拍卖中得到最大实惠。"伊丽莎白女王时代拍卖了价值为 817000 镑的土地。土地加速转让的结果,就是土地更加集中在乡绅的手里。这些乡绅在取得寺院土地以后加强了实力,这就自然比别人容易从王室和破产贵族手中购得土地。"⑤另外,在 1651 年和 1652 年间,国会通过了 3 项关于出卖土地的法令,其中被拍卖的大部分土地的所有者是破坏分子。从出卖土地法令中所载明的买主的社会地位及成分看,贵族仅占 9.42%,土地持有者和租佃者占 10.87%,大多数买主是伦敦的资产阶级的商人,占 50.73%,文武官吏、债权人以及其他富人占 28.98%。⑥ 在后两种买主中,许多人属于有绅士称号的中产阶级。"就这样,贵族出卖土地,王室也出卖土地,而买土地的人主要是绅士和大地主……绅士在旧封建贵族的废墟上,在强制清除了农民的土地上日益成长,所有有封建土地权的人,事实上都被剥夺了权利。"⑦乡绅购买土地后,就获得了"自由处理其土地"的权利,因而,"这个阶级的地产事实上不是封建性的财产,而是资产阶级性的财产"。⑧

当然,乡绅对英国历史变革的功绩还不止上述所列方面,包括克伦威尔在内的一大批乡绅还成为英国资产阶级革命的主要领导者。正是由于

---

① [英]海顿:《欧洲经济史》,纽约哈珀兄弟出版公司 1948 年,第 310—311 页。
② [英]W. G. 霍斯金斯:《掠夺时代——亨利八世时代的英国》,第 137 页。
③ [美]克莱顿·罗伯茨、[美]戴维·罗伯茨:《英国史》第 1 卷,普伦蒂斯·霍尔 1980 年,第 306—310 页。
④ [英]R. H. 托尼:《乡绅的兴起》,《经济史评论》第 11 卷,1941 年,第 23—28 页。
⑤ [英]施脱克马尔:《十六世纪英国简史》,第 50 页。
⑥ [苏]C. N. 阿尔汗·盖莱斯基:《英国 17 世纪革命时期的土地立法与农民运动》,《史学译丛》1957 年第 2 期。
⑦ [英]施脱克马尔:《十六世纪英国简史》,第 51 页。
⑧ 《马克思恩格斯全集》第 7 卷,人民出版社 1959 年,第 251 页。

他们同城市资产阶级的联盟,才最终彻底摧毁代表封建生产关系的封建政权。

三、英国向资本主义农业过渡的类型与必然性

毫无疑问,资本主义农业的建立首先要以土地产权私有化为先决条件,即以近代私有制取代封建土地占有制;其次,由资本主义生产关系取代封建生产关系;最后,由适度规模经营、面向市场的专业化生产取代自给自足的小农生产。这是资本主义生产关系和资本主义农业发展的一般规律。

由中古农业向近代农业的转变,是生产力的必然要求,它体现了经济发展的内在必然性和规律性。然而,怎样转变,即如何在各阶级之间完成各种利益的再分配,这确是由领导者的阶级性质和阶级力量的对比决定的。英国向资本主义农业过渡的历史反映了上述一般规律,同时又具有鲜明特色和内在必然性。

土地适度集中的经营规模的农场是英国农业近代化的鲜明特点。陶内曾对 16 世纪英国 16 个庄园中租地农场的比例做过抽样统计,在 99.1% 的庄园中,租地农场土地超过庄园总面积 1/3 以上,超过半数以上的占 69%,个别庄园甚至全部成为租地农场。① 16 世纪以后,租地农场的比例无疑会更大。此外,英国农场的规模也很可观。据陶内对 16 世纪英国 60 个庄园中农场经营规模的统计,有 30 个农场经营面积超过 200 英亩,占农场总数 50%,8 个农场经营规模超过 500 英亩。② 英国走上农场化的资本主义农业发展道路,根源于乡绅阶层的迅速崛起及其由此决定的经济政治结构。养羊业在农牧混合经济中倾斜发展,以及它同农场资本主义家庭工业的结盟,势必刺激农村资本主义的企业化、商业化养羊业的发展。畜牧业是刺激规模经营的有利杠杆。因为畜工贸一体化生产首先需要有作为牧场和牧草的

---

① [英]R. H. 陶内:《16 世纪农业问题》,第 259 页。
② [英]R. H. 陶内:《16 世纪农业问题》,第 212 页。与英国相比,法国占优势地位的仍是小块土地的分散占有和经营。占有土地 12.5 英亩以下者约占总农数的 83.4%,25—100 英亩的仅为 10%,100 英亩以上者仅占 0.5%。由此可见,中世晚期法国的土地总体上是趋于平均地归于众多小农户占有,而非趋于形成土地集中的大农场。

较多的土地,要有购买畜种、修建棚栏畜厩、装备运输工具以及雇佣农业工人等所需的丰厚资金,还需有较强实力应付畜群瘟疫、价格波动所造成的损失,因此,只有大土地经营方有力量进行。① 大农养羊业的膨胀,使农业经营结构愈加向畜牧业一方倾斜。按照格利格里·金的统计,1696年英国耕地面积为900万英亩,牧场和草地面积为1200万英亩,畜牧业的规模已超过农业,②成为英国产业和出口创汇的支柱。1621年,爱德华·科克在谈到毛纺织工业在国家经济中所占的重要地位时说:"如果把这个王国输出的全部商品分作10份的话,那么,羊毛输出就占9份。只要羊毛出口一停顿,那就等于什么都完了。"③大农想从畜牧业和农村工业中捞到更多的利润,国家也想从中收取更多的税收,在二元政治结构的有利政治环境中,建立大农场以获取规模效益则成为势不可当的潮流了。

英国资本主义农业是以消灭小农土地所有制为代价而建立的。15世纪时,"绝大多数人口是自由的自耕农",④甚至"在十七世纪最后几十年,自耕农即独立农民还比租地农民阶级的人数多。他们曾经是克伦威尔的主要力量",⑤而他们"从1750年起即已几乎消灭,而且正在渐渐被人遗忘"。⑥ 自耕农的命运尚且如此,佃农的境况更可想而知了。这同法国在18世纪上半叶小农经营仍占86%的情况形成鲜明的对照。那么,英国农民何以全部成为这场转变的牺牲品? 主要原因在于农民阶级内部的分化以及由此决定的村社共同体抵抗力量的弱化。

英国农村在14世纪末就已摆脱农奴制的阴影,重新出现自由的曙光。不仅如此,在15世纪,英国农村又涌现出数量颇为可观的"被人夸为英国的光荣"的富有的自耕农阶层。如果条件具备,英国土地革命也有可能走一条不剥夺农民,相反使大部分在近代获得资本主义土地所有权的农民有

---

① 陶内曾对16世纪英国33个庄园世袭佃户农业经营结构的调查表明:用于耕作的土地占总面积高达87.4%,牧草地仅占12.6([英]R. H. 陶内:《16世纪农业问题》,第212页)。
② [苏]科斯敏斯基:《十七世纪英国资产阶级革命》,商务印书馆1990年,第28页。
③ [苏]科斯敏斯基:《十七世纪英国资产阶级革命》,第63页。
④ 《马克思恩格斯全集》第23卷,第784页。
⑤ [德]马克思:《资本论》第1卷,第790页。
⑥ [法]保尔·芒图:《十八世纪产业革命:英国近代大工业初期概况》,商务印书馆1983年,第109页。

再生之路(如法国)。即使那样,也不会因此就"剪断了农村资本主义的翅膀"。① 然而,由于英国农民阶级的内部原因,这条较为温和的农业资本主义发展的道路被堵塞了。

英国农村的分化从12、13世纪已是普遍事实。可是,由于这种分化还只是处于量的积累阶段,因此并没有从根本上妨碍农民阶级的团结和同领主作斗争时获得成功。然而,14世纪以后,由于"商品生产的发展,农业的危机、灾荒、黑死病与封建主对于维持所有地亩的完整以保持劳动的供给的兴趣逐渐降低,导致了在典型的乡村里的农民各阶级大有变动。14世纪末,农民的上层阶级出现了"。② 据格利格里·金估计,在17世纪末,年收入55—90镑的自由持有者共有16万人左右,③这同马克思引用马考莱的资料完全相同。④ 他们连同家属在内要占总人口的1/7以上。这些富裕农民离群独立的个人主义思想急剧膨胀,并导致出现一种与村庄团结精神大异其趣的劳动和居住形式。这些人很快就抛弃了自己的农民兄弟,而与城乡中产阶级站到了一起。从此以后,"他们不再是领主和习惯佃户的农村公社之间的中介人。他们不再是抵抗运动的可能领导人"。⑤ 相反,他们是继乡绅后最大的土地购买者和圈占者,他们之中的幸运者踏着破产小农的阶梯爬上乡绅的宝座。自耕农购买土地的例子不胜枚举,出价从9便士到2100镑不等。但一般地说,100镑以下的占59%。无疑,这些小块土地的卖主主要是贫苦农民。"当农民在土地上的一切封建制度被破坏,对农民的剥夺发生的时候,只有买进原先保持在购买者手里的土地才是自耕农享有土地权的最可靠的方法。但是,这种方法只有很富裕的、财产地位相当于绅士中某些阶层的自耕农才能采用。"此外,自耕农还是积极的圈地者,他们强行圈占农民土地,使小农破产。⑥ 据科斯敏斯基研究,新贵族主要分布在

---

① [美]罗伯特·布伦纳:《前工业欧洲农村的阶级结构和经济发展》,《世界历史译丛》1980年第5期。
② [英]希尔顿、[英]法根著,瞿菊农译:《1381年的英国人民起义》,生活·读书·新知三联书店1956年,第36页。
③ 转引自[英]阿什利:《英国的经济组织》,朗曼出版社1928年,第123页。
④ 《马克思恩格斯全集》第23卷,第784—785页〈190〉注。
⑤ [英]R. H. 希尔顿:《封建主义的危机》,《世界历史译丛》1980年第5期。
⑥ [英]施脱克马尔:《十六世纪英国简史》,第33、34、39页。

英国东部和中部各郡,在落后的北部和西部各郡,旧贵族的比例更大。① 不仅如此,中部各郡的圈地规模远远超过其他地区。盖伊对1517年政府圈地调查委员会的材料研究表明,英国中部的圈地面积占全国圈地总面积的70.71%,占因圈地而迁走的农民总数的84.41%,占圈地者破坏的农民房屋总数的88.46%。② 这两种现象都集中于中部各郡绝非偶然,由此不难想象新贵族对剥夺小农土地是多么的贪婪! 富裕农民的背叛,大大削弱了农民阶级的斗争力量。另外,由于农奴制的瓦解和中央权力的集中,具有特殊弹性的庄园法庭也失去了作用,以公簿持有农为主体的英国农民也因此失去了任何保护和抵抗的手段。"庄园法庭的衰落带来了农村公社团结力量的衰落,这种衰落,部分是农民人口缩减的结果,部分是由于农民极端的流动性,部分是由于社会的分化。"③英国农民在挣脱农奴制枷锁的同时,也失去了庄园习惯法对其土地世袭使用权的保护,而国王法庭和普通法的保护又迟迟不能建立。因而,到圈地运动爆发时,英国农民不能再像原先那样利用法律手段成功地保护自己的利益。他们只能铤而走险,以暴力方式向剥夺者索要他们失去的土地权利。自17世纪初起,英国中部各郡相继爆发了大规模的农民起义。参加者再也见不到富裕农民的身影,他们都是中部各郡最贫苦的农村居民,被称为平等派和掘地派。他们把攻击目标直指使其穷极无告、走投无路的乡绅。在北安普顿郡威斯托尔教堂发现的一纸匿名信,其标题是《穷人的劳动就是对绅士的诅咒》,信曰:"你们这些绅士们! 你们收的是使人倾家荡产的地租,你们毁的是可以播种的良田。"因此,起义者要把本郡的绅士杀光,把他们拿走的别人的东西夺回来。④ 由于贫苦农民孤军奋战,在治安法官领导的地方武装的镇压下,这些起义都归于失败。乡绅的保守性使其既反对封建制度,又在更大程度上反对人民。他们不可能在资产阶级革命中或革命后真正施行任何"耕者有其田"的资产阶级民主革命的土地政策,相反更加肆无忌惮、变本加厉地掠夺人民。曾在资产阶级革命中浴血奋战、流血牺牲的农民,不但没有品尝到任何胜利的果实,反而

---

① [苏]科斯敏斯基:《十七世纪英国资产阶级革命》,第88页。
② [苏]科斯敏斯基:《十七世纪英国资产阶级革命》,第49页。
③ [英]R. H. 希尔顿:《封建主义的危机》,《世界历史译丛》1980年第5期。
④ [苏]科斯敏斯基:《十七世纪英国资产阶级革命》,第51、52页。

作为一个阶级被无情地消灭了。

英国农村变革的历史表明,以土地"神圣的私有权"取代封建所有权,是资本主义农业建立的物质前提。但资本主义土地所有制究竟采取怎样的形式,是消灭地主的大土地所有制,使"耕者有其田",还是剥夺小农建立大租地农场,却是由每个国家各自历史条件决定的,是剥夺者的阶级属性及其与被剥夺者阶级力量对比、较量的结果。

原载《历史研究》1991年第5期。

论中世纪晚期英国农业生产要素市场

从历史发展来看，在一定意义上可以说，商品化是中世纪晚期各国带有普遍性的现象，并非英国所独有。但是，商品化自然地导向近代化，英国确是最典型的国家，而农村生产要素的创新与发展是英国近代化的重要标志之一。直到中世纪晚期，英国农村社会主要的生产要素仍然是劳动力和土地。由于13、14世纪，农村商品化的蓬勃发展，建立在人身自由和契约关系基础上的雇工劳动力市场和以产权私有化为核心的土地市场也随之形成。探讨中世纪晚期英国农村生产要素市场创新的前提条件、过程及其深远影响，对于认识中世纪英国农村由商品化走向近代化这一重要历史进程，将不无裨益。

一

雇佣劳动者作为一个阶层独立出现并进而在农村中形成雇佣劳动力市场，大约从13世纪开始。这个阶层的主体包括维兰身份的茅舍农（Cattar）、保达（border）、四分之一农（fardel）及自由土地持有者的下层，他们均属于小土地持有者，其共同的经济特征是持有土地很少，仅凭土地收益根本无法维持生存，必须靠向他人出卖自己的劳动力来养家糊口。造成小土地持有者土地严重不足的原因是多方面的，如土地因诸子析产或买卖而不断分割，长子（或幼子）继承制下其他诸子成为少地无地者，农民家庭中普遍盛行的子女从很小起就外出谋生、从此经济上独立生活的传统，以及土地转让中家族中心主义的削弱、个人土地所有权的增强等。

估算农村雇佣劳动者的人数，必须参照维持一个普通家庭最低生活标准的土地占有量。波斯坦认为,在英格兰农耕区,平均计算,半个维尔格特惯例持有地刚好可以满足一个农民家庭的生活之需,即要达到拥有 12—15 英亩土地的标准。① 在此之下特别是不足 10 英亩土地的农户,构成农村雇佣劳动者的基本来源。科斯敏斯基曾将全部《百户区卷档》所涉及的地区综合进行估算,土地分布的结果是:农奴与自由农地产超过半维尔格特的农民占总数的 54%,自由小地产与农奴身份的小土地持有者为 46%。② 也就是说,在《百户区卷档》所涉及的六郡中,有一半的农民没有足够的土地。他们仅靠土地的收入无法维持生活。波斯坦的统计与科斯敏斯基大体持平,他通过对 12 世纪晚期至 13 世纪晚期温切斯特、伍斯特等 4 个教会地产和位于东盎格里亚、兰开斯特的两个伯爵领地所属的 104 个庄园共 6924 户的调查,证明超过半维尔格特的农民占 55%,小土地持有者占 45%。③

小土地持有者人数如此众多,如果仅以土地收入维持生活,英国约半数的农村人口将处于饥饿状态,势必构成严重的社会问题。所幸的是,在 13 世纪以后农村商品生产和货币支付较流行的特定条件下,这部分人并不仅靠耕种自己的小块土地糊口,他们以雇佣劳动者的身份在庄园内外寻找其他谋生手段与出路。

雇佣制度在英国中世晚期的农村中甚为发达。从宏观考察,大致可以得出这样的结论:黑死病以前,雇佣劳动者基本是封建经济的补充,主要向自给或半自给性农业出卖劳动力,与庄园尚维系一定程度的封建依附关系;黑死病以后,雇佣制更多地与农村中资本主义经营相联系,主要以商品化农业或农村工副业为劳动力输出对象,脱离与庄园的依附纽带,成为农村中自由的工资劳动者。

一般来说,小土地持有者与庄园劳役制的联系一开始就较弱。由于持有的土地少,相应承担的封建义务也就较轻。他们每周仅为领主劳动一天,这一天通常被安排在星期一,故有"周一汉"的称呼。④

---

① [英]M. M. 波斯坦主编:《剑桥欧洲经济史》第 1 卷,剑桥大学出版社 1971 年,第 625 页。
② [苏]E. A. 科斯敏斯基:《13 世纪英国农业史研究》,牛津大学出版社 1956 年,第 228 页。
③ [英]M. M. 波斯坦主编:《剑桥欧洲经济史》第 1 卷,第 619 页。
④ [英]李普森:《英国经济史》第 1 卷,牛津大学出版社 1945 年,第 48 页。

科斯敏斯基认为,在庄园主看来,茅舍农对他的意义与其说是作为一种封建地租的来源,不如说是作为一个雇佣劳动力的储蓄所。① 贝内特也指出,"他们(指茅舍农——引者注)的重要性在于提供了一个自由或半自由劳动的蓄水池"。② 这些人往往成为庄园中有一技之长的熟练或半熟练工匠。正如克拉潘所说:"由于保有地一再被分割,驱使他们之中的许多人成为工资劳动者,他们或到城市中,或者在村庄或市镇中从事某种工业生产。我们可以发现,在 1350 年以前,有一些数目相当惊人的产业工人散布在各个村庄中,其中除了我们所料想到的木匠、铁匠、马具匠、屋顶匠、车夫外,并且还有漂练工、染工、制皂者、硝皮匠、制针匠、黄铜匠,以及许多其他的工人。"③他们成为庄园和农民村庄生活中不可或缺的人才。乔治·杜比总结说:"临时雇工在农村经济中起了相当大的作用,特别是在 13 世纪和 14 世纪前期。有人计算过,当时英格兰农民中至少有三分之一为工资而劳动。在这种情况下,大量的货币正常地从最富有的地主流向最贫苦的农民。"④

小土地持有者因所持份地少,因而封建负担也较全份地或半份地的维兰为轻。这样,当他们参加了庄园的劳动,其劳动量超过了按庄园习惯他应负的劳役后,那部分剩余劳动就理应由庄园主付给其报酬。杜比认为,雇工首先在布恩工中取代维兰。因推行劳役制这种强迫劳动,农奴缺乏生产积极性,既造成劳动生产率较低,又导致使用成本很高,领主还必须为他们提供过得去的饮食。有鉴于此,"领主情愿招募支付工资的帮工来代替,招收只有少量土地家庭的农民,那些人当然非常高兴出卖他们的空闲时间"。⑤ 13 世纪时,雇工已构成庄园劳动力资源的重要组成部分。有的学者就指出,当时庄园中用于雇工工资的货币支出总量经常超过庄仆的开销。⑥

庄园法庭档案中有关雇工劳动与报酬的文件很丰富。如牛津郡一个庄园的茅舍农在圣马丁节时需要向教堂交纳一只公鸡、三只母鸡并负责整理场地、传递文件,为此,他的食物由领主准备。他还要为领主漂洗、修剪羊毛

---

① [苏]E. A. 科斯敏斯基:《13 世纪英国农业史研究》,第 169 页。
② [英]H. S. 贝内特:《英国庄园生活》,剑桥大学出版社 1956 年,第 65 页。
③ [英]约翰·克拉潘:《简明不列颠经济史》,上海译文出版社 1980 年,第 161 页。
④ [意]卡洛·M. 齐波拉主编:《欧洲经济史》第 1 卷,商务印书馆 1988 年,第 148 页。
⑤ [意]卡洛·M. 齐波拉主编:《欧洲经济史》第 1 卷,第 148 页。
⑥ [英]A. 麦克法兰:《英国个人主义的起源》,牛津大学出版社 1978 年,第 149 页。

并因此接受一条或半条面包的报酬,并且与庄仆一起分享干酪。他需每周为领主耕地,在秋季与庄仆一起干活并取得津贴。他每周参加的工作都将取得报酬。① 又如,在剑桥郡的斯坦顿庄园,12 名持有 5 英亩土地的茅舍农需为领主服相当沉重的劳役,但这些劳役都是有报酬的。他们从领主处获得一夸特的小麦、一只羊(价值 12 便士)、半英亩草地。科斯敏斯基对此评论道:"事实上很难把这些酬劳与真正的工资区别开。"②此外,霍曼斯曾提及 13 世纪一个持有 4 英亩土地的庄园铁匠的寡妇。她每年向领主提供 100 个马蹄铁,其中 50 个是 8 孔的,50 个是 6 孔的,不带钉子。领主付给她 25 便士。每逢大总管来,她要为其马钉蹄,4 个马蹄 1 便士。她还要全年给村民萨金特的马和木匠的马钉蹄,也是 4 个马蹄 1 便士。她每年还得用领主的铁修补和磨尖两个犁头,此外就不负担其他工作了,如需要,她还会为领主修补两个犁头,但要付给她工钱。③

雇工对农民经济的重要性,波斯坦曾做过专门研究。他认为,小土地持有者能够将自己的劳动力出租给领主或比较富裕的村民,后者租用雇工以缓解家庭劳动力之不足。④ 麦克法兰也指出,富裕的村民使用雇工并不令人惊讶。在几乎每一个村庄里,都有一些村民为其他人做工。⑤ 杜比也证实,"地主不是唯一雇有长工奴仆的人;还有很多农民也雇用辅助的帮工,这种帮工构成了他们家庭的一部分"。⑥ 当然,由于农民,尽管是富裕农民,一般是全份地或半份地持有者,因此家内雇工的数量不会很大,一般在农忙季节中不超过两人。

黑死病后,劳动力锐减,工资上升,更多的人加入到工资劳动者行列。此时,雇工劳动力市场更加活跃,农村已经到了离开雇工经济就无法运转的程度。这一时期,雇工人数稳定在占人口的半数左右。但各地雇工劳动力市场发展也不平衡。如希尔顿依据 1380 年人头税册估计,在东盎格利亚村庄里,有 50%至 70%的劳力是受雇者。在 1380 年人头税册上,格尔斯特郡

---

① [英]F. 西伯姆:《英国农业村社》,朗曼出版社 1884 年,第 44 页。
② [苏]科斯敏斯基:《13 世纪的英国农民》,剑桥大学出版社 1942 年,第 286 页。
③ [美]G. C. 霍曼斯:《13 世纪的英国村民》,哈佛大学出版社 1942 年,第 286 页。
④ [英]M. M. 波斯坦主编:《剑桥欧洲经济史》第 1 卷,第 623 页。
⑤ [英]A. 麦克法兰:《英国个人主义的起源》,第 149 页。
⑥ [意]卡洛·M. 齐波拉主编:《欧洲经济史》第 1 卷,第 145 页。

的肯普斯福德庄园,被列入口为157人,其中69人为雇工。① 斯塔福德认为,大约有1/4到1/2之间的人口在一个时期或另一个时期是雇工。在斯图亚特时期的英国,有1/4到1/3的家庭拥有雇工。② 另据格雷戈里·金估计,17世纪时,茅舍农、贫民、帮工阶级占全国人口的47%。③ 不过,克拉潘的估计更为乐观。他说:"在16世纪的英格兰,由于这些终身靠工资劳动的人,或企图获得工资的人,肯定在逐步成为一个更加重要的社会阶层,那么到下一世纪结束之前注定会成为多数。"④

雇工的生存离不开在乡村社会出卖劳动力,而乡村经济的运转也依赖雇工市场。经过地租折算、黑死病和1381年农民大起义的打击,农村封建人身依附关系松弛,原先靠维兰强迫劳动耕种的庄园自营地,只得依靠雇佣工资劳动者来耕种。保留直接经营或以雇佣制进行经营的地方,比农民经济更依赖货币和劳动力市场。工资腾涨,高于黑死病前50%,⑤又使雇主难以承受,他们只得借助代表土地所有者阶级利益的国会,制定旨在限制工资上升的劳工立法。劳工立法正是农村经济严重依赖雇佣劳动力市场的最有力证据。世界上恐怕没有任何一个封建农业国家制定过如此多的工资立法或条例。除1349年的《劳工法令》(The Ordinance of Labourers)、1351年的《劳工立法》(The Statute of Labourers)外,还有1388、1390、1427、1429、1445、1495、1515和1563等年颁布的旨在限制工资的法令。⑥ 为不使这些工资立法成为一纸空文,国家在各郡还专门设立劳工法官(Justices of Labourers),在本郡范围内监督价格标准,规定工资限额,直到治安法官一职出现后,劳工法官才被合并,其职掌划归治安法官负责。⑦ 从此,"由治安法官评定工资的制度在某些地方一直延续到18世纪中叶"。⑧

---

① [英]A. 麦克法兰:《英国个人主义的起源》,第148页。
② [英]A. 麦克法兰:《英国个人主义的起源》,第79页。
③ [英]C. 威尔逊、G. 帕克主编:《欧洲经济史概略1500—1800》,伦敦魏登菲尔德和尼科尔森1977年,第140页。
④ [英]约翰·克拉潘:《简明不列颠经济史》,第295页。
⑤ [英]李普森:《英国经济史》第1卷,第93页。
⑥ [英]李普森:《英国经济史》第1卷,第114页注⑤。
⑦ [英]李普森:《英国经济史》第1卷,第115页。
⑧ [英]约翰·克拉潘:《简明不列颠经济史》,第297页。

应该说,由治安法官评定工资的做法,对于抑制农村雇工工资大幅度上涨确实收到一定效果。如在1336年,特丁顿的犁夫每年仅挣6先令,黑死病后转年,他工资增至11先令。可是到1352年,由于劳工立法的颁布和劳工法官的工作,他的工资降至7先令,伯克郡也有类似的证据。从宏观讲,雇主依赖雇工劳动力市场,为降低生产成本,支持国家以立法形式限制工资的上涨。但就每个雇主而言,农村缺乏劳动力是无法回避的现实,它不因劳工立法就会变一个雇工为多个雇工。因此为吸引劳动力,他们又争相以优惠工资招徕雇工。这当然违反劳工法官(治安法官)的工资条例。我们发现,地方法庭存有许多因违反工资法令而向雇主征收罚金的名单。如在1390年牛津郡由劳工法官主持的法庭上,店主因向13名雇工支付过高的工资而被判罚款。① 可见国家虽然动用了行政和法律手段,但这里雇工工资的涨落大体上是受市场对劳动力供求关系决定的。正如克拉潘所说:"政府对于这种工作曾试图加以管理,并取得了相当成就。政府的代理人大都是工资支付者,如地方治安法官。这班人不一定都是铁石心肠的人,可是,经济情况对他们有利;在大鼠疫之后,他们曾同情过工资劳动者,而这些工资劳动者也曾充分利用过他们的有利地位。"②

16世纪是商品性租地农场大发展时期。农场主通过承租、转租、购买或圈围等手段,集中起大片土地,进行资本主义性质的市场化经营。戴尔指出:"承租者往往与全家一起耕作,并雇佣一些劳工。"③《欧洲经济史》第2卷第2章《1500—1750年的欧洲乡村》的作者也承认,"英国农业的商品化表现得尤为突出,地主们已不再直接经营土地,而是将土地出租给佃户,佃户们再雇佣帮工进行耕种"。④ 此时,农奴制在实际上已寿终正寝,劳动者间自由与非自由的法律界限也相应消失,经济收入的划分代替法律身份的划分,农村中的阶级关系趋于简化,"此处最重要的划分标准是拥有部分土地者(农场主、村民)以及交纳实物地租者或农业雇佣劳动者(长工、季节工

---

① [英]李普森:《英国经济史》第1卷,第115页注⑤。
② [英]约翰·克拉潘:《简明不列颠经济史》,第292—293页。
③ [英]C. 戴尔:《变革社会中的领主与农民》,剑桥大学出版社1980年,第211页。
④ [意]卡洛·M. 齐波拉主编:《欧洲经济史》第2卷,第83页。

与短工)的社会经济水平"。① 在17世纪末叶,统计学家开始出现。他们把农村无产阶级的成员称作"室外雇工"(与男女家仆相对而言)。当时英格兰和威尔士存在554631所贫民住宅。"这些房屋就是那些部分靠自己的田地、部分靠农场主或室外工作为生的小屋农所居住。"②如果按4口之家计算,那么室外雇工阶层所涉及的人数达200余万人。因此说"他们形成为一个阶级,这一阶级在这整个时期内随着人口的增加而壮大起来",③从而也构成农村中巨大的雇佣劳动力市场。在16世纪最初10年和最末10年间,田地劳动的计日工资约增加1倍。但据统计,1491—1500年的生活费用上涨了将近6倍。工资的实际购买力还是下降了。都铎王朝的法律就规定,雇主必须供给雇工饮食,如不供给的话,则必须付给较高的工资。④ 有理由相信,农村雇工的生活并没随其在劳动力市场上的重要性增强而得到改善,反而逐渐恶化。此外,以毛纺织业为主的乡村工业也依赖雇工劳动力市场。毛纺织业的发展"普及于全国各地",⑤克拉潘推测:"那些影响村庄生活的毛纺织业和其他工业的发展,给了农村工资劳动者的家庭比以前更多的谋生机会和增加家庭收入的机会。"⑥成书于18世纪初的《大不列颠各地漫游记》的作者丹尼尔·笛福也证实,毛纺织业"在城市和邻近的村庄中所雇佣的工人人数几乎是难以相信的"。⑦ 瑟斯克认为,全国约有1/2的农业人口农闲时从事工业。⑧ 英国农村家庭毛纺织业还通过与商人资本的巧妙结合,顺利完成了向资本主义性质的转变。

二

农村土地市场的出现,大约在13世纪中叶,它是农村商品货币经济发

---

① [意]卡洛·M. 齐波拉主编:《欧洲经济史》第2卷,第46页。
② [英]约翰·克拉潘:《简明不列颠经济史》。
③ [英]约翰·克拉潘:《简明不列颠经济史》,第290—291页。
④ [英]约翰·克拉潘:《简明不列颠经济史》,第294页。
⑤ [法]保尔·芒图:《十八世纪产业革命:英国近代大工业初期概况》,商务印书馆1983年,第32页。
⑥ [英]约翰·克拉潘:《简明不列颠经济史》,第294页。
⑦ [法]保尔·芒图:《十八世纪产业革命:英国近代大工业初期概况》,第33页。
⑧ [英]A. E. 缪森:《英国工业成长》,纽约巴特斯福德出版社1978年,第15页。

展,土地个人产权制度演化的结果。

在传统的英国封建农业社会中,土地一般是在家族内继承或转让的,因而排斥土地买卖行为。依据英国古老的村社习惯法,农民家庭对土地拥有不可剥夺的继承权。各地农民因农耕经济结构的不同而奉行不同的继承制。大体而论,英国农民家庭流行四种继承制:长子继承制(Primogeniture),主要在中部实行敞田制的地区;幼子继承制(Borough English),主要在东南部沼泽地区;诸子均分制(Gival Kind),主要在肯特地区;子女均分制(Ingeniture),主要在北部畜牧地区。前两种属不可分制继承,后两种为可分制继承。但不管哪种继承制度,其目的都在于使家族的地产严格在家族内部传继,杜绝作为主要生产条件的土地流失家族以外。按上述四种方法达到的土地易手,都属继承范畴,无须通过货币买卖,因而也就不存在真正意义上的土地市场。英国中世纪晚期农村土地交易频繁,土地市场活跃,是以打破村社习惯法对商品性土地转让的禁锢为前提的。按常规,家族土地一般在持有者(家长)死后才在继承人中分配。这没有给持有者生前处置其地产留下任何灵活性。13 世纪中叶起,持有者生前处置其地产的做法逐渐增多。这可从萨福克郡雷德格雷夫 1260—1320 年间庄园法庭对惯例土地征收的让渡费中得到证实(见表1)。

表1

年 份	A 死后转让	B 生前转让	A∶B
1260—1269	£ 1412s0d	£ 113s10d	1.304
1270—1279	£ 1213s4d	£ 206s4d	0.623
1280—1289	£ 142s5d	£ 2316s3d	0.593
1290—1299	£ 80s11d	£ 3017s3d	0.261
1300—1309	£ 619s0d	£ 232s6d	0.301
1310—1319	£ 203s5d	£ 777s2d	0.261

资料来源:[英]R. 史密斯主编:《土地、亲属关系和生活周期》,剑桥大学出版社 1984 年,第159页。

不仅如此,持有人去世后,土地转让多在亲属间(垂直的如父传子,平行的如兄弟姐妹间等)进行;相反,持有人在世时,他常常把土地卖给其他家庭。此类情况一般占生前土地转让的半数,有时接近 2/3。我们还以萨福克郡雷德格雷夫庄园 1295—1319 年间持有者死后和在世时土地变动情况进行对比说明(见表 2-1、表 2-2)。

表 2-1 死后家庭转让

年 份	垂直(父—子)		平行(兄弟姐妹)		其他家庭	
	数量(户)	%	数量(户)	%	数量(户)	%
1295—1299	14	50.0	7	25.0	5	17.9
1300—1304	9	40.9	5	22.7	7	31.8
1305—1309	14	58.3	8	33.3	1	4.2
1310—1314	17	48.5	11	31.4	5	14.3
1315—1319	31	49.2	11	17.5	10	15.9
1295—1319	85	49.4	42	24.4	28	16.3

表 2-2 生前家庭转让

年 份	垂直(父—子)		平行(兄弟姐妹)		其他家庭	
	数量(户)	%	数量(户)	%	数量(户)	%
1295—1299	14	22.2	30	47.6	19	30.2
1300—1304	10	19.2	16	30.8	26	50.0
1305—1309	7	20.5	5	14.7	22	64.8
1310—1314	3	3.9	34	44.8	40	51.9
1315—1319	1	1.1	49	53.8	41	45.1
1295—1319	35	11.0	134	42.3	148	46.7

资料来源:[英]R. 史密斯主编:《土地、亲属关系和生活周期》,剑桥大学出版社 1984 年,第 185 页。

依据传统的家族土地继承方法,持有人死后,法嗣对贵族土地有与生俱来的、不可剥夺的继承权。这无疑限制了农村土地市场的发育,亦不利于资源的合理配置。因此,首先在自由持有地产中,以家族(即血缘关系)为中心的继承模式逐渐向以夫妻为中心演变。在夫妻中心制下,不经法嗣认可,持有者可以全部或部分转让、出卖、抵押、出租其地产。根据英国的普通法,孩子对父母财产没有与生俱来的权利,父母完全可以在死后不留给子女一个便士,严格地讲,这与取消或剥夺继承毫无关系。在 16 世纪,一个活着的人根本没有法嗣,他对自己持有的土地拥有完全的、唯一的权利,唯一的限制是其妻子终身对不动产拥有 1/3 的权利。当父亲在世时,儿子实际上对土地毫无权利,因为他们父子对土地在任何意义上都不属于共同所有者。

至于非自由土地,法嗣亦无更强的权利。1290 年的置地法仅意味着自由土地买卖在 13 世纪已经得到法律许可,但大量的农民家庭占有非自由土地(包括惯例持有地和公簿持有地),这些土地受领主的控制,所以农奴的买卖采取了让渡的形式。应该说,这种买卖主要通过农村土地市场进行,买卖双方中非亲属关系所占的比例恐怕占绝对多数。1540 年遗嘱法颁布后,包括公簿持有地在内的所有索凯奇(Socage)土地在法律上都变成根据遗嘱可自由处置的。因此,惯例地和公簿地持有者的个人所有权也在长足发展。

由于个人所有权的发展,土地持有者所立遗嘱中地产外流的现象明显增加。在庄园法庭土地变动登记簿中,不难发现一个个异常活跃的、将土地出售或抵押给非亲属的土地市场。16—17 世纪期间,土地转让的半数在非亲属间进行。如在 1589—1593 年间,在厄尔斯·科尔内庄园有 51 块公簿地被转让。其中至少 21 块出卖给非亲属,其余许多块以抵押或出租方式被让渡,而在亲属间的继承不到半数。①

允许持有者生前转让土地和建立以夫妻为中心的个人土地所有权,必然大大冲击传统农业社会的继承惯例。许多学者对此做过深入研究。如罗莎蒙德·费思说:"土地应该在持有者血缘亲属中流传的观念,在许多农业社会当然是普遍的……在英国历史上也似乎存在过这样一个阶段——大约在 14 和 15 世纪——当时在许多农村共同体中,这种基本观念在实际中被放弃。家族保留土地的传统被漠视,或很少得到贯彻,曾经支配土地继承的那些严格而细致的原则被取代,只有市场供求关系而不是法律在发挥着作用。"②

赫德森对 13 世纪晚期和 14 世纪初一个诺福克庄园的材料进行研究后,对在这个庄园上有如此大的土地转让数字颇感惊讶。这里平均每年有

---

① [英]A. 麦克法兰:《英国个人主义的起源》,第 86—87 页。
② [英]A. 麦克法兰:《英国个人主义的起源》,第 95 页。

47例土地转让。在全部转让中,仅74例是持有者死后通过继承得到土地的,443例是私人买卖。超过半数的转让是私下交易的结果,这说明维兰能像他们希望得那样完全自由地交换土地,领主不能阻止他们,只要他们履行了该土地所要承担的义务。① R. 史密斯也对该郡某些庄园的土地市场做过考察。在1259—1293年的里金希尔庄园,1/3的土地进入土地市场。②

罗莎蒙德·费思通过对英格兰南部布赖特沃尔萨姆的考察发现,家族内转让从1300年占总数的56%下降到14世纪大部分时间的35%,至1400年又降到13%。③ 1400年,在拉姆齐修道院各庄园,全部见于记录的土地转让中,87%是在非亲属间进行的。1456年也占到83%。据此,费思认为,当我们检索14世纪和15世纪的庄园法庭卷档时,便会得出旧的继承模式已被放弃的结论。④

德·温德特对位于亨廷顿郡附近的霍利韦尔庄园进行详细研究后总结说:"简言之,家族保留土地的传统在15世纪上半叶的霍利韦尔并未放弃。然而,它因非家族利益而暗淡。因此,在1397和1457年间,虽然法庭卷档中有43例属家族保留财产……但最重要的是,98例土地交易进入开放的土地市场,没有被原先佃户的后裔或亲属继承。结论是,在15世纪的霍利韦尔,个人对家族承担全部义务的日子……家族利益与地产保有高度一致的传统——过时了。"⑤

哈维近期对温切斯特修道院地产的研究也证明了活跃的土地市场的存在以及从14世纪下半叶起家族和土地间纽带的松弛。她概括说:"在1350年后,家族与一块特定持有地不可分割的观念,这一作为农业社会的显著特征在中世纪晚期削弱了;的确,在某些地区,它或多或少地消失了。继承这一作为土地转让模式的重要性正在消失。持有人要出售他在土地上的利益而不把土地传给其后裔。"⑥

---

① [英]A. 麦克法兰:《英国个人主义的起源》,第124页。
② [英]R. 史密斯主编:《土地、亲属关系和生活周期》,剑桥大学出版社1984年,第59—60页。
③ [英]A. 麦克法兰:《英国个人主义的起源》,第96页。
④ [英]A. 麦克法兰:《英国个人主义的起源》,第96页。
⑤ [英]A. 麦克法兰:《英国个人主义的起源》,第96页。
⑥ [英]A. 麦克法兰:《英国个人主义的起源》,第97页。

克里斯·戴尔通过对 1375—1540 年间西米德兰某些村庄的研究,证实了那里也存在活跃的土地市场,土地在家族内部转让的比例很小。他发现,这些村庄的移民率很高,"在 15 世纪每隔 40 至 60 年大约有 3/4 的家庭消失"。① 而土地市场的活跃是重要诱因。在 14 世纪后期和 15 世纪,在那里的三个庄园中,土地在家族内部转让的数量很小,仅占全部转让的 1/4。其中在汉伯里庄园,1376—1394 年为 25%,1420—1439 年降至 13%;在肯普塞,1394—1421 年间为 24%,1432—1439 年间仅为 9%②。

中世纪晚期农村土地市场的活跃还可以 13 世纪末至 15 世纪诺福克郡的科提沙庄园历年参与土地买卖人次和土地买卖数量为例。

表3 诺福克郡的科提沙庄园 1280—1404 年进入土地市场的个人

年 份	个人的数量	买者所占百分比(%)	卖者所占百分比(%)	既买又卖者所占百分比(%)
1280—1304	185	46.7	33.3	20.0
1292—1316	312	44.5	33.1	22.4
1305—1329	318	42.1	34.0	23.9
1317—1341	356	43.8	33.2	23.0
1330—1354	333	42.4	35.5	22.2
1342—1366	264	38.3	44.4	17.4
1355—1379	179	38.0	36.9	25.1
1367—1391	188	42.6	38.9	18.6
1380—1404	161	52.3	29.1	18.6

资料来源:R. 史密斯主编:《土地、亲属关系和生活周期》,第 110 页。

在这一百多年中,农民买卖土地的数量变化很大,据统计,农民买入土地的平均规模在 1280—1304 年间是 0.55 英亩,到 1380—1404 年间增至 1.68 英亩,同一阶段里,出卖土地的平均规模由 0.69 英亩增至 2.49 英亩。③

农民买卖土地的例子很多。如阿达姆斯·乔普在 1289 年持有 39 英亩

---

① [英]R. 史密斯主编:《土地、亲属关系和生活周期》,第 281 页。
② [英]A. 麦克法兰:《英国个人主义的起源》,第 98 页。
③ [英]R. 史密斯主编:《土地、亲属关系和生命周期》,第 124 页。

惯例土地，其中的16英亩是他通过27次交易在生前购买获得的。1280—1299年、1315—1317年，他的三个儿子亦投身于土地市场，使其家族土地数量超过90英亩。到1320年，阿达姆斯的三个侄子又得到60英亩惯例土地，其中2/3是通过购买得到的。① 又比如在米德兰的黑尔索文，约翰·锡德里克从其父那里继承1码多持有地，另在14次土地转让中，他又购买和租佃至少1码地。他终身租佃一块半码多地，另一块较小的持有地仅租一年。他还为饲养自己的牲畜租佃三块草地。1314年，他从领主那里买到一块荒地以扩大谷仓。1320年，他为扩大庭院从邻居那里购买一块土地。1320年和1321年，为将自己的土地集中到一块，与四个村民交换了土地。②

农民买卖土地的动机是多种多样的。有的农民因善于经营而致富，积蓄甚丰，为求继续发展而置地。如在伊丽莎白一世时，约曼农约翰·巴利斯顿出资2050镑买下一农场。另一个约曼农约翰·奥斯丁以5000镑买下一个400英亩的庄园。③ 有的是作为农民下层的茅舍农，充当雇工劳动者积累起一定资金后进入土地市场。这些亦工亦农的家庭对土地采取有钱即买、无用就卖的灵活策略，因此在某些乡村工业发达的地区，土地市场与农民从事乡村工业的机会呈现出互动趋势。④ 当然更多的恐怕是受家庭"生活周期"的制约，家族土地拥有量呈波动态势。所谓"生命周期"是指农民家庭在各时期因生儿育女、分家、衰老、死亡等因素而影响劳动力资源，从而对土地占有数量的要求在各个阶段发生相应变化。一对夫妻因继承和购买，在青壮年时使家族持有的土地达到最高点，但随着子女长大外出谋生，自己年老体衰丧失劳动能力，没有已婚子女愿与自己共同生活，甚至无子女愿意继承家族土地，只得出卖家族土地。据研究，在15世纪前，农民家庭的生活周期至多不会超过三代，即丧失劳动能力的老年夫妻继续靠自己的土地生活，该土地由有妻儿的年轻继承人（经常是一个儿子）耕种。如此形成一种契约型的赡养关系，即老夫妻向年轻夫妻提供土地，以常年供给前者生

---

① ［英］R.史密斯主编：《土地、亲属关系和生命周期》，第169页。
② ［英］A.麦克法兰：《英国个人主义的起源》，第128页。
③ ［英］M.坎贝尔：《伊丽莎白和早期斯图亚特治下的英国约曼》，纽约凯利出版社1968年，第217页。
④ 参见［英］R.史密斯主编：《土地、亲属关系和生命周期》，第227—267页。

活必需品为条件。不过,这种三代户为数寥寥,在供研究的1300份法庭记录中,仅见到9份供养丧失劳动力的佃户的协议。①

三

以雇工劳动力市场和土地市场为代表的生产要素市场在封建晚期英国农村的长足发展,反映出极深刻的社会文化内涵,即广泛加入商品生产和交换行列,实际获得了人身独立和自由的广大劳动者,正在使农村中包括产权关系在内的一切封建制度发生根本性变革。

农村商品经济的蓬勃发展,特别是突破自然经济束缚的千千万万作为直接生产者的农民普遍涉足商品生产与交换的海洋,必然会使他们原有的生产生活方式、社会关系和观念心态等一切发生翻天覆地的变化。发展商品生产,也必然使包括劳动力和土地在内的一切生产要素都变成商品,都可以自由地在市场上进行交易,尤其要明确产权关系,变模糊不清的封建土地所有权为完全的资本主义性质的个人所有权。建立土地个人所有权,既是发展真正的商品生产的要求与前提,又是商品经济高度发展的必然结果。货币经济的流行,个人土地产权制度的进步,最终必然会使农村中以自然经济为基础的一切封建关系解体。

13世纪以来,英国农村存在着发展个人土地所有权的一切有利条件。农村中产业结构的调整,商品生产与交换的日渐频繁,货币关系取代封建人身依附关系速度的加快,货币在农民手中的大量流动,以及雇佣劳动力市场的存在等因素,都对土地所有权的变革起了促进作用。此外,"随着农业价格高涨,对一块土地的专有权便更加吸引人,而专一的土地私有财产带来了比以前任何时候都大的增益"。② 当然,个人土地所有权的发展必然会与村社的和封建的势力发生冲突。

封建社会的英国农村,并存庄园—村社体制的广阔的荒地属于公有村社经济,它同以自营地为代表的庄园经济是既互为补充又相互对立的。土

---

① [英]A.麦克法兰:《英国个人主义的起源》,第289页。
② [美]D.诺思等:《西方世界的兴起》,华夏出版社1989年,第25页。

地私有制的发展最先冲击的是公有土地。在这方面有两个关键性的法令，一个是1235年的默顿法令，另一个是1285年的威斯敏斯特法令。这两个法令允许只要为承租人（农奴）留有足够的土地，庄园领主便可以把荒地圈围起来。这样领主们便获得了对大片以前属于所有居民的公有土地的所有权。这是变更封建土地所有制既成格局、土地向个人产权制度演进的第一个重要举措。

封建土地中个人所有权的建立是以受封人逐渐获得土地转让权和随意处置权为标志的。以前，封建法律否认土地所有权的概念。其基本特点是几个人都对同一块土地有裁判权即各自拥有和分享对同一块土地的权利。国王、主要承租人、中间承租人和次承租人（或简言之，国王、领主和农民）分别有权从土地得到收入。13世纪，封建法律承认通过置换（即要求将土地交给领主，领主再把土地授予其他人）转让土地。国王法庭颁布一系列法令逐渐允许转让采取自由人置换的形式而无须中间领主同意。1290年的置地法，宣布"从今以后，每个自由人按他们自己的愿望，出卖他的土地和保有物的一部分，都是合法的"。① 此外，中央司法实践的进展和普通法的实施，确认王室法庭拥有对自由民的裁判权。由此庄园领主丧失了对自由民的裁判权，他们也就失去了对其土地财产的控制。应该说，13世纪英国土地私有权的发展在封建社会是独一无二的。由于农奴不受国王及普通法的辖制，因而国家没有针对维兰土地买卖的法令。维兰对土地是否实际拥有个人所有权可由庄园的实际运作和庄园惯例证明。几乎在12世纪时，英国就存在维兰土地买卖的事实。领主起初对农奴土地买卖实行一种限制政策，即要到庄园法庭登记备案，并交付过户费，新佃户要继续履行该惯例土地所应承担的服役，不得分割以保留地块完整。由于过户费对领主来说是一笔可观收入，因此庄园内维兰土地转让非常频繁。② 由此可见，维兰对自己的份地已获得了实际上的个人所有权，因而他们转让土地基本上是自由和随心所欲的。对此科斯敏斯基评论说："如果在一定程度上庄园制度保持外部平均，它却不能有效地阻碍农民持有地的出卖、购买和出租的发

---

① 张云鹤：《英国1290年买地法令的某些问题》，《历史研究》1985年第3期。
② 参见[英]R. 史密斯主编：《土地、亲属关系和生命周期》，第64页。

展,这在很早的时候就已开始。庄园法庭只谋求控制这些交易,尽管没有疑问,颇大部分土地逃脱了控制。这种农民土地买卖和出租的发展在这样的地方是方便的,在那里货币地租的优势使得庄园管理方面可以不考虑农民份地是否保持完整的后果。"① 波斯坦也承认维兰在实际上已获得土地自由买卖的权利:"他们也被允许购买自由的土地而不受阻碍,并且事实上经领主允许和不经领主允许,都可以购买和出卖土地维兰的和自由的土地。"② 自由转让权和随意处置权是所有权中两个重要标准。13世纪以后,英国不论自由持有地还是非自由持有地,其持有人都已获得实际所有权。

总之,千百万农民普遍、直接加入商品生产的行列,获得对包括自身劳动力和土地的自由支配权,并最终推动各种形式的人身依附关系的解体,是所有自给性农本社会向商品性工业社会转变的必然趋势和规律。

原载《历史研究》1994年第3期。

---

① [苏]E. A. 科斯敏斯基:《13世纪英国农业史研究》,第208页。
② [英]M. M. 波斯坦主编:《剑桥欧洲经济史》第1卷,第611页。

前工业社会中的城市市场结构与市场导向的商业化

一

商业化是各种市场行为的总称。商业化体现为货币和市场的重要性日益增长的过程,发生在生产主要建立在自给自足基础上的社会之中。商业化是市场经济生成的必要条件,没有商业化就没有市场经济。但商业化包括生产、分配、交换和消费各个环节的货币化与市场化,其中生产环节起着主导作用,向商业化的转化也最迟缓与最艰难。在生产方面,是自给自足的商业化,还是市场导向的商业化,决定着前工业阶段所有商业化的性质与作用。自给自足的商业化(如农民交纳货币地租,以及雇工和小农在市场购买生活资料)只能重复自然经济,市场导向的商业化则通向商品生产(商品化)。商业化一般是从自给自足型转变为市场导向型,变革时间的早晚快慢取决于多种因素,但市场是这种转变的激活因素和终极力量。

市场按空间划分有农村市场和城市市场,按贸易范围划分有本地市场、地方市场、区域市场、国内市场和国际市场,按交易主体划分有小生产者市场、小商品生产者市场和商品生产者市场,其中城市市场和农村市场是市场的外在形态,农村市场和各级城市市场的交易范围和交易主体各自不同。上述市场在前工业阶段的中国和英格兰都可以见到,但发展程度却相差悬殊。不同的市场造就了不同的商业化,对经济和社会变迁的作用也大相径庭。城市市场与农村市场的产品和劳务的交换互补性强,可以促进农业和手工业的分离,使城市从政治中心转变为工商业中心,瓦解乡村耕织结合的自然经济;发达的城市市场可以支持较高的城市化率,是连接农村与更大更远的市场的桥梁,较大的市场需求和有利的价格可以激发农村的商品生产。城市市场结构即以城市市场为主体的贸易体制,它是整合国内市场的重要机制与平台。城市市场比例过低或是城市市场发展不平衡,都制约着全国范围内城市市场结构的形成,城乡直接的和制度性的交换关系的建立,以及国内市场的整合。以往有关国内市场与资本主义起源关系的研究很有价值,市场被作为一个彼此关联的系统,而使各个孤立的市场产生关联性的媒介就是城市市场结构。前工业阶段中国和英格兰市场的差异不是市场数量和交易距离等技术性因素,而是市场的空间分布、贸易范围和交易主体等结构性因素。由于城市比农村在市场的结构性因素中占据明显有利的地位,所以城市市场结构的状况就成为衡量市场性质(即传统市场还是现代市场)及其转型的标志,也是制约市场导向的商业化的一种重要的体制性因素。

二

英格兰的城市市场结构形成于中世纪中晚期,平均将近20%的较高的城市化率,90%以上的人口不足2000人的小城市为特色的城市化道路为此奠定了基础。11世纪末英格兰只有三四十个市场,绝大多数城堡城市没有市场。因此,中世纪的市场布局形成于12—13世纪,其间英王颁发了2500份批准建立市场的特许状。14—15世纪市场特许状减少,1198—1483年英王颁布的市场特许状约有2800份,只有几百份是14—15世纪颁布的。截至14世纪中期,合法市场的数量是1200年的3倍。市场特许状的数量并不等于实际存在的市场数量,有些地方虽然获得特许状,但从来没有建立过市场,因此实际的市场数量必然少于特许状数量。12—13世纪英格兰涌现了大量城市,当时有2000个居民点特许为市场。也就是说,正式市场最多时达到过2000个。14世纪早期英格兰的城市有700个,每个城市至少有一个市场,即700个城市市场,村庄市场约有1500个,城乡正式市场的数量为2200个。这样,14世纪上半期正式市场约为2000—2200个,城乡市场的比例约为2∶3。黑死病以后许多村庄完全废弃,1370—1520年英格兰荒弃的村庄数量超过2000个。少数小城市和市镇也因萧条导致市场的消失,但是在都铎和斯图亚特时期,城市高至 700 个的数目并非夸大,并仍有 1000 个以上的市场在黑死病以后存活到现代早期。到 16 世纪时 40%的中世纪市场(即 800—880 个)继续存在。这样,15 世纪也许还能保留大约 1000 个市场。如果城市市场仍有 700 个左右,那么绝大多数消失的是农村市场,市镇市场比村庄市场保留下来得更多。如在西米德兰地区和林肯郡,16 世纪村庄市场分别消失了一半和 60%,而市镇几乎毫发无损。村庄市场的消失进一步加强了城市市场的支配地位。这样,英格兰城市市场与农村市场的比例完全颠倒过来,成为 3∶2,中世纪后期城市市场在数量上超过农村市场,城市市场结构得到优化。

在前工业阶段,中国城市化的动力前有郡县城市,后为工商业市镇,但包括郡县城市和市镇在内,清代城市化率平均在 10%以下,比中世纪中后期的英格兰低一倍以上。明清时期江南、珠江三角洲、长江中游和山东运河沿岸等地区,市镇也有不同程度的发展,但存在严重的区域发展的不平衡,北方地区的工商业市镇明显滞后。较低的城市化率和市镇的不平衡发展,导致城市市场的数量偏少,农村市场结构即以农村市场为主体的贸易体制占主导地位。明清时期,农村集市网络在全国建立起来,清代农村集市的数量比明代增加 1 倍。清代村庄的数量约 70 万—100 万个,集市约 3.5 万—4 万个以上。① 但这些集市的所在地绝大多数不是市镇和城市,清代约有 7100 个小型城市,其中绝大部分是市镇。② 以市镇及其以上的城市市场地作为城市市场,农村市场数倍于城市市场。从市场数量和交易距离看,中国的市场密度不亚于英格兰。农民的交易活动非常便捷,往返市场一般只需半天的路程。农民的市场交易距离一般就是他们的社会活动的范围,交易距离会限制他们的社会活动空间。他们与城市市场距离较远,城乡劳动者缺少直接交易的机会,农民的生产生活和社会交往被限制在乡村社会,中国农民向城市的迁徙明显不如英格兰就是证明。值得注意的是,明清所形成的市场的金字塔结构始终稳定如初,从市场结构上看不出任何现代化的迹象,农村市场结构没有受到削弱。而在英格兰,12—14 世纪初城市市场与

---

① [美]吉尔伯特·罗兹曼编,国家社会科学基金"比较现代化"课题组译:《中国的现代化》,江苏人民出版社 1988 年,第 204—207 页。
② 赵冈:《中国城市发展史论集》,台北联经出版事业公司 1995 年,第 142 页。

农村市场的比例是2∶3,位于金字塔底端的农村市场并不特别庞大。14—15世纪随着农村市场的大量消失,中世纪晚期城市市场结构得到优化,两者比例为3∶2,城市市场的数量和重要性进一步加强,中世纪金字塔形的市场结构转变为纺锤形。日本和俄国也有类似的经历,它们"甚至在现代化起步以前,城市金字塔结构就开始发生变化。至少在有些地区,位于已经显得狭小的金字塔底角的集镇市场已开始衰落,而在19世纪后半期,这些集市大都已销声匿迹了"。① 由于中国绝大多数市场所在地不是市镇和城市,城市的发展受到限制,非农业职业数量和比例较低,绝大多数的交换关系无法建立在社会分工的基础上,频繁的交换无助于城市化和市场导向的商业化。

其实,市场本身并不能说明一切。市场和市场活动早就存在,但在相当长的时期内市场和市场活动与自然经济并存,交换没有动摇甚至加强了自然经济的统治地位。巴斯将19世纪中叶以前的西欧农业生产划分为直接农业消费阶段(500—1150)和间接农业消费阶段(1150—1850)。在12世纪中叶以前,英格兰不仅有城堡市场、庄园市场和村庄市场,还有海外贸易市场。但是农业生产落后,农业和手工业没有分离,所有人都直接生产自己的生活资料,没有粮食市场。无论城市还是农村,只有内部市场,城乡没有分工和交换,小生产占主导地位。在12世纪以前,领主自营地出租给佃户,劳役和实物地租悉数用于领主家庭消费和款待宾客,庄园不出售剩余产品。如何突破内部市场?格拉斯对英格兰谷物市场的研究有助于理解这种激活因素。格拉斯认为,庄园与市场的关系可以划分为3个阶段,即前市场阶段(12世纪以前),没有剩余谷物出售;地方市场阶段(12—13世纪中期),地方市场渐次出现,庄园领主通过出售自己生产的剩余谷物满足各种需要;充分发展的地方市场阶段(13世纪中期—16世纪),领主自营地的集中经营解体,商业化市场的农业生产满足市场的需求。格拉斯的"地方市场"概念非常重要,在一定范围中粮价波动的一致性,以及与外界频繁的交换活动是地方市场存在的标志。以地方市场为分界,此前是巴斯所谓直接农业消费阶段,后面开始了间接农业消费阶段。在间接农业消费阶段,传统的农业社

---

① [美]吉尔伯特·罗兹曼编,国家社会科学基金"比较现代化"课题组译:《中国的现代化》,第213页。

会通过工农业的分离及其商品化逐渐城市化。12—13世纪中叶西欧城市中确立了工商业经济的主导地位,城市市场依赖农村的粮食和原材料,农村也依靠城市市场的货币、手工业品和劳务。在这种情形下,农民以生产者和消费者的身份进入城市市场,城乡的内部市场的重要性下降,地方市场地位上升。城市市场数量和重要性的增加,进而城市市场结构的形成使城市市场与周围农村建立起垂直的和经常的商业关系。

内部市场的下降有助于城市化和商品化的扩展。在城乡商业交往中,贵族、乡绅、农民进入城市市场,在农村的粮食、羊毛和毛皮,以及城市的手工业品和劳务之间互通有无,部分产品如羊毛、呢绒和粮食的生产等随着地方市场与远距离市场的连接而走向市场导向的商业化道路。在城市开始的市场导向的商业化,通过城市市场结构辐射到农村各地。对城乡双方而言,城市市场结构不仅使手工业品和农产品的产量与交易量空前扩大,更重要的是加速了劳动分工。城市形成工商业中心,市民的农业和手工业生产逐渐分离,农民也越来越依赖城市手工业品,家庭手工业的地位下降。"当城市开始使农村居民有可能到城市购买各种工业品的时候,所有这一切(指领地经济时代的自给自足——引者注)都改变了。在市民阶级和农村居民之间建立起……相互服务的关系。原来市民阶级是工匠的顾客,而现在工匠在农村居民中又找到了可靠的顾客。结果是在城乡之间产生了明显的分工。"[①]城市市场结构也对商业化农业产生深远影响,这种影响是单纯的农村市场无法替代和企及的。"城市工商业是农村改良与开发的原因,而不是它的结果",因为工商业都市的增加与富裕"为农村的原生产物提供了一个巨大而便宜的市场,从而鼓励了农村的开发与进一步的改进"。[②] 内部市场扩展为地方市场最早激发了自营地的农业生产,庄园账簿中有大量庄园管事在各级城市市场的交易记录,显示庄园谷物销售的距离一般在10英里左右。自营地小麦平均出售比例在较好情况下可以超过50%,混合谷物为20%—30%,领主供应商品粮的自营地面积占全部耕地的将近10%,农民超过10%。地方市场兴起后,领主既是商品粮和手工业原材料的出售者,也

[①] [比利时]亨利·皮雷纳著,陈国樑译:《中世纪的城市》,商务印书馆1985年,第97页。
[②] [英]亚当·斯密著,郭大力、王亚南译:《国民财富的性质和原因的研究》,商务印书馆1997年,第370—371、378页。

是伦敦和较大城市市场的消费者,在地方市场阶段作用不凡。对领主而言,无论到城市出售还是购买商品,农奴的运输劳役(中等以上农民家庭都有马车)都是必要的。而以马车为代表的运输工具的革命极大地提高了运输效率,为地方市场的商品交换提供了保障。

市场导向的商业化的根本转变决定于占人口80%以上的生产者——农民。13世纪晚期自营地直接经营的面积和劳役开始下降,领主自营地农业逐渐退出地方市场,加上地租折算和土地供应量增加,为农民商品生产提供了前所未有的机遇。城市市场的粮食来自附近地区或周围农村。伦敦的谷物来自10个郡,个别的运输距离超过50英里,但绝大多数城市粮食的陆路运输距离少于10英里。到城市卖粮也不困难,几乎没有人往返城市市场超过1天的路程(6又2/3英里或10公里是一天内步行往返市场的距离),每个交易者的周围经常有不止一个城市市场可供选择。各级各类城市都有辐射半径达到6—7英里的农村,农民容易也习惯于进城交易,成为小城市和市镇市场的常客。持有半维尔格特土地的农民有自己的马车,去城镇买卖装载货物非常方便。早在13世纪英格兰东部地区的不少农民都使用马和马车,可以将小麦运到5—10英里以外的城镇市场出售。15世纪时甚至茅舍农也有自己的马,很容易到城里去。在伍斯特主教地产,市镇分布于地产和庄园的附近,中世纪晚期农民选择交纳货币地租而不是服劳役,这表明他们易于在这些城市市场得到货币。农民交易活动的距离比贵族和乡绅近,86%的农民遗嘱提到的地名在12英里之内。而在这些被提到的地名中,城市地名占了40%。一般说,中世纪中晚期农民的经济和社会活动的范围是5—10英里。肯特郡一半的村民在本教区内找到配偶,70%在5英里范围内,84%在10英里,93%在15英里。上述距离表明不同阶层农民的经济和社会活动都有固定的范围,婚姻等社会活动范围来自交易活动的类型,即是在农村市场交换还是在城市市场交换,中世纪中晚期城市市场结构缩小了城乡的距离和差距。

三

中世纪后期充分发展的地方市场有力地支撑了英格兰较高的城市化

率,也为农村商品生产的发展创造了条件。农民的商品化受到土地数量的制约。在二圃制下人均需要3英亩土地维持基本生活,三圃制下需要2.5英亩。以每户4.5口人计算,农民家庭分别需要10—13.5英亩,有的地方需要1/4—1/2维尔格特,这充其量只能算是自给自足的家庭农场。而13世纪对全国104个庄园的调查表明,持有1/4以下维尔格特土地的小持有者占45%,持有1/2维尔格特土地的中等农户占33%,1维尔格特以上的富裕农户占22%。小持有者需要购买部分口粮,中等农民的商品化主要是出售1/4—1/2的产品以交纳货币租税。也就是说,近4/5的农民家庭所生产的粮食基本满足或不能满足消费需要,他们的商品化还局限于为交纳货币地租和家庭消费需要而进入市场的初级阶段(即分配、交换和消费环节的商业化阶段)。只有占1/5强的富裕农民及大农场主才有额外的能力为市场进行生产,自给自足的商业化和市场导向的商业化在不同的农民阶层中非常分明。13世纪在富裕农民之上出现了"富兰克林",分布在英格兰的中部和南部。他们是拥有2码地(1码地约30英亩,1英亩等于6市亩)的自由农民,而当时最富裕的维兰也只持有1码份地。这些更大的农场主的出现表明农民的经营性农场初具规模。在乔叟时代,他们继续成长壮大,经济地位介于乡绅和维兰之间。在乔叟的笔下,他们的消费能力实际上已经达到了小乡绅的生活水平,而这样的消费水平与他们的生产能力和收入状况是吻合的。

　　早在黑死病前,英格兰农民的生产能力就超过教俗封建主。13世纪90年代,农民特别是富裕农民的生产能力迅速提高。1290年英格兰出口羊毛3.1万袋,教俗封建主仅占出口量的1/3,其他2/3来自中等和富裕农民的羊群。1300年富裕农民已经拥有较强的商业化能力,位于米德兰的码地持有者全年可收获23夸特谷物,分别扣除种子、口粮6夸特和10夸特后(1夸特等于8蒲式耳或1/4吨),还可以出售7夸特,得到1—2镑的现金,富兰克林的商品化能力应该更加可观,这些大宗产品是村庄和庄园市场无法吸收的。因此,没有地方市场,农民就不会进行规模生产,农民经济只能按照恰亚诺夫的模式运行,即家庭消费量决定着生产量。至都铎时期,农民经营性农场的规模继续扩大,由自由持有农、公簿持有农和租地农组成的约曼农场主,成为继富兰克林之后新的自由农民阶层。

15世纪时占全国1/4—1/5耕地面积的庄园自营地再次出租经营,这些出租自营地的承租人或佃户被称为农场主。最初的农场主经常是庄园管事,还不能完全独立经营,受到领主和庄园法庭的干预。后来在肯特、沃里克和威尔士等郡大多数的农场主主要从农民中间招募,他们解除了与庄园的人身依附关系,生产经营更加独立。此外,农场主还包括乡绅、教士或商人,但他们所承租的农场往往不是由自己经营,而是再转租给农民农场主。租地农场的兴起逐步瓦解了英格兰的封建租佃制,农业的生产和管理方法发生了革命性变革,市场导向的商业化农业成为农村经济发展的方向。富裕的约曼农场常常在80英亩以上,雇工为市场生产,肯特郡少数约曼的租地农场达到240英亩,1468年有些农民承租200—400英亩的自营地,地方市场和经营性农场的规模携手并进,16世纪早期英格兰经营50英亩以上农场的农户占到了全国总户数的1/8。他们在赢得地方市场发展商品生产时,也积累财富,以新的消费创造着市场,成为农村市场导向的商业化的主力军。

目前学术界比较一致的意见是,斯密型动力支配着前工业阶段的中国和英格兰,即市场和分工是劳动生产率发展的主要杠杆。斯密生前曾间接获得过中国的信息,并据以认为,"也许在马可波罗时代以前好久,中国的财富就已完全达到了该国法律制度所允许的发展程度"。① 何谓斯密所指的限制中国财富增长的法律制度? 从斯密型动力的角度讲就是市场和分工。中国农村的定期集市制度是宋代萌发、明清普及的。农村市场结构是自然经济的真实写照。吴承明先生认为,农民自给自足的单位不是家庭和村庄,而是县邑。一县之内分布数十个集市,使生产条件和资源倍感困顿的小生产者可以借助市场手段调剂余缺,以资生计,稠密的农村市场为小生产者利用各种资源满足生计提供了条件,中国绝大多数农民的交易范围没有超越这种农村市场。这种市场结构不是在物质资源上而是在体制上限制了城市化率的发展,以及由此推动的城乡劳动的分工。农村集市交换活动的繁茂表明,"标准集市区域内本不乏更多的资源可供汲取并引入城市……这些潜在的剩余产品,在由于需要供养更多的人口而被部分地消耗掉之前,

---

① [英]亚当·斯密著,郭大力、王亚南译:《国民财富的性质和原因的研究》,第65页。

一直在数量上保持着相当的水平"。① 同时,农村市场结构实际上是罗曼兹所称的"社区内交换",相当于12世纪前英格兰的内部市场,由于其市场辐射范围的狭小,制约了大农作为一个农民阶层的产生。

商品化的规模农业需要广阔的市场和一定规模的耕地面积。18世纪末中国总人口从1亿增长到3亿,而耕地面积的增加不足50%,况且人口的增加并没有像12—14世纪初的英格兰那样引起城市化率的上升(从8%上升为近20%),分流出更大比例的农业人口进入城市从事工商业,城市人口的增长率只是与全国总人口的增长率大体相仿。在这种情况下,户均和人均耕地面积减少,增加的劳动投入和土地的单位产出量是以牺牲人均劳动生产率为代价换来的。普通农民没有比以往拥有更强的商业化能力。实际上,在传统农业技术条件下,农业劳动生产率的提高是通过增加产量和扩大耕地面积共同实现的,这可以从尼德兰集约化农业的劳动生产率落后于英格兰的事实得到证明。由于市场这种体制性因素的局限,尽管不乏"力求致富"的个案,以及存在比农村集市等级更高的城市市场中心地,但农民的生产生活范围主要局限在农村市场,对他们而言这种市场更多的是谋生手段而不是致富阶梯。因此在前工业阶段的中国,富裕农民或规模生产的农场主始终没有作为一个阶层出现过,小农经济、农村市场结构和传统农业社会始终没有发生本质的或革命性改变。

原载《史学月刊》2005年第2期。

---

① [美]吉尔伯特·罗兹曼编,国家社会科学基金"比较现代化"课题组译:《中国的现代化》,第208页。

从中世纪的契约关系看欧洲文明

现代欧洲文明中的许多核心要素都产生于中世纪,契约关系就是如此,它代表了一种双向的权利义务或互惠关系。契约起源于古代罗马,但当时主要用于商业。推翻西罗马帝国的日耳曼人处于原始社会晚期,王权尚在形成之中,无法按照罗马皇帝的独裁方式进行统治。在此情形下,征服者将自己的亲兵制和被征服地区的契约概念相结合,建立起以采邑制为基础的领主附庸关系。对此学术界早有定论,例如英国著名法律史家梅因认为契约关系是封建社会人际关系区别于古代社会的重要标准。马克·布洛赫也证实,中世纪西欧领主附庸关系乃至国王与其臣僚都是一种契约关系,"附庸的臣服是一种名副其实的契约,而且是双向契约。如果领主不履行诺言,他便丧失其享有的权利。因为国王的主要臣民同时也是他的附庸,这种观念不可避免地移植到政治领域时,它将产生深远的影响"。

需要指出,契约关系没有仅仅停留在统治阶级当中,中世纪中期也进入普通民众的日常生活。诚然,契约关系在社会层面的推进经历了一个先抑后扬的曲折过程。封建化导致庄园化和农奴化,依附其上的农民在很大程度上失去传统法律的保护,遭受各种各样的经济和超经济剥削,英国王室法学家甚至大肆渲染农奴无权的理论。然而,中世纪中期人口增长导致对农业和工商业需求的扩大,刺激了广泛分工与流动,古典封建制发生一系列重要变革。马克·布洛赫认为,大约12世纪以后作为工商业中心的城市取得自治权,新垦区农民也获得领主颁发的习惯特许状。为与城市和新垦区争夺劳动力,旧垦区的庄园习惯法不得不详细界定农民对领主履行义务的种类、方式和数量,由此城乡劳动者的权利义务在不同程度上得到法律保障。毋庸讳言,在此过程中城市引领了劳动契约关系的发展,那里实行与农奴制完全不同的自由劳动，无论学徒制、帮工和妇女的中短期劳动还是各种专项工作（包括医生治病），当事双方一般都要签订契约，其中尤以工商业的学徒契约（apprentice contract）最具代表性，详细规定了学徒和师傅各自的权利和义务。

具体而言，随着中世纪西欧城市工商业的日益专业化，以往包括全部工商业者在内的没有专业分工的商人行会，逐渐转变为分工明确的工商业的同业行会（国内习惯译成手工业行会，但这种译法并不准确，因为它没有包括各种商业行会）。大约从此开始，学习工商业的年轻人必须完成一段时期的专业训练才能开设作坊或商店，12世纪以来这种训练发展为正式的学徒制度（apprenticeship）。该制度是师傅和学徒之间的一种契约，由行会、城市和国家管理。学徒制提供了一种寄宿制的职业教育，但年轻人必须承诺举止良好、勤劳、诚实、遵守纪律、服从命令和忠诚雇主。学徒必须服从雇主命令，保护其财产不被偷盗、浪费和损失，为其保守商业秘密。尽量少去酒馆和赌馆，学徒期间不缔结婚约。学徒不能逃跑或犯有任何伤害其师傅的过失。只有履行上述义务，学徒方能得到师傅提供的住宿、饮食、义务教育等。利普森也认为学徒承担大量义务，例如学徒契约要求学徒顺从、自我约束和恪尽职守，保护师傅不受损失，一年中没有偷盗师傅6便士以上的东西，不经常去酒馆或赌场。他不应躺在师傅门前，不应占有自己的任何财产，没有师傅的许可不得婚娶，必须完成所有家务，听从师傅的一切指令，按照师傅的要求改正错误。学徒契约的书写程式通常以"我承诺和同意——"开始，在大多数学徒契约中父母、监护人和学徒向师傅做出上述承诺。在典型的学徒契约中，由于学徒没有成年，没有资格宣誓遵守契约条款，由成年人代为履行。在此情况下，成年人保证该学徒遵守本契约条款，否则将要缴纳数额较大的现金罚金。

学徒不仅承担义务，也享有多种权利。学徒契约一律要求师傅向学徒毫无保留地传授本行业的一切技术，其他条件则存在较大差异。学徒可从师傅那里获得住宿、食物、服装、工具、工资和文化学习的机会，但具体条件以学徒契约为准。有些学徒契约约定学徒只获得住处，佛兰德尔的阿拉斯的一份织工学徒契约规定，师傅马修·海马特在四年学徒期间教授学徒米歇尔织布手艺，米歇尔得到住处，但不能获得食物。有些学徒契约约定学徒可以同时获得住处、食物与服装,马赛的织工师傅彼得·费萨克承诺在四年的学徒期间为学徒彼得·博雷提供食物和服装,并住在自己家里。学徒既有免费的也有付费的,但最新研究表明,学徒大多数是免费的,只有少数学徒家庭有义务向师傅交纳现金或在学徒期间向学徒提供物质支持。

  由于学徒不仅学习本行业的技术,还要在师傅家干家务和在作坊或商店中打下手,所以一般可以获得少量工资,1248年法国赛斯特雷德一份理发匠学徒契约规定,学徒期限仅为两年。在此期间,师傅阿曼德向学徒威廉每年支付40索里达德工资,以及食物和服装。在英国,1480年的一份皮匠学徒契约,对8年学徒期间的待遇做了规定:头7年学徒仅收到少量的零花钱,第一年3便士,第二年6便士,如此每年增加3便士,直至第8年可达10先令。1494年一份向国王和考文垂履行过忠诚宣誓的学徒清单显示,学徒期5—9年,绝大多数为7年。在第一年,他们通常每年收到12便士的工资,而最后一年的报酬十分可观,从6先令8便士到25先令。1513年牛津档案中记录了一份学徒契约:该学徒收到12便士的工资,学徒期满时收到20先令。1531年签订的一份莱斯特的学徒契约规定,学徒一年收到8便士,第八年每周收到6便士。此外,他还可以得到食物和饮料、袜子和鞋、亚麻布和羊毛布的服装,师傅要将该行业的手艺毫无保留地传授与他。

  学徒还拥有其他权利。有的行会章程规定,除了技术训练,学徒契约还包括一定的文化课学习时间。1462年一个14岁男孩学习男服经销商的手艺,学徒期为12年。师傅让他去学校学习两年,前一年半学习法语,最后半年学习写字。1494年一个金匠的学徒同意跟师傅学习10年而不是9年,条件是师傅送他到小学学习一年。萨默塞特郡汤顿的一个织工同意教授他的学徒布列塔尼语。有的金匠因为没有教授学徒读写技能而被罚款。肖像制造者穆得和丈夫约翰·德·麦米斯在黑死病中去世,在遗嘱中她给学生留下各种遗赠,包括委托柏孟塞小修道院的托马斯·德·阿尔斯哈姆兄弟照料和教育其学徒三年。学徒有时还可以在学徒期结束时获得工具和全套用具。1548—1562年诺福克的一份学徒契约规定:托马斯赖斯·布鲁克教授罗伯特·纽克该工业技艺,并提供其食物、饮料等,在学徒期结束时给其3英镑、2套服装,以及1把劈砖斧、1把锤斧、1把镐和1个抹子。双方一致同意,在学徒期间托马斯享有罗伯特在克朗索普拥有的住宅及其附属物的

1/2 的税收和利润。

　　为了不使学徒的权利沦为一纸具文,行会赋予学徒投诉不履行义务的师傅的权利。13世纪巴黎羊毛织工行会章程规定:"如果学徒由于匠师的过失而离开其匠师,他自己或他的朋友应到织工行会会长面前,说明这件事的情由;会长在两周之内应召唤学徒的匠师,对他训诫说,对于学徒他应该供应适当膳食,像对上等人的儿子一样,并应给予衣屦。倘使他不遵照办理,学徒可以找寻别的匠师。"英国学徒也拥有向本行会会长申诉的权利。1520年考文垂的制帽匠师傅们必须每年到该城所有作坊巡视一次,将学徒唤到他们跟前,如果任何学徒三次投诉师傅没有提供充足的必需品,那么他们有权将他带走,安排他到另一师傅那里当学徒。为防止误人子弟,行会对招收学徒的师傅还进行条件审查,如13世纪巴黎羊毛织工行会章程第17条规定:"会长与两个或三个或四个陪审员必须调查:匠师是否有充分的财产与房屋可招收学徒。如果会长与陪审员发现那要招收学徒的匠师缺少维持学徒的必要条件,他们可向他收取适当而足够的押金,要使他能履行对学徒的一切责任;这样,学徒不致浪费时间,而其父亲也不致浪费金钱。"

　　对于不履行义务的师傅,学徒可以请求解除师徒契约。1369年英国雷丁的约翰·卡托提交了一份起诉书,控告他的女儿艾丽斯跟其学徒五年的伦敦绣花工埃利斯·明皮,因为他打该女孩,虐待她又不给饭吃。5月3日,当事人被召出庭,这时,他们声称他们已经达成一致协议,条件是由被告付给原告13先令4便士解除该女孩的学徒条件。随后,他放了她。被告还被问及为何占用这个女孩近七年,为什么不按照该市的习惯法和他自己的誓约登记师徒契约。他听候市长和市政官们的发落,他们判决解除艾丽斯的学徒条件。按照法庭命令该师徒契约交出作废。1562年埃克塞特的一个师傅被指控拒绝履行义务教授和供养自己的学徒,该学徒因而解除了他的契约。1570年一名伦敦学徒向木匠法庭控告"他的师傅没有向他传授木匠手艺",法庭判决他另寻新的师傅。学徒都是20岁上下的年轻人,师傅对犯错误的学徒打骂责罚在所难免,行会也允许师傅用合理的方法惩罚行为不当的学徒。如1448年伊普斯威奇的一份理发师学徒契约规定,师傅同意给予学徒技术指导,以及"适当的服装、鞋、食物、住处和惩罚"。但行会也保护学徒的人身安全,非法打伤学徒的师傅也要受到处罚。埃塞克特的一个师傅将仆人和学徒的胳膊和脑袋打伤,行会会长责令该师傅承担全部医药费和仆人受伤期间的膳食费用,痛改前非,并为其有损行会的行为缴纳罚款。

  以上对中世纪契约关系发展的讨论旨在说明,以往对中世纪欧洲契约关系的全面研究尚不充分,造成契约关系只流行于领主和附庸之间的误解,忽视了契约关系自上而下的推广与普及,以及作为工商业中心的城市在此过程中的作用。应该说,中世纪早期西欧统治阶级的契约关系对城市选择自己的劳动模式提供了重要的参照。为了吸引农村移民,城市劳动关系放弃了农奴制,代之以相对自由、平等和互惠的契约劳动。城市契约劳动是契约关系自上而下传播的发端,其影响所及不仅是中世纪中后期的广大农村,也成为现代欧洲文明乃至人类文明进步的重要标尺。正如梅因早在19世纪所郑重宣布的那样:"所有进步社会的运动,到此处为止是一个'从身份到契约'的运动。"

原载《史学理论研究》2014年第2期,圆桌会议"欧洲文明再认识"。

中世纪英国城市人口估算

英国人对城市史的关注开始于都铎王朝,从产生比较正规的城市史研究的17世纪算起,至今大体出现过三种影响广泛的学术范式,即17—19世纪的法律与宪政范式的城市史,20世纪早中期前后的经济史范式的城市史以及20世纪后期以来经济史中的经济社会史(economic and social history)与社会史中的社会经济(socio-economic)范式的城市史。[①] 城市史的研究范式制约着研究对象的选择:法律和宪政范式的城市史主要关注城市的法律制度,而经济史和经济社会史与社会经济史则着重于对城市的经济与社会层面的考察,因此,中世纪城市的人口数量及其占总人口的比例等问题不是法律和宪政范式的城市史的研究选项,而后两种研究范式却对此充满着经久不衰的热情。经济史与经济社会史和社会经济史(两者皆不同于传统的经济史和社会史,简单地说经济社会史要求经济史研究要带有社会眼光,社会经济史要求社会史研究要带有经济眼光。这是20世纪晚期以来西方历史研究的重要趋势)在研究中世纪城市时也表现出各自的特点。经济史范式的城市史比较注重大中城市和城市精英,相对而言经济社会史和社会经

[①] 英国人对城市的关注开始于"15世纪结束以前",主要表现"就是中世纪寺院编年史的消失和取而代之的城市编年史的兴起"。参见[美]汤普逊著,耿淡如译:《历史著作史》上卷,第二分册,商务印书馆1996年,第85页;关于英国城市史的学术史,详见 D. G. Russo, *Town Origins and Development in Early England*, *c. 400–950 A. D.*, London: Greenwood Press, 1998, Introduction。从学术史和概念的发展看,传统的法律和宪政角度的城市史起源于17世纪,而现代城市史的真正奠基者则为梅特兰。19世纪以前的城市史基本属于进行个案研究的 town histories,梅特兰以来的城市史研究更具有综合比较和一般研究的特点,因而可称为 urban history。参见 S. Reynolds, *An Introduction to the History of English Medieval Towns*, Oxford: Clarendon Press, 1977, pp. v-vi; P. Clark, general ed., *The Cambridge Urban History of Britain*, Vol. I, 600–1540, ed. by D. M. Palliser, Cambridge: Cambridge University Press, 2000, p. 8。

济史范式的城市史则更关心小城市和城市底层。此外,经济史范式的城市史比较强调城市的农业性质,重视城市的行会和对外贸易;经济社会史和社会经济史范式的城市史则更关注工业生产和国内贸易,特别是城市与农村腹地的交往。本文无意全面评析英国中世纪城市研究的学术史,只想在20世纪晚期以来经济社会史和社会经济史范式的城市史研究的基础上,通过定量考察,反驳20世纪前中期流传甚广的经济史中有关人口城市化的传统观点,阐明英国中世纪城市人口数量及其占总人口比例的真实状况。

一、小城市的重新"发现"

城市史研究中公认的传统论点之一,是中世纪西欧城市人口较少,因而城市化处于较低的发展水平。对城市人口占总人口比例的估计,始于20世纪早期的经济史范式的城市史研究,认为中世纪西欧城市人口的平均比例甚低,只有少数地方才能超出这个平均值,而英国却不在此列。如皮朗所言,西欧"城市的人口很少,往往只占总人口中很小的一部分。在12世纪到15世纪,整个欧洲的城市人口从未超过其全部人口的1/10。只是在尼德兰、伦巴第、托斯卡那等少数地方,城市人口在很大程度上,超过了这个比例"。① 皮朗在这里没有明言英国,但他实际上认为,像其他大多数欧洲国家或地区一样,英国中世纪的城市人口从未超过1/10,不属于城市化的发达地区。尽管皮朗的估计缺少坚实的实证研究作为立论基础,甚至可以说带有较大的推测性,但仍然影响了几代英国学者,英国中世纪属于低城市化社会在以后的半个多世纪中成为定论。十年之后,英国著名经济史家克拉潘继续认为,英国中世纪晚期"城市人口是否达到7%,很可怀疑。但可以肯定地说绝不到10%,并且这里所说的城市也绝非十分'城市化'的城市"。在这本书的另一处,他更明确而结论式地写道:"即使我们能掌握所有有关数字的话,在公元1500年左右这个比率也许会小到10%。"②甚至进入20

---

① [比]亨利·皮朗著,乐文译:《中世纪欧洲经济社会史》(英译本为1936年),上海人民出版社1987年,第53页。
② [英]约翰·克拉潘著,范定九、王祖廉译:《简明不列颠经济史:从最早时期到1750年》(初版为1949年),上海译文出版社1980年,第111、262页。

世纪晚期,仍然有人主张英国中世纪是一个低城市化社会。1976年普拉特在其出版的影响广泛的英国中世纪城市史专著中继续秉承上述观点,声称英国中世纪的城市化水平不高,虽然存在许多的估计,但最新的推测是1500年仍有95%的人口从事农业,甚至下两个世纪这一比例也没有发生多大变化。①

可见,20世纪大多数时期的主流观点,是英国中世纪的城市化水平一直在10%以下,从未超过这个比例。难怪2000年出版的、由将近90位学者完成的《剑桥英国城市史》第一卷的主编帕利泽,在"序言"中开篇就讨论工业革命前后城市的人口比例问题,指出至少在英国,城市人口的数量远高于过去的估计。他特别提到,以往的研究者主张,直到1500年城市人口比例只有5%—10%,而最新的估计比过去则有大幅度的提高。②

应该说,处于世纪之交的学者们对近几十年来有关英国中世纪城市人口比例修正的肯定,反映了经济社会史和社会经济史范式对历史研究的深刻影响:经济史范式的城市史重视大中城市而忽视小城市,并以"这些小型市镇常保持着它们中世纪的农村特征"为由而将其排除在外。如克拉潘对英国中世纪晚期和现代早期城市人口的统计只限于那些人口在"五千人以上的城市"(几乎都是王室城市),③势必极大压低了城市人口的比例。而在这个问题上,经济社会史和社会经济史范式的城市史研究恰恰发现,英国中世纪是一个小城市处于优势的社会。20世纪晚期对英国中世纪城市人口比例的重新估计,正是立足于对小城市群体重新"发现"的基础之上。

英国学者重新"发现"小城市的过程至迟开始于贝雷斯福德有关中世纪英格兰、威尔士和加斯科尼新城的经典研究。1967年他出版了《中世纪的新建城市》,破天荒地将中世纪中晚期英格兰和威尔士的城市数量估计为618个,其中英格兰为531个,威尔士为87个。④ 1973年,他在与莱斯特

---

① C. Platt, *The English Medieval Town*, London: Granada Publishing Limited, 1979, p.19.
② P. Clark, general ed., *The Cambridge Urban History of Britain*, Vol. I, 600-1540, p.4.
③ [英]约翰·克拉潘著,范定九、王祖廉译:《简明不列颠经济史:从最早时期到1750年》,第262页。
④ Maurice Beresford, *New Towns of the Middle Ages: Town Plantation in England, Wales and Gascony*, New York and Washington: Praeger, 1967, p.272.

大学地方史系英国地方史教授芬伯格合作出版的《英国中世纪的城市：简明参考目录》中,将盎格鲁-撒克逊时期至15世纪初的英国城市制成表格,加在一起共计609个,①表明贝雷斯福德已经不再像以往学者那样仅仅关注首都、区域性都会、郡级城市或港口城市等大中城市,而将小城市正式纳入城市系统。

最早给予小城市明确的概念并进行过系统论述的学者是英国著名马克思主义历史学家、中世纪社会史和农民史权威希尔顿。1973年希尔顿出版了《中世纪晚期的英国农民》,其中第五章题为"作为农民社会一部分的小城市",不仅明确提出了小城市(small town 或 little town)的概念,还比较了它们在经济活动和职业结构等方面与村庄的差别,从而在城市特许状和市民财产保有条件等传统的法律和经济特权之外,为从社会经济方面判断一个共同体是否是城市找到了全新的判断标准。② 进入20世纪80年代,他有关小城市的思想在《英国封建社会的城市》和《小城市与城市化——中世纪的伊夫沙姆》等文章中得到进一步阐述。③ 在他的倡导下,小城市很快成为英国中世纪城市史和社会史研究的学术增长点之一。前面提到的《剑桥英国城市史》在很大程度上代表着英国学术界对城市史研究的主流观点,在讨论中世纪城市的第一卷中,小城市、伦敦、大城市和港口城市各自独立成章,标志着英国史学界正式接受了希尔顿首倡的小城市史的研究方向和小城市的重要地位。其中,布莱尔撰写了第十一章"600—1270年的小城市",戴尔撰写了第二十章"1270—1540年的小城市",第一次完整阐述了这一主题。④

中世纪的西欧实行领主制,领主的领地既有村庄和庄园,也有由他们自

---

① M. W. Beresford and H. P. R. Finberg, *English Medieval Boroughs: A Handlist*, Totowa, New Jersey: Rowman and Littlefield, 1973, pp. 30-39. 尽管该书使用的是 borough 而不是 town,但作者不是仅仅依据是否拥有特许状进行城市的认定,为此他们特别使用了"城市特征"(burghality)的概念。在他们看来,那些在议员遴选、税收和司法上具有特权的共同体(即所谓的议会城市、税收城市和司法城市)都具有城市性或城市特征,因而属于城市的范畴。

② R. H. Hilton, *The English Peasantry in the Later Middle Ages*, Oxford: Clarendon Press, 1973, p. 76.

③ R. H. Hilton, *Class Conflict and the Crisis of Feudalism: Essays in Medieval Social History*, London: The Hambledon Press, 1985.

④ P. Clark, general ed., *The Cambridge Urban History of Britain*, Vol. I, 600-1540.

已建立的规模一般小于王室城市的领主城市(seigniorial borough)以及中世纪晚期在某些原始工业化地区由村庄和庄园自发转变的市镇(market town)。与王室城市相比,这两类城市的规模较小,因而绝大多数都属于希尔顿所论述的"小城市"的范畴。小城市有的获得过特许状(以领主城市为主),但也有的没有特许状(主要是工业化村庄转化的市镇),而后者长期以来被经济史学家当做村庄看待。即使是那些获得过特许状的领主城市,除了表明其拥有了区别于周围农村的法律和经济特权外,学者们长期以来也并不认为它们像大中城市那样是工商业的中心,相反它们在很大程度上仍被视为农业共同体。问题是,这些人口较少(例如低于2000人)的领主城市以及虽然有工商业和市场存在但没有获得过特许状的市镇(一般不足500人)是否应该作为城市?这对城市化水平的准确估计至关重要。

希尔顿认为,"城市的特征未必与其规模成正比",领主城市与规模较大的王室城市相比,如果仅仅从人口数量上衡量,这些规模较小的领主城市确实不像是城市。然而,希尔顿却明确指出,这类小城市虽然是教会和世俗领主封建地产的组成部分,并且由于政治、经济和文化等原因它们仍然属于"农民社会的一部分",①但是它们与农业共同体又非完全相同。领主城市的经济活动或职业结构的主导方面是工商业,因此,所有这类小城市的经济和社会特点都非常接近,而与周围的农业共同体形成鲜明的对照。这些小城市的职业分工几乎是相同的,体现为服务业和制造业共同发展,但通常服

---

① 希尔顿关于小城市是"农民社会的一部分"的论述,绝非指它们经济活动的内容与农业共同体毫无区别,他的判断主要是基于封建经济的基本特征。如他所说,以往根据全国市场、区域市场、专业化的工业城市、远程贸易城市、政治中心和教会中心等将城市分类的做法尽管有益,但没有着重从封建经济的基本特征上探索城市的类型。他主张将城市分为依靠农民经济的简单商品生产维持的城市以及依靠封建统治阶级、国家和商人资本消费维持的城市。前者以小城市为主,农民家庭生产的剩余产品在那里转化为现金。农民将部分现金购买盐和村庄无法获得的工业品,而将大部分现金支付地租、司法罚金和国税。在这种城市,产品而不是奢侈品市场占据主导地位,只有木材、皮革、金属和纺织等少数制造业。尽管这些工匠也服务于其他工匠,尤其是城市的精英,但是周围村庄的农民仍是这些工匠的主要顾客。与大中城市相比,这些小城市的市场范围极其有限。截至13世纪末,中世纪英国城市的2/3或3/4属于这种类型,包括了一半以上的城市人口。参见 R. H. Hilton, *Class Conflict and the Crisis of Feudalism: Essays in Medieval Social History*, p. 180。

务业的重要性要高于制造业。食品、饮料和服装的生产零售者（包括制鞋匠尤其是裁缝）的数量占优势，而金属、皮革、木材和纺织等制造业的重要性则相对逊色。领主城市的制造业并没有过多的分工，即使在毛纺织业中也是如此。因此，"它们是没有专业化的共同体，因为它们的目的是为周围村庄的农民提供广泛的服务业和工业品"。作为这种经济活动或职业结构的反映，这类小城市与村庄的本质差别不仅是其居民直接或间接地与市场发生着联系，而且他们的劳动已经不再决定于农业的节奏，而是受市场节奏的控制。它们在13世纪晚期和14世纪早期在功能上明显有别于农村，人口一般在500—1000人，存在二三十种职业分工，从事这些职业的工匠和小商人尽管还是拥有少量耕地、草地、菜园和茅舍的佃户，但是非农业收入无疑是他们收入的主要来源。①

市镇在起源和分布上与领主城市有所不同。在中世纪末的原始工业化的背景下，正在工业化的村庄与农业共同体分道扬镳，由此形成某种工业一枝独秀的市镇。导致村庄工业化的原因很多，像市场机遇的出现、农村工业的发展、在经济萧条时期城市工匠迁徙到农村等，在东盎格利亚、米德兰和其他地区，工业村庄（industrial village）如雨后春笋般地迅速扩散。刺激这些工业村庄发展的行业通常是毛纺织业，金属工业尤其是金属制品的生产销售在有的地方具有决定意义。专业化的工业生产者大量集中存在，势必要吸引当地农民广泛从事各种服务业，特别是食品加工和服装生产。由于工业和服务业在村庄的发展，因此这种工业村庄只剩下很少的传统意义上的农民，从经济和社会标准看它们事实上已经成为城市。这些早期工业城市离开了控制严密的城市中心，代表了制造业从中世纪作坊制向工厂制的工业资本主义的转变。② 应该说，市镇不仅产生的时间比领主城市晚，主要侧重于某一种工业，地域分布也更加集中，而且大多数可能没有获得过特许状，容易为以往的研究者所忽视。因此不管是否拥有特许状，从职业结

---

① R. H. Hilton, "The Small Town as Part of Peasant Society", in *The English Peasantry in the Later Middle Ages*, pp. 80,85,82; R. H. Hilton, "Towns in English Feudal Society", in *Class Conflict and the Crisis of Feudalism: Essays in Medieval Social History*, p. 175.

② R. H. Hilton, "The Small Town as Part of Peasant Society", in *The English Peasantry in the Later Middle Ages*, pp. 85-87; R. H. Hilton, "Towns in English Feudal Society", in *Class Conflict and the Crisis of Feudalism: Essays in Medieval Social History*, pp. 175-176.

构上说它们都应该与大中城市一起纳入城市范畴,成为城市化水平的统计对象。

从经济活动或职业结构上看,上述小共同体已经是城市。晚近以来,职业成为人口之外衡量城市的重要标准,如赵冈所说:"近代各国人口统计,对于城市人口与乡村人口有两种不同的划分标准。一种是以职业区分,即农业与非农业;另一种是以人口数量划分。又有些国家是两项标准兼用,凡人数超过某水平之集聚点,而其农业居民不超过某一百分比者,算是城市地区,其居民,包括农业居民,全部列为城市人口。该集聚点便算是城市之一。"① 可见,国际公认的城市判断标准不是有无城市特许状或法律和经济特权,也不是以人口规模作为唯一标准,而是人口、职业或需要两者兼顾。

那么,希尔顿及其后继者为什么特别重视研究小城市,或者说英国中世纪小城市为何如此重要,以至于要与伦敦、较大城市和港口城市相提并论呢?主要原因是中世纪英国小城市的数量及其居民人数甚多,因而它们不仅在城市结构中占据举足轻重的位置,而且是城市人口的重要组成部分。从小城市的数量看,11 世纪末的百余个城市中,只有不足 20% 的城市居民数量超过 2000 人,② 即超过 4/5 的城市属于小城市的范畴。13 世纪末,城市规模稍有增加,但是仍有 2/3 或 3/4 的英国城镇属于小城市。1300 年,英国只有 50—100 个城市的人口超过 2000 人,667 个城市为 300—2000 人,小城镇占绝对优势。从小城市的人口数量看,1300 年,如果小城市的人口平均为 750 人,那么 600 个小城市的人口合计为 45 万人,也就是说,750 人以下的城市人口将近城市总人口的一半,全国人口的 1/10。③ 这种状况至现代早期虽有所改变,但仍是英国城市结构的重要特征。1500 年英国仍仅有 1/3 的城市人口居住在 2500 人以上的城市中,不足 2500 人的小城市人口占城市人口的 2/3。1700 年,城市规模进一步扩大,大约 1/2 的城市人口居住在 5000 人以上的城市中,但仍有另一半人口

---

① 赵冈:《中国城市发展史论集》,台北联经出版事业公司 1995 年,第 2 页。
② R. H. Britnell and B. M. S. Campbell, eds., *Commercialising Economy: England 1086 to c. 1300*, Manchester and New York: Manchester University Press, 1995, p. 330.
③ P. Clark, general ed., *The Cambridge Urban History of Britain*, Vol. I, 600-1540, p. 510.

生活在不足5000人的小城镇。① 当然,北欧也有城市规模较小的特点。庞兹认为,不足2000人的城镇占西北欧城镇总数的90%,至少一半的城市人口生活在小城镇。② 希尔顿有关英、法封建城市的比较,也揭示了法国小城市的普遍性。③ 但尽管如此,英国城市结构的超常状况仍给来自城市发达的意大利旅游者留下深刻印象。大约1600年,一位名叫季罗拉莫·兰多的威尼斯人在拜访了英格兰后留下的印象是,英国的大城市很少,据估计只有24个左右,但是那里有众多的村庄和小城市。④

由此,英国与大陆城市化的差异似乎不完全是小城市的普遍与否,而是大城市的滞后。1300年英国5000人以上的城市人口只占全国人口总数的5%,而在大多数欧洲国家该比例为10%。在高城市化水平的低地国家和意大利北部则达到20%。⑤ 14世纪早期北意大利拥有4个8万人以上的城市,35个1万—8万人的城市,而英国分别只有1个和4个。⑥ 可见,英国中世纪"大少小多"的城市结构的特点,进一步突出了经济史范式在城市化水平估算上的局限性(因为大中城市正是英国的劣势)以及小城市的重新"发现"对客观认识英国中世纪城市化问题的重要价值,其结果自然是革命性的。

二、黑死病前城市人口比例

由于小城市的重新"发现"以及随之面临的小城市数量及其居民人数

---

① [英]彼得·克拉克、保罗·斯莱克著,刘景华译:《过渡时期的英国城市》,武汉大学出版社1992年,第10—11页。

② N. J. G. Pounds, *An Historical Geography of Europe, 450 B.C. - A.D. 1330*, Cambridge: Cambridge University Press, 1973, p. 358.

③ R. H. Hilton, *English and French Towns in Feudal Society: A Comparative Study*, Cambridge: Cambridge University Press, 1992, p. 33.

④ Cal. State Papers Venetian, 1621-1623, p. 430. 转引自 C. Platt, *The English Medieval Town*, p. 20。

⑤ P. Bairoch, J. Batou and P. Chever, *The Population of European Cities from 800 to 1850*, Geneva: Droz, 1988, pp. 183-206.

⑥ R. H. Britnell, "The Towns of England and Northern Italy in the Fourteenth Century," *Economic History Review*, XLIV, 1(1991), pp. 21, 22.

众多的事实,中世纪城市人口数量及其比例亟待重估,其中三个因素对重估的结果有重要影响。首先是对城市总数的估计,即英国中世纪的城市数量究竟有多少。贝尔斯福德和芬伯格对英国中世纪的城市数量进行过非常深入的档案研究,他们估计,1066年英国只有66个城市,1086年为118个,1200年为214.5个,1250年为349.5个,1300年为480个,1400年为575个,1500年为592个,此外还有17个城市据推测可能存在于中世纪,因此至1500年英国城市总数为609个。① 蒂勒认为,1377年的人头税记录表明,英国约有540个城市,②该结果接近贝尔斯福德和芬伯格对1400年城市数量的估计。米勒和哈彻的研究也得出了类似的结论,认为1086年英国只有111个城市,而在1300年具有城市特征的地方超过500处。③ 目前学术界较为普遍的意见是,11世纪末英国只有大约110个城市。到1300年城市数量超过500个。④

由于对农村社会和小城市进行过深入研究,曾经作为希尔顿学生和同事的戴尔所估计的城市数量也最多。他认为,1300年英国大约有700个城市,其中市镇和领主城市在600个以上(最多时达到667个),它们存在于1270—1540年的不同时期。具体说,截至1509年,英国大约有660处地方获得过市民财产保有权(burgage tenure)或被称为自治城市(borough)。但是,由于种种原因,在1270年之前,其中的124个城市已经消失,此外还有52个属于大中城市,所剩484个应为小城市。不过,戴尔指出,上述城市地位的确认只以法律作为标准,即是否获得市民财产保有条件。而晚近对城镇(town)的定义还增加了社会、经济和景观(topographical)等内容,而适合这些条件的地方有些并没有市民、市民财产保有条件或授予城市特权的特许状。如用新的标准衡量,尽管上述地方没有法律认可的城市地位,但它们仍然应该被视为城市。因此,1270—1540年小城市的总数在某些时间为

---

① M. Bereford and H. P. R. Finberg, *English Medieval Boroughs: A Handlist*, Newton Abbot: David and Charles, 1973, p. 39.

② K. Tiller, *English Local History: An Introduction*, Stroud: Alan Sutton, 1992, p. 69.

③ E. Miller and J. Hatcher, *Medieval England-Rural Society and Economic Change, 1086–1348*, London: Longman, 1978, p. 73; E. Miller and J. Hatcher, *Medieval England: Towns, Commerce and Crafts, 1086–1348*, London: Longman, 1995, p. 275.

④ H. Swanson, *Medieval British Towns*, London: Macmillan Press LTD., p. 14.

667 个(即增加了 183 个没有特许状的市镇),如果考虑城市命运的沉浮,所有时间小城市的数量都在 600 个左右。①

上述各家的估计何以有所差别?笔者认为,主要还是对小城市数量的统计所致。在对小城市的研究上,尽管以上都是经济社会史或社会经济史的学者,但是其中擅长地方史和农民史的学者具有更加显而易见的优势。在他们承认的城市中,小城市的统计更加全面,既包括领主城市,又极大地增加了由工业化村庄升格而来的市镇。有些学者如贝尔斯福德和芬伯格强调城市资格的法律和宪政性质,认为城市必须具备市民财产保有权,或者具有税收城市、司法城市或议会城市的特点;而希尔顿和戴尔等学者则更看重城市的经济和社会功能,他们所说的城市既有法律与宪政意义上的"自治城市"(borough),也包括从来没有获得过城市特许状,因而也没有市民财产保有权的城镇。因此,与具有明显的法律和宪政含义的"borough"相比,他们更乐于使用以经济与社会含义为主的"town"称呼城市。正因为如此,后者所估计的城市数量最多,很可能也最接近真实。

城市数量只是估算城市化率的三个变量之一,另一个变量是英国中世纪城市的人口数量。西方学者似乎没有专门讨论过城市人口的范围问题,例如他们究竟是指市民,还是城市居民,后者又如何界定常住人口和流动人口。按照前引赵冈的定义,一旦在人口规模和职业比例上认定一个集聚点是城市,那么其中的工商业与农业居民都可以被视为城市人口。可见城市人口是个较为宽泛的范畴,因而相对稳定地在城市工作和生活的居民都是城市人口。据记载,11 世纪后期英国的 100 余个城市中,至少 17 个城市的人口在 2000 人以上,伦敦、约克和温切斯特都超过 1 万人,当时城市人口总计有 10 万人。② 然而戴尔认为,11 世纪末的城市人口记录并不完整,城市

---

① 以上仅是英格兰一个地区的小城市的数量。至于整个不列颠,中世纪晚期小城市可能多至 861 个。考虑到城市命运的沉浮而造成的数量波动,小城市不能始终保持在这个高位。但是,1270—1540 年的任何时期,不列颠都至少存在 700 个小城市。C. Dyer, *Making a Living in the Middle Ages*, *The People of Britain*, *850-1520*, New Haven: Yale University Press, 2002, pp. 101, 190. C. Dyer, *Small Towns*, *1270-1540*, P. Clark, general ed., *The Cambridge Urban History of Britain*, Vol. I, 600-1540, pp. 506, 508。

② R. H. Britnell, *The Commercialisation of English Society*, *1000-1500*, p. 13.

人口的真实数量在此基础上可能还要翻一番,即达到20万人。① 关于13世纪和14世纪早期城市人口的数量,布里特奈尔认为,14世纪早期城市人口数量的估计难以准确。当时伦敦人口为8—10万人,4个城市有5万人,3000人以上的50—100个城市的人口有25万人,350—400个城市共有50万人,②根据他的估计,城市人口总数为88—90万人。米勒和哈彻认为,1348年前英国城市人口总数的估计带有很大的推测性。如果有550个平均人口为750人的小市镇,那么人口合计为40万人。2000人以上城市的人口合计为30万人,这样城市人口总计为70万人。③ 根据上述估计,笔者认为13世纪和14世纪早期英国城市人口约为70—90万人。

  影响城市化率的第三个变量是全国人口数据。中古英国可资利用的人口数据是1086年的《末日审判书》和1377年的第一次《人头税报告》,但这两个统计数据并不完整,后一个因完成于黑死病之后,更不能反映中古盛期的人口规模,因而必须重新估算。1086年的数据至少有三个缺陷:一是英国北部诸郡没有统计在内;二是伦敦、温切斯特、布里斯托尔和索桑普顿等城市的记录残缺不全;三是只有6个郡的教士被记录在案。不仅如此,统计在案的数据也存在争议。拉塞尔是中古英国人口史研究的拓荒者,早在1948年就出版了代表作《英国中古人口》。④ 他假定11世纪末的数据记录了村庄中的所有土地持有者(业主),每个持有地为一个家庭持有。而实际上有些持有地由于再出租而不止一户,这些二佃户(undersettle or subtenant)未见记载,此其一。二是如何以合理的系数将275000个业主转化为当时的人口。拉塞尔以3.5作为家庭人口系数,得出1086年人口为110万的偏低估计。波斯坦、米勒与哈彻等剑桥学派的学者们在20世纪60—70年代对拉塞尔的研究进行了重新估算,经过调整的家庭人口系数为4.5—5(比3.5增加了30%—43%),这样总人口即上升为140—155

---

 ① C. Dyer, *Making a Living in the Middle Ages*, *The People of Britain*, *850-1520*, p. 62.
 ② R. H. Britnell, *The Commercialisation of English Society*, *1000-1500*, pp. 13,115.
 ③ E. Miller and J. Hacher, *Medieval England: Towns, Commerce and Crafts, 1086-1348*, p. 278.
 ④ J. C. Russell, *British Medieval Population*, Albuquerque: The University of New Mexico, 1948.

万人。如果再考虑二佃户和无地者等因素,1086 年的人口应达到 175—225 万人。新近的研究甚至证明,1086 年全国人口有可能在 225—250 万人。①

1377 年开始征收第一次人头税,即 14 岁以上无论男女每人交纳 1 格罗特(groat,相当于 4 便士)的税收,因此恢复黑死病前的人口数据涉及对 14 岁以下人口比例、隐匿率以及 1348—1377 年间人口死亡率的计算。拉塞尔估计死亡率为 33.3%,隐匿率为 2.5%(一说 5%),14 岁以下人口占 1/3。1377 年登记在册的 14 岁以上男女纳税人是 1386196 人,按照拉塞尔的标准计算,当时英国人口仅为 223.5 万人,黑死病前也不过 370 万人。该估计同样被认为过低。如果将 14 岁以下的人口比例提高到 50%,隐匿率为 25%,1348—1377 年之间的 4 次瘟疫(1348—1349、1360—1362、1369、1375)的死亡率提高到 40%—50%,1377 年的全国人口上升为 250—300 万人,13 世纪晚期至 14 世纪早期为 500—600 万人。② 哈彻在其相关著作中认为,1348 年全国总人口约为 450—600 万人。③ 由此可见,600 万是中古盛期的人口高限。但是有人认为人口在黑死病之前已经下降,1348 年前的人口仍不能代表中古的最高水平,因此 13 世纪 90 年代至 14 世纪第一个十年的早期人口可能为 700 万人。波斯坦就认为:"英国的许多地方可能在黑死病前一代人时人口开始下降,并且一定是在 1317—1319 年的大灾荒之后。"如此一来,中古盛期的人口高限就由瘟疫爆发前,提早到 1317—1319 年的大灾荒之前,甚至是 13 世纪和 14 世纪的交替时期。据此他认为,在中世纪的高位时期,英国人口"可能是拉塞尔所估计的数字的两倍还要多,是接近 700 万人,而不是他所估计的 370 万人"。④ 哈勒姆甚至认为,1292—

---

① C. Dyer, *Making a Living in the Middle Ages, The People of Britain, 850-1520*, p. 26.
② E. Miller and J. Hatcher, *Medieval England-Rural Society and Economic Change, 1086-1348*, pp. 28-29; J. L. Bolton, *The Medieval English Economy, 1150-1500*, pp. 49-51.
③ J. Hatcher, *Plague, Population, and the English Economy, 1348-1530*, London: Macmillan, 1977.
④ [英]M. M. 波斯坦、H. J. 哈巴库克主编,王春法主译:《剑桥欧洲经济史》第 1 卷,经济科学出版社 2002 年,第 482 页(该书第一卷出版于 1941 年。1/4 个世纪以后即 1966 年,第二版的内容有了较大变化,其中第七章第七节即农业英国部分由波斯坦亲自撰写,人口数量及其趋势是其中最重要的内容)。

1294年英国的人口曾经达到720万人。① 这些都是迄今所见到的最高的估计。不过,近来农业史的研究表明,虽然波斯坦夸大了中古农业生产的落后状况,但即使客观分析,14世纪早期英国的农业生产能力仍不可能养活475万以上的人口。所以,1086—1330年的人口总数在250万—475万人比较符合当时农业生产的实际。② 综合以上研究,笔者以475—500万作为中古中期英国的全国人口数据。

城市数量、城市人口和全国总人口是计算城市化率的基础,据此计算,850年时英国只有大约2%的人口居住在城市,而850—1066年城市人口比例增加了4倍,达到8%。就我们的估计而言,11世纪末英国总人口为175万—225万人,城市人口20万人,城市化率为9%—11%。有学者指出,1066年英国至少有10%的人口生活在城市,那里已经是北欧城市化最发达的区域之一,伦敦、约克等城市的人口尽管还赶不上意大利,但与法国和德国相比还是佼佼者。③ 14世纪早期总人口为475—500万人,城市人口为70—90万人,城市化率上升为15%—18%。布里斯奈尔认为14世纪早期城市人口占15%,与农村从事工商业的人口合计占总人口的1/5即20%。④ 戴尔曾认为,13世纪后期英国7个人中有1个市民,⑤ 城市化率为14%。后来他的观点有所变化,主张1086年城市人口占10%;1300年上升到20%,达到英国中古人口城市化率的最高水平,平均每5个人中就有1个市民。⑥ H. 斯旺森认为,11世纪末的城市人口约占10%;1300年,城市人口在总人口中上升到15%—20%。⑦ 目前,戴尔和布里斯奈尔对城市人口

---

① H. E. Hallam ed. , *The Agrarian History of England and Wales*, II, 1042-1350, Cambridge: Cambridge University Press, 1988, pp. 508-593.
② R. H. Britnell and B. M. S. Campbell, eds. , *A Commercialising Economy: England, 1086 to c. 1300*, Manchester: Manchester University Press, 1995, pp. 11, 12.
③ D. G. Pusso, *Town Origins and Development in Early England, c. 400-950 A. D.* , pp. 1, 23, notes2.
④ R. H. Britnell, *The Commercialisation of English Society, 1000-1500*, pp. 115.
⑤ C. Dyer, "The Consumer and the Market in the Later Middle Ages", *Economic Historical Review*, 2nd ser. , XLII, 3(1989), p. 305.
⑥ C. Dyer, *Making a Living in the Middle Ages, The People of Britain, 850-1520*, pp. 272, 300, 304.
⑦ H. Swanson, *Medieval British Towns*, pp. 14, 15.

的估计逐渐被接受,成为经济社会与社会经济范式的城市史近年来最值得注意的研究成果之一,《剑桥英国城市史》承认:1086年城市人口比例是10%,1300年是15%或更多,1377年达到20%。① 通过新的估计,经济社会史和社会经济史比经济史5%—10%的城市人口比例估算至少增加了一倍。

三、中世纪晚期城市人口估计的争论

对中世纪晚期城市人口的估计是与对同期城市变化性质的判断紧密相连的,因此本节首先从中世纪晚期城市变化的性质与趋势谈起。

黑死病以后开始的中世纪晚期是过渡时期(英国马克思主义史学家道布就持有这种观点),表现为持续的公共健康危机和结构转型。但是并非所有学者都有同样的认识,相反,对该时期的变化性质、趋势存在着激烈的争论。按照布里伯里的说法,英国学者(特别是经济史家)长期以来一直分别以热情和失望两种心情看待英国中世纪的城市。其中,热情针对新城市建立和旧城市扩大的城市发展时期,失望针对中世纪晚期的城市。后者认为,除个别例外,当时城市由于贫困和忽视而限于衰败。英国中世纪晚期大多数城市的重要性下降,规模变小,财富减少。② 20世纪80年代以来,学者们对以往研究重新进行了反思,又出现了许多新论点。大体说,围绕中世纪晚期城市变化的性质问题,长期以来主要存在悲观论(即城市衰落论)、乐观论(即城市发展论)和综合论(即既有衰落也有发展)三种观点,③经过了从否定到肯定再到辩证对待的认识历程。

悲观论在20世纪经历了一个发展过程。从1915年起,著名经济史家利普森出版《英国经济史》,明确了中世纪晚期城市衰落的观点。利普森认为,在15—16世纪,英国城市史经历了一场伟大的革命,曾经强大一时的

---

① P. Clark, general ed., *The Cambridge Urban History of Britain*, Vol. I, 600-1540, p. 4.
② A. R. Bridbury, *Economic Growth: England in the Later Middle Ages*, Brighton: The Harvester Press, 1975, pp. 40-43.
③ 在归纳中世纪晚期城市变化的争论时,英国学者使用悲观主义(pessimism)和乐观主义(optimism)的划分方法。参见 A. Dyer, *Decline and Growth in England Towns, 1400-1640*, Cambridge: Cambridge University Press, 1991, p. 1。

自治城市(boroughs)因为行会制度以及各种自身因素的破坏而普遍衰落。①《剑桥欧洲经济史》的作者也主张,14、15世纪"很多城镇进入了真正的危机时期"。② 悲观论断言,中世纪晚期城市繁荣的基础在各方面都受到削弱。经济上,对城市产品与服务的需求下降;国外贸易在经历了14世纪晚期和15世纪早期的短暂扩张后出现衰退;羊毛出口减少,而呢绒出口的增加在数量与价值上都无法与羊毛出口减少相抵;作为英国商业另一个重要因素的葡萄酒进口受到百年战争的重创。公共卫生方面,黑死病在大多数城市成为地方流行病。政治上,城市政府走向寡头统治,腐败盛行,少数人剥削多数人。结果是,具有事业心和进取心的人们离开城市,织布业复兴基本上是一个农村现象。贸易和工业的衰落引发财政危机,15世纪许多城市越来越多地抱怨由于贫困而无法交纳承包金和其他税收。经济衰退导致城市荒芜,住宅人去屋空,教区废置,郊区缩小,温切斯特的街道野草丛生。③ 20世纪四五十年代,人口下降成为1350年以后的英国经济史的解释基础,这种分析模式加速了城市普遍衰落观点的形成。不仅如此,中世纪晚期城市衰落的观点还波及现代早期。菲西安-阿达姆斯、克拉克和斯莱克等学者的研究认为,16世纪和17世纪英国城市同样面临贫困、黑死病和经济萧条等困难。④

与悲观论对立的观点是乐观论。早在1894年,格林女士在《15世纪的城市生活》中就提出该时期城市繁荣的观点,⑤但后来没有受到经济史和人

---

① E. Lipson, *The Economic History of England*, Vol. 1, London: Adam and Charles Black, 1947, pp. 306-307.

② [英]M. M. 波斯坦、H. J. 哈巴库克主编,周荣国、张金秀译:《剑桥欧洲经济史》(英文版第一版发表于1963年)第3卷,经济科学出版社2002年,第176页。

③ J. L. Bolton, *The Medieval English Economy 1150-1500*, p. 246.

④ A. Dyer, *Decline and Growth in England Towns, 1400-1640*, Cambridge: Cambridge University Press, 1991, p. 4; 对悲观论的评论,详见 S. Reynolds, "Decline in late medieval Towns: A Look at Some of Concepts and Arguments", *Urban History Yearbook* (The University of Leicester) 7 (1980); D. M. Palliser, "Urban Decay Revisited", in *Towns and Townspeople in the Fifteenth Century*, ed. by J. Thomson, Gloucester: Alan Sutton, 1988。关于16世纪和17世纪城市困难,参见 P. Clark, and P. Slack, eds., *Crisis and Order in English Towns, 1500-1700: Essays in Urban History*, London: Routledge and Kegan Paul, 1972; Peter Clark and Paul Slack, *English Towns in Transition, 1500-1700*, London: Oxford University Press, 1976。

⑤ A. S. Green, *Town Life in the Fifteenth Century*, 2vols, London: Macmillan, 1894.

口史的重视,以致悲观论成为流行一时的正统观点。物极必反,1962年,布里伯里出版的《中世纪晚期英国经济发展》是极端乐观论的代表。他认为,城市是中世纪晚期经济体系中一个不可缺少和繁荣兴旺的部分。城市通过购买农场主的产品,继续为同样繁荣兴旺的农村服务,并将这些原材料制造成工业品。相对于下降的人口而言,锡的生产和布匹的出口表明,工业也保持着繁荣兴旺。工业需要城市。由于分配与再分配,资本和劳动聚集在城市,城市成为服务业和制造业的理想场所。因此,城市在织布工业的复苏中发挥了巨大作用,因而织布业不仅仅是一个农村现象。不仅越来越多的农村布匹在城市市场买卖,而且约克、考文垂和索尔兹伯里等城市还是主要的生产中心,同时像萨福克的拉文哈姆和威尔特郡的卡斯尔-库姆等新城市也在主要的布匹生产地区成长起来。经济的活力伴随着城市政府民主化的进步,而不是寡头政治的加强。通过市议会(the common council)的扩大与发展,城市政府具有越来越广泛的代表性。城市还放宽了陈规陋习,它们曾经阻止工匠(尤其是纺织业中的工匠)成为城市自由人并享受平等的贸易权利。为了获得城市的自由,青年人准备渡过漫长的学徒年限。如果当时普通的工资劳动者待遇优厚是事实,那么自由一定也值得争取。因此唯一的结论是城市继续保持着繁荣,1334年和1524年的税收报告表明,16世纪早期比14世纪早期城市财富在全部财富中占据了更高的份额。因此,中世纪晚期的城市富裕而充满活力。[①] 与极端悲观论相比,极端乐观论用一种片面性代替了另一种片面性。但不可否认,它们在一定意义上发现了真理。

20世纪80年代以后,在反思悲观论和乐观论的片面性后,综合论日益流行。A.戴尔认为,中世纪晚期城市的衰落已经成为一个争论不休的历史问题。但有一点是肯定的,那就是"所有简单化的回答都是错误的",或者说,"这个问题没有简单的答案"。[②] 伯尔顿指出,中世纪晚期城市"没有成功与失败的一般模式"。城市无论大小,都有成功和失败的例子。约克是英国北部的首都和大主教座堂所在地,曾经是英国的第二大城市。15世纪早期,作为约克市经济支柱的纺织业转移到农村,15世纪下半叶制革工匠

[①] A. R. Bridbury, *Economic Growth: England in the Later Middle Ages*, pp.43-51.
[②] A. Dyer, *Decline and Growth in England Towns, 1400-1640*, pp.1,53.

减少 2/5,金属工匠减少 1/3。1377 年城市税收估价时,约克紧随伦敦之后,位列第二名。而 1524 年,布里斯托尔、诺威奇、纽卡斯尔以及埃克塞特和萨里斯伯里纷纷后来居上,超过了约克。除约克外,中部城市莱斯特、诺丁汉、贝德福德、沃里克,东部港口城市亚茅斯,南部城市索桑普顿、德文、克雷迪顿、奥克哈顿和提沃顿,西南部港口城市普莱茅斯和达特茅斯也陷入危机。由于贫困,克雷迪顿、奥克哈顿和提沃顿 1445 年的税收征收分别减少了 74%、61%和 50%。

另外,中世纪晚期城市兴旺的例子也随处可见。尽管每年都发生地方性的黑死病,但伦敦人口一直稳定在 3 万—4 万人,甚至还出现了缓慢增长。格罗斯特、考文垂、萨里斯伯里、诺威奇、布里斯托尔等城市在中世纪晚期继续发展。萨里斯伯里 1334 年的赞助金只有 75 镑,1524 年上升到 405 镑,增加了 5.5 倍。诺威奇的人口在 1348—1349 年的黑死病中损失严重,但 1377 年又达到 5000 人,15 世纪又增加一倍。赞助金的数量增加更多,1334 年诺威奇仅交纳 95 镑,1524 年达到 749 镑,增长了 8 倍。平均而言,城市税收在 28 个郡的税收总数中从 1334 年的 6.5%上升到 1524 年的 15%,增加一倍以上。除了旧城市,在英国西南部、东盎格利亚和东北部,织布业的扩展使部分村庄发展为没有特许状的城市。位于萨福克的拉文哈姆在 13 世纪还仅仅是一个小村庄。15 世纪早期,它一跃进入英国 13 个最富裕城市的行列,纳税 180 镑,超过莱斯特、诺桑普顿、诺丁汉、牛津、索桑普顿、温切斯特和伍斯特等城市。从经济角度讲,这些织布村庄比林肯和莱斯特等部分自治城市更有资格作为城市。① 由此可知,综合论所说的中世纪晚期的城市发展并不局限于新城市的建立,还包括不少旧城市继续保持了繁荣。因此,不能将综合论简单地解读为主张旧城市的衰落和新城市的兴起。

与简单化、片面化的悲观论和乐观论相比,中世纪晚期城市中发展与衰落并存的认识无疑是一个进步。但是,除了看到中世纪晚期城市的发展以外,还需要进一步对衰落的概念进行反思。衰落意味着什么?它的含义在

---

① J. L. Bolton, *The Medieval English Economy*, 1150-1500, London: J. M. Dent & Sons Ltd, 1980, pp. 251-255; A. Dyer, *Decline and Growth in England Towns*, 1400-1640, p. 29.

黑死病前后是否相同？20世纪90年代以来，经济社会史和社会经济史的学者不再满足于简单接受发展与衰落并存的观点，而是进一步对几乎等同于贫困含义的衰落一词提出质疑。A. 戴尔在方法论层面提出，衰落包括绝对和相对两种含义。相对衰落指一个城市与农村或其他城市进行的比较，绝对衰落指自己某一阶段与过去或后来进行的比较。人口和财富是衡量繁荣还是衰落的主要指标，但一个城市人口和财富总量或排名的下降并不一定意味着人均收入的减少。只从一个城市的人口和财富的总量或排名的变化上解读是否衰落并不科学，正确的办法是要研究人均收入的变化。事实上，由于人口减少，中世纪晚期城市的人均财富占有量不仅没有下降，反而上升了。①

　　C. 戴尔也对衰落的证据提出质疑。他认为，中世纪晚期城市衰落绝不是普遍现象。即使受到影响的城市，各种抱怨也只是图画的一面。对于所有的衰落现象，我们都有理由质疑相关的证据。比如城市的承包金（fee farm）对于拥有许多人口和财富的城市并不是沉重负担。经常当一个城市提出再也交纳不起承包金时，真实的含义是被指定为承包金的特定税收的来源（如特定财产的租金）已经减少，那么权利意识较强的英国人就会自然认为承包金也应该相应变化。因此，从人均占有量的角度讲，城市承包金的下降未必等同于城市贫困。又比如15世纪下半叶以后的一段时间，由于人口下降，城市房租大幅度下降。许多城市一处住宅在1350年以前的租金约为20先令，1400年以后降到15先令或13先令。在坎特伯雷，15世纪20年代和30年代租金开始下降，牛津在15世纪40年代和50年代同样如此。15世纪后期和16世纪早期，这两个城市盛行低租金。房租下降无疑使房主减少了收入。如约克一个主要土地所有者1372年的房租收入是122镑，1500年只收入68镑。但是，房客的负担减轻了，而他们的工资却在提高。类似的例子还有很多，如城市部分教区的荒废主要是人口减少所致，贫困不是主要原因，因为也有不少新教堂是此时建立的。一些城市城墙因年久失修而倒塌，主要是城墙在中世纪晚期失去了防御功能，市民不再像过去一样

---

① A. Dyer, *Decline and Growth in England Towns, 1400-1640*, pp. 2, 9.

履行修筑城墙的义务造成的。① A. 戴尔既不同意城市在整个中世纪晚期都存在危机,也反对一味将人口减少作为原因。他指出,15世纪50年代以前城市的沉浮主要是工业和贸易地理的变化以及伦敦作为进出口港口地位的日益增长引起的,因此城市的繁荣与衰落呈现出明显的区域差异。城市危机只在15世纪50年代以后才出现,劳动力短缺是主要的制约因素。② 针对上述认识,H. 斯旺森评论道,"在论述中世纪晚期城市时,'重组'(realignment)而不是'衰落'(decline)的表述方式似乎更加明智"。③

对中世纪晚期英国城市的经济和社会进程性质的判断是具体研究工作的前提,悲观论视人口下降为城市贫困和衰落的不二表现,乐观论不能正视中世纪晚期人口下降的事实,因而也就无从在人口下降和中世纪晚期城市政治、经济和社会进步的矛盾中间做出令人信服的解释。相反,经济社会史和社会经济史的学者毫无保留地正视了中世纪晚期的人口下降问题。他们不仅承认英国人口从1348年以前的450—600万人,骤降至1377年的250—300万人;而且几乎所有学者都认为,1377年的人口数字,并不代表中世纪晚期英国人口数量的谷底。此后人口仍然继续下降,不过针对下降的结束时间存在着争论。拉塞尔估计,1377年英国人口数量有220万人(修正前的数据),1400年又略有减少,约为210万人。直到1430年,英国人口一直保持在这个水平没有变化,其后人口开始出现缓慢增长。④ 也就是说,他主张人口回升始于15世纪30年代。但经济社会史的学者不赞成人口下降在15世纪结束的观点,1977年哈彻出版的《1348—1530年的瘟疫、人口和英国经济》一书,探讨了该时期英国人口下降与停滞的周期。他认为,中世纪晚期英国经历了自有文献记录以来最长时期的人口下降与停滞。1377年之后的一个半世纪,英国人口一直在不同程度地下降。15世纪中叶英国人口只有200—250万人,1522—1525年人口开始回升,达到

---

① C. Dyer, *Making a Living in the Middle Ages, The People of Britain, 850–1520*, pp. 299, 300.

② A. Dyer, *Decline and Growth in England Towns, 1400–1640*, Chapter 3, 4.

③ H. Swanson, *Medieval British Towns*, p. 19.

④ J. C. Russell, *British Medieval Population*, Albuquerque: University of New Mexico Press, 1948, pp. 260–281.

225—275万人，但尚不足中世纪人口高位的一半。可见英国中世纪晚期人口回升的转折点，并不是像有些学者所说的那样开始于15世纪中期前后，而是将近一个世纪后的16世纪20年代。

由此可见，经济社会史和社会经济史的学者们是彻底的中世纪晚期人口下降论者，但如前所述，他们还敏锐地指出，城市财富的总量没有因此减少。相反，人均劳动生产率、人均资源占有量和人均生活水平都得到改善，因而中世纪晚期的人口下降不是贫困的结果，人口下降的原因需要重新讨论。他们指出，按照新人口论的观点，人口数量与运动方向主要是由生活水平以及由此形成的对结婚年龄和家庭规模的所谓"自我平衡的调节"(homeostaticadjustments)原则决定的。然而，新人口论的这一观点并不适用于解释中世纪晚期人口的减少与停滞。按照新人口论，该阶段土地和食品价格低廉，供应充足，而劳动力短缺，报酬丰厚。这些条件应该有利于增加出生率和降低死亡率以及扩大人口规模。然而，上述有利条件并未促使中世纪晚期人口恢复到以前的最高水平。相反，研究表明，中世纪晚期的死亡率是制约人口上升的主要因素，但这时的死亡率又主要不是受经济因素即生活水平的制约，反复发生的瘟疫和其他疾病为死亡率的上升起到了推波助澜的作用。①

事实上，中世纪晚期城市人口的减少不是城市经济恶化造成的，而是公共卫生危机的结果；而城市人口下降和全国工商业布局的调整，又引起了不同城市的兴衰。从黑死病的死亡率看，城市人口大约耗损了1/3，死亡率并不比农村高。② 黑死病以后，尽管全国总人口和城市人口都在下降，15世纪中叶以后劳动力短缺问题日益尖锐化，但是，各个城市的人口并没有出现一边倒的下降。前面引证的部分旧城市在一定程度上证实了这个看法，而更多研究则使中世纪晚期是城市人口学的黑暗时期的观点失去了市场。C. 戴尔对14世纪晚期和15世纪早期18个郡的127个小城市人口的抽样调查说明，这个阶段中不同城市的人口有升有降，也有的保持不变，其中人口下降的城市

---

① 疫病仍然是英国中世纪晚期人口下降的重要原因。哈彻指出，1377年以后的一个多世纪，英国至少遭受了15次全国性或跨地区的黑死病或其他传染病的侵袭，具体年份是：1379—1383，1389—1393，1400，1405—1407，1413，1420，1427，1433—1434，1438—1439，1457—1458，1463—1464，1467，1471，1479—1480，1485。J. Hatcher, *Plague, Population and English Economy 1348-1530*, London: The Macmillan Press LTD, 1977, pp. 11, 55, 68-69, 57。

② H. Swanson, *Medieval British Towns*, p. 17.

在全部抽样中仅占 1/3 强,而保持不变和出现上升的城市却将近 2/3。①

可以说,在 14 世纪晚期和 16 世纪早期,英国大多数小城市既设法保持了城市人口,2/5 以上的城市还增加了人口,人口城市化没有严重倒退。根据 16 世纪 20 年代的税收登记,居住在城市中的英国人口比例达到 20%,类似于 1377 年城市人口的最高水平。而且通过以上研究也有理由相信,1377 年到 16 世纪 20 年代期间,英国城市人口数量与比例基本保持不变,②没有发生逆城市化的现象。此后,现代早期的人口城市化过程开始出现。据帕滕研究,16 世纪 20 年代至 17 世纪 70 年代期间,城市人口在全部人口中的比例也从不足 25% 上升为将近 1/3。③

考察中世纪英国人口城市化水平具有十分重要的意义,是衡量其社会经济发展的重要依据。估计城市化水平离不开对中世纪城市的定义,而中世纪城市的标准一直处在变化之中,从宪政史的特权本位,到经济史的人口本位,再到经济社会史和社会经济史的职业本位,其包容度越来越大,直至囊括了所有的没有特许状的几百人上下的主要以工商业为生的共同体。应该说,中世纪城市标准的变化不仅反映了城市史研究范式的改变,而且也体现了学术界对城市本质求同存异的发展趋势。特权本位和人口本位的标准只适合少数中世纪城市,而职业本位却可以包括全部城市。有鉴于此,目前学术界公认的中世纪中晚期城市化水平远远超出以往的估计,这种变化在较少大城市和众多小城市的英国尤其显著。研究表明,中世纪英国城市化水平并未停滞不前或严重倒退。事实上,不仅中世纪中期英国城市化水平比以往所估计的高出一倍以上,而且中世纪晚期在人口几乎减少一半的情况下城市化水平基本保持了稳定,从整体上说没有出现逆城市化现象。应该说,这种估计比经济史的传统结论更接近历史真实,也与中世纪中晚期英国历史的整体发展态势彼此协调与相互印证。

原载《史学集刊》2015 年第 1 期(《中国社会科学文摘》2015 年第 3 期转载)。

---

① P. Clark, general ed., *The Cambridge Urban History of Britain*, Vol. I, 600-1540, p. 536.
② P. Clark, general ed., *The Cambridge Urban History of Britain*, Vol. I, 600-1540, pp. 536, 303.
③ J. Patten, *English Towns, 1500-1700*, Folkestone: Dawson, 1978, p. 121.

相似还是相异？

——近现代国外有关中西方文明的历史比较

历史上的中西方文明究竟相似还是相异，①近现代国外学者进行过颇有价值的历史比较。在此过程中，尽管学者们的观点不尽一致，有时甚至截然对立，但主流意见还是比较清楚的。重温这些比较对于我们从历史角度认识世情和国情，正确总结历史经验教训，坚定不移地走改革开放道路，将中国建设成一个自由民主的现代文明国家不无价值。

欧洲对古代中国历史文化的系统认识肇始于新航路开辟后的西学东渐。16 世纪耶稣会士在将天主教传入晚明的同时，也把古代中国文化带回欧洲，为启蒙思想家建构世界历史体系提供了东方样本。从启蒙运动起，中西方历史比较便引起欧洲思想家的重视，并由此开始较为系统地辨析它们的异同。孟德斯鸠和伏尔泰对古代中国的政制持有截然不同的看法。孟德斯鸠认为世界上存在民主、贵族和专制三种政体，古代中国当属最后一种。"人们曾经想使法律和专制主义并行，但是任何东西和专制主义联系起来，便失掉了自己的力量。中国的专制主义，在祸患无穷的压力之下，虽然曾经愿意给自己带上锁链，但都徒劳无益；它用自己的锁链武装了自己，而变得更为凶暴。"孟德斯鸠崇尚英国的三权分立原则："这就是英格兰的基本政制：立法机关由两部分组成，它们通过相互的反对权彼此钳制，二者全都受行政权的约束，行政权又受立法权的约束。"他坚信，英国的法治传统来自古日耳曼人的原始民主制，"试读塔西佗的伟大著作《日耳曼人的风俗》（即

---

① 本文"中西"之中的"西"指广义的西欧（即东欧以外的欧洲其他地区）。因此，中西文明比较即指有关中国和西欧比较。当然，除此之外，"欧洲"一词有时也泛指西欧，例如与古代地中海文明对称的中世纪欧洲文明就是如此。除了中西历史比较外，人们有时还将亚洲和东方与欧洲进行比较，可称之为东西方历史比较和亚欧历史比较。

《日耳曼尼亚志》——引者注),就会发现,英国人是从日耳曼人那里吸取了他们的政治体制的观念的。这种优良的制度是在森林中被发现的"。①

伏尔泰否认几个世纪以来西方旅行者和传教士乃至孟德斯鸠提出的古代中国存在专制制度的观点。"这些人从表面现象判断一切:看到一些人跪拜,便认为他们是奴隶,而接受人们跪拜的那个人必定是1.5亿人生命财产的绝对主宰,他一人的旨意便是法律。可实际情况并非如此,而这正是我们将要讨论的。这里我们只需指出:在帝国最早时代,便允许人们在皇宫中一张长桌上写下他们认为朝政中应受谴责之事,这个规定在公元前2世纪汉文帝时已经实行;在和平时期,官府的意见从来都具有法律的力量。这一重要事实推翻了(孟德斯鸠)《论法的精神》中对世界上这个最古老的国家提出的笼统含混的责难。"他崇拜古代中国的官僚制和科举考试制度,认为17世纪和18世纪初中国的政治制度在世界上最为先进,"人类肯定想不出一个比这更好的政府:一切都由一级从属一级的衙门来裁决,官员必须经过好几次严格的考试才被录用"。他坚称当时的中国不存在一个专制独裁的政府,因为"独裁政府是这样的:君主可以不遵循一定形式,只凭个人意志,毫无理由地剥夺臣民的财产或生命而不触犯法律。所以如果说曾经有过一个国家,在那里人们的生命、名誉和财产受到法律保护,那就是中华帝国"。② 伏尔泰对法国旧制度也极力加以美化,他在其之前出版的另一部代表作中,将作为旧制度典型代表的路易十四时代(1638—1715)视为世界历史上四个值得重视的时代,甚至认为"可能这是四个时代中最接近尽善尽美之境的时代"。③

---

① [法]孟德斯鸠著,张雁深译:《论法的精神》上册,商务印书馆1982年,第129、163—164、165页。

② [法]伏尔泰著,梁守锵译:《风俗论》上册,商务印书馆2000年,第249—250、509、510页。

③ [法]伏尔泰著,吴模信、沈怀洁、梁守锵译,吴模信校:《路易十四时代》,商务印书馆1996年,第5—7页。尽管如此,当时的两国政体也并不一样。一般而言,包括古代中国在内的政制被称为专制主义(德文:Despotismus,英文:despotism),该词一般专用于东方,特指东方专制主义或东方专制制度。欧洲则通常称为绝对君主制(英文:absolute monarchy,德文:Die absolute Monarchie),以往译成专制君主制是不准确的。绝对君主制这一概念在欧洲具有特定内涵,不仅构成了封建主义中贵族民主制、等级君主制和绝对君主制三个政制演进阶段之一,而且是建立在封建贵族和资产阶级的平衡上的一种君主政体,以及向现代资产阶级国家的过渡形式,因而是欧洲的特殊现象。参见[英]佩里·安德森著,刘北成、龚晓庄译:《绝对主义国家的系谱》中译者序言,上海人民出版社2001年。

启蒙运动还只不过是欧洲人构建世界历史体系的发端。19 世纪属于历史学的世纪,自此以来世界历史知识的积累才真正称得上蔚为大观。黑格尔、马克思和韦伯在他们各自的时代都是学贯中西的思想巨匠,并不约而同地主张东西方文明是相异的。黑格尔主张,世界历史属于精神的领域,而精神的本质是自由,因而有无自由之精神便成为民主和专制的分水岭。东西方在精神自由和政体形式上截然不同,①"东方从古到今知道只有'一个'是自由的;希腊和罗马世界知道'有些'是自由的;日耳曼世界知道'全体'是自由的。所以我们从历史上看到的第一种形式是专制政体,第二种是民主政体和贵族政体,第三种是君主政体"。② 黑格尔认为东方所有人都没有自由(因为所有人都无异于皇帝的奴隶,而皇帝也是他自己欲望的奴隶),古希腊、罗马和日耳曼的自由从部分人扩大到所有人。由此,他将东方比作历史的幼年时期,希腊为青年时期,罗马为壮年时期,日耳曼为老年时期,从而展现了一部自由意识如何沉睡、萌发和不断进步的世界历史。

马克思的《政治经济学批判(1857—1858 年草稿)》旨在揭示资本主义生产方式的特征,为此将其与之前和之后的生产方式进行比较。在论述资本主义以前的各种公社所有制形式时,马克思继承了黑格尔有关东西方分属不同政治制度的观点。不过他主张,造成东西方政制差异的根源,在于亚细亚和古典古代(即古希腊和古罗马,下同)、日耳曼两种类型的公社土地所有制形式。③ 亚细亚是"以东方公社为基础的公社土地所有制",而古典古代和日耳曼则是"自由的小土地所有制"。土地所有制形式的不同导致公社与其成员的关系大相径庭。实行土地公有制的亚细亚公社属于统一体,而实行土地私有制的古典古代和日耳曼公社只是一种联合体或者比联合体还要松散的联合。换言之,公社成员有无财产所有权,在很大程度上决定了政治体制采用民主还是专制。马克思对亚细亚公社的土地公有制与专制君主之间存在必然联系的论述极富启发性:"在大多数亚细亚的基本形式中,凌驾于所有这一切小的共同体之上的总合的统一体表现为更高的所有者或唯一的所有者,实际的公社却只不过表现为世袭的占有者。因为这

---

① 黑格尔所说的东方包括中国、印度、波斯等,西方则指古希腊、古罗马和日耳曼各民族。
② [德]黑格尔著,王造时译:《历史哲学》,上海书店出版社 1999 年,第 110—111 页。
③ 马克思所说的亚细亚,包括欧洲和北美以外的世界几乎所有其他地区。

种统一体是实际的所有者,并且是公共财产的真正前提,所以统一体本身能够表现为一种凌驾于这许多实际的单个共同体之上的特殊东西,而在这些单个的共同体中,每一个单个的人在事实上失去了财产,或者说,财产……对这单个的人来说是间接的财产,因为这种财产,是由作为这许多共同体之父的专制君主所体现的统一总体,通过这些单个的公社而赐予他的。因此,剩余产品……不言而喻地属于这个最高的统一体。"①

韦伯拥有与马克思大致相同的问题意识,即什么是欧洲的资本主义,以及它是如何产生的。他认为,尽管资本主义不是早期现代欧洲的发明,它自古就有且非常普遍,"然而,西方世界却赋予了资本主义他处所未曾有过的重要意义,这是因为西方世界发展出了他处所没有的资本主义的种类、形式与方向"。这就是被赋予了资本主义精神的资本主义,理性化是这种资本主义精神的主要特征,而宗教改革后的新教伦理成为孕育它的温床。② 为了验证这一结论,韦伯比较了世界其他几种宗教及其与所在国家理性化资本主义发展与否的关系。韦伯对这个问题的讨论涉及中西历史比较,并体现在《儒教与道教》(原名为《中国的宗教:儒教与道教》)一书之中。在笔者撰写这篇文章时,正值该书出版 100 周年,但其中的许多论述于今日之中国仍然具有重要的现实意义。韦伯在其成名作和代表作《新教伦理与资本主义精神》的"前言"中认为,欧洲理性化资本主义产生于理性化的行政和法律制度,而理性化的行政和法律制度又根源于特定的宗教信仰。在对古代中国理性化资本主义发展与否的考察中,他仍遵循这一思路,并分别讨论了包括货币制度、城市与行会、家产制国家(Patrimonialismus,即家天下)、家族血缘组织以及法律在内的物质因素(他称之为社会学的基础),以及包括儒教和道教在内的精神因素。鉴于本文的主题,我们对韦伯有关中西不同的物质因素对各自理性化资本主义影响的论述更感兴趣,而这部分内容在某种意义上也正是国内学术界长期以来重视不够的地方。

值得注意的是,韦伯并未像孟德斯鸠、黑格尔和马克思那样认为古代中国的专制制度肇始于先秦时期。相反,公元前 9 世纪至公元前 3 世纪的中

---

① 《马克思恩格斯全集》第 46 卷上,人民出版社 1979 年,第 471、473 页。
② [德]马克斯·韦伯著,康乐、简惠美译:《韦伯作品集》XII《新教伦理与资本主义精神》前言、第 1—2 卷,广西师范大学出版社 2007 年。

国实行的是封建制,公元前221年秦始皇统一六国建立了专制制度。韦伯认为,封建制和君主专制是两种截然不同的制度,与我们长期以来将封建和专制主义合二为一地称为封建专制主义的做法判若两然。① 相对而言,封建制(主要就欧洲封建制而言,韦伯认为先秦封建制的内部与欧洲不同,尽管外表看起来很相似)有助于资本主义的成长,君主专制则阻碍了资本主义的产生。为此,他主要比较了欧洲的封建制与秦汉至明清的君主专制对各自理性化资本主义的不同影响。例如,货币经济是资本主义产生的必要条件,而其又受到货币制度的制约。尽管韦伯在此主要评述了古代中国的货币制度,缺少中西比较,但这种评述实际上也是以欧洲作为参照的,例如中世纪中晚期较为发达的货币经济,以及以银本位为代表的贵金属货币制度等。无疑,资本主义产生需要活跃的海外贸易和货币经济,相反,"中国自古以来是个内陆贸易的场所,这对于满足广大地区的需求是不可缺少的。然而,由于农业生产重于一切,致使货币经济直到近代几乎达不到埃及托勒密王朝时的发展水平"。古代中国由于受到贵金属匮乏和开采技术落后等影响长期使用铜本位制。尽管"铜币有其价格低廉的优点,但由于铸造成本大幅度增加,加上高昂的货币运输费用,所以对交易和货币经济的发展来说,它都是一种很不实用的货币形式"。不仅如此,"可供使用的铜,即使是在和平时期,由于工业和艺术上的用途(例如铸造佛像),其数量变动也非常之大,这显然会影响到物价和纳税。铸币价值(币值)的大幅度变动及其对物价的影响,往往使得想在纯粹(或大体纯粹)的货币赋税基础上建立起统一预算的企图归于失败,不得不再次回复到(至少部分地)实物租税,其结果必然是经济的呆滞"。可以说,长期的铜本位制限制了古代中国的贸易和货币地租等货币经济的快速增长。"16世纪时,由于开始同欧洲进行直接贸易,银大量地涌入,使上述情况有所好转。""不过,以银块作为流通手段毕竟招来很大麻烦",需要烦琐地称重和鉴定成色,因而这种很晚才出

---

① 诚然,中国古人始终将封建制和郡县制视为不同制度。前苏联的五种生产方式理论传入中国后,封建制被泛化使用,长期以来成为正统。不过,民国以来中国仍有少数学者坚持先秦和秦汉以来实行的政治制度并不一样的观点,见冯天瑜:《"封建"考论》(第二版)第十五章,武汉大学出版社2007年。晚近以来,争论再起,但主张泛化封建制的观点仍占优势,见中国社会科学院历史研究所、中国社会科学院经济研究所和中国社会科学杂志社《历史研究》编辑部编:《封建名实问题讨论文集》,江苏人民出版社2008年。

现的银本位制仍无法很好地作为贸易和货币地租等货币经济发展的润滑剂。① 简言之，古代中国不发达的货币经济和以贱金属为代表的货币制度等阻碍了资本主义的发展。

城市也是资本主义产生的必要条件，但中西城市在这方面却发挥了不同作用。中西城市都是军事和政治中心。除此之外，"当然，（中国的）城市往往也是商业和手工业的中心，但后者的发达程度显然不如西方中世纪的城市"，西方中世纪城市无论大小无一例外的都是工商业中心。中西城市更大的差异是自治权的不同。"和西方完全不同的是，中国以及所有东方的城市，缺乏政治上的特殊性。中国的城市，既非古希腊等地的'城邦国家'，也没有中世纪那样的'都市法'，因为它并不是具有自己政治特权的'政区'。城市里没有西方古代城市特有的市民阶级——一个武装起来的居住在城市里的军人阶层。"由此，古代中国城市全然不知城市自治权为何物，因而也就不会为争取城市特许状而斗争。在中世纪中晚期的欧洲，城市特许状对限制国王和领主对城市的恣意盘剥，独立自主地行使行政权、财政权、司法权和立法权等起到了不可或缺的作用，从而使城市成为与王权、教权、领主权并存的多元权力之一。更不可思议的是，与欧洲中世纪城市自治权通常大于村庄的恰恰相反，"作为帝国堡垒的中国城市所得到的法律保障的'自治'比村落还要小"。古代中国城市行会虽然对会员拥有极大权力，但唯独缺少政治权力。"中世纪的西方，行会一旦掌握支配权，就会实际地寻求实现'城市经济政策'。而在中国，尽管有过许多这类有组织的城市政策的萌芽，但却从未臻于完善的境地。"② 古代中国的城市工商业者没有参政议政的权利，而中世纪欧洲城市的商人和工匠不仅能够跻身市长等市政官员行列制定城市政策，而且从十三四世纪起还成为议会的固定代表参与国家立法、批准赋税和监督政府等工作，这无疑对城市乃至整个国家的发展都至关重要。

韦伯还分析了君主专制在其他方面对古代中国理性化资本主义的消极

---

① ［德］马克斯·韦伯著，洪天富译：《儒教与道教》，江苏人民出版社1995年，第6、12、17页。

② ［德］马克斯·韦伯著，洪天富译：《儒教与道教》，第19、19—20、21—22、26页。

影响。他认为,秦汉以来以官僚制取代分封制,但它并不是一个理性化的行政制度。例如,任职地回避制和任期制导致主政官不谙地方事务,为此需要大量借助地方的师爷和胥吏。"根据专家估计,即使是最小的行政单位(县),幕僚的人数都高达30到300人,而这些人往往是由人民中的渣滓来充任。"此外,官僚制还助长了对人民的巧取豪夺。"取得官位得付出昂贵的代价(求学、买通、赠礼与'规费'),任官之后往往债务缠身,因而不得不在短短的任期之内尽其敛赋之能事。在没有固定的税额与保障的情况下,他可以趁机大捞一把。不用说,当官确实是为了敛财,只有在做得太过分的情况下,才会为人攻击。""因此,在家产制的国家里,具有典型意义的,主要并不是理性的经济活动,而是内政的掠夺性资本主义。"不仅如此,更大的问题还在于在这种大一统的和平环境中,由于缺乏封建制下的彼此竞争,造成保守主义的盛行及理性化行政制度无法产生。"正是这个在世界帝国中阻碍统辖理性化的受禄者阶层,在战国时代却是诸侯国里统辖理性化的有力的促进者。可是,尔后刺激消失了。"官僚制取代分封制导致合理的大型农业企业无法产生,耕地大部分是由分散的小块耕地所构成,技术上的改良由于土地极度的零碎化而无法实行。土地分封及其世袭占有的废除导致社会结构发生重要变化,"社会制度的封建成分,至少在法律上说,已失去其等级的性质"。其结果必然是社会结构两极化。"按照法律,家产制官僚机构直接统领小市民与小农民;西方中世纪时那种封建的中间阶层,无论在法律上,还是实际上,都不存在。"如此,既不利于权力制衡,也在理性化制度尤其是财产关系等方面抑制了资本主义产生。此外,君主专制不仅无法有效治理家族控制下的乡村,而且还阻碍了真正意义上的法治的发展,"反形式主义的、家长制的基本特征,从来是否认不了的:有伤风化的生活行为,不须要引专门的法规就可以加以惩处。然而,十分重要的是立法的内在性质:以伦理为取向的家产制,无论是在中国还是在其他各地,所寻求的总是实际的公道,而不是形式法律"。由此,理性化的法律制度如判例法、中央法庭、担保法和律师制度等无法占有一席之地,"正因为中国的司法依赖于一种实在的个体化与恣意专断,所以对于资本主义也就缺乏政治上的先决条件"。①总之,在韦伯看来,秦汉以来中国与中世纪欧洲的以上不同,决定了前者根本无法产生像后者那样理性化的资本主义制度,而这最终又要归结为中国的儒教和道教均缺乏像新教伦理那样有利于理性化资本主义产生的精神动力。

历史是无法选择的,但它却可以成为开创新历史的镜鉴。按照孟德斯鸠、黑格尔、马克思和韦伯等人的论述,东西方自古以来便经历了不同历史道路,而非像晚近以来有些国外学者所主张的那样,直到很晚才由于偶然因素出现了大分流。实际上,如权力制衡,精神自由,财产所有制形式,个人与共同体的关系,官僚制度的效率和廉洁,城市和地方基于权利而非血缘的自治,农业和工业的规模经营以及中产阶级的存在,实体法和程序法的独立发展,等等,都长期和必然地决定了古代中国的历史进程,从根本上导致中西历史的差异性。读史使人明智,而中西历史比较尤其可以使我们用世界眼光反躬自省,正视存在的各种问题,以开放的心态吸取世界上一切优秀的文明成果,向着全面实现现代化的崇高目标而奋斗。唯其如此,我们才会拥有真正的自信,才会真正赢得世界的尊重与信任。

原载《史学理论研究》2016年第3期。

第二部分

西方史学理论及史学史

英国经济—社会史研究:理论与实践

近多半个世纪以来,英国经济社会史异军突起,成为继年鉴学派之外西方历史研究的代表作和重要的发展趋势。在崇尚经验主义的英国,有关经济社会史的不同主体的实证研究成果已经大量出版和发表,但对其本身进行理论概括或从学术史角度予以归纳总结的成果却为数寥寥,20世纪80年代以来更是如此。本文试图在这两个方面做一些初步尝试,故妄称之为理论与实践。①

一、什么是经济社会史?

"经济社会史"(Economic and Social History)一词出现于20世纪初,我国翻译出版的中世纪经济社会史著作有皮朗的《中世纪欧洲经济社会史》(伦敦1936年英文版,上海人民出版社1964年中文版)、汤普逊的《中世纪经济社会史》(阿普尔顿世纪公司1928年版英文版,商务印书馆1961年中文版)等。在英国经济社会史研究方面,较早以此为书名的有海威特的《中世纪的柴郡:三个爱德华治下柴郡的经济社会史》、格拉斯的《一个英国村中的经济社会史(汉普郡的克劳利),902—1928》等。何谓经济社会史?它究竟是一个研究领域还是一个学派?它的研究对象是什么?它与相关学科如社会史、经济史和社会经济史关系如何?这些问题目前尚不是很清楚,甚至为纪念英国经济史学会(Economic History Society)成立75周年而出版的

---

① 本文的最后修改工作是在美国约翰·霍普金斯大学访问期间完成的,在此特别感谢美国学术协会委员会(American Council of Learned Societies)为我提供了这样的机会,衷心感谢罗威廉(Prof. William T. Rowe)教授、历史系和图书馆给予我的一切帮助和便利。

由 100 余位专家撰写的笔谈文集《充满活力的经济社会史》中，英国学者也很少从学理角度探讨这些问题。

笔者认为，准确了解经济社会史的研究对象，是讨论上述其他问题的基础。如果我们连它所研究的内容是什么还不清楚，任何概括必将会失于武断和片面。英国《经济史评论》(*Economic History Review*)从 1958 年起每年在最后一期刊载论著索引，取名为"大不列颠和爱尔兰经济史出版物目录"，1971 年以后易名为"大不列颠和爱尔兰经济社会史出版物目录"，该题目保持至今没有变化。《经济史评论》由英国经济史学会创办于 1927 年，是经济史研究的权威杂志。1991 年起，该杂志增添了副标题"经济社会史杂志"，标志着 20 世纪 70 年代以来它从单一经济史杂志向经济社会史杂志转变过程的完成。目前经济史学会的宗旨在于"促进经济社会史研究"，"在经济社会史的教师与学生之间建立紧密关系"，"出版经济社会史成果"等，是英国推动经济社会史研究的重要全国性机构，因而其出版物具有权威性。

经济史学会和《经济史评论》对经济社会史的研究范围从 1971 年至今尚处于变化之中。1971 年，《经济史评论》年终出版物目录的主题分为 14 大类，可视为 20 世纪 70 年代初英国史学界和经济史学界对经济社会史研究对象的认识和把握。它们是：1. 原始文件，2. 农业和农村社会，3. 工业和国内贸易，4. 海外贸易和海外关系，5. 运输与资讯，6. 货币、银行与财政，7. 城市研究和地方史，8. 社会结构和人口统计，9. 劳动状况，10. 社会状况和政策，11. 经济思想和政策，12. 史料和档案，13. 方法论和历史编纂学，14. 经济社会史总论。1976 年，该目录的主题增加到 15 大类，增添了"宗教和教育"。1981 年的变化幅度较大，在 17 项分类中加入"地方史""闲暇和大众文化"，"人口统计"一项独立成类，调整后增加内容的有"社会结构和家庭""劳动状况和组织"。1984 年增加了"科学、技术和医药"，总计 18 大类。1992 年又增加"妇女"，经济社会史的主题分类达到 19 项，至今如此。从变化看，原始文件、史料和档案、方法论和历史编纂学属于经济社会史的史学范畴，地方史和经济社会史总论具有综合性，其他各类均分别来自经济史与社会史的研究领域，但又不是两个学科全部研究对象的简单相加，而是有所取舍和侧重。

1971年，英国社会科学研究委员会（Social Science Research Council，建于1966年，简称SSRC）出版"当前研究评论"丛书，其中之一即《经济社会史研究》，卡如斯－维尔森（E. M. Carus-Wilson）、科尔曼（D. C. Coleman）、霍普斯鲍姆（E. J. Hobsbawm）、米勒（E. Miller）、里格利（E. A. Wrigley）、马赛阿斯（P. Mathias）和珀金（H. J. Perkin）等20余位知名学者分别就各自领域参与了写作。该书引言认为，与大多数其他社会科学不同，经济社会史的研究手段和主体丰富多彩，对其中任何一个专题的归纳都不能代表整体。尽管如此，该书还是检讨了农业史、城市史、近代资本形成、历史人口学、商业史、劳动史6个领域的研究状况，①它们均在1971年《经济史评论》14个大类之列，可见20世纪70年代英国学术机构对于经济社会史的研究对象还是有基本共识的。

其他研究也可作为参照。1976年曼彻斯特大学出版社出版该校近现代经济史系高级讲师查罗纳等主编的《不列颠经济社会文献指南》，②将1066—1970年英国经济社会史的主要研究成果按英格兰、威尔士、苏格兰和爱尔兰依次排列。其中英格兰的研究成果最为丰富，约100页，其他三个地区加起来仅10多页，包括经济以及与经济相关的社会、科技文化，并特别注意到作用于经济、社会和科技文化的政治因素。此外，莱斯特大学经济社会史系的网页上有一个"什么是经济社会史"的条目，其中这样写道："经济社会史致力于通过对人口增长与迁徙、工业生产、土地使用制度、贸易和财政等诸多类型的分析，并通过将它们与经济和社会变迁联系起来而解释过去。经济和社会变迁的作用，诸如影响家庭、劳动、邻里，以及制度结构的变迁，始终是经济社会史研究的核心。在莱斯特大学，这些课题通过比较加以探讨，以评估欧洲、美洲、非洲和印度等不同文化条件下长期经济和社会变迁产生的作用。"

综上所述，可否认为凡是涉及以往人类经济，以及与经济相关的社会、科技文化和政治活动，都应视为经济社会史的研究对象。不仅如此，经济社会史的研究对象还是开放的，它们决定于史学家对于这种"变迁"所应包含

---

① SSRC, ed., *Research in Economic and Social History*, London, 1971, pp. xi, v.

② W. H. Chaloner and R. C. Richardson, eds., *British Economic and Social History, A Bibliographical Guide*, Manchester University Press, 1976.

的复杂因素及其制约因素的诠释。历史学不能抽象地谈论经济、社会、科技文化和政治的变迁,它们也不能被彼此孤立地加以研究,微观研究不能脱离规范认识,这些要求造就了经济社会史。显然,经济社会史的研究对象不同于单纯的经济史和社会史,而是两者在新基础上在研究对象与方法上有选择和有侧重的结合。这种结合克服了经济史和社会史在观察和解释历史中各自的局限和盲点,最大限度地包含了人类再生产活动的基础性与内容;而这种选择与侧重的差异导致了经济社会史和社会经济史两个相邻的近似的分支学科的产生。实际上,两者在一定程度上相互交叉和混淆,界限不是泾渭分明,经济史、经济社会史和社会经济史均存在上述问题。

一些学者认为,经济社会史不仅意味着特定的研究主题,还有特定的研究方法。例如,瑟斯克和戴尔都强调其所具有的从底层出发的研究视角。① A.J. 睿德更明白无误地指出,经济社会史不意味着更多地研究历史中某些特定的领域,尽管它确实这样做了,而是渴望发展一种将过去作为整体进行研究的方法,这离不开经济的方法和社会的方法。② 因为谁也不能否认,从"底层往上看",以及经济学、社会学(乃至其他社会科学学科)的理论和方法对近三四十年代西方史学的变革所发挥的巨大作用。笔者认为,经济社会史可界定为从历史的经济、社会、科技文化和政治层面出发,揭示现实的人特别是普通人的实际生活过程的变化,探讨经济增长、社会和科技文化变迁的一个历史分支学科。为什么说经济社会史只是一个历史分支学科而非学派呢?因为一个学派的建立需要大致相同的历史研究理论与方法,以及共同的学派领袖、组织机构、刊物和学术传承,如兰克与年鉴学派。英国经济社会史的上述特点并不明显,但作为历史分支学科已被学术界所接纳。

二、为什么要研究经济社会史?

历史是以往社会人类的全部生活,即使是研究政治史和战争史的史学

---

① J. Thirsk,"My View of Economic History", C. Dyer,"The Medieval Economy and Society Viewed form Below", in P. Hudson, ed. , *Living Economic and Social History*, pp. 373, 65–67.

② A. J. Reid,"What Economic and Social History Means to Me", in P. Hudson, ed. , *Living Economic and Social History*, pp. 299–300.

家也要注意到生产、财政和社会结构等因素的作用,但是他们很少系统研究经济和社会生活。直到19世纪后期以来这种情况才有所改变。1866—1887年罗杰斯(Rogers,J. E. T.,1823—1890)出版《农业和价格史》,1884年老汤因比(Toynbee,A.,1852—1883)出版《工业革命》,以此为契机,经济史诞生并获得初步发展。当时农业史有西伯姆(Seebohm,F.,1833—1912)、维诺格拉多夫(Vinogradoff,P.,1984—1929)、哈蒙德夫妇(Hammond,J. L. B.,1872—1949& Hammond,B.)和托尼(Tawney,R. H.,1880—1962)等,工商业史有坎宁安(Cunningham,W.,1849—1919)、阿什利(Ashley,W. J.,1860—1927)、克拉潘(Clapham,J. H.,1873—1946)、昂温(Unwin,G.,1870—1925)等。19世纪70年代至1900年,大多数英国大学在经济系设立了经济史,剑桥、牛津、伦敦经济研究所(简称LSE,后并入伦敦大学)、曼彻斯特和爱丁堡等大学成为先锋和重镇,上述经济史家的名字对历史系的学生来说如同屈威廉(Trevelyan,G. M.,1876—1962)一样耳熟能详。①

20世纪经济社会史的联姻是学术研究的需要。经济史学家认识到,经济史是必需的,但不能是孤立的,也不是研究工作的最终目的。剑桥大学经济史教授克拉潘论述说:"在所有形形色色的历史中,经济史是最基本的,但不是最重要的历史,因基础的存在是为了实现更美好的事物。一个人怎样和他的家庭、部落或国人相处,他所唱的歌曲,他面对夕阳时的思想感情,他的祈祷,所有这一切都比他所使用的工具的性质,他和邻居交换物品的伎俩,他获得土地和耕耘的方法方式,他的发明及其效果,他的金钱——他的储蓄以及他对储蓄的处理等更为重要。"②经济史的目的在于说明社会存在的经济基础,它必须关注各个时期特定的社会状况。同时,经济生活的实际过程又不能孤立存在,总是渗透和交叉于人类其他活动之中,在一定时期中交互作用,互为因果。因此,无视人类其他实践活动,经济史绝不会自行地揭示历史真相。对此,美国著名欧洲中世纪经济史学家汤普逊(Thompson,J. W.,1869—1942)在其代表作《中世纪晚期欧洲经济社会史》的"原序"中指出:"我力图通过此书的记载揭示经济、社会和政治条件及其运动之间的

---

① H. Perkin,"Social and Economic History",in H. Perkin,ed.,History,An Introduction for the Intending Student,London,1970,pp. 86—88.

② [英]克拉潘:《简明不列颠经济史》导言,上海译文出版社1980年,第1页。

密切联系。因为在历史上,上述现象无一不是相互依存而独立存在的。"他断定"归根结底,全部历史就是思想史,然而思想时常是经济和社会条件在人们头脑中的反映,而人的行为是深刻地受到这些条件的影响的"。①

经济社会史不仅是本体论,而且是历史观,是揭示历史奥秘的重要手段。汤普逊在《中世纪经济社会史》"前言"中开宗明义地指出:"本书是一部从经济社会史角度编写的中世纪史。""由于经济社会史的发展——很多过去的历史曾被估价过低甚至估价错误。"例如只关注宗教与政治,"但是在中世纪欧洲千千万万劳动人民所关心的,是求得生活资料,而他们的统治者所注意的,是从农业和工商业所生产的资财方面争取赋税。当时,教会也享有很大的物质利益,远不是一个单纯的精神机构"。而这些内容却被以往的历史学家视而不见。因此他提出"本书的宗旨,就在于叙述中世纪这些经济社会的利益和活动的历史"。② 稍晚,英国经济史家、曾在20世纪60年代末担任英国经济史学会主席的考特教授(Court, W. H. B., 1904—1971)对经济史的界定也表明上述观点:经济问题是经济史研究的主体,它是人类分配有限资源的历史。但人是社会性的,他们依据其社会本身的价值和习惯做出自己的选择,社会制度制约着他们如何选择,因而这种抉择的出发点不仅是经济的,也是社会的、文化的甚至宗教的。③ 可见没有纯粹的经济活动,它们是与社会和其他要素相互关联、相互作用而存在的。奇波拉(Cipolla, C. M., 1922—2000)也指出:"经济史本身就是一种划分,而且是最为任意的划分。其所以这样划分是为了分析和教学上的方便。但生活中并没有这种界限,有的只是历史。"④

著名中世纪欧洲经济史家庞兹对经济史研究对象的看法同样颇具启发意义。他认为,社会科学的各个学科不是彼此封闭的六角形,而是在内容与方法上相互联系与渗透的,作为研究人类过去社会全部生活的历史学尤其如此。因此,以历史学家的眼光看待经济史,许多社会和文化因素不仅可以

---

① [美]J. W. 汤普逊:《中世纪晚期欧洲经济社会史》原序,商务印书馆1992年。
② [美]J. W. 汤普逊:《中世纪经济社会史》上册前言,商务印书馆1961年。
③ 转引自 C. Chalkin, "Economic and Social History", in P. Hudson, ed., *Living Economic and Social History*, p. 34。
④ [意]奇波拉主编:《欧洲经济史》第1卷"中世纪"导言,商务印书馆1988年,第3页。

而且应该或必须进入经济史的研究领域,因为没有纯粹的经济活动,人类行为的因果联系链条无限延伸,看不到尽头。① 因此,经济社会史确实是学术研究发展的必然结果,它表明史学家对历史的认知从广义的政治史到经济史后的又一次根本变化,因为只有社会史才是与国家或王朝相对存在的普通人的历史,历史学的分支学科只有与社会史相结合,才能扭转以往的"从上看"的"朝廷史观"或"贵族史观",尝试"从下看"的关注大多数人的社会的历史。如果说从政治史到经济史是一种飞跃,经历了两千余年;那么从经济史到经济社会史同样是一种飞跃,但只用了不到一百年的时间。

不仅经济史学家,社会史学家也赞成经济社会史的联姻。英国著名史学家屈威廉主张:"社会史不能界定为排除政治的人民史,从任何人民史尤其是英国人民史中排除政治也许是困难的。但由于许多的历史著作由政治年鉴组成,毫不涉及社会环境,所以那种截然相反的办法有着调整与平衡的功效。在我生活的时代,蒸蒸日上的第三种历史即经济史已经存在。它大有助于社会史的研究。因为社会生活成长于经济条件,同样政治事件来源于社会条件。没有社会史,经济史是没有结果的,政治史是难以理解的。"那么,如何界定社会史的研究对象呢?屈威廉认为:"社会史不仅仅在经济史和政治史之间提供了必要的联系,它也有其自身的明确价值和特定对象。其范畴可以被界定为以往某些居民的日常生活,包括人类及其不同阶级间的经济关系,家庭和家族生活的特点,劳动和闲暇状况,人类对自然的态度,由这些一般生活条件所产生的每个时代的文化,以及在宗教、文学、音乐、建筑、知识和思想领域的变化形式。"②

第二次世界大战后特别是20世纪60—70年代以来,西方的社会史在"新史学"的影响下变化较快。霍普斯鲍姆认为给社会史下定义是困难的,因为其研究对象不能像经济史或其他历史分支学科那样被清晰地划定范围。但至70年代"社会的"一词至少有三种含义。一是穷人、底层或社会

---

① N. J. G. Pounds, "What Economic History Means to Me", in P. Hudson, ed., *Living Economic and Social History*, pp. 288-291.

② G. M. Trevelyan, *English Social History*, London, 1946, "Introduction", p. vii. 我国学者认为屈威廉对社会史的定义是剔除政治史的人民史,其实原文是"Social history might be defined negatively as the history of a people with the politics left out"。

运动;二是关于风俗、习惯和日常生活等人类活动;三是最普遍的用法,即社会与经济的,"社会的"与经济史结合起来使用。因为"关于人类社会演进的任何历史探索,其分析的基础一定是社会生产过程",经济发展可以说明社会结构与社会变迁,可以解释阶级和社会集团的关系。① 美国"新社会史"也强调将社会与文化、经济和政治因素结合起来,并运用社会科学的相关概念与方法。其中特别强调物质生产和政治权力运作等因素,可见拓宽研究内容与方法是第二次世界大战后西方社会科学的发展趋势。

除了学术原因外,现代化也是推动英国经济社会史崛起的重要原因。"第二次世界大战"以后,西方现代化过程迅速推进,人们对现代化内涵的理解也从单一的经济增长(如工业化),变为赋予更多的人文因素(如识字率、预期寿命、环境等)的"社会发展"或"社会变迁"的综合评价体系。受此影响,经济史和社会史再像过去一样在自己的领域内进行研究困难重重,不能理解相互渗透与作用的经济社会现象。因此,现代化不仅使经济史和社会史的研究主题更具有现实性,与普通人的关系更加密切;其大综合的特点也使本已经在内容上有所交叉的两个学科整合出新的分支学科。英国社会科学研究委员会在其所编纂的《经济社会史研究》"经济社会史:现代化中的某些课题"一节中,已经注意到现代化对20世纪50—60年代经济社会史课题选择带来的巨大影响。②

三、英国经济社会史的先声

英国经济社会史是西方新史学运动的组成部分或重要分支,它的诞生既有与欧美新史学相似的原因,也有自身的学术源头。因此,英国经济社会史形成了自己的风格与特色,明显不同于比利时、德国、法国和美国学者撰写的经济社会史。

英国史学的近代化落后于德国和法国,工业革命策源地的史学革命姗姗来迟。所谓史学革命即席卷欧洲的批判史学运动。19世纪英国史学存

---

① E. J. Hobsbawm,"From Social History to the History of Society", in M. W. Flinn and T. C. Smout, eds. , *Essays in Social History*, Oxford, 1974, pp. 1-3.

② SSRC, ed. , *Research in Economic and Social History*, pp. 1-18.

在不同抉择。文学派史学家马考莱（Macaulay, T. B., 1800—1858）、卡莱尔（Carlyle, T., 1795—1881）和弗劳德（Froude, J. A., 1818—1894）等人基本上延续了以往史学的发展道路，强调史学的赏心悦目和道德教育的美学与实用价值，牺牲了真实客观的撰史标准。巴克尔（Buckle, H. T., 1821—1861）等实证主义史学家将史学等同于自然科学，对历史的看法充斥着机械主义、自然主义和宿命论，抽调了历史中个性和功能的特征。英国科学或批判史学是从制度史和经济史起步的，尽管英国的史学革命比德国推迟了半个多世纪，但是它的价值及对史学所产生的影响却毫不逊色。

制度史和经济史在英国出现于19世纪晚期。中世纪宪政史学家斯塔布斯（Stubbs, W., 1825—1901）、中世纪人民史学家格林（Green, J. R., 1837—1883）、中世纪农业学专家罗杰斯、中世纪公社制度史学家西伯姆、中世纪地产史学家维诺格拉多夫、中世纪法律史学家梅特兰（Maitland, F. W., 1850—1906）等均在这两个园地辛勤耕耘，从而使英国史学从默默无闻的落后状态跻身于欧洲史学强国的行列，在19世纪末和20世纪初拥有了欧洲一流的制度史和经济史，这些学者也成为欧洲史坛屈指可数的鸿儒巨匠。值得注意的是，19世纪英国批判史学的发源地和中世纪史研究的中心在牛津大学，[①]那里最早抵制了将历史学视为培养外交家和政治家的学校的实用主义的诱惑，维护了历史学的自律，强调完备和准确的史料是历史研究前提。作为英国近代批判史学的重要力量，他们不仅对19世纪的英国史学作出了开创性的杰出贡献，而且深远影响及于20世纪的经济社会史，表现为以下几个方面：

一是推动了中世纪历史档案的大规模整理。浪漫主义和批判史学运动推动了历史档案特别是中世纪档案的整理工作。英国官方对档案进行整理、编目和刊布始于19世纪。1800年始政府任命专员对官方档案进行调查，19世纪50年代以后公共档案局（Public Record Office），1868年起皇家历史学会（The Royal Historical Society），1874年起历史手稿委员会（Historical Manuscripts Commission），1883年起卷筒案卷学会（The Pipe Roll

---

① [美]J. W. 汤普逊：《历史著作史》下卷第3分册，商务印书馆1996年，第425—426页。牛津大学长期以来以中世纪史为重点，而剑桥大学的重点则是近代史（[苏]加尔金主编：《欧美近代现代史学史》，安徽教育出版社1986年，第163页）。

Society)等机构开始档案整理与刊布工作。1857年英国决定在"案卷丛书"(Roll Series)中进行中世纪历史档案的刊行工作,1863年斯塔布斯成为编辑,参与其事25年之久,开英国中世纪历史资料研究的先河。① 19世纪80—90年代这类工作进入高潮,大量的历史档案被整理和编目,许多刊行出版,②不仅为制度史和经济史,而且为中世纪经济社会史奠定了坚实的档案史料基础。

二是普通人历史成为史学研究课题。政治史观和英雄史观在英国根深蒂固,文学派史学家卡莱尔断言"世界史就是伟大人物的传记"。斯塔布斯的好友、并接替他担任近代史讲座教授的牛津学派史学家福礼曼(Freeman, E. A., 1826—1892)宣扬"历史是过去的政治,而政治是现在的历史"。19世纪的剑桥学派以政治史、殖民史和外交史见长,该学派的创始人西利(Seeley, J. R., 1834—1895)和福利曼一样认为历史首先应该是政治,是训练外交家和政治家的学校,牛津学派也主要是宪政史。普通人历史不是史学研究对象的随意调整,而意味着历史观以及由此决定的史学本体论的根本性转变。具有自由主义思想的格林是英国的米什莱(法国人民史学家,1798—1874),在每次政府与臣民的冲突里总站在人民方面,著有《英国人民简史》(1874),堪称英国人民之父。他在该书"序言"中写道:"本书的目的是由它的标题决定的;这不是英国国王或英国政府的历史,而是英国人民的历史。"他写得最详细的是历史学家通常忽视的人们,最关心的是人民及其代表人物的生活。他简述战争和外交成就,不理睬"历史的战鼓军号",不谈国王和权贵的奇闻逸事,为的是更好地转而研究和平时期所达到的成就。他相信政治史取决于社会和宗教史。③ 该书问世后产生了巨大影响,第一年的发行量为32000部,数十次地重版加印,并被译成世界多种文字。

19世纪末资产阶级左翼激进派和工党史学家更加关注中世纪普通人中的劳动者集团的状况。1911—1919年哈蒙德夫妇出版三部曲著作《城市

---

① [英]古奇:《十九世纪历史学与历史学家》下册,商务印书馆1989年,第549—550页。
② A. Macfarlane, *A Guide to English Historical Records*, pp. 6-7.
③ [苏]维诺格拉多夫:《近代现代英国史学概论》,生活·读书·新知三联书店1961年,第57—58页。

雇工》《农村雇工》和《熟练雇工》,毫不回避资本主义发展造成英国人民的严重贫困和不幸,及其所遭受的灾难,为揭露产业革命时期资本主义增强剥削和劳动者状况恶化提供了材料。哈蒙德夫妇的研究还带来产业革命时期劳动阶层生活标准的讨论,1929—1930年修正派经济史家克拉潘与哈蒙德夫妇在《经济史评价》(1930年1月号)上展开激烈争论,认为19世纪上半叶人民的状况不仅没有像哈蒙德夫妇所说的是恶化了,反而得到了改善。①上述关注普通人生活的学术范式正是学术研究的重心从国家到社会转变的重要契机和推动力量,因为社会的主体是普通人,因而社会史在很大意义上讲述的是普通人的历史。

三是开辟了农村史或农业史领域。19世纪前英国已经有工商业史的研究成果,但农业史和农村史却晦暗荒芜,无人问津。制度史对庄园、村社、农奴制和《末日审判书》等研究已经设计某些题目,但直到罗杰斯发表其代表作,农业史和农村史才成为研究领域。英国农业史或农村史研究具有得天独厚的条件,大地产的历史档案积年累月一直延续到近代早期。其中,法庭案卷(Court Rolls)是逐年累月庄园内部各种矛盾和冲突的审判记录,堪称绝好的中世纪经济社会史的动态文献。19世纪下半叶英国顶尖的经济史和制度史学家高度重视庄园档案,特别是法庭案卷。罗杰斯的《英国农业和价格史》虽然主要采用了庄园账簿,但他认为庄园法庭案卷的价值在更高级别的法庭案卷之上,因为前者提供了普通人生活的真实记录。② 西伯姆的《英国村社共同体》(伦敦,1883),维诺格拉多夫的《英格兰的农奴制》(牛津,1892),梅特兰编纂的《庄园和其他封建法庭精选案例》(塞尔登学会,1889),以及《庄园法庭:庄园和其他地方法庭之判例》(塞尔登学会,1891)均利用了庄园法庭档案,③成为英国经济社会史的先声。20世纪前期,托尼、格拉斯和霍曼斯(G. G. Homans)等学者的研究工作直接推动了英国和北美地区经济社会史的兴起。

---

① [英]克拉潘:《现代英国经济史》上卷,1939年再版序,商务印书馆1974年,第11—12页。
② J. E. T. Rogers, *A History of Agriculture and Prices in England*, Vol. I, 1259-1400, Oxford, 1866, p. 127.
③ Z. Razi and R. Smith eds, *Medieval Society and the Manor Court*, Oxford, 1996, p. 7.

四、当代的英国经济社会史研究

20世纪50年代以来,英国经济社会史迅速成长壮大。霍普斯鲍姆在1974年认为,社会史最近20年(即大约1954年以后)取得快速发展,此前它的三种研究观念都没有产生专门化的学术研究领域。① 科尔曼在1972年指出,过去10年左右,经济社会史的分化日益增长。标志之一是"新经济史"或"计量经济史"的出现,另一个则表现为对以往的社会经济生活日益增长的学术热情,即一种将严肃的经济学转向人类活动的更广阔和更复杂领域的趋势。② 在英国,"经济社会史"一词在20世纪60年代晚期开始流行。③ 70年代,经济史学会在《经济史丛书》和《社会史丛书》的基础上出版《经济-社会史丛书》,多家杂志如《英国史评论》、《经济史评论》、《农业史评论》(1953年创刊)、《过去与现在》(1952年创刊)等成为经济社会史发表论文的主要园地,其中《经济史评论》1950—1970年的篇幅增加了1倍,发行量扩大2倍。④ 20世纪70—80年代以来,萨塞克斯、格拉斯哥、利兹、布里斯托、爱丁堡、莱斯特等大学分别建立了经济社会史系。此外,剑桥大学、伦敦大学和位于加拿大多伦多的主教中世纪研究所(Pontifical Institute of Medieval Studies)形成英国经济社会史的研究重镇,上述大学均设立了经济社会史或社会史的教授岗位。

对英国经济社会史出版物的统计,也可说明它在20世纪50年代以后的显著变化。1925—1949年的25年间,仅有3年的论文发表数量超过100篇,4年的著作出版数量超过50部;而50年代每年发表论文少者132篇,多者413篇,著作少者56部,多者225部;70年代的前4年论文少者781篇,多者1102篇,著作少者250部,多者316部。1925—1949年,经济社会

---

① E. J. Hobsbawm, "From Social History to the History of Society", in M. W. Flinn and T. C. Smout, eds., *Essays in Social History*, p. 3.
② D. C. Coleman, *What has happened to Economic History*? pp. 21-23.
③ N. B. Harte, "Trends in Publications on the Economic and Social History of Great Britain and Ireland, 1925-74", *The Economic History Review*, 2nd Series, Vol. XXX, No. 1, 1977, p. 21.
④ D. C. Coleman, *What has happened to Economic History*? p. 5.

史著作的出版数量一直是负增长,年均递减0.1%;而1950—1974年始终保持着正增长,年均递增6.8%。1925—1949年经济社会史论文的年均增长率为5%,而1950—1974年达到8.4%。到70年代初,经济社会史每年的出版物几乎等于1925—1939年14年的总和。从研究主题的年增长率衡量,1925—1949年仅为2.5%,而1950—1974年达到7.8%。① 由此看来,50—70年代可视为英国经济社会史成长壮大的阶段。70年代至今,经济社会史进入了平稳发展时期。笔者对《经济史评论》年终出版物目录的粗略统计表明,1979、1989、1999年英国发表的经济社会史的论著大约分别为1457、1554、1554篇,比70年代初又有所增长。

但也有学者指出,经济史或经济社会史在20世纪70—80年代的英国出现停滞或下降势头。如1980年前后经济社会史系在英国大学收缩了规模,经济史的教授职位得不到补充,经济史系缩减编制或者并入经济系或历史系。SSRC所属的经济社会史委员会(Economic and Social History Committee)在1983年亦遭裁撤。60年代那种认为经济史系或经济社会史系能够在大学保持独立学科地位的信念发生了动摇。② 笔者认为,危机的根源在于正统经济史特别是新经济史神话的破灭。新经济史在美国可谓昙花一现,当年的宏伟抱负与今天的遭人冷落无异天壤之别。而无论是作为"过去经济学"的经济史,还是作为"历史"的经济史(引号内是科尔曼对经济史两种角色的概括),在历史学和其他社会科学学科日新月异的过程中也迫切需要调整和定位。可喜的是,作为"历史"的经济史拓宽了自己的研究范围,越来越采取经济社会史的研究取向,后者已经在主流学术界获得无法动摇的牢固地位。那么,如何看待当代的英国经济社会史研究趋势与发展特点呢?笔者结合自己的研究领域归纳为如下几点,作为本文的结束。

1. 研究时限聚集于中世纪中晚期和近代早期。英国历史档案的种类和数量异常丰富,王国和地方政府、大地产、城市、教会等机构的档案是经济

---

① N. B. Harte, "Trends in Publications on the Economic and Social History of Great Britain and Ireland, 1925-74", *The Economic History Review*, 2nd Series, Vol. XXX, No. 1, 1977, pp. 21-24, 40-41.

② R. C. Wilson and J. F. Hanwin, "Economic and Socail History at Advanced Level", *The Economic History Review*, 2nd Series, Vol. XXXVIII, No. 4.

社会史学家的第一手材料,而它们主要形成于诺曼征服以后。盎格鲁-撒克逊英格兰的王室令状和特许状只有约 2000 件保存下来,而留传至今的 13 世纪以来的英格兰特许状和令状达数以万计,至于其他各种档案特别是经济社会史的档案究竟有多少无人说得清楚。诺曼征服是英国历史档案发展的里程碑,带动英格兰教会和世俗领主在日常的管理活动中完成了"从记忆到文献档案"的革命性转变,①而这种转变的意义和价值无论是对英国历史本身还是历史学研究都是难以估量的。

诺曼征服到工业革命的约 8 个世纪,种类繁多、数量庞大的历史档案为经济社会史学家提供了得天独厚的条件,如 11 世纪末以来政府各机构和议会的行政、税收、司法和立法活动档案,13 世纪以来教会和世俗封建主地产管理的档案,16 世纪以来教区洗礼、婚姻和丧葬登记档案,16 世纪以来政府和农村教区济贫等社会救济档案,以及海关、市场、城市等机构管理活动档案,大量私人的财产清单、遗嘱、契据和书信等。除档案之便外,该时期英国经历了封建社会的形成和解体、资本主义和工业社会的兴起和发展等重大历史转折。上述划时代变迁对生产方式和生活方式、阶级和社会结构、文化和思想观念等影响甚为突出,同样吸引着经济社会史学家的探索热情。

2. 经济、社会和科技文化成为研究的热门对象。在经济社会史领域,农业和工商业研究长盛不衰,社会研究异军突起,反映了 19 世纪末起凸显经济增长的重要性,20 世纪 70 年代以来关注全面社会发展,20 世纪后期将经济、社会甚至文化视为不可分割的组成部分的学术演变轨迹与取向。

据对 1925—1974 年发表的经济社会史论著主题的分类统计表明,工业和国内贸易占全部经济社会史出版物的 14%,12% 为农业和农村社会,城市、地方史、社会状况和政策占 11%,海外贸易和海外关系占 8%。其他为:原始文献,交通和资讯,货币、银行业和财政,社会结构和人口学,经济社会史总论共计占 5%—6%,经济思想和政策占 4%,劳动状况占 3%,方法论和历史编纂学占 2%。在上述统计中,农业和农村社会主体的论文数量最多,

---

① M. T. Clanchy, *From Memory to Written Record England*, *1066-1307*, Harvard University Press, 1979, "Introduction".

占论文综述的15%,但仅占著作的7%。工业和国内贸易五十年的全部出版物数量独占鳌头,但在30—40年代,农业和农村社会出版物占1/5,超过工业和国内贸易部分;50年代后期城市研究和地方史超过农业和工商业;60年代初农业史再次领先于工业史,至70年代初社会状况和政策成为出版物最多的领域。①

此外,1971—2002年的《经济史评论》年终出版物目录,也体现了社会和文化强劲增长的趋势。在1971年的14大类中尚没有将文化单列,但至少有8类内容与社会相关。1976年的15大分类,增添了"宗教和教育",文化从此单列成项。1981年的17项分类中一系列社会和文化成果进入专门主题(首次设立"大众文化"分类),1984年增加了"科学、技术和医药",1992年的19项主题包括了"妇女",至此,至少15项主题属于或相关于社会和科技文化,占78%强,社会、科技文化与经济研究已成鼎足之势。

3. 城乡共同体备受关注。地方研究在英国具有悠久传统,20世纪初启动的多卷本的《维多利亚郡史》(The Victoria County History)工程,以及前文列举的较早出版的两部英国经济社会史著作是这种传统在20世纪的延续。但英国地方研究的真正发展是在40年代以后,1947年莱斯特大学建立了第一个英国地方史系,前两任系主任分别是霍斯金斯和芬伯格(H. P. R. Finberg),主张地方史的研究目的在于追述地方共同体的起源、成长,也许还有下降和衰落,包括瑟斯克和爱沃瑞特(A. Everitt)等在内的一些著名史学家均在该校工作过,形成前文提及的莱斯特学派。

第二次世界大战后,英国各郡和较大城市普遍建立起档案办公室,为城乡共同体研究提供了大量地方档案史料,许多大学选择校址所在地区作为主攻方向。城乡共同体研究的单元既包括教区、村庄、庄园和小城镇等较小的共同体,也有城市和郡等大共同体;涉及的内容涵盖了经济、社会、文化等各方面。20世纪40年代的研究还较少,代表性著作有:霍斯金斯的《中部英格兰》、希尔顿的《14和15世纪某些莱斯特地产的经济发展》、史密斯的

---

① N. B. Harte, "Trends in Publications on the Economic and Social History of Great Britain and Ireland, 1925-74", *The Economic History Review*, 2nd Series, Vol. XXX, No. 1, 1977, pp. 36-37.

《坎特伯雷大教堂属下之小修道院》。① 50—80年代,中世纪地产史和农村社会成为研究热点,米勒的《埃利修道院和主教区》、瑞福兹的《拉姆齐修道院的地产》、霍斯金斯的《米德兰的农民》、希尔顿的《农业沃里克的社会结构》、哈彻的《康沃尔公爵领的农业经济和社会》、戴尔的《一个变化中的社会的领主和农民》等代表了这一时期的研究水平。②

近年来,各种共同体的研究著作明显增加,其中尤以近代早期的成果为多,引起学术界重视的有:瑞兹的《一个中世纪教区的生活、婚姻和死亡》、侯维尔的《转变中的土地、家庭和继承》、斯帕福德的《形形色色的共同体》、瑞特逊等的《一个英国村庄的贫穷与虔诚》、伊尔勒的《英国中产阶级的形成》、斯迈尔的《中产阶级文化的起源》等。③ 瑞特逊在近著《世俗的需要:近代早期不列颠的经济生活》中提供了一个进一步阅读的书目,④其中涉及庄园和教区、城镇和城市、郡和区域的城乡共同体研究的重要著作多达近百部,而且大多数是80—90年代以来出版的较新成果。可见,此类研究仍然方兴未艾。

原载侯建新主编:《经济-社会史:历史研究的新方向》,商务印书馆2002年。

---

① W. G. Hoskins, *Midland England*, 1949; R. H. Hilton, *The Economic Development of Some Leicestershire Estates in the Fourteenth and Fifteenth Centuries*, 1947; R. A. L. Smith, *Canterbury Cathedral Priory*, 1943.

② E. Miller, *The Abbey of Bishopric of Ely*, 1951; J. A. Raftis, *The Estates of Ramsey Abbey*, 1957; J. Hatcher, *Rural Economy and Society in the Duchy of Cornwall, 1300-1500*, 1970; C. C. Dyer, *Lords and Peasants in a Changing Society*, 1980.

③ Z. Razi, *Life, Marriage and Death in a Medieval Parish: Economy, Society and Demography in Halesowen, 1270-1400*, 1980; C. Howell, *Land, Family and Inheritance in Transition: Kibworth Harcourt, 1280-1700*, 1983; M. Spufford, *Contrasting Communities: English Villagers in the Sixteenth and Seventeenth Centuries*, 1974; K. Wrightson and D. Levine, *Poverty and Piety in an English Village: Terling, 1525-1700*, 1979; P. Earle, *The Making of the English Middle Class: Business, Society and Family Life in London, 1660-1730*, 1989; J. Smail, *The Origins of Middle Class Culture: Halifax, Yorkshire, 1660-1780*, 1994.

④ K. Wrightson, *Earthly Necessities: Economic Lives in Early Modern Britain*, Yale University Press, 2000, pp. 358-360.

新世纪中国史学理论研究感言

以往我们谈起史学理论,首先想到的是西方的历史哲学,即18—20世纪主要由西方的哲学家、思想家基于对历史和历史学各自内容的理解而提出的各种各样的理论观点,它们在西方被习惯地分别称作"思辨的"和"分析的或批判的"历史哲学。大体而论,前者着意于整体历史进程的研究,以揭示其变化发展的过程与规律;后者关注于历史知识性质的思考,探讨史学家在史学研究活动中所涉及的认识论和方法论问题。18—19世纪西方学者以"思辨的"历史哲学为研究重点,20世纪西方历史哲学的研究领域经历了从"思辨的"向"分析的或批判的"转变。从20世纪初开始,西方历史哲学的主要成果和流派陆续被翻译介绍到我国,中国学者对它们的认识虽历经曲折反复,但通过一个世纪的努力,我们在西方历史哲学研究方面的成就有目共睹。总的来看,这项工作的作用和影响是积极的、有益的。西方学者用"思辨的"和"分析的或批判的"两分法区分历史哲学的不同性质的内容,主要由于西方语言中的"历史"和"史学"都是一词所致,为此,我国学者提出了自己的两分法概念,即将"历史理论"和"史学理论"分别替代"思辨的"和"分析的或批判的"历史哲学,分别指对历史发展过程所作的总结和对史学自身发展过程所作的总结。当然,更方便实用的办法是将"史学理论"的概念广义化,使其等同于西方学者使用的"历史哲学",以涵盖和包容历史理论和历史学理论的内容。新世纪中国的史学理论研究应该在此基础上有更大的作为,要在唯物史观指导下,加大力度发掘整理中国古代丰富的史学理论遗产,加快具有中国原创性和体系性的史学理论创新步伐,为建设具有中国风格和中国气派的新世纪的史学理论体系而不懈努力。

下面简要从这两方面谈些浅陋的看法,疏漏错误之处祈望方家指正。

首先，无人否认，中国古代有着异常丰富的史学和思想理论遗产，"二十四史"共有3236卷，《四库全书》总计79070卷，此外还有难以记数的各种各样的资料文献。但长期以来，中国古代史学史的著作和教科书却少有关于古代史学理论的连贯和系统的阐述。给人的错觉是，尽管中国古代有骄人的历史撰述成就，但缺乏独立发展、自成系统的史学理论成果，至多只有唐代刘知几的《史通》和清代章学诚的《文史通义》，而它们也主要是总结中国古代历史编纂理论的著作。这种情况可能是套用西方模式所致。所谓西方模式是指，西方历史哲学集中体现于思想家和哲学家相关的著作中，有其相对独立的存在形态；其中所包含的一套西方式的问题和话语体系，被视为历史哲学的应有范畴和标准内容；虽以西方为主要经验事实和论述重点，但立论具有世界眼光或普遍意义。如果以此作为坐标系，中国古代史学理论的存在就缺乏独立性，内容上多与西方历史哲学不对称，在视野上没有对世界和人类整体的关注。但这些因素难以成为中国古代没有史学理论假说的充分理由。

事实上，只有将西方史学理论作为参照系而非坐标系，才能柳暗花明，尊重中国古代史学理论自身的存在形态、话语和内容系统。它不仅可以成为新世纪中国史学理论研究的重要增长点，而且重要的是可以推进中国民族化的史学理论建设，使我们不再只是其他民族史学理论遗产的解读者，而要让自己民族的史学理论遗产屹立于世界民族之林，促进人类史学理论遗产之间的交流与对话。近年来，这方面工作的展开也初步证伪了中国古代没有史学理论的假说。比如张岂之先生认为，中国古代史学的哲学基础是经学，古代经学从自然和社会统一的角度思考人类社会，史学也将究天人之际、通古今之变作为两个并立目标，探讨了一系列重要问题。由此，我国的史学哲学遗产可以上溯到春秋战国时期。[①] 但中国古代史学理论的内容和话语系统有别于西方，而呈现自己的特点和面貌。同时，它受制于经学发展，是经学的组成部分，传统的经史子集分类中的"经部"包含有大量古代史学理论的内容。而史学家的史学思想散见于史论、史著提要和考史论史等其他部类的文献中，这些特点也势必使发掘整理工作宛如"沙里淘金"，

---

① 张岂之主编：《中国近代史学学术史》第1章，中国社会科学出版社1996年。

具有相当大的难度。

其次，尽管中国拥有独具特色的古代史学理论遗产和唯物史观作为指导思想优势，但两者都不能代替新世纪中国的原创性和体系性的史学理论建设，否则我们在世界史学理论舞台上就缺乏真正的发言权和应有的贡献。从西方发展过程看，史学理论的创新需要必要的条件，如世界知识和历史知识的增加、自然科学和哲学社会科学新观念和新成果的推动、史学观念的发展、社会处于重要转型阶段等，中国目前基本具备这些条件。创新要有明确合理的目标。20世纪70年代末，英国著名历史学家巴勒克拉夫曾评论说，"思辨的"历史哲学已经不受历史学家的宠爱，他们抛弃了历史哲学。① 但西方史学理论中还有另外一种潮流并没有退却，即"中观史学理论"的发展。它是介于"高层次的抽象哲学研究以及低层次的只针对某个历史问题的理论探索"之间的"中间层次"，② 其特点是以历史整体和历史学研究的整体为对象，既不过分抽象也不过分狭窄，与史学研究的整体实践关系紧密，具有极强的指导性和操作性。兰克学派"客观主义"的史学理论，"实证主义"和"历史主义"史学认识论、方法论，克罗齐的"一切真历史都是当代史"的命题，年鉴学派的"总体历史""长时段"和"问题史学"等理论原则，英国马克思主义史学的"从底层向上看"的研究取向，西方新社会史的"底层的历史"等都属于此，它们对西方中层史学理论建设和史学研究全局性和整体性的推动是不言而喻的，也是值得我们在思考新世纪中国史学理论研究的发展战略时吸收借鉴的。

当然，理论创新也不是轻而易举的事情，对于专注于具体微观问题研究的历史学家尤其如此。甚至有人说历史学家不是规律的制造者，而是规律的消费者，此言并非没有一点道理。西方19—20世纪史学研究的巨大成就，主要或首先不是因新材料的发现，而是新的理论带来了已有或弃置不用的材料的重新解读或利用。20世纪马克思主义和西方史学理论在中国的传播给近代中国史学理论注入了新质思想。但应承认，我国一直缺少原创性的中观史学理论。近现代以来不乏微观史学理论方面的创新，如胡适的

---

① ［英］巴勒克拉夫：《当代史学主要趋势》，上海译文出版社1987年，第260页。
② 何兆武、陈启能主编：《当代西方史学理论》，中国社会科学出版社1996年，第2页。

"大胆假设,小心求证"法、梁启超的"二重证据"法、顾颉刚的"层累地"造成的古史法、关于中华文明起源的吴于廑的"整体世界史"体系、罗荣渠的"一元多线"现代化研究模式等。中观史学理论创新的匮乏已成为制约新世纪中国史学理论发展的"瓶颈",缺乏原创性史学理论建树的国家充其量只能是史学大国,不能成为史学强国。我们应以此为突破口,根本扭转我国目前在这方面所处的"发展中"国家的地位,使具有中国风格与气派的史学理论早日跃然于新世纪。

原载《史学理论研究》2003年第2期,圆桌会议"面向新世纪的中国史学理论研究(上)"。

史学理论结构的非平衡发展

——西方和古代中国的比较

史学理论自有其体系,但首先,如何认识该体系的各个组成部分及其变化?其次,中西史学理论是否适宜相同的结构分类?这种结构比较能够揭示中西史学理论发展的哪些特点?最后,史学理论结构对经验性历史研究的影响如何?在所有这些问题中,史学理论结构自身及其功能的发展都是不平衡的。所谓不平衡,包括史学理论结构在历时性、共时性与作用等方面存在的差异。上述问题所涉及的内容比较广泛,恐怕难以在一篇文章中完全论述清楚。在此笔者更多的是提出问题,与同行交流讨论。

一、近三百年史学理论结构的演变理路:从宏观到中观

从共时性角度讲,史学理论是一个复杂的体系,因研究对象的内容、性质和功能等差异而归属于不同的概念范畴,本文称之为史学理论结构。在历时性上史学理论结构则体现为一个动态体系,随着哲学家和历史学家研究取向和研究对象的调整而变化,因此对史学理论结构的认识也要不断地反映这种客观变化。18世纪以来,西方史学理论的话语是历史哲学。"在18世纪,历史哲学进入了它的近代时期。"①1725年维科出版《关于各个民族共同性的新科学原理》,标志着历史哲学世俗化的开端。而近代历史哲

---

① [美]斯特恩:《历史哲学——其起源及宗旨》,载张文杰:《历史的话语——现代西方历史哲学译文集》,广西师范大学出版社2002年,第327页。

学的时代最终是由伏尔泰建立起来的。他的《论各民族的精神与风俗》(即《风俗论》,1756年出版)在诸多方面开启了近代世界历史编纂学的新纪元。1765年,他又发表了《历史哲学》,后来把它作为导论收入《风俗论》一书(即该书从导言到第53节部分),从而使他所编纂的世界历史具有了哲学意义。从维科的"新科学"到伏尔泰的"历史哲学",标志着西方史学观念在古典和中世纪基础上经历了划时代的飞跃,而继续这种飞跃的是德国哲学家。18世纪晚期,德国学者们重新发展了维科,历史哲学在19世纪走向了辉煌。19世纪末和20世纪初以前,历史哲学"就指对于整个历史过程的一种思辨的处理方式"。其后由于它的非历史性和非科学性而变得声名狼藉,于是对其有不同理解的一批哲学家,转而开始"把历史学理解为提供知识的一种方式"。最早指出历史哲学研究兴趣转移的学者是英国哲学家沃尔什。他在1951年时最早提出,"'历史哲学'实际上是两组哲学问题的名称:它既有思辨的部分,又有分析的部分",分别涉及历史事件的实际过程和历史思维的过程,"分析的"概念由此产生。他同时套用了英国哲学家布劳德"思辨的学科"(指自然哲学)和"批判的学科"(指科学哲学)的术语,将近三百年的西方历史哲学划分为"思辨的"和"分析的"与"批判的"两个研究领域。① 尽管分析派与批判派"它们的共同对手是(思辨的)'历史哲学'",但在研究路径上彼此仍有不同。一般来说,欧洲大陆国家属于"批判的"历史哲学,英语国家属于"分析的"历史哲学。②

　　历史哲学结构的上述分类是合理的,并早已在国内外获得广泛认同。但毋庸讳言,它不能代表史学理论结构的分类。原因是:其一,史学理论是历史学的分支学科,而历史哲学属于哲学的分支学科,"历史哲学一语,若干严正的意义用之,则为哲学组织的一部分,非能离于哲学系统而别自存在者,即非可属于一个特殊科学的史学范围内者"。③ 由于学科差别,"实际上,哲学家比历史学家更关心这些问题",④历史哲学的研究者也主要是哲学家。很显然,作为历史分支学科的史学理论结构的划分,如果完全以哲

---

① [英]沃尔什:《历史哲学导论》,广西师范大学出版社2001年,第4、5、7、8页。
② [法]利科:《法国史学对史学理论的贡献》,上海社会科学出版社1992年,第28页。
③ 李守常:《史学要论》,河北教育出版社2002年,第49页。
④ [英]巴勒克拉夫:《当代史学主要趋势》,上海译文出版社1987年,第259页注释①。

分支学科的历史哲学的分类作为标准,就会在一定程度上忽视历史学本身的特点。其二,受历史哲学的学科归属所致,该概念内涵狭窄,不能包容有关历史和史学的全部理论思考成果。在西方,历史哲学有着特定的含义,在此范围以外的、但又不属于具体的史学史范围的史学思想,一般也被纳入了史学或历史编纂学(historiography)的范畴。如美国著名史学史专家伊格尔斯对兰克学派、年鉴学派和后现代史学等重要史学流派和史学思潮的研究著作,冠以"史学或历史编纂学"的名称,它们并不完全等同于史学史(或西方习惯上所说的历史著作的历史),而探讨既不特别思辨也不非常具体的史学思想和史学范式等相关问题。[①] 其三,"思辨的"和"分析的""批判的"历史哲学概念的提炼完全立足于西方的知识背景,尽管目前在涉及这部分内容时仍然需要使用这些约定俗成的概念,但来自西方知识谱系的这种分类框架不宜扩大为一般概念,更不能将其作为具有普遍意义的分类标准,否则势必削足适履。从历史学的学科和中西史学的比较而言,史学理论的概念可能是更好的选择。庞卓恒先生曾在十几年前撰文指出,历史学的理论体系分为三部分,即史学本体论、史学认识论和史学方法论。[②] 这种三分法是中国学者最早关于史学理论结构的完整和科学的分类,至今仍然具有广泛影响,为许多研究者所采用。这种史学理论的结构体系具有更大的包容性,众所周知,"思辨的"历史哲学探究历史本体论,而"分析的""批判的"历史哲学则专注于史学认识论和史学方法论,历史哲学的研究范畴在史学理论结构中可以各得其所。

不仅如此,从共时性与历时性角度考察,中西史学理论结构都体现为从宏观到中观的不平衡演进,理由如下。

第一,前述的历史哲学研究领域的调整标志着宏观史学理论地位的下降,中观理论地位的上升。思辨的历史哲学(历史本体论)是力图洞见历史过程规律的宏观理论,"分析的"和"批判的"历史哲学(史学认识论和史学

[①] 见 G. C. Iggers, *New Directions in European Historiography*(中译本为《欧洲史学新方向》,华夏出版社 1989 年);他的另一本著作为 *Historiography in the Twentieth Century: From Scientific Objectivity to the Postmodern Challenge*(中译本为《二十世纪的历史学——从科学的客观性到后现代的挑战》,辽宁教育出版社 2003 年)。

[②] 庞卓恒:《史学本体论、认识论和方法论》,《历史研究》1988 年第 1 期。

方法论)则是辨析历史思维与历史知识性质的中观理论。在此意义上,从"思辨的"转向"分析的"和"批判的"历史哲学,也意味着史学理论的兴趣从宏观转向中观。

第二,现当代西方史学流派的繁荣表明中观理论不再只是哲学家的专利。从兰克的实证主义史学起,史学家早已不满足只作为历史哲学的旁观者。他们既反对空疏的"思辨的"历史哲学,也不满于分析派、批判派的逻辑性和抽象性的纯粹理论。史学家的史学理论一般是隐性的,寓于历史研究的实践之中,是对经验历史学切实可行的实用性理论,而不是空洞的说教或仅仅停留在认识论和方法论的理论层面。这些实用性理论不限于认识论和方法论,也包括本体论,从而极大促进了历史学派的产生。德国和法国是现当代以史学理论和历史研究彪炳国际史坛的国家,这两个国家的史学家创造性地建立了符合时代精神的史学研究的范式,并成功地在实践中付诸实行。如果说英语国家分析的历史哲学研究者还是哲学家,"而在法国,批判的历史哲学大半是历史学家的结晶。法国历史学家虽然不甚熟悉认识论方面的讨论,但更接近于历史研究实际"。对"以哲学家的身份"从事研究的利科来说,为史学理论做出过杰出贡献的法国史学当中,不仅有阿隆和马鲁等批判的历史哲学家的贡献,还有年鉴学派和新史学诸多的理论建树,因为它们的"洞察力堪与分析哲学家相媲美"①。历史学在发展,历史哲学的发展永远不会画上句号。以现当代西方史学流派为代表的经验历史学所创造的体系性和一般性史学理论成果,是介于"高层次的抽象哲学研究以及低层次的只针对某个历史问题的理论探索"之间的"中间层次"②,它以历史整体或历史学研究的整体为对象,既不过分抽象,也不过分狭窄,在现当代越来越成为史学中观理论的主体,广受史学家的欢迎。

第三,国内外中国史研究模式的转变,体现了中观理论的研究取向正在走向会通之路。美国学者从事中国研究很重视提炼相应的研究与分析模式,它们虽然还不能算作严密的理论,但仍然属于一种假设性的、建筑在规

---

① [法]利科:《法国史学对史学理论的贡献》,第28、29页。
② 何兆武、陈启能主编:《当代西方史学理论》,中国社会科学出版社1996年,第2页。

范认识基础之上的"理论模式"。① 这种理论模式既不同于历史规律探求、革命史叙事和现代化史叙事等"宏大叙事",也不是为历史而历史的工匠式的经验主义的实证研究,而是一种在两者之间"寻求中间性的出路"的"中层理论"。② 美国学者对理论往往采取实用主义的态度,不仅思辨的历史哲学在美国毫无市场,而且为理论而理论的分析的历史哲学也不受欢迎。美国学者立足于哲学社会科学各个学科的前沿,能够将西欧哲学社会科学的最新理论及时地转化成历史分析的有效工具,在运用理论模式解释中国历史时最为自觉。从20世纪六七十年代以来,他们摈弃冷战思维、历史偏见和理论教条,提出了"中国中心观"、中国研究的"规范认识危机"论、"过密化理论"(内卷化)、"市民社会理论"(公共领域)等许多富有启发性的理论模式,增加了历史认识的解释性和一般性。③ 近年来,中国学者也在探索建立属于自己的中层理论的概念化解释系统,并取得初步的成绩,如秦辉的"关中模式"。④ 这些规范认识或理论模式来自实证研究,但已经不是具体琐碎的经验与个案描述,而是形成了对它们拥有高度概括力和一定抽象度的"规范"和"模式"。

二、长时段比较:中国古代史学理论结构的特征

西方史学理论发展的过程、内容和结构是清晰的。古希腊是西方史学的源头,但对历史哲学来说却并不是如此。古希腊人擅长撰写历史,但晚近的研究认为,希腊人缺乏历史观念或历史意识。⑤ 究其原因,是因为希腊思

---

① 侯且岸:《当代美国的"显学"——美国现代中国学研究》,人民出版社1995年,第106页。
② 杨念群:《中层理论——东西方思想会通下的中国史研究》,江西教育出版社2001年,第5、6、7页。对于中层理论的解释,参见该书第5章第1节。
③ 侯且岸:《当代美国的"显学"——美国现代中国学研究》第3章第2、3节;黄宗智主编:《中国研究的范式问题讨论》,社会科学文献出版社2003年,专辑二:中国的"公共领域"与"市民社会"中的多篇文章。
④ 秦辉:《封建社会的"关中模式"》,载杨念群主编:《空间·记忆·社会转型——"新社会史"研究论文精选辑》,上海人民出版社2001年,第284—304页。
⑤ 杜维运:《中西古代史学比较》,台北东大图书公司1988年,参考第9—18页的相关讨论。

想具有反历史倾向,只相信所谓的永恒不变的知识。"他们完全肯定,能够成为真正知识的对象的任何事物都必须是永恒的。"或者说,"如果它是可认识的,它就必须是确定的"。但是历史学恰恰是研究人类活动赓续变化的一门科学,而"这类事情,按照通行的希腊的形而上学观点,应该是不能认识的,所以历史学就应该是不可能的"。因此,历史学在古希腊没有地位,根本不值得哲学家劳神思考,几乎没有一个古希腊的哲学家认真地研究过历史。所幸的是,"希罗多德的天才战胜了这种倾向",使西方史学导源于希腊,但他没有任何后继者,"在他以后对于知识的永恒不变的对象的追求却逐步窒息了历史意识,并且迫使人们放弃了希罗多德式的对人类过去活动获得科学知识的希望"。受此知识论的影响,古希腊历史学的"证据就在于目击者的叙述,而历史方法则在于得出这些叙述"。① 这样做的结果,是最终限制了历史学的对象和时空范围。② 历经希腊化时代和古代罗马,这种状况没有太大的改变。

作为西方文明三大源头之一的基督教,弥补了古希腊人历史意识的缺陷,因为"基督教就是历史学家的宗教"。从另一种更深的意义来说,"基督教是历史性的宗教。基督教将人类命运视为在堕落和最后审判之间的一次漫长的历险——正是在时间,也就是在历史过程中上演了一幕幕壮观的活剧"。③ 在基督教那里,历史获得了前所未有的时间和空间的伸展,也不再因变动不定而妨碍成为永恒的知识对象。奥古斯丁的《上帝之城》代表了基督教神学历史哲学的最高境界,第一次对人类的过去、现在与未来,对历史的意义、目的、动力和模式等进行了严肃思考。维科最早建立起世俗化的历史哲学,使哲学和历史第一次实现了学科的结合,开创了新的研究领域,故维科称自己的研究为"新科学"。从此,西方历史哲学走上独立化的发展道路,产生了康德、赫尔德、黑格尔、孔德、斯宾格勒和汤因比等思辨的历史哲学家。19世纪后期,西方历史哲学研究的重点从对历史发展过程规律的

---

① 参见[英]R. G. 柯林武德:《历史的观念》,中国社会科学出版社1986年,第22—23、27、31—32、28页。

② 古希腊的历史著作只有当代史而没有断代史和通史。柯林武德在论及希腊人只写所见所闻的历史时说:"在此意义层次下,几乎可以说,古代的希腊,没有史学家,仅有艺术家与哲学家;没有人倾毕生精力研究历史;史学家仅为其时代的自传家,而自传不是一种职业。"

③ [法]布洛赫:《历史学家的技艺》,上海社会科学出版社1992年,第8页。

探讨,转向对历史研究工作本身的理解或解释,涌现出狄尔泰、文德尔班、李凯尔特、克罗齐、柯林武德、波普尔、亨普尔等分析的和批判的历史哲学家。19世纪晚期和20世纪哲学家的中观理论异军突起的原因主要是,从19世纪起,西方的知识或精神完成了向近代形态的转型,从注重神学和形而上学进入科学与实证阶段。① 实证主义哲学主张,社会科学应当照搬自然科学的研究范式,在社会领域同样存在着一个与人们的认识无关的事实世界,如果不能完全发现这些事实,至少也能发现它们的绝大部分。因之"(分析的和批判的)历史哲学应当是对这种态度、对历史思维的前提和含义的一种批判性的探讨;是为发现历史思维在整个人类经验中的位置、它与其他经验形式的关系、它的起源及其有效性所作的一种尝试"。② 从此,对史学家研究的前提和对历史思维、历史知识的理解被置于前所未有的重要地位。西方史学理论在本体论和认识论、方法论上前后相继,形成自主进步的完整链条。

中国古代拥有自己独特的史学理论遗产还只是近年来学术界的认识。由于起步晚,有关中国古代史学理论的研究还是初步的。部分断代研究成果已经问世,③证实了中国古代存在史学理论的认识。中国古代和西方史学理论不是平行发展的,但彼此却是独立自主发展的。由于是独立自主发展的,中国古代史学理论结构与西方进行比较才有文化价值。中国古代哲学素来对知识论缺少兴趣,因而"中国古代思想界也没有出现任何反历史的趋势","所以拿锢蔽于反历史趋势之中的希腊思想界与中国先秦思想相比较,不啻有天壤之别。希腊哲学家一致不关心历史,中国先秦思想家则时时致敬意于历史"。④ 可以说,中国古人拥有较强的历史意识和历史观念,

---

① 孔德关于人类精神和知识发展经历神学、形而上学和科学实证三个阶段。思辨的历史哲学属于前两个阶段,批判与分析的历史哲学以及近现代史学流派、史学研究方法和研究领域等属于科学实证范畴,实证阶段人们主要关注知识的可能性问题。

② [英]R.G.柯林武德:《历史哲学的性质和目的》,载张文杰编:《历史的话语——现代西方历史哲学译文集》,第186页。

③ 笔者所见的有:何炳良:《18世纪中国史学的理论成就》,北京师范大学出版社2000年;庞天佑:《秦汉历史哲学思想研究》,中国社会科学出版社2002年;邓辉:《王船山历史哲学研究》,岳麓书社2004年。

④ 杜维运:《中西古代史学比较》,第28、26—27页。

言必称"三代",中国的史学之父孔子"述而不作,信而好古"。① 史官的设置至少发端于夏商,真正的史学撰述从孔子创作《春秋》开始。中国古代的宏观史学理论萌芽于西周(《尚书》之"周书"中周公旦提出"敬天""敬德"和"保民"的思想),形成于春秋战国时期,与历史编纂同步出现。② 那时正值社会大变革时期,先秦诸子在思想文化领域展开百家争鸣,诞生了以儒家思想为核心、兼收并蓄其他学派思想的中国古代史学理论。中国古代史学理论擅长本体论,探讨历史本质、历史变异、历史规律、历史阶段、历史模式和终极原因等,形成了"天人合一"、"内圣外王"、"德治"、"民本"、人的主体性、历史倒退论、历史循环论、"正统"、"大一统"为代表的独特的哲学话语系统。至司马迁提出"究天人之际,通古今之变,成一家之言",中国古代史学理论的三个研究方向,即自然与人事、历史本体和撰述原则的主流探讨路径已经定型。③ 魏晋南北朝至明末,宏观史学理论在与玄学、佛学的斗争中沿着原有轨道继续发展,形成完整的中国古代史学理论系统。明清之际和鸦片战争之后,中国古代史学理论遭遇来自内部和外部力量的猛烈冲击,趋于瓦解和转型。中国近代宏观史学理论不是直接在古代基础上产生的,而是经过"西学东渐",用达尔文的进化论和马克思、恩格斯的唯物史观对传统的史学本体论进行了改造,形成以唯物史观和唯心史观、社会达尔文主义、文化形态学派等为代表的史观学派。

中国古代中观史学理论以方法论,特别是历史著作的撰述方法为主,探讨历史和史学、史家修养、史学的性质与功能、史著义例、撰史目的,并集中体现在唐代刘知几的《史通》和清人章学诚的《文史通义》两部专门性和总结性的著作之中。中国古代史学方法论通过对史家、史法和史著体例的研究,达到"成一家之言"的目的。中国近代中观史学理论既继承传统,但主要吸收西方史学思想,形成马克思主义指导中国历史研究之前的近代史学

---

① 《论语·述而》。
② 张岂之主编:《中国近代史学学术史》,中国社会科学出版社1996年,第3—7页;庞天佑:《秦汉历史哲学思想研究》第一章。
③ 白寿彝先生的《史记新论》中对太史公三句箴言的讨论,是笔者所见到的最翔实的研究成果,见其所著《史学遗产六讲》,北京出版社2004年,第153—204页;另见张岂之主编:《中国近代史学学术史》,第8—11页。

方法论,梁启超的新史学派、王国维和陈垣的考证学派、胡适和顾颉刚的方法学派、傅斯年的史料学派等,都程度不同地受到西方史学思想的影响。①

以上简要回顾了中西史学理论发展的基本线索,从中可以发现中西史学理论结构发展的非平衡性。与西方相比,中国古代史学理论的特点具体表现为:

第一,早发性。西方史学理论传入前,中国古代史学理论已经存在两千多年。西方古代没有历史哲学,中世纪盛行基督教的神学历史哲学,世俗历史哲学诞生于18世纪,大成在19世纪,以资本主义和早期现代社会为其时代背景。中国古代的史学本体论形成于春秋战国时代的封建社会初期,早于西方近代世俗历史哲学2300年左右,比基督教神学历史哲学也要早大约1000年。两者不仅时间相隔漫长,而且中西史学理论的产生条件相左,时代精神与学术关切也大相径庭。总体而论,中国史学本体论和方法论长于古代,西方上古缺乏历史理性,中古沉陷于神学迷信,世俗的史学理论被忽视和压抑,只是到近现代才得以发扬光大。因为晚熟,西方的史学理论径直代表了近现代先进文化的发展方向,唯物史观也是在广泛吸收其合理性的基础上建立的。

第二,非实体性。中国古代哲学重视实用理性而忽视历史理性,史学始终是哲学(经学)的证人和附庸,史学理论尽管发生较早,但始终没有走上独立自主的学科发展道路,理论成果缺乏实体性的存在形式。中国古代史学理论遗产丰富,史部之中比较集中体现史学理论成果的著述见于"史评"和"史论"类,如《史通》《文史通义》《校雠通义》《读通鉴论》《宋论》等著作。此外,分散的内容还见于哲学家、思想家以及历史学家的著述之中。但总的来说,专门的史学理论著作较少,史学理论长期处于"业余"状态,没有形成专业化和独立的学科地位。西方史学理论出于哲学家的创造,尽管哲学家不是专业的史学理论家,但历史哲学从诞生之日起即建立起全新的研究领域,因此历史哲学著作基本是独立存在的,成为哲学的分支学科。

第三,模糊性。史学理论包括宏观和中观两部分,各有固定的研究对

---

① 对上述学派及前面提及的史观学派的归纳与介绍,参见许冠三:《新史学九十年》,岳麓书社2003年。

象,这是西方近现代学科分化之后的必然结果。中国古代学科模糊,具有文化史学的特点,①史学理论与哲学、天文学、伦理学、政治学密切结合。从中国古代史学理论的话语看,它们与其说是历史哲学,毋宁说主要是政治哲学。② 其中原因,是由于中国传统文化的特点所致,当然这种传统文化的特点又是中国古代社会的特点(如以宗法制为基础)造成的。《尚书》既谈政治也讲历史,"其政治哲学与历史哲学合二为一"。中国古代历史哲学的核心概念如"天""君""民"的话语既是政治的,也是历史的和道德的,中国传统文化从源头起,政治哲学、道德哲学和历史哲学就是三位一体的关系。③在这种形势下,中国古代为政治服务的实用理性很难升华为历史理性。而西方历史哲学则专注于对历史过程的意义、目的、模式等"那些纯粹哲学性质的考虑"。④ 注重实用理性的价值观使中国和西方哲学的着力点不同,中国全部探讨人生问题而绝少注意知识问题,相反西方将知识作为哲学的中心问题,人生的思考少而粗浅。⑤ 因此,中国古代虽然没有古希腊哲学中对历史哲学的排斥因素,但也不具备基督教和18世纪以后西方历史哲学有关人类、进步、科学、理性和历史目的等抽象性的历史思维。

第四,不对称性。中国史学理论产生于古代,但在两千多年中没有建立起完整的体系。它的重点是史学本体论,兼及史学方法论,史学认识论严重缺位。司马迁的"究天人之际,通古今之变"突出史学家对史学本体论的关怀,而"成一家之言"则是史学方法论(史书撰述),史学认识论没有受到应有的重视。即使是史学方法论,在前近代科学阶段,也主要围绕史书撰述的技术开展讨论。现当代西方的史学认识论和方法论建立在对历史学科性质反思的基础上:与自然科学和社会科学是相同的,还是具有自身特点? 应当向它们看齐,还是保持自律性? 如前所述,这种理论角度开始于文艺复兴时期,源自西方近代学科意识的萌醒,而中国同期没有近代经验论或唯理论的自然科学,历史学的近代学科意识或自律意识自然无从谈起。由于早发性

---

① 张岂之主编:《中国近代史学学术史》,第12页。
② 刘泽华主编的《中国传统政治哲学与社会整合》(中国社会科学出版社2000年)中涉及的中国传统政治哲学的内容,绝大部分属于中国古代历史哲学的范畴。
③ 启良:《序》,载邓辉:《王船山历史哲学研究》,第2—3页。
④ [英]沃尔什:《历史哲学导论》,第4页。
⑤ 梁漱溟:《东西文化及其哲学》,商务印书馆2000年,第76页。

所致,近代意义上的科学与实证精神付之阙如。西方宏观和中观史学理论发展均衡,而中国史学理论则一直偏重于宏观层面,并且集中于政治伦理;中观史学理论片面发展,在整体结构上形成畸轻畸重的局面。西方史学理论结构的发展呈现阶段性,宏观和中观史学理论前后相继,各自独立发展。科学实证精神和现代学科专业化促进了中观史学理论,使其后来居上,发挥着学科进步的革命性因素。

三、中观史学理论:近现代西方历史学后来居上的推动力

中西历史著述大约同时起步,但近代社会科学和历史科学最早是从西方开始的。如果说中国古代史学理论还是土生土长的话,那么近代以后,无论史观还是史学观的原创性或者说创造力明显削弱,在相当大程度上是"西学"及西方哲学和人文社会科学输入的结果。① 如果说,古代中国的史学堪与西方并驾齐驱,甚或古代和中世纪的西方史学还不如中国发达;那么,近现代和当代的情况似乎相反,至少在史学理论的研究方面是这样。而史学理论特别是中观理论缺少创新,无疑直接妨碍了历史研究的进步。应该说,中观史学理论对历史研究极其重要,不仅体现史观的指导与支配,还表现为史学观的直接作用。史学史表明,作为中观史学理论的历史观和史学观,对近现代和当代的中国及西方的历史研究范式的形成和转换发挥了革命性或决定性作用。在西方,由于神学和行而上学让位于科学实证,实践标准取代了信仰偶像,中观史学理论呈现多元化和变幻不居,新观念和新方法层出不穷,令人目不暇接,与宏观史学理论的独尊和僵化泾渭分明。史学观具体化为哲学家的史学认识论和方法论,以及历史学家体系性和一般性的理论反思,后者在20世纪五六十年代以后突飞猛进,甚至超过哲学家的史学认识论和方法论的发展。如果说哲学家的史学认识论和方法论是历史研究变革的序幕,那么史学家体系性和一般性的理论反思则是变革的行动

---

① 这种输入的部分情况参见鲍绍霖编:《西方史学的东方回响》,社会科学文献出版社2001年。

纲领。有鉴于此，本节仅以西方为例说明中观理论对历史研究的推动力。

西方近现代和当代的历史研究的进步可以清晰地看出是中观理论的推动所致，其间中观理论经历过四个发展阶段：18世纪的启蒙运动阶段；19世纪至20世纪前期的实证主义、浪漫主义和科学史学阶段；20世纪中期的新史学阶段；20世纪晚期以来的后现代史学阶段。① 每个阶段首先表现为中观史学理论推陈出新，史学观念和史学方法发生重大变化，而后，历史研究及时地反映和体现这种变化，学派林立，此起彼伏。

启蒙运动史学奉行理性主义。"到1700年时，笛卡儿的哲学思想已在欧洲占统治地位。人们的思想从博学时代过渡到理性时代"。如果说前者基本擅长史料整理，为历史而历史；后者则强调史家的主体意识，偏重对历史的理解和解释，突出其应有的现实功能。笛卡儿认为自然界是机械性的存在，社会也同样是机械性的而不是有机体。因此"如果自然界是机械地构成的，一般法则有可能应用于自然，由此就可以推知，人，因为是自然的产物，也就会受'自然法则'的支配，就可以按照欧几里德的方式用公理公式说明了"。② 在这种自然主义、机械主义的史学认识论和方法论的指导下，启蒙运动尽管具有浓厚的非历史性，但历史研究可能达到的对人类社会的公式化理解和可以发挥的社会功能激励着哲学家和历史学家，使该阶段在史学史上别开生面，蔚然大观。孟德斯鸠对早期封建法律和封建主义，伏尔泰对文明史，斯密对封建早期西欧经济史，吉本对罗马帝国灭亡原因，威廉·罗伯逊对西欧中世纪史发展脉络的经典表述，以及封建主义与城市起源中罗马派、日耳曼派和中间派的争论等研究，无不是解释性的，历史研究不再停留在叙述故事与事件的层次，而要揭示出一般的法则和规律。

西方近代史学的第二个发展阶段受到两种截然对立的史学认识论和方法论的影响，即实证主义和历史主义史学理论，而科学史学则分别具有上述两方面的特点。实证主义和历史主义对历史学的学科性质做出截然不同的判断，前者强调其科学性，后者突出其人文性，因此在史学认识论和方法论

---

① 伊格尔斯在近著中认为，19—20世纪西方历史研究主要经历了三种模式，即古典历史主义、社会科学派和后现代派。参见[美]伊格尔斯：《二十世纪的历史学：从科学的客观性到后现代的挑战》，辽宁教育出版社2003年。
② [美]J. W. 汤普逊：《历史著作史》下卷第3分册，商务印书馆1996年，第80页。

上各执一端,针锋相对;而科学史学则认为历史学在本质上属于科学,但在认识论和方法论上应既是人文的也是科学的。

20世纪中叶西方以年鉴学派为代表的新史学上承实证主义哲学认为中观规律为研究第一要务的传统,同时清醒地认识到人文社会科学和自然科学的差异,因而放弃实证主义哲学向自然科学寻求理论支持的唯科学主义,将眼光转向社会科学,形成所谓社会科学史学。他们受新黑格尔主义哲学影响,特别强调史学家的主体意识,提出总体史观、长时段理论、问题史学意识、从底层向上看的观察方法、跨学科方法,开创了新社会史这个作为新史学的实验场的研究领域,并从中分化和兴起众多新社会史的分支领域。新史学另一个实验区是美国,以社会科学化为特点,创造出心理史学和计量史学的研究方法,相应产生了心理史学和新经济史、新政治史与新社会史等研究领域。几十年间,新史学在法国和美国的影响无出其右,如日中天,被称为"新史学现象"。① 成也萧何,败也萧何。在中观史学理论上对人文学科特点的忽视,以社会科学化取代人文精神,以结构取代人,也成为新史学模式在实践中遭受挫折的主要原因。1979年《过去与现在》杂志发表劳伦斯·斯通的《叙述史学的复兴:对一种新的旧史学的反思》,指出"20世纪70年代在观察和写作历史的方式上发生了一场根本的变化"。②

对过分社会科学化的历史学的纠正和批判主要来自后现代史学,他们既反对马克思主义与非马克思主义的宏观历史概念,也反对分析的社会科学和年鉴学派,"因此就有了朝着历史人类学的转向及其对文化象征表现的符号学研究途径",从而促进了不同于新史学的历史研究模式的出现。20世纪后期兴起的后现代主义和后现代史学有两个突出特点:一是全面否定启蒙运动以来所有社会理论和史学理论的宏观历史概念,不再相信"对过去的变化有一种一以贯之的科学解释";二是"对具体的各个人的经验"的"重新强调"。由于摒弃理论建构,强调具体的个人的经验,"就导致又回

---

① 年鉴学派和新史学研究状况,参见徐浩、侯建新:《当代西方史学流派》,中国人民大学出版社2000年。
② [美]伊格尔斯:《二十世纪的历史学:从科学的客观性到后现代的挑战》,第121、111页。

到了叙述型的历史学上面来"。① 与充斥大量注释和统计图表的学院式、分析式的社会经济史相反,叙事史学更倾向选择事件史作为描写对象。"叙事与解释对立,生动的描述代替了抽象的分析,温情代替冷冰冰的理论。"后现代史学以微观史学(microhistory)取代启蒙运动以来盛行的宏观史学(macrohistory)。② "它(即微观史学)不再把历史看作是吞没了许许多多个人的一个统一过程、一篇宏观的叙述,而看做是有着许多个别中心的一股多面体的洪流——不是一份历史而是许多历史,或者更好是说许多故事了。"③与宏观史学的宏大叙事或结构不同,微观史学(这是意大利的称谓,其他国家称日常生活史、日常史和个案史等)"所描述的是单个的个人而不是社会或阶级,处理的生活范围甚至是几天而不是一个时代或长时段的发展,是一天而不是一个世纪,是小村庄而不是一个国家或帝国"。研究主题偏重于现代化的牺牲者,也就是下层阶级、少数族裔与妇女。④ 为此,后现代史学借用人类学的"厚描"(thick description)方法,以寻求某些事件或行为背后所代表的深层文化意义,而不以单纯说明表面的因果关系为满足。⑤诚然,后现代史学家并不是一群"危险分子",他们追求微观史学和与之对应的微观理论,将他们的观点完全等同于主观主义、相对主义和不可知论,或像吕森所主张的它带来"历史秩序的失落",因而是"灾难性的"和"毁灭性的"说法也未必妥当。⑥ 后现代史学一方面认为"任何宏伟的叙述都是不可能的",另一方面微观史学"并不全盘排斥经验的社会科学,它强调在方法论上需要以小规模现有的现实来检验他们的理论构件",尽管这种方法并没有如他们所预设的那样解决全部问题,如他们"所号召的那种重笔描写(即厚描)并没有使我们接触到个人,而只是接触到他或她所陷于其中的

---

① [美]伊格尔斯:《二十世纪的历史学:从科学的客观性到后现代的挑战》,第11页。
② 王晴佳、古伟瀛:《后现代与历史学——中西比较》,山东大学出版社2003年,第176页。
③ [美]伊格尔斯:《二十世纪的历史学:从科学的客观性到后现代的挑战》,第118页。
④ 吕森:《历史秩序的失落》,载张文杰编:《历史的话语——现代西方历史哲学译文集》,第82、83页。
⑤ 王晴佳、古伟瀛:《后现代与历史学——中西比较》,第172页。
⑥ 吕森:《历史秩序的失落》,载张文杰编:《历史的话语——现代西方历史哲学译文集》,第80页。

那种文化",但是不能否认它"为研究过去的事增添了一种具体感",①使西方 20 世纪 70 年代以来的历史著作具有了不同以往的新面貌。

以上表明,近现代西方史学的变化,与其说是历史研究本身的变化,不如说是史观和史学观的变化:一方面中观史学理论本身就是这些变革的组成部分;另一方面透过这些变革,中观史学理论在其中所发挥的巨大催生作用也被昭示无疑。中西史学理论的不平衡发展带来历史研究成绩的不平衡,对中国史学界来说,加强中观史学理论研究不仅是必要的,而且是必需的和紧迫的工作。

原载《史学理论研究》2005 年第 1 期。

---

① 参见[美]伊格尔斯:《二十世纪的历史学:从科学的客观性到后现代的挑战》,第 130、127、120、135 页。

进一步加强史学理论学科的建设

2008年是中国实行改革开放30周年,也是中国史学理论研究重获春天30周年。《史学理论研究》杂志圆桌会议的题目"中国史学理论研究30年",涵盖了自改革开放以来中国学人对中国史学理论和外国史学理论的研究。这是一个时空范围极广的论题,笔者学识有限,力所不逮,无法全面讨论。下面只就中国对西方史学理论研究30年的成就,特别是如何继往开来,百尺竿头更进一步,谈谈粗浅的想法。

首先需要申明,这里所使用的史学理论概念是广义的。1992年张芝联先生在《牢固地建立史学理论这门学科》一文中认为,史学理论课程体系应包括史学概(理)论、史学史、历史编纂学、史学方法、历史哲学、史学家与史学流派研究、史学理论专题研究等。① 张先生虽然谈的是史学理论的学科建设问题,但已经涉及什么是史学理论的研究对象,它基本上包括了"史学"(historiography)所及的各项内容,本文在讨论中国对西方史学理论研究30年时也拟采用这种广义的用法。

中国对外国(主要是西方)史学理论的译介开始于20世纪初,至今已有一个多世纪,其间经历了艰难曲折的复杂过程。大体上,该过程可以分为三个阶段:1.清末至民国的起步阶段;2.新中国成立后到"文化大革命"爆发前的曲折前进阶段;3.改革开放以来30年兴旺蓬勃的快速发展阶段。其中第一个阶段的时间最长,大约有半个世纪。尽管当时中国处于革命和战争的非常岁月,但仍然将部分重要的外国史学理论著作介绍进来,促使中

---

① 张芝联先生的这篇文章发表于《史学理论研究》1992年第4期,收入张芝联:《我的学术道路》,生活·读书·新知三联书店2007年,第159页。

国传统的历史观发生翻天覆地的变化,推动了中国史学从传统向现代的转变。第二个阶段中的绝大多数时期由于受到国际上冷战、国内极左路线的干扰,前苏联版的马克思主义史学理论有着广泛的影响,对西方历史哲学和史学流派的译介基本上陷于停滞状态。即使偶有译介也是被用作反面教材,作为"毒草"处于被批判的地位。实际上,被视为西方历史学的重要代表、在中国史学界曾经引起巨大反响的法国年鉴学派,这个时期已伴随前苏联学者康恩的著作《哲学唯心主义与资产阶级历史思想的危机》译成中文而被介绍进来。但当时无论前苏联还是中国对其都缺乏系统深入的研究,因此年鉴学派成为当代资产阶级历史思想的代表,尽管它"取得了一些毋庸置疑的成就",但"也发展了一些严重错误的、片面的和反动的思想",所以必然陷入危机和遭受批判。① 这种不正常的学术研究,白白浪费了29年史学理论学科建设的大好光阴。

改革开放引领中国进入新时期,也开启中国研究外国史学理论的第三个阶段,应该说当时史学理论学科面临基础薄弱和极左思想干扰的巨大挑战。但是,中国30年扩大、深化改革开放的过程就是不断地贯彻实事求是,解放思想的思想路线的过程,也是中国史学理论学科大力建设和快速发展的过程。到1992年,经过十几年的改革开放,史学理论学科建设已经初见成效,张芝联先生在前面文章中指出:"我同意'史学理论这门学科在我国已初步建立起来了'的看法,还不能说牢固地建立起来了。我心目中的'牢固地建立'一门学科的标准大致有以下三条:(一)支撑这门学科的分门别类的课程(不论是必修课还是选修课)都已列入大学历史系的教学计划,就史学理论而言,这些课程包括史学概(理)论、史学史、历史编纂学、史学方法、历史哲学、史学家与史学流派研究、史学理论专题研究等;(二)这些课程的基本教材和资料已经编(译)出,有些已写出专著;(三)已有一支过硬的史学理论教学与研究队伍,出版几种史学理论刊物。用这三条标准来衡量,我们距离'牢固地建立'史学理论这门学科还有一大段路程。"②同年,邓小平同志发表南方谈话,中国改革开放加快了步伐,各行各业突飞猛进、

---

① [苏]康恩等著,乔之等译:《哲学唯心主义与资产阶级历史思想的危机》,生活·读书·新知三联书店1961年,第378页。
② 张芝联:《我的学术道路》,第159页。

日新月异,中国速度、中国奇迹甚至中国威胁的说法不胫而走,不绝于耳,这说明中国近十几年来变化之快、之大。这十几年间,中国史学理论学科建设在上述三个方面的发展变化同样如此,有目共睹。现在距张先生讲这段话过去16年了,尽管还不能说尽如人意,但我们至少可以说,史学理论学科已经"比较牢固地建立起来"。如果说,第一个阶段作为中国史学理论乃至历史学从传统到现代转换的里程碑被载入史册,那么第三个阶段则以其在史学理论学科建设上的巨大成就成为又一座里程碑。张先生生前为中国史学理论学科的建设发展做出了重要贡献,史学理论学科建设发展的成就也会使他得到安慰。

在纪念改革开放30周年的日子里,我们有充分的理由为中国史学理论研究30年所取得的成就而欢欣鼓舞,无比自豪。但同时我们也要清醒地认识到,史学理论学科比较牢固地建立起来,这只是万里长征走完第一步,距离达到成熟水平,在国际上赢得这门学科的话语权还有很长的路程。这项工作不是一两代人可以完成的,需要一点水滴石穿的精神,世代守望,在执着地坚持中不断地积累、创新和发展。笔者认为,中国史学理论研究前途光明,任重道远。为此,在未来时期我们需要进一步加强史学理论学科建设。前面谈到学科建设可以从三个方面进行考量,笔者完全同意,并努力而为。此外再略述管见如次,以与同行共勉:

第一,史学理论学科建设要从人才培养抓起,形成教学科研互动、优秀人才层出不穷的良性局面。自19世纪德国历史学启动专业化、职业化进程以来,大学和科学院日益成为世界各国历史学的科学研究基地和人才培养基地,绝大多数的史学成果和史学人才都从这些基地产生。因此,学科建设是学科发展的根本,直接决定着科研成果和专业人才的"生产",在这个意义上说没有学科建设就没有学科发展。史学理论学科在中国起步晚、基础弱,发展水平相对较低,虽然取得很大成绩,但仍然需要进一步加强学科建设。

但史学理论学科建设切勿好高骛远,都去争重点研究基地或重点学科,这是不现实的。史学理论学科建设可以从实际出发,从基础做起。具体说,史学理论学科建设应从人才培养、教学相长开始,并以之作为永远不竭的推动力。大学的本科历史教学要创造条件开设属于史学理论学科群的课程,教师通过教学实践发现科研课题,通过科研工作对某些问题有所心得,然后撰写相关领域的教材,再不断地反馈于教学之中去,从而形成教学科研各个环节的良性循环。大学和科学院的史学理论及史学史的学位点是学科建设的依托,研究生培养可以使学科建设更上一层楼。

第二,史学理论学科建设需要发现新的学术增长点。史学理论学科从古代到现代存在大量的课题需要研究,除此之外还要锐意进取,不断寻找学术研究新的增长点。一般来说,新史料的发现可以直接带来学术研究新的增长点,例如柯林伍德的《历史原则及历史哲学其他论文》手稿的发现与出版,对研究柯林伍德思想的变化提供了最直接的材料。[①] 除此之外,新理论、新方法的产生也能起到化腐朽为神奇的效果,让看似毫无意义的史料产生重要价值。而新理论、新方法往往不是存在于古代到现代所形成的史学理论的"存量"里,而是来自当代史学理论最新发展的"增量"中。对当代史学理论中所产生的新理论、新方法本身进行研究可以成为史学理论学科的学术增长点,同时将这种新理论、新方法应用于具体历史研究之中,又可以为其他学科提供新的学术增长点。比如,自20世纪70年代末以来,以年鉴学派为代表的当代西方史学流派被陆续介绍到中国,使中国史学理论研究形成了当代西方史学流派这个学术增长点。几十年间,法国年鉴学派、英国新社会史及马克思主义历史学派、美国的计量史学、新政治史和新经济史、心理史学以及比较史学等成为显学,发表出版了数百篇论文和几十部专著、教材。它们不但极大地丰富了史学理论研究,而且其理论方法也被运用到中国史和世界史的具体研究之中,由此所获得成果不可胜数。

由于第二阶段的闭关自守,中国史学理论第三阶段犹如井喷一样掀起大规模地介绍西方史学理论的热潮。目前,尽管大规模地介绍当代西方史学流派的高潮已经过去,但是部分重要流派的变化和新流派的产生仍方兴未艾,值得我们认真对待。前者如第四代以来年鉴学派的变化,英国新社会史的演变等;后者如20世纪晚期经济社会史、环境史、医疗社会史、全球史等新领域的产生,以及后现代史学理论和后现代史学流派的出现等。后现

[①] R. G. Collingwood, *The Principles of History and Other Writings In Philosophy of History*, Oxford University Press, 1999.

代史学理论包括诠释学的文本理论,人类学的文化理论,文学批评的话语理论、叙事理论等;后现代史学流派包括新文化史和社会文化史、微观史、日常生活史、性别史等。无论是对部分重要史学流派变化的追踪,还是对新流派的介绍研究,这些工作(特别是后者)在我国都已稳步展开。但由于开展的时间尚短,从总体上说,这些工作与对当代西方史学流派所达到的研究水平相比,还有不少差距,特别明显地体现在缺乏全面系统地梳理评析工作,专题著作比较缺乏,这是未来需要着力加强和改变的。应该说,不断追踪外国史学流派的发展变化具有重要意义:它们既为我们了解史学理论最新变化提供了窗口,极大地丰富与改变着史学理论和历史研究的状况;同时也是我们从整体上分析史学理论的发展变化过程、总结史学理论的发展演变规律不可或缺的环节。可以肯定,只要有历史学存在,史学流派的产生和演变就不会停顿,这个学术增长点也不会枯竭。

第三,史学理论学科建设需要不断地进行理论探索。理论探索的范围很广,从古代中世纪,到马克思主义和现当代都有很多题目可以深入研究。笔者认为,现代和后现代史学理论的观念冲突就很值得史学理论界花工夫研究,只有进行深入研究,我们才能避免简单化,史学理论才能保持与时俱进的活力。

20世纪下半叶,西方历史哲学发生了认识论式微、语言学转向。语言学转向对现代史学理论具有极大的颠覆性,"大写历史"理论(历史哲学)和"小写历史"理论(历史编纂学理论)遭到批判和否定。此外,西方人文社会科学(如文学批评、法学、经济学、社会学、哲学和人类学等)也反抗结构主义的研究方法,出现"历史化"(historic)的过程或历史转向(historic turn)。它们打出"新历史主义"的旗号,借以纠正第二次世界大战以后社会科学反历史的倾向,重视对历史、过程与情境的考察,并在此过程中对历史学科的理论重新进行建构。① 后现代史学理论就是在历史哲学的语言学转向和人文社会科学的历史转向的基础上形成的。有人说后现代史学已经退潮,这其实是自欺欺人。因为,且不说后现代史学理论对现代史学理论构成了巨

---

① Terence J. McDonald, ed. , *The Historic Turn in the Human Science*, The University of Michigan Press, 1996, p. 1.

大挑战,使人们对历史和史学的观念或多或少都发生了某些变化;仅从新文化史或社会文化史、微观史、日常生活史和性别史在欧美各国已经发展成为流行甚广的史学流派来看,后现代史学就没有退却,而是在一定程度上影响甚至改变着现代的史学理论与历史研究。

　　对现代史学理论和后现代史学理论都应该采取辩证态度去观察、分析和评价。现代西方史学理论不一定都正确,后现代史学理论也不一定全是谬误。从兰克学派到年鉴学派,现代西方史学理论在本体论、认识论和方法论,以及具体历史研究各个方面发生了非常大的变化,年鉴学派自身也没有停止过变化。现代史学近一个多世纪的不断变化说明其史学理论不是始终正确的,存在时代的、认识的局限性,需要不断修正。另外,后现代史学流派的流行也说明,后现代史学理论并非一无是处,毫无价值,它至少可以在某些方面弥补现代史学理论的片面性。很多后现代史学家曾是现代史学理论的信仰者和实践者,但他们后来发现了现代史学理论及其历史研究中存在的这样或那样的弊端,才转而进行变革。年鉴学派第三代的许多史学家,甚至部分第四代史学家就是如此,他们中的不少人还成为后现代史学流派的代表人物。此外,开创新文化史和社会文化史、微观史、日常生活史、性别史研究的史学家也都有着类似的经历。在此意义上,笔者不赞成简单地肯定现代史学理论及其史学流派、否定后现代史学理论及其史学流派的做法,主张实事求是地对双方的利弊得失进行分析评价,在此基础上对史学理论进行更全面、准确地阐述,从而丰富、深化和发展现代史学理论,推动史学理论学科的建设。

　　原载《史学理论研究》2008年第4期,圆桌会议"中国史学理论研究30年(续)"。

论古代希腊历史批判方法的演进

国内外史学界认为,古代希腊(以下简称希腊)史学已经具备了求真精神和历史批判方法。然而,对两者之间的关系,特别是赫卡泰乌斯、希罗多德和修昔底德在两者发展中的作用却语焉不详,缺乏辨析,致使相关问题的表述混乱不清甚至相互矛盾。笔者认为,历史批判方法的产生不是一蹴而就的,它经历了孕育、萌芽和形成的长期演进过程,这与希腊史学的产生过程基本上一致。有鉴于此,本文拟从赫卡泰乌斯与求真精神的产生、希罗多德的个案化历史批判方法、修昔底德将历史批判方法提升为一般方法论三个方面进行讨论,旨在展示历史批判方法所经历的几个发展阶段以及对希腊史学诞生所发挥的重要作用。

一、赫卡泰乌斯与求真精神的产生

本文标题所使用的"批判"(criticism)概念,既不具有对错误的思想或观点做系统的分析并进行否定的含义,也不是指一般意义上的史学评论。据《韦氏英语大辞典》的解释,"批判"系指辨伪及其相应的一套原则和方法。此外,该词也指对文献的科学研究,以便弄清楚它们的起源、历史或原始版本,后一种意义通常又被称为校勘(textualcriticism)。[1] 另据《新英汉词典》,"批判"泛指考订,具体而言又可分为考据、考证(thehighercriticism)和考订、校勘(textualcriticism)。[2] 据此,笔者认为,西方人所说的历史批判

---

[1] Webster's Dictionary of the English Language Unabridged (Encyclopedic Edition). New York: Publishers International Press, 1979, p. 432.
[2] 《新英汉词典》(增补本),上海译文出版社 1985 年,第 276 页。

方法,通常包括两重含义:一是对史料的来源、史实的正误等进行的辨伪考证工作;二是对记载相同主题的文献的版本和内容考订异同的校勘工作。

如果上述理解不错的话,那么接下来的问题便是西方历史批判方法产生于何时,也就是西方历史学产生于何时。毋庸置疑,西方史学导源于希腊,这是学术界公认的结论。可是,希腊历史学又是何时产生的,却存在几种不同的观点。最流行的观点是希腊史学诞生于希罗多德(约公元前484—前430),但也有观点认为诞生在希罗多德之前的赫卡泰乌斯(约公元前550—前478)或其之后的修昔底德(约公元前460—前400),而后两种观点主要依据历史批判方法。

应该说,主张历史批判方法乃至希腊史学产生于公元前6世纪的学者不乏其人,这也是相关问题可以追溯的最早时间。比如提出"历史是科学,不多也不少"的英国古代史学家约翰·伯里认为,尽管希腊人没有最早采用编年形式记录历史,却最早采用了批判方法,这就意味着他们开创了历史学。① 伯里认为希腊史学的故乡在爱奥尼亚:"爱奥尼亚这种批判的、讲求理性的精神从以世袭、地方、地理等材料为内容的叙事诗中演化出历史写作。'历史之父'是米利都的赫开提阿斯(即赫卡泰乌斯——作者注)。"② 伯里主张赫卡泰乌斯是希腊史学之父,这意味着他实际上承认历史批判方法"产生"于公元前6世纪。其他史学家对该时期的历史写作的变化也非常重视,但结论有所差异。美国史学史家汤普森认为:"古代希腊的历史写作是在诗歌和雄辩术双重启发带动下发展起来的,最早出现在爱奥尼亚。世界上第一部伟大历史著作产生的地方正是希腊史诗的故乡,这个事实具有重大意义。荷马最早的一批继承者都是写组诗的诗人,他们的作品标志着文学上一个新时期。在这个新时期,前一个诗歌时代凭想象创作的方法开始让位于对真实事件的积极描述,所以他们的创作在不知不觉中渐渐形成叙事的形式。"③意大利史学家阿纳尔多·莫米利安诺认为,古希腊人的历史批判方法开始于公元前6世纪,他们以批判态度对待历史记录,批判方法的发展使我们能够分辨事实与虚构。没有任何国家的历史编纂学早于或

---

① John Bury, *The Ancient Greek Historians*, New York: Dover Publication, INC., 1958, p.1.
② [美]J. W. 汤普逊:《历史著作史》上卷第1分册,商务印书馆1996年,第28页。
③ [美]J. W. 汤普逊:《历史著作史》上卷第1分册,第27—28页。

独立于古代希腊而发展出自己的批判方法,我们继承了古希腊的批判方法。① 可见,后两位史学家虽然承认公元前6世纪希腊历史写作的变化,但与伯里的"产生说"不同:莫米利安诺似乎可以归结为"开始说",汤普森则没有直接提及历史批判方法,而更倾向认为当时存在的只是一种求真精神。

上述三种观点哪个更符合实际呢?笔者认为答案应该是第三种观点。公元前6世纪希腊历史写作发生了重要变化的结论仍然成立,其理由如下:首先,希腊历史写作从公元前6世纪开始试图用真实代替想象,这与之前的历史写作加以比较就可以得到清楚的认识。《荷马史诗》最迟在公元前6世纪中叶被用文字记录下来,但它是许多世纪人们口耳相传的记录。尽管公元前12世纪至公元前9世纪希腊的史迹是靠其流传下来的,但它充满着神话和文学的渲染,不能算是历史著作。赫西俄德生活和写作在公元前8世纪中叶,他的《工作与时日·神谱》实际上是希腊人的一部历史。在《工作与时日》中,他提出人类历史每况愈下,从黄金时代到白银时代、青铜时代和黑铁时代,表露出一种今不如昔的倒退的历史观;在《神谱》中,作者把希腊神话做了一番整理,通过追溯希腊诸神的世系及部落和名门望族的始祖,探索了希腊古史的源流。赫西俄德认为自己容易犯错误,他所吟诵的内容出自缪斯神的启示。他意识到缪斯神的启示不总是事实,虽然发现了其中的错误,但不知道采用什么方法检查神的启示。② 可见,在荷马和赫西俄德时期,希腊历史写作等同于神话传说或史诗的记录,没有求真精神和历史批判方法。其次,这种变化确实是从公元前6世纪开始的。汤普森认为,公元前6世纪是一个知识文化上的过渡期。在这个时期中,希腊人的思想开始从诗歌的形式过渡到比较偏重于思维的形式,出现了散文家和哲学体系,以及地理学和编年史的雏形。③ 伯里认为这种变化并不属于一个自然的历史进程,从赫西俄德到赫卡泰乌斯之间的史学思想没有连续性,在这中间的某一个时期发生了一场革命,从而导致希腊人理性的、批判的思想的产生。

---

① Arnaldo Momigliano, *The Classical Foundations of Modern Historiography*, Berkley, Los Angeles, Oxford: University of California Press, 1990, p. 30.

② Arnaldo Momigliano, *The Classical Foundations of Modern Historiography*, Berkley, Los Angeles, Oxford: University of California Press, 1990, p. 32.

③ [美]J. W. 汤普逊:《历史著作史》上卷第1分册,第28页。

伯里认为这场革命主要受到两种刺激所致:一是政治的,即人们发现法律在规定社会分层中的重要性,这应该是指梭伦改革把全体雅典公民按照其财产的多寡分为四个等级,从此人的社会地位是由金钱而非出身造成的,神性的历史由此被世俗化的历史所取代。二是哲学的,主要指色诺芬尼的反叛思想和怀疑精神。作为一位行吟诗人,色诺芬尼走遍了希腊的许多城邦,后在埃利亚定居下来并成为那里的哲学学派的创始人。色诺芬尼拒绝信仰希腊的传统诸神,强调人类知识的不确定性和人类概念的相对性,他对诸神的质疑无可避免地导致了他考察诸神和人类之间模糊不清的那部分希腊历史。色诺芬尼大约活了92岁,他在世的时候赫卡泰乌斯已经成年,而希罗多德还是个小孩。①

但问题是,公元前6世纪希腊历史写作的上述变化包含了什么内容?它意味着什么?这是前述三位史学家在承认公元前6世纪希腊历史写作发生变化之后仍存在分歧的地方,许多混乱的叙述也由此发生。围绕赫卡泰乌斯的记载并不丰富。赫卡泰乌斯生长在爱奥尼亚的米利都城,继承了色诺芬尼对希腊历史的质疑和探索工作。他曾经游历过地中海沿岸各地,著有《大地环游记》。在这部书中,他利用自己在旅行中了解到的情况,描述了在西欧、高卢和西班牙等地的见闻,还附有一张地图。他也到过埃及等地,有机会借鉴东方的历史,特别是腓尼基和埃及的历史记载,证明希腊神话并不可靠,因为它们不符合东方编年史中的既有事实。希罗多德对此做了记载:"海卡泰欧斯(即赫卡泰乌斯——引者注)这位历史学家曾有一次到(埃及的)底比斯,他在那里自己回溯了一下身世,结果发现他在十六代之前和神有血统的关系。……因此,当海卡泰欧斯回溯他的身世并宣布说他之前第十六代的祖先是神的时候,(埃及的)祭司们根据他们的计算方法也回溯了他们的身世,因为他们不会相信他那认为一个人可以从神生出来的话;他们循着三百四十五个像(image,即牌位——引者注)来回溯全部的身世,却和任何祖先的神或英雄联系不上。"②上述经历促使赫卡泰乌斯下决心考察米利都城邦的历史,于是撰成《谱系志》。他立志要写一部信史,

---

① Arnaldo Momigliano, *The Classical Foundations of Modern Historiography*, Berkley, Los Angeles, Oxford: University of California Press, 1990, p. 32.

② [古希腊]希罗多德:《历史》上册,商务印书馆2007年,第174页。

因此在《谱系志》中开篇明义地宣称:"米利都人赫卡泰乌斯谨此申言:只有我认为是真实的东西,我才把它记载下来。有关希腊人的传说是纷纭复杂、各异其趣的,但是据我看来都是荒唐可笑的。"①

如何分析上述记载?笔者认为,赫卡泰乌斯和赫西俄德都发现了历史写作中的错误,但是他们的态度却截然不同。与赫西俄德的无奈相比,赫卡泰乌斯所表现出的是一种坚定的求真精神。但此种求真精神是否像伯里所说的那样意味着他已经提出了某种历史批判方法并成为史学之父了呢?答案应该是否定的。莫米利安诺尽管认为古希腊人的历史批判方法开始于公元前6世纪,但他并没有对这种"开始"赋予太多的内容。他认为,由于史料匮乏,我们并不能说赫卡泰乌斯开启了希腊历史写作的人文主义传统,或者说他坚持历史只记载人事。但值得注意的是,赫卡泰乌斯发现了判断事实和虚构的一个客观标准,这就是国外的证据。他认为,通过与非希腊历史的比较,希腊历史显得荒谬可笑。实际上,赫卡泰乌斯的真正价值不是他所作出的个别解释,而是他发现在历史传统中系统的批判既是可能的也是合乎需要的,以及在不同国家的历史中进行比较有助于明了真相。② 但是,仅凭这些我们仍不足以得出他创立了历史批判方法的结论。可见,作为爱奥尼亚纪事家的代表,赫卡泰乌斯与荷马和赫西俄德相比的最大变化是具备了求真精神或批判精神,主张历史贵在真实,以区别于神话传说和史诗。这是希腊从神话和传说性质的历史写作向历史学转变的重要步骤。但如何做到真实,除了与域外的历史进行比较以外,他们却没有形成具体的历史批判办法,从而使求真精神难以落到实处。由此我们不难理解修昔底德何以鄙视他那些"散文编年史家"的前辈:"因为他们所关心的不在于说出事情的真相而在于引起听众的兴趣,他们的可靠性是经不起检查的。"③修昔底德的评论可以证明,求真精神不等于历史批判方法,中间还有一段漫长的道路。

可贵的是,赫卡泰乌斯等开创的求真精神成为此后希腊历史写作的传

---

① 郭圣铭:《西方史学史》,上海人民出版社1983年,第14页。
② Arnaldo Momigliano, *The Classical Foundations of Modern Historiography*, Berkley, Los Angeles, Oxford: University of California Press, 1990, pp. 33-34.
③ [古希腊]修昔底德:《伯罗奔尼撒战争史》上册,商务印书馆1985年,第17页。

统。希腊化时代末期的历史学家波里比阿如希罗多德和修昔底德一样继承了这种求真精神,坚持历史记载必须真实:"'真实'之于历史,正如双目之于人身。如果挖去某人的双目,这个人就终身残废了;同样,如果从历史中挖去了'真实',那么所剩下来的岂不都是些无稽之谈?"他认为,史学之目的与戏剧恰恰相反。戏剧家是以最动人的文句打动观众于一时,而历史学家则以真实的事迹和真实的言辞取信于人,使严肃的学者得益于永久。① 古罗马著名政治家西塞罗也认为史学最重要的就是真实:"有谁不知道,撰写历史的第一条法则就是除了事实真相作者不能讲其他任何事情?它的第二条法则不就是作者必须大胆地讲述整个事实真相吗?"②

二、希罗多德开始的个案化历史批判方法

求真精神的产生对历史批判方法乃至历史学具有重要价值,它好像一粒种子,使历史批判方法在公元前 6 世纪进入孕育阶段。历史批判方法萌芽于希罗多德时期,由于历史批判方法的萌芽,希罗多德成为历史学之父。汤普森认为,从希罗多德开始,纪事家与历史学家便合二为一了。③ 这意味着希腊史学由此诞生。希罗多德生长于爱奥尼亚的哈利卡尔那索斯城邦,继承了赫卡泰乌斯的传统。"希罗多德(约当公元前 445 年至前 425 年间著述)显然把米利都的赫卡塔埃乌斯(即赫卡泰乌斯)视为其唯一有权威的前辈。"④他为自己的著作起名《历史》,以此表示自己的作品不是简单的记录,而是研究心得。应该说,希罗多德对赫卡泰乌斯既有继承又有发展。莫米格利亚诺认为:"现在意义上的'historia'这一术语应是希罗多德的贡献,他发现或完善了一种新的文学形式。"⑤英国历史哲学家柯林伍德认为:"历史学是一个希腊名词,原意只是调查和探究。希罗多德采用它作为自己著作的标题,从而'标志着一场文学革命'(正像一位希腊文学史家克罗瓦塞

---

① 郭圣铭:《西方史学史》,第 53 页。
② [古罗马]西塞罗:《论演说家》,《西塞罗全集·修辞学卷》,人民出版社 2007 年,第 406 页。
③ [美]J. W. 汤普逊:《历史著作史》上卷第 1 分册,第 32 页。
④ [美]J. W. 汤普逊:《历史著作史》上卷第 1 分册,第 176 页。
⑤ [英]F. L. 芬利主编:《希腊的遗产》,上海人民出版社 2004 年,第 177 页。

所说的)。——正是使用了这个名词及其含义,才使得希罗多德成为了历史学之父。"①可见,具有"调查"和"探究"之义的希腊词汇"historia"早就存在,就像历史写作早就存在一样。但长期以来"historia"除了"调查"和"探究"之外并无"历史"的含义,因为当时的历史写作只是记录神话传说和史诗,而这些工作严格地说并不具有"调查"和"探究"的特点。直到希罗多德赋予希腊神话传说和史诗性质的历史写作以"调查"和"探究"的含义之后,现代意义上的历史学才宣告诞生,"historia"从此拥有了"历史学"的含义。

由此,希罗多德赢得史学之父是因为他提倡使用"调查"和"探究"的方法进行历史写作:"运用文献作为实证恰好是区别希腊史学与史诗特有的方法。"②然而,史学之父是否也是历史批判方法之父?希罗多德长期饱受争议的事实,致使答案似乎不应是肯定的。西塞罗第一个称希罗多德为"史学之父",但他的整句话是这样说的:"对历史来说,评论万事的标准是真实,而在诗歌中,标准一般是其所给予的愉悦;即使如此,在史学之父希罗多德的著作以及泰奥彭波斯的著作中,人们却发现有数不清的难以置信的故事。"③西塞罗在这里与其说是在称赞希罗多德,毋宁说是在含蓄地批评他的著作不够真实。令人难以置信的是,西塞罗既尊希罗多德为史学之父,又指责他是一个臭名昭著的说谎者,据说这种相互矛盾的评价恰恰反映了当时人们的普遍看法,对希罗多德没有非议的古代作家倒是凤毛麟角。④比希罗多德稍晚的修昔底德所批评的散文编年史家就包括希罗多德:他们"不用批判的方法去接受所有古代的故事","不但对于记忆模糊的过去,而且对于当代的历史,有许多不正确的猜想"。"事实上,大多数人不愿意找麻烦去寻求真理,而很容易听到一个故事就相信它了。"⑤《希腊罗马名人传》的作者、古罗马著名传记作家普鲁塔克著有《论希罗多德的恶意》,指责希罗多德对雅典和波斯的叙述带有诽谤性。西班牙人文主义哲学家、教育

---

① [英]R. G. 柯林武德:《历史的观念》,中国社会科学出版社1986年,第21页。
② [英]F. L. 芬利主编:《希腊的遗产》,第175页。
③ [古罗马]西塞罗:《国家篇法律篇》,商务印书馆2008年,第150页。
④ Arnaldo Momigliano, *The Classical Foundations of Modern Historiography*, Berkley, Los Angeles, Oxford: University of California Press, 1990, pp. 127–128.
⑤ [古希腊]修昔底德:《伯罗奔尼撒战争史》上册,第16—17页。

家胡安·路易斯·比维斯走得更远,认为希罗多德不是历史之父,而是谎言之父。① 现代早期,希罗多德的声誉逐渐得到恢复。莫米利安诺认为,从16世纪起,西方开始研究人种史、圣经史、希腊史和东方史,希罗多德对东方的许多叙述被证明是真实可信的。因此,直到现代,希罗多德才真正成为史学之父。②

现代早期以前希罗多德遭受如此多的误解(有些也不完全是误解),这在很大程度上不能不归咎于其缺乏历史批判原则。柯林伍德认为,希罗多德将史学从传说笔录转变为研究活动,并在此意义上建立了科学的历史学,从而赢得历史学之父的桂冠。但历史学有四个特点:科学的(即提出与回答问题)、人文主义的(即描写人们的事迹)、合理的(即对问题的回答诉之于证据)、自我显示(即通过讲述人类已经做了什么而告诉人们人类是什么)。其中的第一、第二和第四个特征在希罗多德那里已经出现,修昔底德不过是重复而已。"但在一个方面他对希罗多德有改进,因为希罗多德没有提到证据(即前面所提到的第三个特征),人们只好从他的整个著作中得出他关于证据的观念是什么;但是修昔底德则明确地说,历史的探讨依赖于证据。"③作为新黑格尔主义的代表人物,柯林伍德往往扬希贬修,因此他对希罗多德的批评、对修昔底德的表扬更能令人信服。

诚如柯林伍德所言,希罗多德没有把历史批判方法作为史学的一般方法论原则加以论述,或者说他的历史批判方法始终没有达到方法论的高度。希波战争(公元前492—前479)爆发8年后希罗多德出生,这场战争持续了13年,战争结束时他已经5岁。战争结束34年后,希罗多德开始写作《历史》,历时10年之久。《历史》以希腊和波斯之间的战争为中心内容,因此亦称《希波战争史》。前半部分记述波斯帝国的扩张,以及小亚细亚、埃及、利比亚、徐西亚等地的情况;后半部分叙述希波战争的经过。他在开篇写道:"在这里发表出来的,乃是哈利卡尔那索斯人希罗多德的研究成果,

---

① [美]唐纳德·R. 凯利:《多面的历史:从希罗多德到赫尔德的历史探问》,生活·读书·新知三联书店2003年,第78、49页。
② Arnaldo Momigliano, *The Classical Foundations of Modern Historiography*, Berkley, Los Angeles, Oxford: University of California Press, 1990, pp. 138—141.
③ [英]R. G. 柯林武德:《历史的观念》,第20—22页。

之所以要把这些研究成果发表出来,是为了保存人类的功业,使之不致由于年深日久而被人们遗忘,为了使希腊人和异邦人的那些值得赞叹的丰功伟绩不致失去它们的光彩,特别是为了把他们发生纷争的原因给记载下来。"①这里希罗多德只谈到写作此书的目的,没有涉及史料的种类及其价值以及作者使用的原则和方法。然而,保存人类的功业需要借助历史方法加以"重建",历史方法包括批判地使用文献、亲历材料、目击证词和野史传闻等各种史料。遗憾的是,希罗多德没有在第一卷中从一般方法上区别不同种类的史料及其相应的价值和局限性,作者本人利用史料的原则和方法等,因此,人们难以从宏观上领会希罗多德的历史批判方法,这是希罗多德的差距与局限性。

汤普森认为希罗多德的《历史》不仅表示史学的诞生,"还标志着批判性著述的开端,尽管它实际上还很朴素。虽然我们可能认为希罗多德有些轻信,但在批判精神方面,他还是超越了他自己的时代"。② 表面上看来,汤普森与柯林伍德的评价是针锋相对的,实际上并非如此。双方谈话的角度是不同的:汤普森着眼于"有无",而柯林伍德则关注于"层次"。尽管希罗多德没有从方法论层面对史学的求真精神及其批判方法予以论述,但这并不意味着他没有在具体问题层面上涉及个案化的历史批判方法。所谓个案化的历史批判方法,指的是就事论事、一事一议的历史批判方法。实际上,他几乎不厌其烦地在叙述个案时就事论事地谈论批判方法,说明自己所述哪些是他自己的观察,哪些来自目击证言,哪些得自道听途说,哪些是野史传说,以及他认为哪些是正确的,哪些是不可靠的,表明他事实上已经意识到不同种类的史料,它们的真实性和价值并不一样。这与赫卡泰乌斯相比已经是一个明显的进步。但他只停留在个案化的历史批判方法阶段,不能在宏观上、理论上阐述不同种类史料的价值以及自己利用史料的原则或方法,因而在实际做法上不免相互矛盾,引起不必要的误解甚至错误。在叙述埃及的历史时,一方面,他说"以上所述都是我个人亲自观察、判断和探索的结果",使人们相信他讲述了事实真相;另一方面,他又说:"这些埃及的

---

① [古希腊]希罗多德:《历史》上册,第1页。
② [美]J. W. 汤普逊:《历史著作史》上卷第1分册,第35页。

故事是为了给那些相信这样的故事的人来采用的:至于我个人,则在这全部历史里,我的规则是我不管人们告诉我什么,我都把它记录下来。"①后一句话似乎意味着对道听途说不加批判地有闻必录,因此颇遭后人诟病,使人无法相信他的历史批判方法已经成熟并达到了方法论的高度。希罗多德秉持赫卡泰乌斯的求真精神,在实践和个案化层面对不同种类的史料及其真实性具有一定的思考,从这个意义上说,他的个案化历史批判方法体现了历史批判方法的萌芽。由于没有上升到方法论层面,这种历史批判方法在实际使用中不仅十分不便,而且容易导致混乱、错误,从而降低历史著作的学术价值。

三、修昔底德将历史批判方法提升为一般方法论

修昔底德生长在雅典,比希罗多德小24岁,一直生活在后者的巨大身影之下,如同陪衬红花的绿叶一样。实际上,修昔底德在希腊史学乃至西方史学中拥有独特的地位,以往史学界称他为政治史之父、心理历史学之父,②但他在历史批判方法上的创造性地位却没有得到应有的肯定。

如同赫卡泰乌斯那样,修昔底德在著述目的上特别强调将真相(而不仅仅是往事或功业)留给后人。他不仅是这样说的,也是这样做的。在希罗多德个案化历史批判方法的基础上,修昔底德将其从个别发展到一般,将理论应用于研究实践之中。他是第一个在史料考据的意义上使用"批判"这个词汇的历史学家,第一个将历史批判方法作为方法论原则进行了比较详细的论述,并贯穿于自己的著述之中。凡此三点,修昔底德比希罗多德更胜一筹,堪称历史批判方法之父。

修昔底德的历史批判方法论,体现在他平生最重要的著作《伯罗奔尼撒战争史》第一卷之中,这与希罗多德散布在全书各处的个案化历史批判方法完全不同,表明他在这方面的认识更加明确和自觉。修昔底德把真实视若史学的生命,在著作中拒绝传说与虚构。他在谈到自己的著述目的时

---

① [古希腊]希罗多德:《历史》上册,第151、165页。
② [英]R. G. 柯林武德:《历史的观念》,第33页。

说:"我这部历史著作很可能读起来不引人入胜,因为书中缺少虚构的故事。但是如果那些想要清楚地了解过去所发生的事件和将来也会发生的类似的事件(因为人性总是人性)的人,认为我的著作还有一点益处的话,那么,我就心满意足了。我的著作不是只想迎合群众一时的嗜好,而是想垂诸永远的。"① 为此,修昔底德提出了历史批判方法论。第一,从不轻信神话传说。他"在研究过去的历史而得到我的结论时,我认为我们不能相信传说中的每个细节"。② 第二,区分各种文献史料,分析不同种类文献的局限性。诗歌和编年史作为史料都不可靠。"因为诗人常常夸大他们的主题的重要性";而散文编年史家"所关心的不在于说出事情的真相而在于引起听众的兴趣,他们的可靠性是经不起检查的;他们的题材,由于时间的遥远,迷失于不可信的神话境界中"。第三,亲历材料和目击证言是第一手材料,它们应当受到史学家的重视。在研究古代历史时,"我们可以要求只用最明显的证据,得到合乎情理的正确结论"。③ 何谓"最明显的证据"呢?修昔底德不像后世那样看重文献史料,并且对非文献史料的种类和价值也有清醒的认识。他认为道听途说的东西是一种不可靠的消息,相反,亲历材料和目击证言更接近于真实,因为"直接观察及目击者言比之任何文字证据更为可取"。④ 他想使自己的著作基于实地考察,即第一手资料之上。由此,修昔底德前述的所谓"最明显的证据",除了文牍、铭文和条约等文献证据外,应该主要是指亲历材料和目击证言。

《伯罗奔尼撒战争史》是当代人写当代史,修昔底德经历了全部战争,他的史料主要来自亲身观察和目击者的证言,并作为历史批判方法的重要原则被确立下来。对此,修昔底德指出:"关于战争事件的叙述,我确定了一个原则:不要偶然听到一个故事就写下来,甚至也不单凭我自己的一般印象作为依据;我所描述的事件,不是我亲自看见的,就是我从那些亲自看见这些事件的人那里听到后,经过我仔细考核过了的。"⑤ 修昔底德对史料的

---

① [古希腊]修昔底德:《伯罗奔尼撒战争史》上册,第16页。
② [古希腊]修昔底德:《伯罗奔尼撒战争史》上册,第17页。
③ [古希腊]修昔底德:《伯罗奔尼撒战争史》上册,第18页。
④ [英]F. L. 芬利主编:《希腊的遗产》,第179页。
⑤ [古希腊]修昔底德:《伯罗奔尼撒战争史》上册,第17—18页。

选择近乎于苛刻,在他看来,不仅传说甚至文献都不可信,因而不足为凭,只有亲历和目击材料才可以作为第一手材料。但对于第一手材料,史学家仍需要具有一种战战兢兢的谨慎精神,仔细比较、审核,以确保史料的准确无误。

修昔底德具有一种比较彻底的历史批判精神,不盲目崇拜亲历材料和目击者证言等第一手材料。他对待第一手材料的态度是辩证的:既在战略层次上予以特别强调,也在战术层次上认识到其在质量和数量上的局限性。在使用亲历和目击材料时,修昔底德主要遇到两个问题:一是亲历和目击材料在数量上无法满足实际需要,因而史学家不能机械地理解亲历和目击材料的含义,不敢越雷池半步,束缚了自己的手脚。对此,修昔底德解释说:"在这部历史著作中,我利用了一些现成的演说词,有些是在战争开始之前发表的,有些是在战争时期中发表的。我亲自听到的演说词中的确实词句,我很难记得了,从各种来源告诉我的人也觉得有同样的困难;所以我的方法是这样的:一方面尽量保持实际上所讲的话的大意;同时使演说者说出我认为每个场合所要求他们说出的话语来。"①也就是说,在史料不足时史学家可以依据历史情境进行合理的建构,历史学家不能排除这种真实的虚构(或称推测)。二是目击者在叙述和认识上存在分歧:"不同的目击者对于同一个事件,有不同的说法,由于他们或者偏袒这一边,或者偏袒那一边,或者由于记忆的不完全。"②因此,史学家不能轻率或不加批判地使用目击材料,而应遵循准确和关联的历史编纂学原则,批判性地选择使用。③

修昔底德将对史料的种类及其相应价值的分析上升到方法论的高度,这是希罗多德无法企及的。后人高度评价修昔底德对历史批判方法的创造性贡献。汤普森认为:"修昔底德的巨大创造性在于他的建设性的研究方法和把理论应用于实际。"④"谈到修昔底德的方法,他那忠实于事实的精神和苦心孤诣力求准确的风格是非常明显的。"⑤伯里认为,修昔底德为历史

---

① [古希腊]修昔底德:《伯罗奔尼撒战争史》上册,第17页。
② [古希腊]修昔底德:《伯罗奔尼撒战争史》上册,第18页。
③ [古希腊]修昔底德:《伯罗奔尼撒战争史》上册,第18页。
④ [美]J.W.汤普逊:《历史著作史》上卷第1分册,第40页。
⑤ [美]J.W.汤普逊:《历史著作史》上卷第1分册,第44页。

编纂学制定的原则宣布了历史书写的新概念,建立起获得真相或精确地再现事实的新标准。① 修昔底德在史学方法论发展史上的作用在于:继承并发展了爱奥尼亚的求真精神,将希罗多德的个案化历史批判方法提升到历史方法论的高度,制定了切实可行的基本原则并身体力行地贯彻于研究实践之中,使历史批判方法最终形成。这不仅令古代作家无人望其项背,而且使西方史学发展到一个新的高度。郭圣铭也认为:"修昔底德是历史上第一位真正具有批判精神和求实态度的历史学家。"②以修昔底德在历史批判方法的理论和实践上所达到的高度衡量,此言不虚!

原载《中国人民大学学报》2009 年第 2 期。

---

① John Bury, *The Ancient Greek Historians*, New York: Dover Publication, INC. , 1958, p. 81.
② 郭圣铭:《西方史学史》,第 26 页。

百尺竿头,更进一步

今天来参加《史学理论研究》编委会会议,见到各位老师和朋友非常高兴。刚才于沛老师代表编辑部发言,回顾了刊物的成长历程,阐述了办刊原则,勾画了未来发展的蓝图。下面我想分三个方面,谈谈自己对这份刊物的想法。不当之处,请在座各位指正。

第一,我是带着感恩的心情来参加这个会议的。《史学理论研究》(1992—至今,1987—1989年刊名为《史学理论》)是我国第一份史学理论的专业期刊,从1987年创刊以来,已经走过二十几个春秋,从当初一个稚嫩的孩童如今逐渐成长为一个日益成熟的青年。我在西方史学理论方面的研究是与这份杂志同时起步的。1987年在天津师范大学获得硕士学位后,我来到中国人民大学历史系工作,承担起"世界中古史"和"当代西方史学流派"的教学。准备"世界中古史"没有多大问题,这是我读研时的方向,况且还有"周吴本"的《世界通史》教科书可以参考。"当代西方史学流派"的备课就显得很吃力了,我读研时虽然专业是史学理论,但方向却是中西封建社会历史比较的理论与实践。西方这部分的学习集中在马克思、恩格斯有关唯物史观和中世纪史方面的著作研读、西欧(英国)中世纪史以及中西封建社会历史比较研究等方面,西方史学理论和流派涉猎不多,与独立承担当代西方史学流派课程的要求还存在着不小的距离。当时国内缺乏这方面的专著和教材,没有史学理论的专业刊物,准备这样一门新课对我来说可谓困难重重。正在我一筹莫展的时候,《史学理论》创刊了,发表许多西方历史哲学和当代西方史学流派的论文和译文,为我这个初学者提供了一个较为集中的学习园地。为了备课,我订购了这份杂志,每期必读,学以致用。它可以说是我在西方历史哲学和当代西方史学流派领域的老师之一。从那时到现在,我在中国人民大学一直为本科生和研究生开设西方史学理论和史学流派的课程,还与侯建新等撰写了《当代西方史学流派》一书,去年这部书又出版了第二版。杂志不仅激发了我对西方史学理论的兴趣,而且还促使我成为西方史学理论研究的"票友",从20世纪90年代起为杂志写过几篇史学理论和史学流派的文章。21世纪以来,我不仅是杂志的读者和作者,还成为编委会的成员。我的这些变化当然有许多原因,但都离不开这份杂志的引导,离不开新老主编的提携以及各位编辑朋友的支持与帮助,所以我愿借此机会真诚地向杂志和编辑部各位表示深深的敬意。

第二,我希望杂志再接再厉,继续保持对西方史学理论和史学流派的研究力度和优势。杂志自创刊以来就将刊登西方史学理论和史学流派的文章作为杂志的重点与特色,这不仅极大地推动了相关领域本身的研究,而且对当代中国的史学理论建设,对中国学者的中国史和外国史研究都产生了巨大影响。实际上,西方史学理论和史学流派早在19世纪就在中国发挥过巨大的作用。清末以来,中国的有识之士对19世纪欧洲批判史学的方法论、马克思主义唯物史观、西方历史哲学,以及美国新史学等的翻译、介绍和研究,对民国时期和新中国的史学理论和历史研究都产生了难以估量的影响。新时期以来,学者们对欧美新史学主要流派的介绍和研究又让中国史学理论和历史研究重新焕发了勃勃生机。进入20世纪90年代以后,西方后现代史学理论和流派方兴未艾,相关的介绍评析文章特别是代表性著作的翻译出版,为我们反思现代西方史学理论与方法的利弊得失,更加全面准确地把握历史学科的性质、特点和功能,以及在历史研究中注重科学性和人文性的统一,在跨学科研究中保持历史学的特色和中心地位等,都具有积极的作用。这是一份十分重要的使命,《史学理论研究》在其中发挥着重要作用,成为国内在这个领域最权威的园地,使命光荣,责任重大。一本杂志贵在有自己的特色,特色就是生命力和影响力。我希望杂志未来继续保持西方史学理论和史学流派这个重点和特色,集思广益,在这方面多做事情。除了继续依靠社会稿源外,可以发挥杂志的引领作用,在广泛征求意见的基础上,发布未来几年的重大选题计划,有针对性地组织学者对一些重大问题进行多角度和深入的研究。这些问题既可以是全新的问题,也可以是旧题新作。

比如国外就早已开始反思经济史研究方法和课题的局限性,由此出现了经济史向经济社会史的转变。此外,国外也早已对兰克史学理论的"形象"进行反思,兰克是单纯的方法论学者或客观主义者吗?如何看待他唯心主义的历史哲学在他的史学理论和历史研究中的作用?类似重新评价的问题应该还有很多,当然对西方史学新理论和新流派的介绍与研究始终应该成为杂志的重要任务。

第三,我希望杂志在已有基础上更上一层楼,更好地成为国内有关西方史学理论研究成果的信息发布平台。一份好杂志既要有研究重点,有学术深度,也需要有尽量多的信息量,也就是说它应该是重要学术成果信息的发布平台,其形式既可以是书评,也可以是论文要点摘登。而相比之下,提供国外学者有关西方史学理论和史学流派研究成果的信息显得尤其迫切。中文出版物我们几乎可以在其出版或发表后的第一时间获得,而外文出版物在渠道和语言等方面就不那么方便了,这也是我们对西方史学理论和史学方法的研究与国外不能同步的原因之一。加之现在是知识爆炸的时代,新成果层出不穷,个人很难比较全面、及时地掌握国外学术研究的最新信息。大量刊登书评是欧美权威的史学杂志的普遍办刊模式和成功经验,我们从提供国外学术研究最新信息和推动国内史学评论发展的角度来讲不妨可以试一试。多年来,贵刊长期设有书评专栏,为介绍海外最新史学成果做了许多实事,但因每期书评数量有限,又分布于中外古今多个领域,这样每年涉及西方史学理论和史学流派的书评就很少了。有鉴于此,我们是否可以像国外权威史学期刊那样多刊登一些书评?我指的不是现在这样每期一二篇或两三篇,而是十几篇以上,并逐渐加大书评的比例,将国外最新研究成果同步地介绍给中国学者和研究生。具体做法是,一方面继续欢迎国内和海外学者撰写书评,另一方面可以直接从英、法、美等国家权威性的历史和史学理论的杂志上直接选译外文书评,这样做的好处是可以最大限度地保证时效性和准确性。当然,如果有可能的话,贵刊也可以设立国外论文论点摘登这样的栏目,有选择地将海外一些最新发表的重要的和权威性的论文简明扼要地介绍给国内读者。总之,我希望这份杂志既是研究者发表成果的平台,也是他们为下一次研究做准备的获取学术信息的平台。

最后，我衷心祝愿《史学理论研究》百尺竿头更进一步，将刊物办成学者和研究生的良师益友，为新世纪的中国史学做出自己更大的贡献！

原载《史学理论研究》2010年第3期，圆桌会议"建设中国史学理论耕耘者的精神家园"。

论德国古典历史主义及其演变

本文所要讨论的德国古典历史主义及其演变,是指从洪堡、兰克到德罗伊森等德国学者所阐述的唯心主义的史学理论与方法,它们在一个多世纪里成为德国史学界流行的主导范式。以往研究多侧重于所谓的客观主义的史学方法论,忽视了对其唯心主义的历史观与认识论的考察,致使盲人摸象,以偏概全。历史主义是包括史学方法论在内的内容十分丰富的史学理论体系,唯有从这个角度出发才能科学地认识这一时期德国史学的主要特征。有鉴于此,本文拟对古典历史主义的哲学背景、古典历史主义的基本观念和古典历史主义的演变等问题做一探讨。

一、古典历史主义的哲学背景

古典历史主义的思想灵感来源于德国浪漫主义历史哲学。以赛亚·伯林认为,浪漫主义发生在1760—1830年之间。"浪漫主义的重要性在于它是近代史上规模最大的一场运动,改变了西方世界的生活和思想。对我而言,它是发生在西方意识领域里最伟大的一次转折。发生在19、20世纪历史进程中的其他转折都不及浪漫主义重要,而且它们都受到浪漫主义深刻的影响。"那么,何为浪漫主义?"浪漫主义通常与之关联的理念即独特性、深刻的情感反思和事物之间的差异性。"随着人们思想意识的这种转变,他们的生活态度和行动理念也随之改变,"人们突然转向原始遥远的事物——对遥远的时间、遥远的地方产生兴趣"。①

---

① [英]以赛亚·伯林:《浪漫主义的根源》,译林出版社2008年,第9—10、14、20页。

浪漫主义是继宗教改革之后德国思想的又一巅峰。"虽然浪漫主义的苗头在法国、英国、甚至意大利和西班牙几乎都可同时发现,但首先真正看到这种新精神、说明其性质并使之有机化的地方却是德国。"这种情况绝非偶然,而是德国18世纪下半叶哲学思想发展的必然结果。一般认为,浪漫主义与启蒙主义是截然对立的,德国的启蒙运动与法国启蒙运动的主张和作用却大相径庭,"以伏尔泰为先知的法国启蒙运动曾把理性主义和功利主义捧上天。德国的启蒙运动则强调经验、直觉和主观思维过程,认为这些东西才有永久的和普遍的价值。法国那些理性主义者是反对历史主义的实用主义者,而德国思想家则转向过去,其目的并不是为了'学习旧榜样',而是为了表现人类精神和社会现象的连续性"。① 由此,德国的启蒙运动顺理成章地发展为浪漫主义运动。

赫尔德(Johann Gottfried von Herder,1744—1803)无可争议地成为浪漫主义的奠基人。汤普森称赞"赫尔德是浪漫主义运动在学术上的始祖"。② 哈多克也认为赫尔德"是浪漫主义历史哲学家中最善于表达、最有影响的人"。具体而言,"浪漫主义历史哲学最初的明确阐述是赫德(即赫尔德——引者注)1774年写的《尚有另一种历史哲学》。这本小书的目的是开展公开争论。题目本身就嘲弄并暗指着18世纪以来出现的许多全面讨论历史性质的著作。尽管启蒙运动的理论家可能已经表示了对历史的兴趣,但他们只不过做到了把往事纳入一个抽象的体系之中,使其独有的特征变得一片朦胧。赫德十分讨厌企图把各种社会分成各个发展类型,把它们看成是普遍法则的各个特定的例子"。③ 在这部著作中,赫尔德提出浪漫主义历史哲学的主要观点,如尊重文化的个别性与多样性,运用移情方法而不是图解方式认识文化等。

1784—1791年,赫尔德出版了"纪念碑式的作品"——《人类历史哲学观念》(4卷),该书对所有的浪漫主义思想都产生过深远影响。④ 在这部著

---

① [美]J. W. 汤普逊:《历史著作史》下卷第3分册,商务印书馆1996年,第139—140页。
② [美]J. W. 汤普逊:《历史著作史》下卷第3分册,第188页。
③ [美]哈多克:《历史思想导论》,华夏出版社1989年,第121页。
④ Wallace K. Ferguson, *The Renaissance in Historical Thought: Five Centuries of Interpretation*, Cambridge, Mass.: Houghton Mifflin, 1948, p. 116.

作中,赫尔德以发展和个别性、多样性的概念替代启蒙运动的过去与现在的二元对立和人类共同理性的信念。赫尔德认为,自然界是一个有机体,它在自身中发展起一系列更高级的有机体,宇宙、太阳系、地球、植物性生命、动物性生命和人类生命是一个连续进化的统一体。人是这种进化的最高形式,但他们需要通过一种自我创造的文化经验获得理性的智能。作为人的本质的人性不是预先制定的,而是在历史过程中发展、精炼而成的。① 因此,历史是认识人及其制度和文化的唯一途径,一切认识都可以归结于历史认识。他反对以统一的模式来解释历史,也不赞成以当前的立场去评判过去。他认为历史最本质的特征乃是不同民族在不同的发展时期显示出的个别特征,而不是共同人性的显现。"时间、地点和民族性格,简单地说,人类能动力量在它们最确定的个体形式中的普遍合作,支配着人类历史及其自然界中发生的一切事件。"②在赫尔德看来,人类固然都是同一种的,但是只有从个别不同国家文化的历史事件出发才能理解人类。宗教、哲学、科学和艺术都不是抽象的概念,我们只能说,在某种特殊文化或某个特定历史发展阶段中宗教、哲学、科学和艺术是什么。不仅如此,所有文化都同样值得研究,不论它是欧洲的或非欧洲的,原始的或文明的。而且在某些方面而言,原始文化更值得研究,因为它更接近其民族的原有内在特质。历史如同生命,只能以"同情"(empathy)加以领会。③ 赫尔德有关文化是发展的和独特的等思想,以及必须使用人文方法去理解的思想,使他成为发展的或历史的方法的先知。④

　　浪漫主义唤起了德国人对历史本身的兴趣,成为真正的"史学运动"(history-rical movement)的开端。浪漫主义历史哲学坚持发展的思想,对过去采取同情与倾慕的态度,"因而,启蒙运动仅仅关怀着现在和最近的过去的倾向就被它抵消了,于是人们就被引向认为过去全部是值得研究的而且是一个整体。历史学思想的范围大为开阔了,于是历史学家开始把人类的

---

① [美]哈多克:《历史思想导论》,第 124—125 页。
② 何兆武主编:《历史理论与史学理论:近现代西方史学著作选》,商务印书馆 1999 年,第 179 页。
③ [美]伊各斯:《历史主义》,载张京媛主编:《新历史主义与文学批评》,北京大学出版社 1993 年,第 287 页。
④ [美]J. W. 汤普逊:《历史著作史》下卷第 3 分册,第 183—187 页。

全部历史认为是从野蛮状态开始而以一个完全理性的和文明的社会告终的一场单一的发展过程"。① 这种关注活生生历史的思想或者说历史研究的态度在19世纪前期的德国如火如荼地发展起来,黑格尔(Georg Wilhelm Friedrich Hegel,1770—1831)的历史哲学,萨维尼(Friedrich Carlvon Savigny,1779—1861)为首的历史法学派,亚当·米勒(1779—1829)和弗里德里希·李斯特(1789—1846)开启的德国经济学的历史学派,雅各布·格林(Jacob Grimm,1785—1863)为代表的历史语言学以及弗里德里希·施莱尔马赫(Friedrich Schleiermacher,1768—1843)的诠释学等都成为这种历史运动不可或缺的组成部分。在此过程中,德国历史学在欧美各国中率先开始了职业化过程,它们迫切需要摆脱神学、哲学、自然科学和文学的束缚,形成一种专业化的史学理论与方法,古典历史主义由此应运而生。

二、古典历史主义的基本观念

历史主义德文写作"historismus"。伊格尔斯考证后认为,在德国,该词最早出现在18世纪末,到19世纪中期其含义已经确立。古典历史主义理论植根于德国政治、经济和文化的特殊历史环境之中。"在德国,学者们所坚信的狭义的历史主义,是强调每一项事物或理念都是每一具有特殊性和完整性的国家文化中不可分割的一部分,所以它也是无法移植的。这种历史主义反映出德国的特殊环境,诸如:这个国家政治上的分裂,16世纪以来各地现代经济制度参差不齐而又落伍,以及Troeltsch(即特勒尔奇——引者注)所提示的,路德派和日耳曼地区思想和宗教上的特殊传承(它特别强调个别的文化以及忽视政治上的自由)。"②法国大革命后的拿破仑战争和德国的解放战争则成为古典历史主义产生的现实原因。1806年,拿破仑军队在耶拿战役中大败普鲁士,从而唤醒和激发了德意志政治上和学术上强烈的民族主义情绪。前者将民族独立和国家统一寄望于普鲁士国家;后者希望摆脱法国大革命对德国的影响,构筑具有德国特色的政治体制和学术理

---

① [英]R.G.柯林武德:《历史的观念》,中国社会科学出版社1986年,第101页。
② [美]伊各斯:《历史主义》,张京媛主编:《新历史主义与文学批评》,第282、286页。

论。因此,"紧随着解放战争的经历之后,并且深受那种经历和前两个世代的思想影响,新的一代这时就在寻求着他们自身应有的事业,那首先而且最重要的已经不再是诗歌和哲学,而是政治和学术"。① 古典历史主义承载着德国历史和现实的重负,具有鲜明的实用主义目的,代表人物为威廉·冯·洪堡(Wilhelm von Humboldt,1767—1835)和利奥波德·冯·兰克(Leopolde von Ranke,1795—1886)。②

洪堡是柏林洪堡大学的创始者,也是著名的教育改革者、比较语言学家及外交官,深受解放战争中民族主义的影响。1819年后辞去公职,专门从事学术研究。1821年,普鲁士科学院邀请洪堡作了一次题为"论历史学家的任务"的演讲,"提出了将唯心主义应用于历史编纂学的古典表述"。③ 洪堡认为,理性并不足以让历史学家获得真相,"一个事件只有部分是可以被理性所理解的,其他的只能加上感觉、推论或是推测"。史学家关注事实,但却不能就此止步,他还需要考察事实当中所蕴含的思想、价值或意义等永恒的理念。既然历史学的对象是具体的现实以及在具体现实中使自己得到表达的永恒的理念,因而历史学就需要一种包括理性和非理性的双重研究方法,"因此,在探索历史真相中有两种方法必须同时使用:首先是对事件的准确、公正和批判性的考察。其次是探索事件的联系,对它们加以直觉理解,在这方面第一种方法就无能为力了"。洪堡特别强调两种方法相辅相成,缺一不可。"只使用第一种方法必然错过真相的本质。然而忽视这种方法,过分强调第二种方法将会在细节上冒歪曲真相的危险。"④ 在此,洪堡的古典历史主义已经将批判方法与唯心主义历史观与认识论结合在一起。

伊格尔斯认为,洪堡的历史编纂学理论主要阐述了作为唯心主义核心的三个原则:1. 理念学说:历史现象仅仅是居于支配地位的永恒理念的外部表现。2. 个体概念:永恒的理念不是抽象的或共同的;相反,它们以具体的历史特点表现自己。不仅每一个人而且每个国家或民族都体现了这样的

---

① 何兆武主编:《历史理论与史学理论:近现代西方史学著作选》,第288页。
② [美]伊各斯:《历史主义》,张京媛主编:《新历史主义与文学批评》,第288页。
③ Leopold von Ranke, *The Theory and Practice of History*, Edited with an Introduction by George G. Iggers and Konard von Moltke, New Translation by Wilma A. Iggers and Konard von Moltke, Indianapolis, New York: The Bobbs-Merrill Company INC, 1973, p. 3.
④ *The Theory and Practice of History*, pp. 5-23.

特点。每个个体都是植根于实在中的理念。理念是业已发生的事物(即个体)的本质部分,也就是作为个体的思想,历史学家必须相应地以自己的思想为手段才能完全理解过去发生的事物的真相。因此,"对历史家任务的最后的、但也是最简单的分析是描述思想的作用,以求获得真正的存在"。

3. 理解理论:历史学家的任务在于在其独特性中理解每个历史个体,通过历史表象洞悉其内部结构。在此过程中,抽象的归纳演绎方法毫无立足之处。理解需要两个步骤:首先,研究者对事件的准确的、公正的和批判性的考察;其次对历史个体的内部结构的直觉理解,这种研究只靠第一种手段不能完成。第一种方法可以确立事实,第二种方法是在事实基础上理解理念和寻求意义。①

洪堡的演讲无异于古典历史主义的一篇宣言。德罗伊森称他为"历史学中的培根",②克罗齐称赞它包含了历史主义的重要概念,它们也许永远再也没有被表述过,却构成了从兰克到格哈德·里特尔(Gerhard Ritter)的德国古典历史编纂学传统中唯心主义信仰的核心。③ 伊格尔斯也认为:"洪堡是19世纪首位提出一整套包含这些深刻见解的知识论的作者。"甚至可以毫不夸张地说,"从兰克到梅尼克(即迈纳克——引者注)的德国历史主义伟大传统中的基本的形而上学和认识论假设已经由洪堡提出了"。有鉴于此,洪堡阐述的"这些理论——理念学说、个体化的研究方法、政治在历史里的中心地位的思想——构成了从兰克到梅尼克的德国史学和历史思想的历史哲学的基本内容"。④

兰克是19世纪德国最重要的历史学家,也是古典历史主义的集大成者。但以往却将之归于客观主义,主要证据为1824年兰克出版的处女作《1494—1514年的拉丁和日耳曼民族史》前言中的如下一段话:"历史学被认为有判断过去、为未来指导现在的职能,对这样的重任,本书不敢企望。它只想说明:什么确确实实地发生了。"⑤其中的关键是对"wie es eigentlich

---

① [美]伊格尔斯:《德国的历史观》,译林出版社2006年,第69—76页。
② [美]德罗伊森:《历史知识理论》,北京大学出版社2006年,第12页。
③ *The Theory and Practice of History*, p. 3.
④ [美]伊格尔斯:《德国的历史观》,第73、75、76页。
⑤ 何兆武主编:《历史理论与史学理论:近现代西方史学著作选》,第223页。

gewesen"一句话的理解,这句话在英语中译为 what actually happened(即什么确确实实地发生了),而中文又据此翻译成"如实直书"。但反对者却认为英语的翻译存在可议之处,德语"eigentlich"一词应译为英语的"essentially"(本质上),如此这句话就应该相应译为 what essentially happened("过去事件的本质是什么")。① 很显然,上述两句话的含义并不一样:前者旨在确立事实,后者的目的是说明事实中的思想(也就是史学家本人的观点)。此解更符合兰克的本意。在这篇不长的前言中,兰克用一半以上的篇幅谈论自己的写作目的。他写道:"一个历史学家的目的依赖于他本人的观点。""在此导言中,我将表明——主要以叙述对外业绩的方式——这些民族(即拉丁民族和日耳曼民族——引者注)是如何在一个统一体、一个共同体的形式下发展的。这是本书基本观点的一个方面,另一个方面已直接表现在内容中。本书仅涉及这些民族的一小段历史,这一段历史可说是现代史的开端。"②兰克的这段话表明,他是在自己理论前提的指导下挑选事实的,这些被精选出来的事件都是为了说明他有关"拉丁民族和日耳曼民族为一个统一的民族",以及"其历史是整个现代史的核心"的观点。在他看来,这些观点无疑体现了"过去事件的本质"。可见,兰克从一开始就不是"隐藏自我"的客观主义者,而是带着自己的理论前提研究历史的。有鉴于此,尽管19世纪20年代是兰克批判史学的方法论的形成阶段,但他的批判方法与客观主义绝不能等量齐观。

兰克的古典历史主义思想形成于19世纪30年代前中期。在这一时期柏林大学的讲义及其主编的《历史—政治杂志》所发表的论文中,"兰克提出了19世纪历史研究中最为系统和一致的历史主义原则"。③ 它们在未来半个世纪中并无改变。④ 兰克从历史学与哲学两个学科研究方法的不同(但这并不妨碍历史学采纳德国唯心主义的历史观和认识论)入手,论述了

---

① Peter Novick, *That Noble Dream*, Cambridge University Press, 1988, pp. 21-31; Iggers, "Introduction" to Ranke, *Theory and Practice*, pp. xix-xx; Richard J. Evans, *In Defence of History*, Granta Books, 2001, p. 17.
② 何兆武主编:《历史理论与史学理论:近现代西方史学著作选》,第222—223页。
③ [美]伊格尔斯:《德国的历史观》,第88—89页。
④ Theodore H. Von Laue, *Leopold Ranke, The Formative Years*, Princeton: Princeton University Press, 1950, p. 6.

其唯心主义的历史编纂学理论。在30年代的"论历史学与哲学的关系"的手稿中,兰克写道:"哲学企图将现实压缩成一个系统,牺牲了历史世界的独特性,而历史则寻求在个别中理解普遍。"在30年代手稿"历史科学的特点"中,兰克指出:"当哲学家以他自己领域的视角看待历史时,他仅仅在进步、发展和总体中追求无限,而历史学家则在每个存在之中领悟无限:在每种状况中、在每种存在中都有着出自上帝的永恒的因素,这是历史学至关重要的原则。"由此出发,兰克认为历史学具有如下几个重要特点:一为探索事实及其意。"由于承认我们想了解的事件、环境和个人具有神圣性,我们必须尊重实际所发生的事情。"他同时又说,"但这不意味着仅仅迷恋于事实的表象,即何时、何地和如何等等;那样只抓住了外部的东西,而我们的原则将我们引向内部"。① 可见,兰克治史的目的绝不仅仅是搜集事实,而是在实证研究基础上发现现象的本质。二为理解历史的意义。对兰克来说,历史说到底是一个精神王国,而精神是以个体化的形式表现自己的。兰克认为历史学家应该在他们的批判性思考中超越历史现象的外部表象,理解其中的思想。外在表象和内在思想需要运用不同的研究方法方可获得,"因此,文献的、领悟的和深入的研究是必需的。首先,这种研究必须直达现象本身、它的条件和环境,否则我们便不能了解它。然后是它的本质、它的内在,如上所析,因为每个个体都是一个精神的实在,它只有通过精神的领悟才能被理解"。由此,历史学的方法是批判+理解,二者缺一不可。三为探寻历史中的因果关系。兰克认为,历史现象并不是孤立存在的,"事件之间存在着联系,事件之间相互影响,前一个事件决定后一个事件,原因和结果存在内在联系。尽管因果关系没有标明日期,但它确实存在。因为它存在,我们必须试图认识它。从因推果的这种历史观察被称为实用主义,但我们将不以通常的方式而是根据我们自己的概念理解因果关系"。具体说,对事件的观察本身可以展示它们的内部联系,因而需要尽可能精确地调查真实信息以发现真正动机。四为用不偏不倚的态度对待历史。兰克认为史学家必须不偏不倚(impartiality)。如何做到不偏不倚?在兰克看来,正确的做法是回到过去。他认为,史学家不应站在现在的立场上去评判过去。

---

① *The Theory and Practice of History*, pp. 38,39.

"我们常常借助现在的形势判断过去,也许这种特点从来没有比现在更严重。然而,这不是真正的历史方法。"兰克主张从过去出发评判历史。史学家应该从当事人的动机中,在他们自己的环境中,也就是说在他们自己的内在状态中观察他们。在做出判断之前,我们先要理解他们,而理解需要站在过去的立场上看待历史。五为从历史个体中寻找普遍趋势。兰克虽然认为历史由个体组成,但又主张它们绝非是一盘散沙,相互之间毫无关联。他在30年代手稿"论历史学与哲学的关系"中明确指出:"那些把历史仅看作是特殊事件的大叠加的历史学家,肯定是错误的,那会使人们仅诉诸于记忆。由此产生了一种堆积历史特殊事件的做法。"在他看来,虽然历史由特殊组成,但特殊之中蕴含了普遍,历史学就是要从特殊之中寻求共同的趋势。为了防止历史变成一堆支离破碎的个体,兰克宣布:"我则相信这样一点,历史学——在最高点上——本身需要、也能够,按照自己的方式,将对特殊事件的研究和观察升华成对事件的普遍性观念,升华成一门客观实存的、相关的知识。"①兰克虽然反对哲学抽象或图解式的研究方法,但认为一个优秀的历史学家必须具备哲学思想。

兰克的国家理论与其历史编纂学理论一脉相承,是批判史学和唯心主义的混合体。兰克承认,真正的历史是把尼布尔(1795—1886)和黑格尔最好的东西糅和起来。② 在《强国》(1833)一文中,兰克系统论述了历史研究的主题。他认为,尽管世界历史是一个连续发展的过程,但它却不是漫无目的地叙述一连串国家的起伏兴衰,重要的是在历史中我们可以看到精神的、富有生命力和创造性的力量和道德精神的斗争和发展。对兰克来说,日耳曼民族和拉丁民族所代表的国家正是体现了这种精神力量,这些力量不能在抽象的概念中加以界定,人们只可以观察和评述它们。国家之间的冲突不仅仅是实力的较量,还是构成历史的精神力量的相互作用和连续发展。为此,他选择民族国家形成阶段的早期现代进行研究,并把大国之间的军事外交史作为自己毕生的事业。在《政治对话》(1936)这篇文章中,兰克主要讨论了军事外交史的研究方法。他认为,不能像启蒙主义者那样从抽象理

---

① 何兆武主编:《历史理论与史学理论:近现代西方史学著作选》,第226页。
② 张芝联:《资产阶级历史主义的形成及其特征》,《世界历史》1979年第1期。

论的立场来考察政治和社会制度,"不存在一条从一般理论中理解特殊的道路"。抽象的政治原则毫无意义,制度永远不能简单地从一个国家被移植到另一个国家。由此,哲学和政治学都无法真正理解国家。相反,个别却可以使我们达到一般,"唯有通过广泛的历史调查和领悟,我们才能求得对深藏的、无所不包的精神法则的推测性理解"。因而,历史便成为理解国家和权力最重要的途径。"存在着一种因素,它使国家不是普遍范畴中的分类,而是一个生命体,一个个体和特殊自我。"国家并不是历史研究的最终目的,而是到达历史神学的唯一通道。"国家是一种精神性的实在,是人类心灵的原始创造——我能够说它体现着上帝的思想。"①可见,兰克史学绝非单纯的客观主义的方法论,而是一种包容广泛的集批判史学与唯心主义于一身的历史主义。正如伊格尔斯所言,这种"历史主义不止是一种历史理论而已。它包含有一整套人生哲学、一种科学观(而尤其是人文科学与文化科学的科学观)与一种政治社会秩序观的独特结合"。②

三、古典历史主义的演变

洪堡和兰克的古典历史主义是在反对法国大革命的自由民主思想和历史哲学的图解式的研究方法的基础上形成的。此后的形势发生了改变,19世纪三四十年代产生于法国和英国的实证主义哲学对人文社会科学的影响日趋严重,刚刚职业化的德国历史学科面临失去自身特点的危险。在此情况下,古典历史主义受到黑格尔哲学、生命哲学和新康德主义等思潮的影响,将斗争的矛头从哲学方法转向自然科学方法,注重探讨历史学和自然科学的不同。③ 其中的代表人物有德罗伊森(Johann Gustav Droysen,1808-1884)、狄尔泰(Wilhelm Chr-istian Ludwig Dilthey,1833—1911)和新康德主义历史哲学家等,他们强调历史学不同于经验科学的精神属性及其理解和

---

① 何兆武主编:《历史理论与史学理论:近现代西方史学著作选》,第102—130页。
② [美]伊格尔斯:《二十世纪的历史学:从科学的客观性到后现代的挑战》,辽宁教育出版社2003年,第32页。
③ 在此方面,兰克曾主张历史学既是科学(该词指的是德国意义上的系统知识,而非英美意义上的自然科学)也是一书,但没有更深入的讨论。

解释的研究方法,将历史学等同于诠释学。

德国历史学家德罗伊森曾就读于柏林大学哲学系和语言系,每学期都听柏克和黑格尔的课程,"这件事可以说明特雷新(即德罗伊森——引者注)对黑格尔的形而上学为什么很熟悉"。① 他没有选过兰克的课程,尽管后来两人成为同事,但关系冷漠。他前期研究西方古典时代的历史,后期对古代史失去兴趣,开始献身政治和现代史,成为普鲁士学派的创始人。

1857年起,德罗伊森曾十七次在大学里讲授过"历史知识理论"的课程。他具有更加浓厚的黑格尔哲学的色彩。德罗伊森服膺洪堡所说,人们必须唤醒并且接近历史事实中的意义。因为历史事实有两个不同的面向:表面现象,以及借此现象而存在的理念——现象的真理。德罗伊森首先对什么是历史这个问题进行了讨论。他认为,在历史中,更准确地说,在历史获得形之于外的现象中,即在语言、宗教、国家、道德现象和学术成果中,都表现出了理念外塑的力量。在那些范围里面,人们天赋的精神,依其不同的本质从事不同性质的活动。求圣的理念,求美、求真以及追求权力、权利等各种各样的理念,不管其形诸于外的是多么多样而纷杂,它们都曾找寻,并且最后也找到自己向外的表达的方式。每一个表达的方式,都是内在理念外现的过程,都是理解这个世界的过程。由此,人类历史就在这些理念中展开,理念也在人类历史中显现。借着无间断而且一直前展的各种现象,理念得以伸张自己。供我们做历史研究的,正是这些伸张表现出来的现象。

德罗伊森接下来讨论了历史研究的方法。既然历史研究的对象具有如此特征,历史现象中包含了理念,那么历史研究的方法也受其制约。具体说,历史方法的特色是以研究的方式进行的理解的工作,类似于洪堡和兰克的批判加上理解的说法。为此,德罗伊森使用了历史知识理论这样的概念,它的任务在于提出检讨历史思想及方法的准则。历史知识理论的重点是历史研究的方法论,它包括问题的提出与材料收集、史料考证和解释三个环节。他认为,历史研究者并不是盲目任意地在史料堆中找寻。历史学家必须先有一个问题,作为搜集材料的前导。让材料满足及回答史学家的问题。史学研究总是以这样一个问题开始,否则就不会有史学。史料考证包括历

---

① [美]J. W. 汤普逊:《历史著作史》下卷第3分册,第294页。

史材料是否伪造,其内容是否仍为原样或已部分被篡改,这些材料叙述的正确性如何,等等。考证的结果并不就是历史真相的出现,考证后的材料只给我们根据,让我们对真相的理解有更可靠的基础。坚信史料而不愿在考证之外迈出另一步的想法是错误的。不做考证以外的工作,实际上是把理解的工作放弃了。历史解释的目的不是阐述因果关系,不是以前事来说明后事,更不是用历史条件下必然的结果来说明一件演变出来的事。解释是将呈现在眼前的事赋予意义,是把呈现在眼前的资料研究清楚。经过解释工作,这些交杂在一起的资料、因素会重新变得活生生,而且能向我们倾诉。历史解释包括实用性的解释、条件的解释、心理学的解释和理念的解释等四种,其目的是在考证之后进行理解的工作。也就是说,去掌握言中之意。①

德国哲学家和历史学家威廉·狄尔泰对哲学和历史感兴趣,1866—1905年在巴塞尔大学、基尔大学、布雷斯劳大学和柏林大学教授哲学,著有《精神科学导论》第一卷(1883)、《精神科学中世界历史的构建》(1910)、《历史理性批判》(未完稿)等。狄尔泰批判的历史哲学思想来源于对英国经验主义和德国浪漫主义的结合。他从洛克、休谟和康德那里继承了对形而上学的敌视和对认识论的兴趣,从德国浪漫主义那里吸收了唯心主义思想和浪漫主义文化观。他认为,直到18世纪,有关社会和历史的各种科学都一直与形而上学保持着俯首帖耳的关系,其后自然科学的理论与方法又成为上述学科的新主人。19世纪左右,德国、英国和法国的历史学派第一次使历史意识和历史研究获得解放,历史学从启蒙哲学和德国唯心主义哲学的束缚中挣脱出来。但历史学派缺乏独立的认识论和方法论,孔德、密尔和巴克尔等为代表的实证主义哲学乘虚而入,束缚了社会历史学科。孔德认为,在整个世界发展中,群体、社会、科学甚至个人思想都经历了神学、形而上学和实证科学三个阶段,当时的西方正处在第三个阶段。为了获得实证知识,要采用四种方法,即观察法、实验法、比较法和历史法。贯穿在这些具体方法中的基本原则就是坚持统一的科学观,也就是主张社会同自然并无本质的不同,没有必要在自然科学和社会科学之间做出划分。在此理论指导下,历史学要想成为科学,必须将自然科学的规律和方法移植到自己的

---

① [美]德罗伊森:《历史知识理论》第二章。

研究之中。

狄尔泰反对实证主义哲学的统一科学观,也不赞成洛克、休谟和康德等人理性主义的认识论,"洛克、休谟和康德所设想的认识主体的血管之中并没有流淌着真正的血液,而毋宁说只存在作为某种单纯的思想活动的、经过稀释的理性的汁液"。在此基础上,狄尔泰提出了"精神科学"的概念:"一般来说,人们都把科学这个概念所包括的东西区分为两个部分。其中的一个部分用'自然科学'这个名称来表示,然而非常奇怪的是,就另一个部分而言,得到人们普遍承认的表达方法并不存在。我将通过运用精神科学这个术语,追溯那些提到过这种学术整体之第二部分的思想家。"狄尔泰所谓的精神科学,指的是人文科学和社会科学,包括历史学、政治理论、法学和经济学、神学、文学以及艺术等,总之,"所有各种以社会实在和历史实在为研究主题的学科都被归在'精神科学'这个标题之下"。狄尔泰认为,自然科学与精神科学的对象完全不同。自然科学面对的是无意识的物质世界的"机械变化过程",而精神科学的对象则是人的精神,一个研究自然界的事实或外部事实,另一个则探讨精神生活的事实或内部事实。[①]

区别自然科学和精神科学的差异并不是目的,狄尔泰希望自己能够像培根、笛卡儿、牛顿和康德等人为自然科学制定认识论那样,为精神科学提供认识论的基础。狄尔泰将自己的工作称之为"历史理性批判",以示与康德的"纯粹理性批判"等量齐观。狄尔泰的历史理性批判的基础是生命哲学。狄尔泰认为,历史研究的对象是生命的个体,"这些个体,这些由生理方面和心理方面构成的整体,都是一些在历史和社会所具有的、复杂得不可思议的总体性之中相互影响的单元——其中的每一个单元都与众不同、每一个单元都构成了一个世界,因为这个世界并不存在于其他的什么地方,而是仅仅存在于这样一种个体的各种表现之中"。[②] 如何认识这些生命个体?19 世纪的认识论和方法论是以自然科学为对象建立起来的,因此狄尔泰仿照自然科学,试图为精神科学提供独立有效的认识论和方法论,简单说就是对自然的说明与对历史的理解之间的对立:历史认识的对象不仅是生命个

---

① [德]狄尔泰:《精神科学引论:第一卷》,中国城市出版社 2002 年,第 6、17、15 页。
② [德]狄尔泰:《精神科学引论:第一卷》,第 53 页。

体,而且还包括其自由意志、创新和进取心等精神活动,因此精神科学是一种与心理学相关的、并在社会和历史中存在着的关于个人的学科。自然和精神之间的差别,决定了说明与理解之间的差别。人类探寻自身的经历不能像自然科学一样使用从外部说明的方法,而只能另辟蹊径,从内部进行体验、理解和解释。这种认识论从本质上讲是一种诠释学的认识论,而非实证主义哲学那种归纳演绎的认识论。

新康德主义历史哲学以弗莱堡学派为代表,由于弗莱堡属于德国西南部的巴登州,故又称西南学派或巴登学派,创始人是文德尔班(Wilhelm Windelband,1848—1915)。文德尔班著有《历史和自然科学》(1894),认为价值是哲学的中心问题,也是具体的文化科学的基础。自然科学与历史学完全不同,文化的、历史科学的对象是一次性的、个别的东西,本身就具有内在的价值;而自然科学的对象与价值无涉。此外,两者在方法论上也是对立的。自然科学是规律科学,历史科学是事件科学。因此,自然科学追求一般,是制定法则的科学;历史科学则追求个别,是描述特征的科学,因为从个别事件中无法发现一般规律。①

李凯尔特(Heinrich Rickert,1863—1936)是文德尔班的追随者,著有《文化科学和自然科学》(1899)、《自然科学概念构成的界限》(1896—1902)以及《历史哲学问题》(1905)。他认为,自然与文化的对立导致科学中自然科学和历史的文化科学的对立。前者是从质料分类原则上讲的,后者则是从形式的分类原则出发的。简单说,自然与文化是两种不同的东西:自然是生长的,文化是生产的;自然没有价值,文化具有价值。由此,没有价值取向的自然科学致力于发现普遍联系和规律,而历史的文化科学则必须从对象的特殊性和个别性方面叙述对象的一次性发展,而只有那些在其个别性方面对于作为指导原则的文化价值具有意义的事物才是本质的。② 可见,笛卡儿以后,历史学没有因为自身特点而被排除于科学殿堂之外。但它又不是自然科学意义上的科学,而属于精神科学或文化科学,这种在新康德主义历史哲学中得到系统论述的、有关历史知识的自主性和历史方法的自

---

① 何兆武主编:《历史理论与史学理论:近现代西方史学著作选》,第381页。
② [德]李凯尔特:《文化科学和自然科学》,商务印书馆1986年,第 i—iii 页。

律性的主张来自德国的历史主义。

  历史主义在德国内外影响深远。德国有两本研究历史主义的经典著作：一是特勒尔奇的《历史主义及其问题》(1922)，另一个是迈纳克的《历史主义的兴起》(1936)。德国的历史主义也传播到西欧其他国家，意大利克罗齐的《历史学的理论与实际》、英国科林伍德的《历史的观念》均是在德国历史主义的影响下写成的，它们与狄尔泰等人的学说一起共同构成了批判的历史哲学。第一次世界大战以后出现了所谓的历史主义的危机，"这里的历史主义等同于相对主义，表示对现代西方文化的价值的丧失信心"。[①]

原载《贵州社会科学》2014年第11期。

[①] ［美］伊格尔斯：《历史主义的由来及其含义》，《史学理论研究》1998年第1期。

什么是世界史?

——欧美与我国世界史学科建设刍议[1]

这里所说的世界史至少拥有三重含义:它首先是人类文明赓续交往的客观进程,其次是人类对此进程的历史记忆,最后是一种或隐或显的学术研究。古往今来,上述三种意义上的世界史一直处在变动之中,至今没有停止的迹象。目前,人们接触的国外信息越来越多,全球化将人类日益紧密地联系到一起,对世界史著述的要求也会越来越高。有鉴于此,本文主要想谈谈与第三种意义上的世界史有关的一些重要问题,包括它的源头、诞生与变化,以及我国世界史的现状与出路等,不当之处请予指正。

世界史究竟是何时产生的?对此长久以来主要存在如下两种不同认识:一种主张世界史是较晚才出现的,例如马克思在《〈政治经济学批判〉导言》中曾经说过:"世界史不是过去一直存在的;作为世界史的历史是结果。"[2]有学者根据马克思的这段话认为这种作为结果的世界史出现在15—16世纪的地理大发现以后,因为马克思和恩格斯在《费尔巴哈》中作过下述提示:"各个相互影响的活动范围在这个发展进程中愈来愈扩大,各民族的原始闭关自守状态则由于日益完善的生活方式、交往以及因此自发地发展起来的各民族之间的分工而消灭得愈来愈彻底,历史也就在愈来

---

[1] 本文最初是中国人民大学历史学院2014年11月22—23日举办的"什么是世界史:跨越国境的思考"学术研讨会上的大会发言,后又以此为题在天津师范大学历史文化学院作了讲座。在发表前,笔者对内容进行了全面的充实和修订,但主要观点没有变化。在此特别感谢参加上述会议和讲座的相关学者和同学,他们的发言和提问对本文观点的形成和最终修订功不可没。当然,存在的各种问题完全是笔者的责任。

[2] [德]马克思:《〈政治经济学批判〉导言》,《马克思恩格斯选集》第2卷,人民出版社1995年,第28页。

大的程度上成为全世界的历史。"①

毫无疑问,15—16世纪处在这种转变的关键时期,但同时该转变又是一个从渐变到突变的漫长过程,不能一蹴而就。有鉴于此,晚近的学者认为某种意义上的世界史在古代就已经出现。例如,吴于廑先生在20世纪七八十年代的多篇文章中就认为,这种较早的世界史的写作源远流长,古希腊的希罗多德的《历史》、中国汉代司马迁的《史记》等都涉及自己民族和国家以外的历史,此后这种著述绵延不绝,推而广之。② 国外学者也持有类似观点,如麦克尼尔等认为希罗多德和司马迁都是世界史学家及其各自历史编纂学传统的奠基者。此外,世界许多民族和文化都有自己的世界史观或世界史编纂。③ 当然,这些准世界史的发展也并不平衡,其中最有代表性的是中世纪欧洲的教会史和早期现代的历史哲学,具体体现就是 universal history(可译为普遍史、普世史甚至世界史),它们在公元纪年、历史的目的性和进步性、人类整体观念等多方面都深刻地影响了后来的世界史观念和编纂。

不过,上述普遍史写作在19世纪的欧洲由于学术和政治原因而渐次衰落,例如伊格尔斯等认为:"产生这一转变的原因之一是职业化的学术研究越来越依赖于档案史料;在人们看来,写作范围如果太广泛,跨越了国家甚至跨越了文化的界限,这样的历史著作便无法满足严谨的学术研究的标准。然而,更重要的是,19世纪的政治观发生了变化,西方优越论为殖民主义和帝国主义的扩张提供了合法性,因此西方把重点放在民族国家的研究上,把民族国家视为文明和进步的动力。"④由此,19世纪欧洲诞生的职业历史学都是民族主义史学,以批判的史学家为代表的职业历史学家主要从民族国

---

① [德]马克思、[德]恩格斯:《费尔巴哈》,《马克思恩格斯选集》第1卷,人民出版社1995年,第88页。诚然,马克思这里主要讲的是第一种意义上的世界史,但它制约着第二、三种世界史的产生,后者的出现不会早于前者,因而我们完全可以认为马克思主张后两种世界史出现在15—16世纪以后。
② 吴于廑:《吴于廑学术论著自选集》第一部分,首都师范大学出版社1995年。
③ William H. McNeill, "The Changing Shape of World History", *History and Theory*, Vol. 34, No. 2(May,1995), p. 9.
④ [美]格奥尔格·伊格尔斯、王晴佳等著,杨豫译:《全球史学史:从18世纪至当代》,北京大学出版社2011年,第410页。

家的角度研究政治史。兰克生前完成的几乎所有著述都属于国别史,他在83岁高龄开始撰写的《世界史》,生前未及完稿,后来由弟子杜夫据遗稿补足了7卷。该书尽管冠以世界史之名,但在很大程度上属于拉丁日耳曼各民族的历史。

一、世界史的诞生与变化

由于19世纪欧洲历史学职业化和以民族国家为单位的研究框架,世界史不是历史研究的正当领域,因而我们今天所熟知的西方人撰写的世界史大都出现在20世纪以后。马兹利什认为,20世纪以来大约产生过三种影响较大的世界历史的写作模式:一是以施本格勒和汤因比为代表的普遍史,二是以民族国家或文明为单位的世界史,三是全球史。① 第一种严格说属于历史哲学,不是严格意义上的世界史,因而巴勒克拉夫认为后两种类型的世界史是20世纪下半叶出现的史学研究的新领域。它们的出现是一系列因素造成的。例如,第二次世界大战导致的狭隘民族主义史学的破产,世界越来越紧密地相互融合导致的对国别史所抱信念的动摇,以及非欧洲地区的民族独立及其历史研究兴起所引发的地缘政治和历史认识的变化等。②

由此,历史学家开始关注民族国家以外的地区史和世界史。他们最早

---

① B. Mazlish,"Crossing Boundaries:Ecumenical, World, and Global History", in *World History:Ideologies,Structures,and Identities*, eds., P. Pomper, R. Elphick and R. Vann, Malden, MA and Oxford:Blackwell,1988, p. 42. 这么说并不意味着否定施本格勒和汤因比的普遍史的价值。实际上,他们对20世纪一些外国学者反对西方中心论和国别史本位的历史研究影响很大,也对新中国成立前中国研究外国史的学者如雷海宗先生等产生重要影响(参见雷海宗:《中国的文化与中国的兵》,商务印书馆1940年;林同济、雷海宗:《文化形态史观》,上海大东书局1946年)。巴勒克拉夫认为,世界史成为第二次世界大战后特别是20世纪五六十年代后历史研究的新领域主要是从西方史学整体发展趋势而言的,并不排除存在个别例外。实际上,世界史写作的萌芽在20世纪前期已经出现,代表作是韦尔斯的《世界史纲》,新中国成立前也被译介到我国(参见[英]韦尔斯著,梁思成等译:《世界史纲》,商务印书馆1927年)。当然,除了马兹利什外,其他世界史的分类方法也是存在的,例如本特利认为,20世纪的世界史叙述包括历史哲学家、社会科学家和专业历史学家三种不同学派。详见[美]杰里·H. 本特利著,许平、胡修雷译:《20世纪的世界史学史》,《史学理论研究》2004年第4期,第121页。

② [英]杰弗里·巴勒克拉夫著,杨豫译:《当代史学主要趋势》,上海译文出版社1987年,第237页。

撰写的是由人类起源和各个民族国家及文明演进构成的世界史,例如联合国教科文组织20世纪60年代编写的六卷本的《人类史》,前苏联1955—1965年出版的茹可夫主编的十卷本的《世界史》,以及1957—1970年出版的克拉克主编的《新编剑桥近代史》(中译本书名为《新编剑桥世界近代史》)等。这些世界史的世界性主要体现在地理范围的扩大,囊括各个地区、文明和主要国家的历史演进,但在内容和体系上却缺乏世界眼光,基本上是地区史的堆砌和西方历史分期的扩大化。

中国也受到20世纪下半叶世界史兴起的影响。新中国成立之前,我国大学很少把"世界史"这门课列入历史系的课程表,当时大学历史系本科除本国史课程外,通常只讲授西洋通史、断代史以及西方国家为主的国别史、专门史。直到新中国成立后我国才引进了前苏联编纂的《世界通史》,大学历史系本科也设置了世界通史课程,取代了过去所设的西洋通史。① 在此基础上,1962年周一良、吴于廑先生主编的四卷本《世界通史》出版,标志着中国世界史体系的诞生。该书借鉴了前苏联世界通史的框架和内容,所不同的是没有像前者那样将本国史纳入世界史的范围中,成为世界史即外国史做法的始作俑者。②

如果说这种以民族国家和文明为单位的世界史的出现主要在欧洲,那么另外一种跨文化的、比较的和全球方法撰写的相互联系的世界史则以美国为主。1963年,麦克尼尔出版《西方世界的兴起:人类共同体的历史》,③ 史学界一般以此作为宏观世界史或"新世界史"诞生的标志。如果说宏观世界史或"新世界史"还沿用了世界史的概念,那么全球史则完全是一项新的创举。1966年,斯塔夫里阿诺斯出版《全球史》,试图打破国别、地区的编

---

① 吴于廑:《世界史学科前景杂说》(中国世界古代史研究会1985年呼和浩特学术会议上的发言),《吴于廑学术论著自选集》,首都师范大学出版社1995年,第32—33页。

② 实际上,中国最早的世界史教材中包括中国历史。如1949年商务印书馆出版的周谷城先生的三册本的《世界通史》就是如此(重印本见周谷城:《世界通史》上、下册,河北人民出版社2000年)。

③ William H. McNeill, *The Rise of the West: A History of the Human Community*, University of Chicago Press, 1963;他之后还出版了另一部重要著作《瘟疫与人》(*Plagues and Peoples*, N.Y.: Anchor Press, 1976)。这些宏观世界史著作选择了真正具有世界历史意义的课题进行研究,讨论了思想、技能和疾病的跨文化交流及其对人类历史的重要影响。

纂方法,更多地注重不同时代世界各地区与各文明之间的相互关系。全球史的异军突起对以民族国家和文明为单位编写的世界史带来的不仅仅是冲击,还有脱胎换骨的改造。例如,马兹利什认为:"在反对更传统的和国家的研究方法中,世界史通常理解了全球史——即全球化研究——并以此来化解全球史对世界史的挑战。"①

在全球史的影响下,世界史虽然还不排除"整个世界的全部历史"(即所谓百科全书式的世界史)的传统定义,但更多地被赋予新的内容。例如,本利特说:"我认为大多数参与讨论有关世界史定义的人主张,置身于大规模历史进程中的人们之间的相互作用是世界史主要的关注内容之一。"此外,"世界史(在其他问题中间)还提供了过去与现在之间的对话,在那里它试图为既联系又独立的现代世界建立起历史联系"。②麦克尼尔也持有类似主张,由于受到人类学家拉尔夫·林顿和罗伯特·雷德菲尔德"跨文化接触"概念的影响,他将世界史定义为研究"不同文化的人们中间的相互作用"。③ 由此欧洲那种拼盘式的和百科全书式的世界史在美国被转变成不同文明相互联系与交流互动的宏观世界史或"新世界史"。宏观世界史或"新世界史"既可以是综合性的,也可以是专题性的,后者又在一定意义上存在多种研究取向,例如本特利认为,"根据不同史学家的兴趣和研究领域,这种全球历史分析主要有三种派别。一是关注传播现象——特别是技术的传播——对社会的影响。另一个是分析学派考察经济和社会史的大规模发展模式,尤其关注长途贸易和大范围的经济融合。第三种是探索环境和生态在大范围里,有时是全球范围内产生的影响"。④ 一般认为,宏观世界史或"新世界史"与全球史既有联系又有区别。例如伊格尔斯等指出:"'全球史'一词与'世界史'往往相互重叠,混为一谈,但全球史更倾向于研

---

① Bruce Mazlish,"Comparing Global History to World History",*The Journal of Interdisciplinary History*,Vol. 28,No. 3(Winter,1998),p. 385.

② Jerry Bently,"Review of Mazlish and Ralph Buultjens eds.,Conceptualizing Global History(Boulder,1993)",*H-Net Book Review*(August,1995),I.

③ William H. McNeill,"The Changing shape of World History",*History and Theory*,Vol. 34,No. 2(May,1995),p. 9.

④ [美]杰里·H. 本特利著,许平、胡修雷译:《20世纪的世界史学史》,《史学理论研究》2004年第4期。

究 15 世纪地理大发现以后的时代,指的往往是 20 世纪最后 30 年以来的全球化的进程。世界史则可以把对前现代的社会和文化的研究包括进来。"①

在这种倡导人类各文化之间的联系与互动的宏观世界史或"新世界史"的基础上,20 世纪 80 年代以来美国的世界史研究正在转变为一门历史学的独立分支学科。2007 年波梅兰兹在其考察社会史与世界史的关系的文章中就认为,"在西方(尤其是北美)研究型大学里,世界史作为一个合法的学术部门的一部分的复兴不过 30 年"。② 学科化的世界史逐渐拥有了自己的组织机构、专业期刊和研究生项目。1982 年,美国建立了世界史研究的组织机构"世界史协会"(The World History Association,简称 WHA),据其官网介绍:"世界史协会是通过鼓励教学、研究和出版促进世界史的重要组织,它于 1982 年由一批教师和学者建立,他们决心为这个当时正在兴起的历史分支学科和教学领域的需要和利益服务。"尽管该组织立足北美,但其成员来自 35 个国家,在欧洲、亚洲、非洲和澳大利亚均设有分支机构。1990 年,世界史协会创办《世界史杂志》(Journal of World History),本特利任杂志主编(1990 年至今),其目标是"从全球的观点"分析历史,把"大规模的人口运动和经济波动,跨文化的技术转移,传染病的传播,远距离贸易,宗教信仰、思想和理想的传播"作为主题。③ 美国世界史学科建设的第三个标志是设置研究生项目,美国不同大学专门招收世界史方向(不是专业)的研究生。④

此外,世界史课程也日渐普及。以往英国和美国一些著名大学的历史系只讲授古典希腊罗马世界的历史、欧洲史和美国史,其他的历史则在所谓的"地区研究"的系讲授,例如"东方"研究系讲授中国的语言、哲学和历史,"斯拉夫"研究系讲授俄国的语言、文学和历史,都没有真正意义上的世界史课程。⑤ 美国试图将世界史课程确立为大学标准课程的工作几经反复,

---

① [美]格奥尔格·伊格尔斯、王晴佳等:《全球史学史:从 18 世纪至当代》,第 413 页。
② Kenneth Pomeranz, "Social History and World History: From Daily Life to Patterns of Change", *The Journal of World History*, Vol. 18, No. 1 (Mar. 2007), p. 69.
③ 详见 http://www.thewha.org/#。
④ Stanley M. Burstein, "The New AP World History Course: How Will It Can Compare with College World History Courses?" *The History Teacher*, Vol. 32, No. 2, Special Issues: Advanced Placement (Feb. 1999), p. 284.
⑤ [美]柯娇燕著,刘文明译:《什么是全球史》,北京大学出版社 2009 年,第 2 页。

其中20世纪五六十年代和80年代的两次努力都没有持续多久,直到90年代对世界史课程的兴趣不仅坚持下来还出现了稳定增长。例如在加利福尼亚州立大学系统中,从1999年算起的近十年里西方文明课程的选修人数急剧下降,仅一半学校仍将其作为主要的非美国通史课程。20世纪90年代世界史课程建设成功的原因既有个人因素,例如斯塔夫里阿诺斯和麦克尼尔等人的大力倡导,也离不开世界史协会等机构的师资支持,以及大学认为世界史比西方文明课程更适合多种族学生群体的实际需要等。①

21世纪以来,世界史课程在美国高等院校和高中与20世纪90年代相比有了更大增长。2000—2001年,美国开设世界历史课程的大学数量平均为59%,公立大学高达69%。1990年,学过世界历史的高中生占59.59%,1994年为66.72%,1998年为66.41%。到2003年,美国28个州立法要求公立高中开设世界历史课程。为了应对高中学生学习世界历史课程的需要,美国"教育考试服务中心"从2002年开始推行世界历史预科考试,当年考生达20800人。2003年,来自1474所高中的考生达到34268人。2007年考生为101975人,2009年考生为143426人,2010年考生为167789人。②那些没有开设世界史课程的大学一方面继续保留西方文明课程,另一方面增加了东方文明课程作为补充。③

二、我国世界史的现状与出路

改革开放以来,我国的世界史教材也出现了某些变化,主要标志是周吴本的《世界通史》被吴于廑和齐世荣先生主编的《世界史》(即"吴齐本")所取代,从体系到内容都变化很大。目前,经过几代世界史学者的共同努力,

---

① Stanley M. Burstein, "The New AP World History Course: How Will It Can Compare with College World History Courses?", *The History Teacher*, Vol. 32, No. 2, Special Issues: Advanced Placement(Feb. 1999) ,p. 284.

② Ane Lintvedt, "The Demography of World History in the United States", Vol. 1, No. 12003,http://en. wikipedia. org/wiki/Advanced_Placement_World_History。转引自施诚:《全球史研究主题评介》,《史学理论研究》2012年第2期。

③ 据参会的北京大学历史系朱孝远教授的大会发言。朱教授近年曾对美国大学进行过为时一年的实地考察,笔者在与他交谈中了解到上述情况。

我国作为一级学科的世界史的规模越来越大,研究水平也在显著提高。从出版物、学者和研究生的数量看,我国已经跻身于世界史大国的行列。但我们还不是世界史强国,中国世界史对国外世界史的影响还十分有限。有鉴于此,我们还需要继续努力,一代一代坚持不懈地提升中国世界史的整体水平。我们需要找出一些长期以来制约中国世界史科研和教学发展的关键问题,下工夫加以解决。

一是我国的世界史不同程度上等同于外国史,名实不符。是否可以考虑在历史学部之下设立世界史、中国史、外国史和考古学四个一级学科以为补救? 实际上,吴于廑先生早在1985年就曾设想过将世界史建设为一个独立分支学科,如他所说:"我的想法无他,只是想把世界史从囊括一切国家、民族、地区的历史这样一个包罗无遗的高大地位上请下来,想让它成为一个有限定研究对象的历史学分支,一个并非高踞于国别史、专门史之上的分支。"①吴先生所说的世界史当属于宏观世界史或新世界史,不是地区史和国别史的堆砌,其内容主要是对世界历史产生影响的历史,就像他在《游牧世界对农耕世界的冲击》《农业世界对工业世界的孕育》等论文中所表明的那样。当然,世界史学科的调整需要一个过程,在此之前可以从容易的做起,恰如其分地使用世界史和外国史的概念。例如,北京大学历史系教授彭小瑜和高岱认为,世界历史和外国历史两个概念是不一样的,学术界在研究地区史和国别史等具体历史时应用外国历史或外国史代替世界历史或世界史,如他们所言,"我们的希望是,如果大家能达成比较统一的意见,适当的时候应该将学科的名称由'世界历史'改为'外国历史'"。② 世界史的学术概念正本清源、拨乱反正了,学科分类的改变就是迟早的事情了。

二是目前作为一级学科的世界史是专业而非研究方向,致使没有专职研究世界史的学者,不利于世界史的科研和教学水平的提升。应调整现有研究力量并培养世界史的硕士研究生和博士研究生等后备力量,从根本上解决缺少专业研究和教学队伍问题。这方面国外早已这样做了,国内可以借鉴首都师范大学历史学院全球史研究中心的做法,在现有的世界史专业

---

① 吴于廑:《世界史学科前景杂说》,《吴于廑学术论著自选集》,第50页。
② 彭小瑜、高岱主编:《外国史读本》上、下册,北京大学出版社2006年,第916页。

中建立全球史(即宏观世界史或新世界史)的研究方向,部分世界史教师致力于全球史的研究与教学,同时招收相应方向的研究生。

三是目前本科教学中世界通史课程体量过大,地区史、国别史和专门史等相对较弱,关系不甚合理。是否应考虑调整世界史、地区史、国别史和专门史等现有布局,压缩世界通史,增加地区史、国别史和专门史的分量和比例,形成本科教学中世界通史、地区史、国别史和专门史内容相互衔接、水平渐次递进的课程体系?据北京大学历史系黄春高教授介绍,北大历史系数年前已经开始将世界通史压缩为一个学期的尝试,为低年级本科生开设世界通史概论课程,继之以地区史和国别史等更深入的课程。

四是世界史教材部头过大,一般分为古代、中古、近现代和当代多册,编写和阅读殊非易事。国外世界史著作和教材的体量越来越小,重在体系而非体量,我们可以适当参考。例如韦尔斯的《世界史纲》1918—1919年出版英文版,后来经过多次修订,据1971年英文版翻译出版的中译本,共计85万字。威廉·麦克尼尔的《世界史》(该书实际上是《西方的兴起》的教材版)初版于1967年,中译本根据1999年第四版译出,共计58万字。《人类之网:鸟瞰世界历史》由老麦克尼尔及其子历史学家小麦克尼尔合作完成,并于2003年出版英文版,中译本仅40.7万字。[1]

我国未来世界史究竟采用何种模式和体系,可以继续探索。有一点应该是明确和肯定的,即我们既不能再像过去那样偏重于世界史的纵向研究,也不能像国外那样主要或全部进行横向研究,而是要兼顾纵向发展和横向发展两条线索。当然,纵向发展和横向发展各自意味着什么,可以多样化地理解,写出不同观点的教材,自由竞争,最后让社会检验。倘若解决了上述问题,世界史则可以名实相符,世界史和外国史研究各自专业化(特别是研究地区史和国别史的学者无须再承担世界通史课程,讲授自己没有专门研究的地区和国家的历史),本科课程体系更加科学合理,世界史教材瘦身后学者们可以腾出更多精力研究世界史体系的创新问题。如此,再加上其他

---

[1] 参见[英]赫·乔·韦尔斯著,吴文藻、冰心、费孝通译:《世界史纲》上、下册,广西师范大学出版社2001年;[美]威廉·麦克尼尔著,施诚、赵婧译:《世界史:从史前到21世纪全球文明的互动》(第四版),中信出版社2013年;[美]约翰·R.麦克尼尔、[美]威廉·H.麦克尼尔著,王晋新等译:《人类之网:鸟瞰世界历史》,北京大学出版社2011年。

的努力,中国的世界史研究有望从大国发展为强国。

当然,宏观世界史的建立与发展还需要高水平的外国史研究作为基础,需要外国史在广度和深度上的共同推进,否则宏观世界史便失去源头活水。然而,我国目前的地区史和国别史的研究力量畸轻畸重,布局很不合理,主要集中在欧洲和北美等少数地区和英美等少数国家,其他地区和国家特别是它们的古代史和中古史的研究队伍相对较弱,甚至无人问津。因此,应该充分利用世界史升格为一级学科的机遇,大力加强世界(即外国)史人才的培养,在有条件的高校建立世界史专业,从本科生时进行外国史和外语双重训练,在此基础上进入研究生阶段的专业和外语的继续深造,从而培养出外语和专业俱佳的专业人才,彻底改变目前我国外国史研究中各种各样的外国语言制约、地区史和国别史中有些地方或时段无人问津等问题,为宏观世界史或新世界史和全球史提供空间更广、时间更长的高水平地区史、国别史和专门史等的研究成果。我们相信,只有外国史的基础打好了,宏观世界史或新世界史和全球史的大厦才会盖得高、盖得牢。

原载《经济社会史评论》2015 年第 1 期(《新世界史》第 1 辑,社会科学文献出版社 2017 年)。

简论马克思的西欧封建社会形态理论

马克思在"封建主义"(feudalism)①研究的学术史中占有重要地位,但学者们在梳理与分析封建主义研究的早中期学术史时却很少专门讨论马克思的贡献。即使在论述早期现代以来封建主义概念的演进中,马克思的研究也经常语焉不详,被一带而过,②以至于人们无法从中完整准确地认识马克思有关封建主义的理论建树。2018年是马克思诞辰200周年,值此之际,我想从几个方面简要谈谈马克思的西欧封建社会形态理论,包括马克思研究西欧封建社会形态理论的历史、内涵、适用范围及其与其他社会形态的关系等,以期能够完整准确地理解和运用马克思的西欧封建社会形态理论。

欧洲学者对封建主义的研究始于16—17世纪,发展于18世纪,大盛于19—20世纪中叶。不过,在马克思之前,欧洲学者主要将封建主义作为法律、政治和军事制度,从未在社会形态意义上加以使用。③ 从这个意义上

---

① 关于feudalism译为"封建主义"或"封建制度"是否准确的讨论,参见日知:《"封建主义"问题》,《世界历史》1991年第6期。

② S. N. Mukherjee, "The Idea of Feudalism: From the Philosophes to Karl Marx", Edmund Leach, S. N. Mukherjee, et. al. eds., *Feudalism: Comparative Studies*, Sydney Association for Studies in Society and Culture, 1985. 不过,国内学者冯天瑜教授对马克思的封建社会理论做过专门研究,参见冯天瑜:《重新认识马克思封建社会原论》,《武汉大学学报》(人文社会科学版)2006年第3期;《马克思的封建观及其启示》,《马克思主义与现实》2009年第6期。

③ [英]J. G. A.波考克著,翟小波译:《古代宪法与封建法:英格兰17世纪历史思想研究》,译林出版社2014年,第4、5章;马克垚:《西欧封建经济形态研究》,人民出版社2001年,第58—61页。

讲,马克思拓宽了封建主义的内涵,第一个研究了广义的封建主义。① 据笔者所知,马克思的西欧封建社会形态理论的研究工作始于 19 世纪 40 年代中期,结束于 80 年代早期,前后持续约 40 年时间。这一工作并非由马克思独立进行,而是经常在恩格斯的合作或帮助(例如《资本论》第二、三卷均在马克思逝世后由恩格斯编辑出版)下完成的,恩格斯本人也对西欧封建社会形态做过专门研究。因此,准确地说,马克思的西欧封建社会形态理论在很大程度上应称为马恩的西欧封建社会形态理论。应当说,马克思(包括恩格斯)著作中涉及封建概念的论述多不胜数,几乎贯穿全部著作中,但对西欧封建社会形态理论的表述主要集中于三个时期:一是 19 世纪 40 年代创立唯物主义历史观(简称"唯物史观")时期;二是 19 世纪 50—60 年代研究资本主义政治经济学时期;三是 19 世纪七八十年代专注于前资本主义社会形态时期,它们相应代表了马克思的西欧封建社会形态理论的诞生、深化和比较等的几个重要发展阶段。

马克思的西欧封建社会形态理论的诞生始于唯物史观的创立时期。在马恩唯物史观的奠基作《德意志意识形态》(1845—1846)中,马、恩首次提出西欧历史上的三种形式的所有制,即"部落所有制""古代公社所有制和国家所有制"以及"封建的或等级的所有制",相应出现于原始社会、希腊罗马奴隶社会和西欧中世纪,②这是他们第一次在社会形态意义上使用封建概念。按照这种社会形态的演进顺序,封建的社会形态后来为资本主义所取代。在 1848 年出版的《共产党宣言》中,马克思认为,到目前为止的一切社会的历史(在 1888 年该书英文版中恩格斯在此处加入以下注释:"确切地说,这是指有文字记载的历史")都是阶级斗争的历史。例如"在古罗马,有贵族、骑士、平民、奴隶,在中世纪,有封建领主、陪臣、行会师傅、帮工、农奴,而且几乎在每一个阶级内部又有各种独特的等第"。但是,在资本主义

---

① 近一个世纪以后,马克·布洛赫的《封建社会》也使用了广义的"封建主义"概念。他将封建主义视为"一种组织结构",不仅涉及传统的封君与封臣关系,还包括领主与农奴关系。参见[法]马克·布洛赫著,张绪山译,郭守田、徐家玲校:《封建社会》上卷,商务印书馆 2004 年,第 33 页及第 4、5 编。

② 《马克思恩格斯全集》第 3 卷,人民出版社 1960 年,第 25—27 页。

时代,上述对立关系简化为资产阶级和无产阶级。① 从以上所使用的相关例证看,马克思这里论述的三种社会形态显然是指西欧社会。由此,马克思认为奴隶社会和封建社会之后紧接着是资本主义社会,从而进一步确认和发展了在《德意志意识形态》中提出的三种所有制形式的论述。

马克思的西欧封建社会形态理论在资本主义政治经济学的研究中得以深化。他对资本主义政治经济学的专门研究有助于深入理解各种前资本主义的社会形态,如他所说,"资产阶级社会是历史上最发达的和最复杂的生产组织。因此,那些表现它的各种关系的范畴以及对它的结构的理解,同时也能使我们透视一切已经覆灭的社会形式的结构和生产关系……人体解剖对于猴体解剖是一把钥匙。低等动物身上表露的高等动物的征兆,反而只有在高等动物本身已被认识之后才能理解。因此,资产阶级经济为古代经济等提供了钥匙"。② 与19世纪40年代有所不同,从这一时期开始,他将自己观察社会形态的视野从西欧扩大到东方和俄罗斯。在《政治经济学批判》(1857—1858年草稿)第二篇第二节"资本主义生产以前的各种形式"中,马克思详细论述了公社所有制的三种主要形式,即亚细亚的、古代的和日耳曼的,以及后者与前两者的区别等。此外,在该节后面的论述中他还增加了斯拉夫所有制,其表述如下:"财产最初意味着(在亚细亚的、斯拉夫的、古代的、日耳曼的所有制形式中就是这样),劳动的(进行生产的)主体(或再生产自身的主体)把自己的生产或再生产的条件看作是自己的东西。因此,它也将依照这种生产的条件而具有种种不同的形式。"③从通篇看,马克思主张东西方在原始社会解体后经历了亚细亚、斯拉夫、古代和日耳曼四种公社所有制形式,其中亚细亚的、斯拉夫的与西欧的古代和日耳曼的公社所有制是并列存在的。西欧从日耳曼公社所有制基础上建立起封建所有制,后者在经过原始资本积累后又演变为资本主义所有制。因此,在《〈政治经济学批判〉序言》中,马克思在总结了自19世纪40年代以来唯物史观的一系列新发现后,对包括封建社会在

---

① 《马克思恩格斯选集》第1卷,人民出版社1972年,第251页。
② 《马克思恩格斯选集》第2卷,人民出版社1972年,第108页。
③ 《马克思恩格斯全集》第46卷上,人民出版社1979年,第496页。

内的人类各种社会形态的演进做了如下概括:"大体说来,亚细亚的、古代的、封建的和现代资产阶级的生产方式可以看做是社会形态演进的几个时代。"①在这里,尽管马克思使用了"演进"一词,但这并不意味着从亚细亚到现代资本主义等社会形态都要"依次经过"。如果考虑到前述的马克思的古代和封建概念特指西欧;那么,亚细亚与古代的、封建的和现代资本主义的生产方式应当是并列存在的。只有西欧经历了古代、封建和资本主义几种社会形态的依次演进,其中封建的和资本主义的这种承继关系后来得到更深入研究,在作为《政治经济学批判》续篇的《资本论》中,马克思通过"所谓原始积累"章研究了封建所有制的解体过程;②在"资本主义地租的产生"章中,他又考察了资本主义前各种形态的封建地租,③从而极大地深化了对西欧封建社会形态的认识。

  对前资本主义社会形态研究促使马克思将西欧与其他非西欧国家的所有制进行比较,并通过比较论述了西欧封建社会形态的内涵、适用范围及其与其他社会形态的关系。由上所述,马克思在研究资本主义政治经济学时期已经注意到各种前资本主义社会形态,如亚细亚的、斯拉夫、古代的和日耳曼的所有制等,特别是亚细亚所有制与日耳曼的区别。19 世纪七八十年代,为了回答亚非拉和俄国等尚未走上资本主义道路的国家未来究竟向何处去的问题,他通过摘抄和评注有关亚非拉民族学和人类学著作,加紧研究前资本主义的社会形态。在《马·柯瓦列夫斯基〈公社土地占有制,其解体的原因、进程和结果〉一书摘要》中,马克思否认了在德里苏丹国(1206—1526)和莫卧儿帝国(1526—1858)统治时期印度农村公社土地所有制经历了封建化,他反驳道:"由于在印度有'采邑制'、'公职承包制'(后者根本不是封建主义的,罗马就是证明)和荫庇制,所以柯瓦列夫斯基就认为这是西欧意义上的封建主义。别的不说,柯瓦列夫斯基忘记了农奴制,这种制度并不存在于印度,而且它是一个基本因素。[至于说封建主(执行监察官任务的封建主)不仅对非自由农民,而且对自由农民的个人保护作用(见帕尔格雷夫著作),那么,这一点在印度,除了在教田方面,所起的作用是很小

---

① 《马克思恩格斯选集》第 2 卷,第 83 页。
② [德]马克思:《资本论》第 1 卷,人民出版社 1975 年,第 24 章。
③ [德]马克思:《资本论》第 3 卷,人民出版社 1975 年,第 47 章。

的]……[土地在印度的任何地方都不是贵族性的,就是说,土地并非得出让给平民(而中世纪西欧实行的却是'没有无领主的土地'——引者注)!]不过柯瓦列夫斯基自己也看到一个基本差别:在大莫卧儿帝国特别是在民法方面没有世袭司法权。"此外,马克思还指出,印度集权君主制的存在阻碍了印度社会向西欧那样的封建制度演变,并且使农村公社的社会职能逐渐变为国家职能。①

事实上,在反驳柯瓦列夫斯基将德里苏丹国以来印度土地关系变化类比于封建化的过程中,马克思也同时表述了西欧封建社会形态的内涵,即农奴制、保护关系、贵族土地所有制、领主司法权和政治统治权高度分散等。类似的封建社会形态除了西欧外只在实行幕府制度的日本出现过,如他之前在《资本论》第一卷第二十四章"所谓原始积累"的注释中所说的,"日本有纯粹封建性的土地占有组织和发达的小农经济,同我们的大部分充满资产阶级偏见的一切历史著作相比,它为欧洲的中世纪提供了一幅更真实得多的图画"。② 此外,马克思并不认为他所论述的有关封建社会形态及其向资本主义的转变适用于西欧以外,即使是实行斯拉夫所有制的东欧地区也不例外。1877年11月在《给〈祖国纪事〉编辑部的信》中,马克思针对俄国民粹主义者米海洛夫斯基(1842—1904)对《资本论》的曲解,尤其是他对把西欧由封建社会向资本主义的历史演进模式套用于东方的做法痛斥道:"他一定要把我关于西欧资本主义起源的历史概述彻底变成一般发展道路的历史哲学理论,一切民族,不管他们所处的历史环境如何,都注定要走这条道路,——以便最后都达到在保证社会劳动力极高度发展的同时又保证人类最全面的发展的这样一种经济形态。但是我要请他原谅,他这样做,会给我过多的荣誉,同时也会给我过多的侮辱。"③

在马克思利用民族学材料研究亚非拉的前资本主义社会形态时,恩

---

① [德]马克思:《马克思古代社会史笔记》,人民出版社1996年,第78、68、42页。

② [德]马克思:《资本论》第1卷,第785页注释192。马克思有关日本存在封建制的论述也得到后世学者的证实。马·布洛赫在将西欧封建社会模式与日本比较后得出类似结论:"封建主义并不是'在世界上只发生一次的事件'。像欧洲一样,日本也经历了这一阶段,尽管带有一些必然的根深蒂固的差别"([法]马克·布洛赫著,李增洪、侯树栋译,张绪山校:《封建社会》下卷,商务印书馆2004年,第706页)。

③ 《马克思恩格斯全集》第19卷,人民出版社1979年,第130页。

格斯则利用马克思在《古代社会史笔记》中摘录和评注的摩尔根《古代社会》,于1884年出版了《家庭、私有制和国家的起源》,从史前社会,易洛魁的氏族以及希腊人、罗马人、克尔特人和德意志人(应为日耳曼人,下同)的氏族和国家等方面论述了西欧前资本主义社会形态的演变。他指出,西罗马帝国灭亡后,中世纪早期后半段封建国家的形成使西欧起死回生,"德意志人确实重新使欧洲有了生气,因此,日耳曼时期的国家解体过程才不是以诺曼-萨拉秦人的征服而告终,而是以采邑制度和保护关系(依附制度)进一步发展为封建制度而告终"。由此,古代的奴隶制、中世纪的农奴制和近代的雇佣劳动制,"这就是文明时代的三大时期所特有的三大奴役形式"。① 与此同时,恩格斯在80年代还发表了《法兰克时代》(1881—1882)、《马尔克》(1882)和《论封建制度的瓦解和民族国家的产生》(1884)等一系列重要著作,对西欧封建社会形态的起源、发展和解体进行了全面深入的论述。由此,马恩关于西欧封建社会形态的理论逐渐臻于成熟。

综上所述,马克思在上述著作中提出了在资本主义前存在包括封建在内的六种生产方式或社会形态,分别是原始社会、亚细亚社会、奴隶社会、斯拉夫社会、日耳曼社会和封建社会。② 其中马克思的封建主义概念(即封建社会形态)既是广义的,又是区域性的,即它只存在于西欧中世纪和幕府统治时期的日本。应该说,马克思的西欧封建社会形态理论自始至终没有出现根本变化。如有学者认为,马克思持续40年的中世纪经济史研究一以贯之,早期呈现的内容较为简单,后期著作经常更加详细和精致,前后内容很少存在矛盾之处。③ 我国直到20世纪才普遍接受马克思主义的社会形态意义上的封建概念,④近年来,我国学者也对古代中国特别是秦汉至明清是

---

① 《马克思恩格斯选集》第4卷,人民出版社1972年,第172、174—175页。
② S. N. Mukherjee, "The Idea of Feudalism: From the Philosophes to Karl Marx", Edmund Leach, S. N. Mukherjee, et. al. eds. , *Feudalism: Comparative Studies*, Sydney Association for Studies in Society and Culture, 1985. p. 36.
③ John H. Pryor, "Karl Marx and the Medieval Economy", *The Journal of the Sydney University Arts Association*, Vol. 18(1996), p. 69.
④ Arif Dirlik, "Social Formations in Representation of the past: The Case of 'Feudalism' in Twentieth Century Chinese Historiography", Review (Fernand Braudel Center), *Social Sciences*, Vol. 19, No. 3(Summer, 1996), pp. 227–267.

否是封建社会展开讨论。① 解决上述问题离不开厘清封建概念,包括马克思的封建概念在内,因而重温马克思的西欧封建社会形态理论将不无裨益。

原载《史学理论研究》2018 年第 2 期。

---

① 中国社会科学院历史研究所、中国社会科学院经济研究所、中国社会科学杂志社《历史研究》编辑部编:《封建名实问题讨论集》,江苏人民出版社 2008 年。

第三部分

综述、书评与书序

中外封建社会劳动者生产生活
状况比较研究讨论会综述

1985年5月5—10日,由中国社会科学院《历史研究》编辑部、中国世界中世纪史研究会、南开大学历史系和天津师范大学历史系联合发起的"中外封建社会劳动者生产生活状况比较研究讨论会"在天津师范大学举行。来自全国各地的专家学者和中青年史学工作者共九十余人参加会议,提交论文、译文四十余篇。正在我国有关单位讲学和从事研究的联邦德国明斯特大学汉斯·陶特伯格教授、香港中文大学郭少棠副教授和香港学者关文斌先生也应邀参加了会议。

会议讨论的中心议题是:一,有关劳动者生产生活史比较研究的理论和方法论问题;二,中外封建社会劳动者生产生活状况的比较。

与会同志畅所欲言,各抒己见,就上述议题及有关问题进行了热烈讨论。持不同见解的同志相互之间进行了热烈而友好的交锋。

现将会议中讨论的主要问题和各家见解及主要的一致点、分歧点扼要地分类归纳如下,以供对此有兴趣的同志进一步探讨。

一、有关劳动者生产生活史比较
研究的理论和方法论问题

1. 如何估量劳动者状况的比较研究在社会历史比较研究中的意义

对于这个问题,大家比较一致的看法是,研究劳动者的生产生活状况史具有重要的意义,但对它在整个历史研究中究竟处于什么地位,见解有所不同。

庞卓恒（天津师范大学副教授）认为,唯物史观揭示了历史运动本身所固有的前提和层次,历史比较研究也就应该相应地遵循一定的前提和层次。以劳动者为主体的现实的人、他们的活动和他们的物质生活条件是唯物史观现实前提的三个层次,然后才有更高的历史层次。而现实的人的"自主活动",首先是生产活动,是初始性的层次。人类社会发展的历史归根到底是现实的人们"个人本身力量发展的历史","始终只是他们的个体发展历史",而"个体"又首先是通过社会性劳动而发展其物质生产力和精神生产力的,所以归根到底,"劳动发展史"是理解全部社会史的"锁钥"。（参见《马克思恩格斯选集》第1卷,第24、49、74—79页;第2卷第254页）因为正是人们的生产劳动和其他物质实践活动及引起的人们物质生产力和精神生产力的发展,是推动生产力与生产关系、经济基础与上层建筑的矛盾运动由低级向高级发展的"总能源"或终极原因。他由此认为,只有把各个民族各个时代劳动者的具体的生产生活状况及其物质力量和精神力量的发展条件和状况作为历史比较研究的第一个层次,再向上逐层剖析,才能比较生动而具体地揭示出社会基本矛盾运动的一般规律和各历史阶段的特殊规律。

戚佑烈（哈尔滨师范大学教授）持有相似的见解。他认为,封建社会劳动者生产生活状况史的比较研究,对于封建社会史的研究具有重要意义。劳动者的物质生产活动是其他社会实践活动的物质基础,是社会发展的根本动力。劳动者的生产生活状况集中地、具体地体现着生产力的性质和生产关系状况及其矛盾运动。因此,对此问题的研究有助于封建社会史研究的深入。张雅琴（上海市委党校副研究员）认为,关于封建社会农民问题,以往只偏重于农民战争的研究,因之,开拓封建社会农民问题研究的新领域,分析各国封建社会农民生产生活状况的共同规律和各自特点,总结历史经验,是一个重要的研究课题。项观奇（山东大学教师）发言说,研究劳动者的生产生活状况,实质上就是研究直接的物质资料的生产活动,而且是具体的历史的有血有肉的生产活动。这样就把历史上特定的生产力与生产关系的统一形式描示出来,就找到了活的历史基础。这对于克服历史研究中的教条主义有很大好处。他同时指出,不能把研究历史上劳动者生产生活状况和研究生产力、生产关系割裂开来。林振草（贵州大学讲师）也认为研究封建社会劳动者生产生活状况有利于深入地剖析封建社会的经济结构、阶级结构,有利于对历史发展的普遍规律和特殊规律的探索。谢重光(北京师范大学攻读博士学位研究生)认为,把劳动者为主体的现实的人及其活动作为研究的第一个层次,是一种有创造性的设想,因为光研究经济关系是不够的,很有必要研究各国生产者的生产生活状况,包括各自的民俗、宗教等历史传统。此外也有必要加强研究剥削者、统治者方面的各种状况。黄敏兰(陕西省社会科学院)认为,中外封建社会劳动者生产生活状况的比较是历史比较研究的重要内容,对这一问题的深入探讨标志比较历史学的研究在我国发展到了一个新阶段。苑一博(内蒙古大学助教)认为,我们以前的历史研究只注意了生产关系和政治制度的研究,对生产力和意识形态的研究是很不够的,对生产力中最活跃的因素——劳动者的研究则更不够了,因此,对中外劳动者生产生活状况进行具体的对比性的研究,对于把今后的历史研究推向深入,在方法论上无疑是一个重大的突破。不过,他认为,除了研究劳动者生产生活状况外,也不能忽视劳动者思想状况的比较研究。金佩林(哈尔滨师范大学讲师)持有类似见解,认为应补充劳动者的精神生活、信仰、认识等方面的比较研究。黄健荣(广西师范大学助教)认为研究封建社会劳动者状况有利于深入解剖封建社会经济结构,并通过分析劳动者状况与社会发展进程的关系促进对历史规律的探索,总结历史经验。他认为,如果把劳动者生产生活状况及其历史地位和作用结合起来进行比较研究会更有意义。胡晓登(哈尔滨师范大学研究生)以我国世界史和中国史在一些研究领域难以深入的情况为例,强调指出研究劳动者生产生活状况史的意义。他认为,从总体上看,我国历史研究存在着一种把历史研究对象固定在历史中一些较高级和较复杂的表象和范畴上的倾向,即停留在一些由社会基本层次决定的较高级层次上,如生产关系对生产力的反作用,政治制度和意识形态,以及阶级结构、阶级斗争和商品经济等,而对于更具体、更基本的社会层次缺乏深入研究。这个层次就是劳动者的物质生产活动及其方式,以及劳动者进行的一系列社会实践活动,此基础上才产生出相应的其他较复杂和较高级的层次。孙立新(山东大学研究生)认为,劳动者生产生活状况的比较研究是一次开拓性的尝试。它在研究方法上运用比较史学,在研究课题上引进社会学的内容。通过具体地分析劳动者的生产生活状况,可以触摸到整个社会关系的链索。运用社会学的方法研究历史,不仅可以更全面、更生动地描述人类历史的各方面的活动,增加历史研究的立体感,而且有助于我们更科学地从活生生的历史实际而不是从抽象的理论概念中揭示历史发展的规律性。祝乘风(东北师范大学研究生)也认为,这次讨论会的主题不同于以往只是从生产力、生产关系,经济基础、上层建筑或阶级斗争等某一方面专门探讨历史发展的终极原因,而是把这诸方面集中到现实的人身上,在对中外封建社会劳动者生产生活状况的比较中揭示出封建制度发展的规律及各国不同特点,因而具有重大的现实意义和理论意义。不过,他认为与此有关的一些理论问题还有待于探讨。

总之,大家普遍觉得研究劳动者的生产生活状况确是一个新的角度和一次新的有益的尝试。不过,对与此有关的许多理论和方法论问题,还存在较大分歧,其中主要是下面第2、3、4项中所涉及的问题。

2. "以劳动者为主体的现实的人"的含义是什么?怎样同历史唯心论者所说的"抽象的人"划清界限?

吴天颖(北京经济学院副教授)认为,庞卓恒的论文和发言中提到的一些概念的内涵与外延尚欠明晰,如"以劳动者为主体的现实的人"是否只包括物质生产者?如果是这样,他们的"社会政治活动"和"精神交往活动"又如何能创出"社会政治制度"和精神财富?他认为,原来庞文所说的"劳动者"是囊括圣君贤相和骚人墨客在内的熔统治阶级与被统治阶级于一炉的"劳动者",并视之为"推动整个社会基本矛盾运动向前发展的总能源或原动力"。他认为,应该承认统治阶级杰出人物的历史作用,甚至在一定条件下的决定性作用,但无须将他们纳入"劳动者"的行列。他希望庞卓恒以更大的理论勇气旗帜鲜明地对此加以论证。他还认为,不能把物质生产活动独立于生产力与生产关系之外,因为并不存在游离于一定的生产力与生产关系之外的物质生产活动。另一些同志也提出了类似的问题。祝乘风认为,问题是把这种现实的人的活动抽出来作为一个起点或原动力,而且认为这种活动的结果才是生产力和生产关系,这样就把本来包含生产力与生产关系等要素的现实的人与生产力和生产关系割裂开了,实质上更接近于生物的人。牛致功(陕西师范大学副教授)也认为,庞文虽对"历史唯心论者津津乐道的抽象的人性,理性化身的人"持否定态度,但如果在生产力与生产关系、经济基础与上层建筑之外去谈"现实的人",就可能与历史唯心论殊途同归。

对于这类问题,庞卓恒做了一些说明。他认为,马克思恩格斯论证的"现实的人"总是同其在一定社会关系中的实践活动和相应的物质生活条件联系在一起的;而相互联系的事物是可以而且应该按其层次关系分别加以研究的,正如生产力与生产关系、经济基础与上层建筑虽是不可分割的,但仍需对它们分层次地加以研究一样;而且研究以劳动者为主体的现实的人的生产生活过程及其在经济、政治和精神各个领域的实践活动,正是为了具体地阐明各个民族、国家及其在各个历史阶段上的生产力与生产关系、经济基础与上层建筑的矛盾运动的具体规律性,而坚持这个方向,就绝不会与历史唯心论者鼓吹的抽象的人殊途同归或互相混淆。而如果不从现实的人的物质生产活动和与之相适应的较高层次上的实践活动入手去阐明社会基本矛盾运动,去阐明各种社会关系发生发展和衰亡的原因,那么各种社会关系本身的兴衰受什么力量制约以及社会基本矛盾运动究竟是怎样发展也都难于理解了,而且那就容易把具体而生动的历史过程中的基本矛盾运动变成抽象的公式化的运动或某种命定论的模式的运动。他还认为,马、恩所论证的"现实的人"显然既包括劳动阶级也包括剥削阶级,阶级划分本来是生产力相对低的条件下的"分工规律"的作用的结果,而"分工只是从物质劳动和精神劳动分离的时候起才开始成为真实的分工"(《马克思恩格斯选集》第1卷,第35页)。因此,在古代阶级社会中,从事"精神劳动"的人一般都是剥削阶级成员,不属于通常意义下的劳动者之列;在现代资本主义社会中,不从事剥削的"白领劳动者"已不属于剥削阶级;而进入社会主义以后,所有的精神劳动者都是整个社会劳动者的一部分了。一方面,阶级社会中的剥削阶级是"支配着物质生产资料的阶级,同时也支配着精神生产资料"(同前书,第523页),因而其历史作用应予以足够重视;另一方面,阶级社会中的物质生产者虽处于被统治地位,但在总人口中居于占绝大多数的"主体"地位,是作为一切较高层次的历史活动基础的物质生产活动的主要承担者,毕竟是他们的活动及其相应的物质力量和精神力量的发展状况和水平最终决定着剥削阶级拥有什么样的活动舞台和活动范围,决定着剥削阶级在什么范围内是"必要的阶级",在什么情况下就会变成"多余的"因而必然被推翻的阶级,因此应该首先研究劳动者的生产生活过程,从而才能阐明各种剥削阶级怎样从必要阶级转化为多余阶级的过程。同时,他也表示,在进一步修改自己的论文时,将按吴天颖等同志的一些批评意见,把尚欠明晰的概念和论点进一步明晰起来。

看来这个问题还有待于结合理论和历史的研究进行深入的探讨。

3. 怎样看待社会历史运动的"原动力"或"终极原因"?怎样看待人们的物质生产活动以及相应的较高层次的活动与社会基本矛盾运动的关系?

马克垚(北京大学副教授)认为,社会是如何发展的问题原则上是解决了,即马克思所讲的生产力与生产关系的矛盾运动。但如果我们停在这一步,就等于什么也没说,什么也没做。然而做起来困难很大。国外有的马克思主义史学家认为在历史中不能期望找到最终的推动者。马克垚认为最终是可以找到的,但现在还为时过早,还需几代人的努力。项观奇认为就人类历史发展而言,终极原因在于物质生活资料的生产活动;但从绝对意义上去理解终极原因是不合适的,因为任何具体的矛盾运动形式都不是"终极原因",如果一定要说,那就只能按唯物辩证法作哲学概括,这就是矛盾,矛盾是事物发展的动力和源泉。他认为,似乎没有必要在现实的人和生产力、生产关系之间寻找哪一个更是"终极原因"。

李光霁(天津师范大学副教授)不同意把劳动者的物质生产等实践活动及其积极性、主动性、创造性的发挥说成是历史发展的原动力或终极原因。他认为,人类社会内部结成的诸种关系,包括生产关系(经济关系)、政治关系(包括阶级关系、法律形式)、思想关系(精神关系)以及血缘关系(家族宗法关系)都直接或间接地对劳动者的主动性、积极性和创造性的发挥起着制约作用,抛开人类社会的诸种关系孤立地探讨劳动者在历史上的作用是不妥当的。他认为终极原因就是基本矛盾运动,无须另外附加什么。刘修明(上海社会科学院助理研究员)持有近似的见解。他认为,封建社会的劳动者也是社会关系总和的产物,应该重视社会关系的比较。但社会关系有广泛的含义,不应简单以生产关系、阶级关系概括。单纯的生产(无论是物质生产还是人的生产)和生活的比较有研究意义,但不是决定性的。

孙义学(东北师范大学副教授)对此持有不同看法,他认为群众的生产和生活状况不仅直接关系着生产力的发展,还关联着人们的精神生活和社会生活。固然,人们的生产和生活是受一定的生产力和生产关系制约的,但劳动者同时又在不断地改变和创造着新的生产力和新的生产关系,而这种改变和创造又是和劳动者的精神生活状态分不开的。例如,在性质相同的资本主义社会制度下,处于相对落后的生产力和生产关系的条件下的俄国劳动人民反而首先完成了社会主义革命。只抽象地强调生产力和生产关系是历史发展的终极动力,而忽视劳动群众的精神能动作用,是机械唯物论。因此,研究劳动人民的生产生活状况及其相应的精神状况,有特别的积极意义。

庞卓恒认为,以劳动者为主体的现实的人及其以物质生产活动为始基的各个层次的实践活动,虽然总是同一定生产力与生产关系、经济基础与上层建筑的"关系"或"结构"相联系的,但毕竟是可分的。例如,"生产"同"生产力"毕竟是两个可分的范畴,而只要不把物质生产力看成工具、机器、土地、厂房和劳动力等"要素"的静态的"综合体",就得承认它是人们在"生产活动"中发展起来的生产物质资料的实践能力的结果;又如,不把原始公有制向个体私有制的转变看作是某种命定论式的"矛盾"演进"模式"起作用的结果,而且,"社会结构和国家经常是从一定个人的生活过程中产生的"(《马克思恩格斯选集》第1卷,第29页)。因此,他认为,应该承认"活动"与"活动的结果"之间的因果联系,而如果承认这种因果联系,就得承认以劳动生产为始基的活动是更深一层的"终极原因"。虽然作为活动的结果的诸种关系又反过来对劳动者为主体的现实的人及其活动发生制约作用,但如果抛开其因而单纯强调作为其结果的"诸种关系"的制约作用,那"诸种关系"本身的产生和演变又受什么力量制约或决定呢?如果仅仅回答说那是"诸种关系"本身的"矛盾"决定的,从抽象概念上似乎可以说得通,但对于任何一个具体历史过程的因果关系很难作出回答,或者只能作出互相矛盾的、多元论的回答。

这里还涉及到了劳动者本身物质力量与精神力量的发展与制约其发展的各种因素的关系问题。庞卓恒虽然承认后者对前者的制约作用,但强调前者终归是"自变量"而后者是"因变量"。持不同意见的同志认为不能简单地把两者看成是"自变量"与"因变量"的因果关系,而只能承认其相互作用的关系。实际上这些争论已涉及一系列更复杂的哲学本体论和方法论问题,亦即近年来在科学哲学中激烈争辩的一些问题,如是否只应承认"各种因素"相互作用而不承认任何"终极原则和因果必然性"以及"决定论"的问题,还包括"单一的线性因果决定论"与"一元多因素决定论"(即一终极原因在多种不同因素制约下的多向决定论)如何区别问题。显然,这一系列哲学本体论、方法论问题的解决将有助于上述争议问题的解决。

4. 怎样认识劳动者生产生活条件与社会历史进程的关系?

劳动者生产生活状况的改善与社会历史发展的关系是否具有"同步性"和"因果性"?对此,大家进行了热烈的讨论。

朱寰(东北师范大学教授)认为,随着人类社会的发展和进步,劳动人民的生产和生活状况逐渐得到改善;人类进入文明社会以来,劳动人民从奴隶身份经过农奴、依附农民到雇佣工人到社会主义工人和农民,身份地位是不断得到改善和提高的。但就某一国家某一历史时期而言,劳动人民生产和生活状况的好坏不一定与社会的发展和进步成正比。还应看到,"生产的每一进步,同时也就是被压迫阶级即大多数人生活状况的一个退步"(《马克思恩格斯选集》第4卷,第173页)。

张云鹏(武汉大学教授)不同意有的同志简单地把劳动者生产生活状况的好坏与社会发展快慢对应起来的观点。他说,庞卓恒的文章并不是说农民的生活过好了,收入增加了,社会就进步了。如圈地运动和产业革命确实是人类历史的一个进步和飞跃,但劳动者的生活并未因此改善。所以,我们不能简单地得出"劳动者生产生活状况改善了,社会就进步了"这样的结论。但封建社会发展究竟取决于什么?马克思曾说过,"超过劳动者个人需要的农业劳动生产率,是一切社会的基础,并且首先是资本主义生产的基础"。劳动生产率不提高,社会怎么能够前进呢?但并不等于劳动生产率提高,人民的生活状况就一定会得到改善。

戚佑烈、林振草也持有类似见解。陶松云(复旦大学副教授)也认为,劳动者生活水平与社会历史进程关系要作具体分析。如原始积累,就意味着剥夺农民土地,意味着劳动人民生活水平下降,但不经过原始积累就不可能过渡到资本主义。王渊明(杭州大学教师)认为,在比较封建社会各国劳动者的生产生活状况时,应该把各国封建生产关系、历史环境等多种因素结合起来进行考察,以生产和生活状况作为其主线,也还要设立分线和侧线,否则就难以讲清问题。

孙义学不同意一些同志把封建社会解体时期原始积累过程中的英国农民生产生活状况与封建社会进入解体期以前的英国农民的生产生活状况进行类比,认为这样做势必违反比较对象的同一性。他认为即使在原始积累过程中,从农民土地被剥夺这方面来说,处境恶化了,但转化成雇佣工人后,生活水准如何要作具体研究。而就封建社会本身而言,因为维持和扩大再生产的资金主要靠劳动者的自身积累,劳动者生活充裕些,就意味着再生产条件好一些,劳动者的消费本身是再生产的必要条件,首先是维持劳动力再生产的条件,所以劳动者的物质生活水准的高低,直接关系着生产力的发展。他不同意劳动生产率增长同劳动者物质生活水准成反比的说法;生产率提高,剥削可能相应地加重,但不等于劳动者生活水准也下降(个别情况除外)。

孙义学还认为,劳动者自己的剩余产品增加,不仅可以改善生活、增加生产投资,而且可把剩余产品投入市场,促进商品经济发展和封建制度的解体。如果广大劳动特别是农民没有余资余力发展商品经济,那商品经济就必然只能控制在封建主阶级手中,那种商品经济就不但不能瓦解封建制度,反而会巩固它。

庞卓恒认为,考察劳动者的生活水平固然重要,但更重要的是具体考察其生产条件和状况,如占有多少生产资料?劳动生产率多高?扩大生产投资的可能性多大?提高自身及其后代劳动力素质(体力与智力)的可能性有多大?他解释说,考察劳动者拥有的净余率,其目的主要在于估量其提供物质资料再生产和改善劳动力再生产的可能性;而只要承认劳动者是生产力的主要承担者和推动者,就理当承认劳动者的生产生活条件好一些,社会生产力的发展速度和整个社会历史进程就会快一些。劳动者生产生活条件当然又是受多种自然和社会因素制约的,但所有那些制约因素都是首先聚焦到对劳动者生产生活状况的影响才进而影响生产力发展速度和整个社会历史进程的。

显然,这个问题上的分歧意见,是同前面几个理论问题联系在一起的。

5. 关于历史比较研究的一般理论方法论问题

许多同志都谈到,在对封建社会劳动者状况进行比较研究时,也像一般历史比较研究一样,要注意比较对象的可比性和同一性。

陈兆璋(厦门大学副教授)、戚佑烈、王渊明等同志都提到,需要对各国封建社会劳动者状况进行分阶段、分地区、分阶层的研究和比较,在此基础上进行综合性比较,才能得出较为确切的结论。尚祖琦(西南师范大学教师)谈到了对同一国家或地区的不同时期的纵向比较与不同国家或地区的同一阶段的横向比较的关系。他认为两种比较都需要,而横向比较尤需加强,这方面也最薄弱。原因之一是许多同志都只侧重于研究某一国家或地区的历史,难于进行多国多地区的横向比较;再就是思想不解放,不敢承认中国在历史上有过落后的方面或时期,因而不敢实事求是地进行中外历史的横向比较研究。

一些同志谈到了比较研究中求同求异的关系问题。黄敏兰认为,应该注意到历史唯物主义与历史学的区别:历史唯物主义的研究对象是生产力与生产关系、经济基础与上层建筑之间的矛盾运动规律,从中揭示人类社会发展的普遍规律,其方法具有高度的抽象性;而历史学是探讨各国各地区历史的具体过程,从中找出它们发展的特殊规律。因此,比较研究也应着眼于比较各地区各国发展的特点和差异,求异才更接近于历史学研究的目的。孙义学则认为,求同与求异两者是统一的,并非互相排斥。求同,就是通过许多复杂历史现象的比较,找出其共同的属性和规律;求异,就是在已知的共同规律基础上探求各自的特点及其影响和作用。陶松云认为求同、求异都不应停留在现象上的异同罗列,而要深入触及历史的本质,总结历史经验,启发人们思考现实社会中发生的重大变革,促进现实社会的发展。钱志和(宁夏大学讲师)、陈鸿琛(《上海社会科学》编辑)也认为,历史比较研究应着重于对社会主义四化事业有现实意义的重大课题,不断开拓新的史学道路。

陶松云、项观奇、胡晓登以及其他一些同志还谈到了在历史比较研究中运用自然科学的方法问题。大家比较一致的看法是,自然科学方法,特别是数学方法和某些横断科学方法,对历史研究具有重要意义,应积极引进。同时大家也比较一致地认为,只有在辩证唯物主义与历史唯物主义指导下,才能在社会历史研究中真正科学而富有成就地运用自然科学方法。

二、中外封建社会劳动者生产生活状况的比较

1. 关于中外封建社会农民生产生活状况的异同及其对各自封建社会进程的影响

侯建新、张永健(天津师范大学研究生)在提交的论文和发言中,以英国农民状况为例,认为英国中世纪农民,在他们所处的历史条件下,有着较中国的农民为高的净余率。约50%以上的农民在正常年景净余率可达10%—20%以上,并在此基础上产生出一个强有力的富裕的自耕农阶层。这正是英国农民能在促进城市和商品经济的发展、加快自然经济和农奴制解体中起主要作用的重要物质基础。谢天冰(福建师范大学讲师)认为,研究劳动者生产生活状况还应注意社会关系、土地制度等因素的影响。如英国维兰实际上拥有相对牢固的、没有竞争的土地所有权,他们遭受的是分散的超经济强制,比较容易受经济力冲击而逐步削弱;他们从事农牧混合经营。这些都是英国维兰发展自己经济的有利因素,这些条件促成了英国资本主义迅速发展。陈兆璋认为,应对英国农民进行阶层分析;除了维兰外,还应注意自由租佃农。如13世纪末,英国自由租佃农数量还在继续增长。科斯敏斯基据1279年《百户区卷档》的材料,统计了五个郡的十个百户区的9934农户,其中农奴占58%,自由佃农约占42%。但他统计的是农奴制较发达地区,如果着眼于整个英国,把自由租佃农占优势的郡一起估计在内,自由租佃农比例更大。如当代经济史学家哈彻认为,13世纪末年英国农奴户不过只占全国农户总数的三分之一强。据科斯敏斯基估算,自由佃农中约有59%占地在1/4威格特以下,但他们的负担较维兰轻得多,净余率也就必然不同。还有茅屋农,他们的生产生活状况也不同于维兰。

王渊明以法国为例进行探讨,认为劳动者的生产生活状况与社会经济、政治和思想文化的发展有密切联系,但不总是"同步"或正比的关系。如11—13世纪法国农民生产生活状况的好转的确伴着农奴制解体以及城市经济的兴起和发展;但14、15世纪农民生活状况急剧恶化,而农奴制解体过程却发展得尤为迅速。15世纪下半叶至16世纪上半叶农民状况好转伴随

着资本主义萌芽条件的形成,而17、18世纪农民状况恶化时,资本主义却继续孕育成长。他认为从封建社会全过程来看,劳动者生活得较好乃是一种短暂的现象。

朱寰以俄国为例,进一步论证劳动者生产生活状况好坏不一定与社会进步成正比。例如,俄国9—11世纪农民是自由斯美尔德;12—15世纪是世袭领地下的依附农民;15—19世纪是各类封建地产中的农奴。俄国历史发展最迅速时期不是农民生产生活条件较好的自由农民时期,而是17、18世纪农奴制占统治地位时期。李景云(南开大学讲师)对俄国封建社会晚期的自由农民——"黑色农民"和"黑土制度"做了分析,认为他们处境较依附农民优越。但是在俄国顽固的封建势力的层层重压下,他们不仅得不到发展,而且日益削弱。从人数有限的黑色农民中产生出来的大商人和大资产者寥寥无几,这些人对俄国经济、政治影响也微乎其微。这不能不是俄国封建社会经济发展缓慢的一个重要原因。

祝乘风把日本庄园农民与英国庄园农民做了比较,认为日本庄园农民对土地的家族式的占有和经营是整个庄园经济的基础,同时也是庄园制度的否定因素;名主可以上升为武士,脱离农业生产而进入城市,这使农民生活空间扩大。农民创造的剩余产品通过名主—庄官—庄园领主这样一条通道运往城市供领主和武士消费,领主和庄官把这些年贡等产品投入市场,换回他们所需各种物资;商品交换的双方不是作为直接生产者的农民,而是庄园领主和庄官,领主阶级成了商品交换的承担者;他们对农民剥削越残酷,所得剩余产品也越多,流通中的商品也越多。他由此倾向于认为,主要是日本的封建领主阶级对商品经济发展起重要作用。

孙义学等同志认为,从历史发展全过程来看,虽然会有种种曲折或反复,但总的趋势是劳动者的生产能力和生活水准逐步有所提高,社会历史进程也相应地向前推进。如西欧,封建时代的农民无论如何不能说比罗马帝国时代的奴隶生活水平还差;同样,15、16世纪英国的自耕农无论如何不能说比11、12世纪的农民的生活水平低。又如日本的本百姓(自耕农),净余率也是不断有所增加的。而农民拥有的净余率增加,不但可以改善生产生活条件,而且把多余产品投入市场,由此才真正促进自然经济和封建制度的解体。因为农民原是自然经济的主要承担者,如果农民不转化成商品生产者,就不可能促成封建主垄断的商品经济转化为广大农民参与其中的国民商品经济;而封建主商品经济却只能是自然经济的补充,而不可能是它的对立物。

在讨论中,一些专治中国史的同志还就影响中国封建社会发展快慢的因素,从新的角度进行了探讨。

冯尔康(南开大学副教授)对中国自耕农及其经济进行了系统考察后指出,中国封建社会一直存在着自耕农,并构成一个自耕农阶级。自耕农有独立经济,不在地主与佃农组成的生产关系范畴之内,但也是自然经济,与地主经济同属于封建经济范畴。自耕农在创造中国古代文明方面,做出了贡献,同时又是导致中国封建社会长期缓慢发展的重要因素。自耕农是自然经济的有力维护者,自耕农经济是封建政府经济基础的一个组成部分,又是封建政府的政治支柱之一。中国封建社会既有发展,而速度又非常缓慢,以致延续两三千年之久,自耕农是造成这种状况的重要因素。他指出,自耕农在封建国家压榨下,在自然经济下的单一农业生产,决定了它的经济不可能大发展,而它的佃农弟兄的经济更没有出路。对自耕农的研究使我们认识到农民富裕之路,是要在良好的政治制度下改变个体经济结构和单一的农业结构,变自然经济为商品经济;还使我们认识到,以农民和农业为基础的社会,只有农村的进步,才能促进整个社会的长足发展。杨国宜(安徽师范大学副教授)对宋代自耕农和佃农生产生活状况进行了探讨,认为由于他们政治地位和经济生产较前代有很大改善,与西方国家的农奴相比有较多的自由,因而生产中能够发挥较高的积极性。因此,当时中国社会在世界上处于领先地位。可是由于他们大都只能维持简单再生产,不能把宋代社会推向更高的阶段。杨生民(北京师范大学副教授)通过中国汉代与西罗马帝国和法兰克时代劳动者社会身份的比较,认为汉代社会性质与法兰克社会更为相似。梁作擀(暨南大学副教授,因故未能到会)在提交的论文中,对法兰克王国与唐宋帝国的社会生活做了比较,认为两者类似而又各有特点。

肖少秋、陈景彪(中央党校)对明清时期中国江南地区的自耕农和佃农的生产生活状况进行了分类型、分时期的定量性的考察,引起了许多同志的兴趣。

一些同志谈到,要深入探讨中西封建社会劳动者生产生活状况的异同及其对各自社会历史进程的影响,特别需要进行大量的、艰苦的定量性考察,笼统地讲"恶化"或"改善","食不果腹,衣不蔽体"或"丰衣足食"等,不但难于说明问题,还往往导致对历史真相的误解。许多同志还谈道,定量考察难度极大,不可能一下就做得比较令人满意,但只要大家重视起来,坚持做下去,总会逐步地由不精确到比较精确一些。

2. 关于中外封建社会农业劳动生产率和剥削率的比较问题

在讨论封建社会生产生活状况时,涉及劳动生产率和剥削率的估计问题。

马克垚提到,波斯坦等一些经济史学家认为,由于在封建社会下技术停滞,土地单位面积产量基本上没有提高,而人口却在不断增加,随着荒地开垦达到极限,必然是平均占有土地面积不断减少,所以封建社会中劳动生产率有一种下降趋势。如果确是这样,那么封建社会下小农经济的繁荣必然导致它本身的衰落,而且也只能以简单再生产循环,封建社会将成为一种贫困的无出路的社会。不过,马克垚认为,即使承认11—13世纪西欧土地单位面积产量没有增加而人口在不断地增加,也须估计到随着城市的发展,非农业人口也在增加,因而不能把增加的人口全都算为农业人口,因此劳动生产率下降说是否真适用于西欧,还有待详细考察。他还认为,从中国封建社会较长时期的情况来看,魏晋到唐亩产量也大体不变,但唐到宋亩产量却有巨大提高,这是由于生产工具的改进、江南的开发、水稻种植的推广取得的。而西汉的人口数与宋的人口数则大体相当,所以中国的例子说明劳动生产率下降说并不成立。

张云鹏指出,波斯坦关于地力枯竭与产量下降的理论已不断受到批评。如英国学者坎贝尔在1983年的一篇论著中指出,在13、14世纪,英国有许多地区的农业是不断进步的,也是丰产的。

张永健认为,如果多方面考察,就可以看出,西欧封建时代农业劳动生产率的总趋势是上升的,生产技术也是不断改进的。特别是随着生产方式的某些变动,如农奴劳役折算为货币,农奴劳动的积极性的提高等,都影响到农业生产率。所以不应只强调地力枯竭和人口增长因素而不注意农业本身发展的因素。

与这个问题相联系的是,在生产率提高的情况下,剥削率是下降了还是提高了?劳动生产率、剥削率等因素对社会历史进程有何影响?

朱寰认为,封建主对农民的剥削程度要受到生产发展水平的限制,但是,一般地说,封建主是不会允许农民有过多的剩余的,他们对农民的剥削随时都有可能增加。例如,16世纪俄国的劳役地租在初期占农民收入的1/4至1,剥削率为25—33%,到这个世纪末却达50%,剥削率显然增加了。

张云鹤说,20世纪50年代苏联学者曾讨论过这个问题,波尔什涅夫认为,封建社会的剥削率是不断上升的,但这与西欧许多国家的历史事实不符。斯卡兹金认为,不能把封建社会剥削率与资本主义剥削率画等号,封建社会的剥削率并不总是上升的。他指出,如果劳动生产率总是下降,而剥削率总是上升,那么怎么能从农业自然经济中产生资本主义因素呢?

孙义学不同意所谓"劳动生产率越是增长,劳动者负担越重,生活水准越下降"的观点。他以日本江户时代本百姓(自耕农)为例,如江户初期规定每町步产10石,收租四成,到18世纪地租增至六成甚至七成,但生产也提高了四成,耕地增加了一倍,农民净余率还是有所增加。

庞卓恒认为,无论从理论上还是从史实上都可以证明,只有农业劳动生产率有所增长和超过农村人口基本生存需要的剩余农产品有所增加,非农业生产部门才可能相应地发展,社会分工交换规模也才有可能相应扩大;因此农村自然经济瓦解过程的快慢,归根到底取决于农业劳动生产率的增长程度和与生产率、剥削率有联系的农民拥有的产品净余率的大小。他认为,用单位面积产量来衡量农业劳动生产率极不科学,像波斯坦那样用西欧封建社会中后期处于重重危机中的领主自营地上的单位面积产量作为衡量农业劳动生产率的标准更不科学;真正的农业劳动生产率应是除去生产费用后的农业劳动力的人均净产量或净产值;而它的增长率显然最终取决于农业劳动者的生产生活条件的好坏及其"自主活动"积极性的高低。至于剥削率的高低及其升降趋势,最终取决于劳动者的物质生产力及其相应的社会政治力量与剥削阶级力量的较量结果,而在各个国家各个时期极不相同。如英国中世纪后期的地租率和整个剥削率的总趋势是下降的,希尔顿等马克思主义史学家对此也确认无疑。而法国中世纪后期许多地方的地租率也呈下降趋势,但专制政权的赋税剥削却大为增加。至于中国,他同意许多中国史学者的看法,认为不但每个朝代中后期总是比其前期的地租率和整个剥削率大为增加,总趋势也是一个上升曲线。他认为,如果运用数理统计的方法和相应的数学模型,对中西封建社会的农业劳动生产率、剥削率和农民净余率及其商品经济的发展和自然经济解体过程的缓速关系进行系统的量的考察,必然发现许多极有趣的规律性的因果关系,而这将有利于从根本规律上总结历史经验教训,为社会主义改革事业提供有益的历史借鉴。

显然,这方面的分歧既来自于各自掌握的史料的不同,也来自于前述的理论方法论的歧异。但大家都比较一致地认为,应该对生产率、剥削率、净余率及其相关因素进行比较全面的系统的估算。

3. 关于中外封建社会手工业者、市民及其他劳动者的生产生活状况及其对各自社会历史进程的影响

大家一致认为,封建社会的劳动者不只是农民,还包括市民、手工业者和其他一些脑力劳动者,因此也应对他们的生产生活状况进行研究。

王渊明认为,城市市民的生产生活状况更需要着重研究。他说,与商品经济缺乏联系的农业经济本身具有一定的惰性,城市的商品经济与之相比较却是易变得多,它对于旧的社会经济、政治和思想文化体系具有很大的腐蚀作用,因而推动社会前进的作用也更为明显。中西城市市民的经济状况、政治地位的差异是中西封建社会发展速度不同的重要因素之一。

另一些同志补充说,封建社会的城市市民必须有广大农民为依托才有活力,否则就只能作为封建统治阶段和封建经济体系的附属,而难于发展为与之对立的力量。因此还需考察各国工商业者的来源及其与农村和农民的经济联系程度如何。

孙义学认为,城市的手工业和商业在广大农村的农民卷入商品货币关系以前,主要满足封建主需要,因而对农村自然经济和封建制度不会起瓦解作用,而只会起补充作用,如西欧中世纪早期城市那样。特别是亚洲一些封建国家,城市多是封建专制政权的统治中心,瓦解封建制度的社会分工很难在城市发展起来,因而更有赖于农民变成小商品生产者,一部分富裕农民发展成农村企业家,促进城乡社会分工和不同于封建主商品经济的国民商品经济的发展。侯建新认为,中世纪西欧新的城市的兴起,从形式上看是国王与封建主的"建城"活动的结果。然而无论国王还是其他领主庇护下的城

市,都是靠来自农村的劳动人口和稳定的农副产品供应而发展起来的。市场也在相当大的程度上靠农村支持。如果没有这些条件,西欧中世纪城市也很难从封建城市逐步转化成破坏封建自然经济和封建制度的力量。尚祖琦则以中世纪晚期意大利城市资本主义的萌芽与农村的关系为例,认为城市资本主义萌芽性质的工商业的兴起是引发农村分成制(农村资本主义性质的租佃形式)的诱因,而分成制下分成农促进了一些治中国史的同志就中国封建社会各个不同阶段的手工业者的生产生活状况进行了考察。侯绍庄(贵州民族学院讲师,因故未到会)认为,除了其他方面的原因外,商品经济的长期不发达,手工业长期受到压抑,是中国封建社会发展迟缓的重要原因。本来在战国时,中国手工业已冲破了"工商食官"的格局,但由于消费对象——农民受沉重的地租、赋税压榨,购买力低;经营工商业所得利润,不是用于扩大再生产,而是"以末致富,用本守之",再加上重本抑末的政策,严重地摧残了工商业发展。

朱凤瀚(南开大学讲师)对战国时期官府手工业、大型私营手工业和独立的小手工业及其劳动者状况进行了考察,认为官府手工业主要为王室贵族消费服务,保留着奴隶制残余;私营大型工矿业中手工业者所受的剥削性质亦近于奴隶制;独立小手工业者本小利微,处在封建官府层层盘剥下,虽然也可能使商品市场呈现某些表面繁荣,但不足以动摇自然经济。手工业者多数生活在城市,是中央集权专制主义的统治中心,根本不同于12世纪前后西欧封建早期城市,是一个摆脱封建统治的自由天地。这些特点在秦汉时代依然存在,对中国封建社会经济政治产生了深远的影响。

田廷柱(辽宁大学讲师)对唐代手工业做了考察,认为它比以前有了很大发展,手工业者已由轮番服役发展到大量和雇,封建隶属关系有所削弱;大型私营作坊雇佣工生产,具有资本主义萌芽因素,在当时居于世界前列。但在这以后的封建社会里,却始终没有越出萌芽阶段。唐代手工业未能像欧洲中世纪城市工商业者那样摆脱封建束缚,必须向封建政府缴纳租调和服役,再加上重农抑商政策,以及农村有着较发达的家庭手工业,城市手工业也缺乏广阔的市场,因而手工业发展不能更大地促进商品经济发展,相反却起了一种稳固封建经济的作用。

梁淼泰(江西大学讲师)对明清时期景德镇制瓷业工匠和佣工生产生

活状况和生产效率做了考察，认为劳动者创造能力的发挥与管理者的管理水平和劳动者所受教育及其文化水平有关，而最终决定于社会生产方式。

吴天颖向会议报告了他与冉光荣合作对四川井盐业及其劳动者生产生活状况史进行实地调查研究的成果，引起了与会者的很大兴趣。

总的来看，在这个问题上，尽管与会同志持有很多不同见解，但也有某些一致点，如大都认为中国封建社会的私人手工业生产不具备中世纪西欧中晚期那样的社会条件，因而难于瓦解封建自然经济。而官营手工业与市场联系甚少，不但不能瓦解封建自然经济，甚至是巩固自然经济的一种因素。

4. 关于中外封建社会城乡行政、司法和意识形态体制及其对城乡劳动者的影响的比较

在讨论中大家一致认为，研究劳动者生产生活状况一定要充分注意社会关系、意识形态甚至自然环境等因素对劳动者的制约作用。但有关的一些具体看法也有所不同。

徐浩（天津师范大学研究生）考察了中世纪英国农村行政、司法和教区体制对英国农民的影响，认为这种行政、司法和教区体制与中国秦汉以后那种中央集权的专制政体形式和里甲编户奴役制的地方组织不同，具有多元性特点，与此相应英国农民一身有三种身份：行政村民、领主庄民和教区教民。首先，王权、领主权和教权三种权力之间，由于利害关系不同，往往处在相互矛盾之中，这在很大程度上削弱了统治阶级整体力量；而中国的专制主义中央集权通过各级官府，最终由每个农民都生活于其中的里甲编户组织有力地行使着。其次英国庄园审判所依据的法律是在村法基础上发展起来的习惯法，而其中保存了许多"古代日耳曼自由中的精华部分"，即"个人自由、地方自治以及除法庭干涉以外不受任何干涉的独立性"（《马克思恩格斯选集》第 2 卷，第 395 页）。领主虽然把庄园法庭和习惯法作为进行阶级压迫的工具，农奴也可能利用保存在习惯法中的"古代日耳曼自由中的精华部分"来同领主抗争。而中国封建时代的法律全由封建政权制定，法律的变更也几乎完全出于专制君主的意志。再次，中国宗教势力不能建立起英国那样与世俗权力分庭抗礼的教权。在中国代替宗教教化人民的是专制政权和地主宗法势力共同维护的"礼教"。这一切使得中国农民身上紧束着皇权、神权和族权结合在一起的极难挣脱的沉重枷锁,严重地束缚了农民自主活动能力的发挥,也使封建时代中国农民精神负荷远远地超过封建时代英国农民。

谢天冰则认为,主要不同点在于中国地主阶级是通过中央集权的统一超经济强制手段进行统治,而西欧封建主却是通过领主割据的分散的超经济强制手段进行统治;西欧农奴人身依附于地方某个领主,而中国农民实际上依附于整个地主阶级和封建国家。他认为西欧农奴制下的超经济强制更直接、更强烈、更系统化。通过庄园法庭,封建主不但可以任意增派劳役,勒索各种实物和货币租赋,而且还行使暴力强迫维兰履行沉重的劳役地租,以保证领主自用地的繁荣。庄园法庭还往往以莫须有罪名对维兰课以高额的罚金。可见庄园法庭不但是封建领主政治压迫的工具,而且是进行残酷的经济勒索的工具。不过,他认为,无论这种超经济强制何等残酷,终究只凭借于分散的地方领主权势,因而相对的脆弱,经不住12世纪以来生产力与商品经济发展这个强大经济力的冲击。另外,他还认为农牧混合公社经济体制,有利于农民发展自己经济,特别容易冲出自然经济范围。所以他说,只就中世纪欧洲农民受的剥削程度是否远较中国封建时代农民为轻而争论是不够的。

刘修明认为,中国与西欧劳动者在社会关系上的最大差异在于中国的家族宗法制(以血缘关系为纽带结成社会关系)在几千年奴隶社会、封建社会中,一直是变化的阶级关系的外在躯壳,起着严密的组织作用;中央集权的"国"是建立在家族宗法的"家"的基础上的。在这一社会基础上树立着相应的国家机器。封建经济内部活跃的商品经济由于受到维护家族宗法制的超经济力量强有力的抑制,从而造成中国封建社会的长期延续。而西欧封建社会由于历史和社会各种原因,没有使古代氏族制度演变为这种东方式的封建家族宗法制的社会结构。

孙义学以日本幕藩体制为例认为,幕府体制的特点,首先是存在着权力既统一又分散的矛盾;其次割断了领主与土地的直接联系,这不仅可以防止领主扩张和进行土地兼并,而且还简化了和减轻了领主对农民的各种直接干扰。另外,由于贡米的商品化,可能刺激农民商品生产,所以存在于幕藩封建制内部的农民商品生产较易发展起来而成为幕藩体制的对立物。郭蕴静(天津社会科学院助理研究员)认为,日本与中国的不同主要在于始终没有像中国那样形成完整而强大的专制主义中央集权。日本的封建统治者虽然也提出"重农抑商"的思想和政策,但都是从中国搬去的,不像中国那样根深蒂固,而比较容易被冲破。日本农村商业的发展和农村商人的出现,便是有力的说明。

总之,在重视各种社会关系和上层建筑对封建社会历史进程的制约作用方面,大家意见总是一致的。主要分歧在于,一些同志认为那些社会关系和上层建筑本身是如何产生的,又如何能起到各不相同的制约作用,归根到底还要从劳动者生产生活过程中寻求答案,否则就只能作出多元论的答案。

会议结束时,与会同志一致认为这是一次富有收获的学术讨论会。收获不仅在于通过讨论取得了某些一致或相近的认识,还在于就一些歧异颇大的见解进行了坦率而友好的交锋,更加明确了分歧的焦点所在,而这必将有助于推动历史比较研究的深入,有助于开拓历史研究的新领域、新视角和新课题。

大家还认为,这次学术讨论会取得丰硕收获的一个首要原因,是党的十一届三中全会以来对"双百方针"的一再重申和学术研究自由气氛的增长;这样的政治和学术气氛使大家能够畅所欲言,为发展马克思主义历史科学而无所顾虑地各尽其力。大家还认为,这次学术会议取得成果的另一个原因是研究中国史和世界史的同志共济一堂,互相切磋。正如北京师范大学何兹全教授在会议开幕时所说:"中国史需要世界史的比较、指导,来突破难关。中国史要向世界史求教,或者说,向世界史求救";另一方面,"世界史不能没有中国史","以中国史充实、丰富世界史的内容,这对研究世界史是有益的,缺了中国史的特性,世界史的共性就可能是不完善的、有缺陷的"。何老的精辟之论,引起了许多同志共鸣。大家一致希望把中国史和世界史工作者之间的合作继续发展下去。(荣建、许郝、左蘅整理)

原载《天津师范大学学报》1985年第4期。

新世纪中国的世界中世纪史研究

一、发展概况

按照我国目前的学科与学位的划分体系,世界中世纪史是隶属于二级学科世界史之下的三级学科,从业人数虽然不能与近现代史等相比,但队伍始终保持大致稳定。北京、长春、天津、上海、武汉等集中了主要的研究力量,成为全国或区域性的学术中心。

世纪之交是我国世界中世纪史的学科队伍新老交替比较集中的时期,年龄结构发生了很大变化。70岁以上的老一辈专家学者一生筚路蓝缕,辛勤耕耘,硕果累累,但他们年事日高,相继退出学会和学科工作的第一线,接力棒逐渐传递给新时期培养的、年龄一般在四五十岁的中青年学者。

当前,世界中世纪史学科丰富了学科建设的内涵,加快了前进的步伐。与世界中世纪史学科相关的网站如雨后春笋一般建立起来,如:"中国世界中世纪史研究"网站、"经济-社会史评论"网站、"中国世界史研究网"、"世界史研究"网站,等等。国内中世纪史学界还创办了一些相关的专业杂志,如:《文明比较研究》《西学研究》《经济-社会史评论》,等等。

引进、消化和创新是中国世界中世纪史学科发展的必由之路,引进是基础,而原始材料又是基础中的基础,对人才培养和普及世界史知识的作用尤其显著。译介外国原始材料历来是中国世界中世纪史学界的优良传统,我国世界中世纪史学科的奠基人齐思和、中国世界中世纪史学会原理事长吴于廑和戚国淦等老一辈学者,曾主编和翻译过许多原始材料,成为中世纪史中文译著中的经典。

新世纪前后的短短几年中,中世纪史原始材料的翻译突飞猛进,再版与新出版的作品层出不穷，择其要者有：无名氏著《盎格鲁－撒克逊编年史》，寿纪瑜译，商务印书馆2004年版；[英]乔叟著《坎特伯雷故事》，方重译，人民文学出版社2004年版；日耳曼史诗《尼伯龙人之歌》，安书祉译，译林出版社2000年版；英格兰、法兰西、西班牙和俄罗斯史诗《贝奥武普、罗兰之歌、熙德之歌、伊戈尔出征记》，陈才宇等译，译林出版社1999年版；法国骑士文学、市民文学中的著名叙事诗《罗兰之歌、特利斯当与伊瑟、列那狐的故事》，杨宪益、罗新璋译，人民文学出版社2000年版；英格兰农民文学中的著名叙事诗，[英]兰格伦著《农父皮尔斯》，沈弘译，中国对外翻译出版公司1999年版；[意]但丁著《神曲》，黄文捷译，译林出版社2005年版；[意]瓦萨里著《意大利艺苑名人传：巨人的时代》，刘耀春译，湖北美术出版社2003年版；著名的英国乡绅四大家书之一的《帕斯顿信札——一个望族的兴衰》，[英]奈特编，田亮译，广西师范大学出版社2005年版；[日]无名氏著《平氏物语》，王玉华译，云南人民出版社2002年版，等等。

  国外中世纪史研究成果的译介也取得重要进展，比较重要的译作有：[英]波斯坦主编的《剑桥欧洲经济史》八卷，涉及中世纪部分有第一卷《中世纪的农业生活》(经济科学出版社2002年版)、第二卷《中世纪的贸易和工业》(2004年版)、第三卷《中世纪的经济组织和经济政策》(2002年版)以及第四卷《16世纪、17世纪不断扩张的欧洲经济》(2003年版)，以上各卷由王春法主译。本书中译本根据剑桥大学出版社1966年第2版翻译，虽然原著出版距今已有60年，但撰稿者中汇集了波斯坦、布洛赫、甘绍夫、洛佩兹、卡勒斯-威尔逊、内夫和米勒等西方第一流的经济史专家，因此仍具有重要的学术价值。[以色列]萨哈的《第四等级——中世纪欧洲妇女》(林英译，广东人民出版社2003年版)，是一部重要的中世纪欧洲妇女史专著。此外还有弗兰克等的《世界体系：500年还是5000年？》，郝明玮译，社会科学文献出版社2004年版。弗兰克是美国加州学派的主要成员之一，以《白银资本——重视经济全球化的东方》(刘北城译，中央编译出版社2000年版)声誉鹊起。他反对欧洲中心论，重视传统经济的内驱力，尝试重新发现与定位前工业时期中国和东方社会在世界历史舞台的角色。

  值得注意的是，近年来涌现出一些集中出版中世纪史译作的出版社，在一定程度上形成了中世纪史和世界史著作的出版热。出版社由此获得品牌效应,有些中世纪史著作还成为学术畅销书。商务印书馆"汉译学术名著"在学术界久负盛名,进入新世纪又出版了[美]穆尔的《基督教简史》,郭舜平等译(2000年版);年鉴学派第三地领军人物[法]勒高夫的《圣路易》,许明龙译(2000年版);[法]布洛赫的《封建社会》上、下卷,张绪山等译(2004年版)。布洛赫著作的法文版问世于1939—1940年,他本人1944年惨遭纳粹杀害,但他关于封建主义的定义另辟蹊径,既不同于甘绍夫将之等同于领主附庸制度,也有别于马克思的封建生产方式理论,而是定位在包括统治者和依附农民在内的社会结构,极大地拓展了封建主义的内涵,至今仍是该领域的代表作。东方出版社推出了[德]格茨的《欧洲中世纪生活》,王亚平译(2002年版);[德]范迪尔门的《欧洲近代生活》三卷(第一卷《家与人》2003年版,第二卷《村庄与城市》2004年版,第三卷《宗教、巫术、启蒙运动》2005年版),王亚平译,反映了后现代史学背景下德国在日常生活史领域的研究成果。

生活·读书·新知三联书店出版[德]布姆克的《宫廷文化——中世纪盛期的文学与社会》上、下,何珊等译(2006年版)。上海三联书店出版[美]伯克的《文明的冲突:战争与欧洲国家体制的形成》,王晋新译(2006年版)。山东画报出版社出版[法]福西耶主编的《剑桥插图中世纪史》(350—950年),陈志强等译(2006年版);[法]波尼翁的《公元1000年的欧洲》,席继权译(2005年版);[法]亚历山大-比东的《中世纪有关死亡的生活(13—16世纪)》,陈劼译(2005年版);[英]杜普莱西斯的《早期欧洲现代资本主义的形成过程》,朱智强等译(2001年版);[美]克罗斯比的《生态扩张主义——欧洲900—1900年的生态扩张》,许友民等译(2002年版)等。

上海人民出版社的"社会与历史译丛",出版了数种中世纪史研究的经典之作:[英]安德森的《从古代到封建主义的过渡》,郭方、刘健译(2001年版),[英]安德森的《绝对主义国家的系谱》,刘北城、龚晓庄译(2001年版),两书均是英国马克思主义史学的重要成果;[英]贝内特的《英国庄园生活:1150—1400年农民生活状况研究》,龙秀清等译(2005年版),从农民视角再现了中世纪英国庄园生活的多维场景;[意]金斯伯格的《夜间的战斗——16、17世纪的巫术和农业崇拜》,朱歌姝译(2005年版),是语言学转向后意大利微观史学的扛鼎之作;[美]哈斯金斯的《12世纪的文艺复兴》,夏继果译(2005年版),反思中世纪的历史地位,将西方文艺复兴追溯到12世纪;此外还有[德]桑巴特的《奢侈与资本主义》,王燕平等译(2000年版),探讨了消费(而非节俭)与资本主义发展的关系;[美]沃尔夫的《欧洲与没有历史的人民》,赵丙祥等译(2006年版)等。上述译作无论在史料与历史知识的积累,还是在历史认识的互动上,必将为中国的世界中世纪史研究带来积极的影响。

二、研究课题

中国的世界中世纪史研究正在努力向深度和广度延伸,成果迭出,佳作不断,在中国史学界的影响也日益显现。据笔者所见,21世纪以来,我国学者再版和出版的专著约有40种,尽管不能反映出研究的全貌,但还是可以由斑窥豹,从中归纳出主要的研究课题。这些课题表面看来十分分散,各自独立,相互之间缺乏联系,但从学者们提出问题和研究目标来看,可以大致概括为"封建社会研究"和"转型历史研究"两种类型。

1. 封建社会研究

封建社会研究和转型历史研究的区别,与其说是研究对象时间上的早晚先后,不如说是双方问题意识的不同。转型时期不是从15、16世纪开始的,国外目前已将转型阶段延长为1250—1750年,13、14世纪被纳入转型时期,而商业化研究甚至上溯到了11世纪。就问题意识来说,封建社会研究是将其作为一个相对独立的研究客体,所提出的问题一般是西欧乃至世界各文明的历史中,封建社会发生、发展和衰落的过程及其规律是什么,研究目标定位于解答封建社会自身的问题,一般不涉及该社会经济形态或向下一个发展阶段的过渡问题。这种研究往往强调异中有同,而同又是主要的、带有普遍性的。封建社会研究既有综合性的,也有专题性的。

(1)封建社会的综合研究。我国对西欧封建社会的研究起步于新中国成立前,但当时主要偏重于教材建设。新时期以来,马克垚最早对西欧封建经济形态进行了系统研究。他坚持通过对世界各国、各地区的历史进行综合比较,探索古代世界人类历史发展的共同规律,他的《西欧封建经济形态研究》(人民出版社1985年版)是国内学者和研究生使用最为广泛的参考书,20多年来长盛不衰,为此,人民出版社2001年出版了第2版。《英国封建社会研究》是马克垚的另一部代表作,由北京大学初版于1992年,是一部综合研究英国封建社会的专著。该书虽上自盎格鲁-撒克逊时期,下迄14、15世纪,但重点在于11—13世纪,于各种制度、农民经济和城市工商业都有丰富史料和精辟论述。2005年出版的第2版,作者着重对14、15世纪的社会结构、城市工商业和农村经济做了增补,体系更加完备,成为国内研究英国封建社会千年历史的权威著作。

陈志强所著《拜占庭帝国史》(商务印书馆2003年版),是一部研究性的通史著作,所述自君士坦丁时代至拜占庭帝国灭亡,探讨了各个朝代的兴衰、战争和政法制度以及社会生活状况。他还著有《拜占庭学研究》(人民出版社2001年版)、《盛世余晖——拜占庭文明探秘》(云南人民出版社2002年版)。哈全安的《阿拉伯封建社会形态研究》(天津人民出版社2000年版),考察了中世纪阿拉伯人的对外征服战争,以及哈里发时代的政治、经济形态与社会生活。

(2)封建政治史研究。孟广林的《英国封建王权论稿——从诺曼征服到大宪章》(人民出版社2002年版),在回顾了西方学者论述西欧和英国封建王权的主要观点后,通过对中世纪中期英国王权的兴起,王权与封建贵族、王权与基督教会、王权与城市关系的分析,以及对中央君主集权政治制度的考察,论证了英国封建王权所具有的公权性质。因此,虽不完全,但也与中国的皇权在君权神授、君臣关系、法王关系等方面具有相似性。

李红海的《普通法的历史解读——从梅特兰开始》(清华大学出版社2003年版),是以英国早期普通法(从亨利二世登基到亨利三世去世,即1154—1272年)为主题的专著。该书从英国著名法律史专家梅特兰对中世纪英国法律史的开创性研究入手,探讨了早期普通法发展的线索,早期英国法与罗马法的相似性,以及早期普通法的具体技术,英国的法治传统与法律的职业化等问题,从法学角度阐述了早期普通法的生成与形态。

政治史的主角往往是直接参与政治活动的人,即统治阶级。在中世纪英国,乡绅及其以上的地主被称为aristocrat,即广义的贵族,而狭义的贵族则一般以nobility,noble,baronage等词汇表示。阎照祥的《英国贵族史》(人民出版社2000年版)是一部广义贵族(包括世俗贵族和教会贵族、世袭贵族和乡绅)历史的研究著作,从盎格鲁-撒克逊时期一直写到20世纪,揭示了英国贵族制度的起源、确立、兴盛、衰落和不断变异等各个阶段的完整面貌与发展特点。

中世纪中期盛行三个等级的理论,即教士负责祈祷,犹如人的头脑;骑士提供保护,相当人的躯干;农夫从事生产,好比人的腿脚。14世纪以前,骑士是职业军人,上至国王、下至没有爵位的上层乡绅无不以征战为荣。然而,对于这样一个举足轻重的社会阶层,学术界却一直缺乏系统的研究。倪世光的《西欧中世纪骑士的生活》(河北大学出版社2005年版),朱伟奇的《中世纪骑士精神》(陕西人民出版社2004年版),都是在各自博士论文基础上出版的专著,广搜史料文献,内容各有侧重,代表了这个领域研究的较高水平。

(3)中世纪教会史研究。杨昌栋的《基督教在中古欧洲的贡献》(社会科学文献出版社2000年版),是在作者1928年硕士学位论文的基础上出版的。本书的基督教即天主教,作者曾是中国天主教会的神职人员,由于不满于肯定新教而否定天主教的流行做法,遂萌生了对中古天主教会的历史活动进行实证考察与重新评价的想法。他通过历史事实的钩稽,详细分析了中世纪基督教会在社会生活、经济生活和政治生活方面对西欧文明做出的重要贡献,令人了解到基督教少为人知的另一面。陈钦庄的《基督教简史》(人民出版社2004年版)是一部通史著作,对中世纪教会历史有系统论述。

王亚平的《基督教的神秘主义》(东方出版社2001年版),探究了社会、宗教和神秘主义之间长期以来的互动关系。基督教神秘主义是一种个人与上帝直接沟通的经验行为,威胁了教会的中介作用,受到正统教义的排斥,常常以异端形式表现出来。在中古社会和基督教会发展的不同时期,神秘主义经历了不同的阶段,表现与作用大相径庭。彭小瑜的《教会法研究》(商务印书馆2003年版),是国内第一部对教会法进行系统深入研究的专著。作者归纳了西方学者对教会法研究的历史和理论,探讨了教会法的起源与发展,教会的权威和等级结构,教会法对于教会与国家关系、非基督徒和异教徒的论述,教会法庭对异端和异教徒的处分,教会法对刑罚与使用武力的看法等问题,在史料挖掘和内容述论上具有开拓性。

2. 转型历史研究

如果说封建社会研究的出发点和归宿点是回答封建社会自身的问题；那么转型历史研究则"醉翁之意不在酒"。尽管像前者一样，转型历史研究离不开对封建社会的实证考量，但其问题意识是两个相互衔接的社会形态与发展阶段之间究竟发生了什么变化，如何变化的，以及变化的原因是什么。因此，转型历史研究一般都直接或间接地回答史学界一些长期争论不休的问题，如中国封建社会为什么那么长，而西欧（特别是英国）封建社会为什么那么短？资本主义、地理大发现、科学革命、农业革命、工业革命和现代化为什么发生在西欧而不是中国？因此，从事转型历史研究的学者力图解释英国和西欧从封建主义到资本主义、从农业社会到工业社会转变的过程、原因及其规律，并以之作为参照系反观中国，回答"为什么不是中国"这样的问题。国外在20世纪50年代和70年代先后进行了两次过渡问题的大讨论，我国在这方面的研究是从20世纪80年代起步的，21世纪迎来了一个小小的出版高潮。但由于起步晚，积累少，难度大，目前专题研究较多，缺少综合性成果。

（1）资本主义起源研究。厉以宁的《资本主义的起源——比较经济史研究》（商务印书馆2003年版），将封建社会分为刚性体制和弹性体制，将封建社会中的异己力量分为体制内的异己力量和体制外的异己力量，将资本主义分为原生型的资本主义和非原生型的资本主义。以此为依据，作者认为西欧封建社会的体制是刚性体制，易于产生体制外的异己力量和权力中心，从而导致西欧从封建主义社会向资本主义社会的过渡。而亚、非、拉地区的历史条件不同，过渡的途径也各有特点，所形成的资本主义属于非原生型资本主义范畴。龙秀清的《西欧社会转型中的教廷财政》（济南出版社2001年版），不赞成西方学者只从教义和思想层面分析新教和中世纪天主教会与资本主义兴起之间的关系，认为这种研究方法曲解了天主教与资本主义兴起的联系。因此，作者从重点考察中世纪天主教会财政活动与资本主义兴起的关系入手，正面评价了中世纪天主教会的历史作用。张箭的《地理大发现研究（15—17世纪）》（商务印书馆2002年版），对导致资本主义起源及向海外殖民扩张的这一重大历史事件的完整过程，做了深入细致的研究。

(2) 转型时期的农村研究。侯建新的《社会转型时期的西欧与中国》（济南出版社2001年版,高等教育出版社2005年第2版），考察了中世纪晚期英国农村的重要变革，并将其作为参照系，与古代至民国时期的中国进行比较，从而回答了造成两国早期现代化历史不同命运的根本原因。侯建新的另一著作《农民、市场与社会变迁——冀中11村透视并与英国乡村比较》（社会科学文献出版社2002年版），对双方农村经济状况做了更集中的比较。徐浩的《农民经济的历史变迁——区域经济与社会发展比较》（社会科学文献出版社2002年版），则重点探讨了中世纪英格兰和清代华北农村经济和社会的不同历史条件、过程、特点和变化趋势。

(3) 转型时期的工商业和城市研究。工商业和城市是转型历史研究的另一个专题。陈曦文、王乃耀主编的《英国社会——转型时期经济发展研究(16世纪至18世纪中叶)》（首都师范大学出版社2002年版），考察了此一时期的乡村工业、商业和政府财政，以及随之变化的商人、乡绅、流民和人口迁移等问题。陈曦文还结集出版了《世界中世纪史研究》（人民出版社2006年版），该书虽然以世界和中世纪作为标题，但主要收入了作者在20世纪八九十年代发表的有关英国都铎王朝工商业史研究的十余篇论文，体现出作者深厚的学术功力。原工业化是西欧中世纪行会工业向现代工厂制转变的重要阶段，王加丰、张卫良的《西欧原工业化的兴起》（中国社会科学出版社2004年版），杨豫的《欧洲原工业化的起源与转型》（江苏人民出版社2004年版），是这个课题最新的系统研究之作。在商人、商业、商业化研究方面，赵立行的《商人阶层的形成与西欧社会转型》（中国社会科学出版社2004年版），赵秀荣的《1500—1700年英国商业与商人研究》，张卫良的《英国社会的商业化历史进程(1500—1750)》（人民出版社2004年版），对中世纪和现代早期西欧和英国的相关论题进行了探索，反映出近年来此类论题日益走红的趋势。刘景华的《西欧中世纪城市新论》（湖南人民出版社2000年版），将中世纪西欧城市兴起的原因归结为"生产不足论"，作者重视农村腹地和城市兴衰之间的互动关系以及对西欧不同城市的个案剖析。谢丰斋的《英国市场发育导论——12—14世纪的"扩张"时期》（世界知识出版社2004年版），考察了此一时英国新城市的建立，及其引发的市场与贸易的变化。

（4）转型时期的社会研究。许洁明的《十七世纪的英国社会》（中国社会科学出版社2004年版），集中于社会结构、社会控制、社会关系等问题。江立华的《1500—1750年英国人口迁徙与城市发展》（中国人口出版社2002年版），探讨了现代早期英国农村人口的转移。尹虹的《十六、十七世纪前期英国流民问题研究》（中国社会科学出版社2003年版），则关注于由于传统社会失序所引起的流民问题。

三、存在问题

21世纪的中国世界中世纪史研究取得了令人欣喜的成绩，我们不必妄自菲薄或担心有一天它会被商业化大潮所吞噬。尽管道路是曲折的，但前途却一片光明。为此，我们要立足现在，放眼未来，居安思危，清醒地分析存在的问题，找到问题才有可能解决问题、继续前进。诚如成绩较多一样，问题也不在少数，笔者认为主要问题有：

1. 学科体系

世界中世纪史是一个比较模糊的概念，但不少教材和课程名称仍然沿用，似乎习惯成自然，存在即合理。中世纪特指西欧古典时代结束和文艺复兴开始之间的一千年时间，意为两个文化高峰中间的若干世纪，用于西欧（包括拜占庭）以外地区便文不对题。西方有地区、国别和专题等的中世纪史，但从来没有世界中世纪史，最近翻译出版的《剑桥插图中世纪史》也只讲欧洲，只有在与欧洲历史发生联系时才涉及东方。

从世界范围研究这段历史，大概是从苏联的《世界通史》开始的，新中国成立后全盘引进了苏联的世界史体系，用五种生产方式裁剪人类各个地区、国家的历史，中世纪史相当于封建社会，因此封建社会和中世纪史获得了普世含义。封建社会是否是普世的，超出了本文的论题。但可以肯定地说，中世纪史有特定的对象。以西欧历史划分作为世界历史分期，不是欧洲中心论吗（吴于廑生前认为苏联的世界史研究也是欧洲中心论）？如果推及世界范围，应称之为世界中古史。古代是一个中性概念，中古史之前为上古史，之后有现代（现代早期和现代晚期）、当代。

不过即使如此，还是难以自圆其说。世界中古史是苏联裁剪人类历史的结果,各个文明、各个国家是否存在中古史,开端与结束时间、中间发展阶段划分等都存在问题。我们不但不能像苏联那样一刀切地人为裁剪人类中古史,而且在一个体系的框架下进行叙述都捉襟见肘,困难重重。因此,吴齐本的《世界史》(高等教育出版社 1994 年版)以"古代史编"上下卷取代了上古史和中古史的划分,没有沿用周吴本的《世界通史》(人民出版社 1962 年版)的上古部分、中古部分、近代部分(上、下册)的分期模式,这样的划分更符合人类历史的客观进程和经典作家的论述。

但在目前的学科和学位划分体系中,世界中古史仍然是三级学科,我们无法回避探讨其学科体系的问题。笔者认为,应该像世界史学科体系一样,中古史学界有必要反思自己的学科体系,对中古史的学科定位、中古史体系、中古史研究的史学理论与方法等开展讨论,以澄清认识、明确方向。世界中古史不是国别史和地区史之合,应分为三个层次:世界中古史探讨中古时期各个文明演进的过程、互动关系及其发展规律;中古地区史、国别史探讨各个区域和国家的历史过程与自身发展规律;中古专门史探讨区域和国家范围内的特定对象的历史过程及其规律。第一个层次主要为世界史学科体系提供断代支持;后两个层次则体现了中国的世界中古史的研究水平。

2. 学科建设

学科建设包括的内容很多,比如学科结构的大致平衡,而不是目前地区和国别研究上的畸轻畸重。如果世界中古史要做到名副其实,必须在一定程度上具有世界性。强调世界性不是平均用力,更不可能像过去一样通过行政手段由组织分配任务。但从目前看,中古史研究主要集中于西欧,研究拜占庭和中古俄罗斯的学者数量很少,研究中古阿拉伯、中亚、印度、日本、东南亚、东北亚、非洲、美洲的更少,还有不少的空白无人问津。世界中古史研究的三个层次不能只依靠欧洲的历史经验,文化的多样性、人类历史的非线性演进、第三世界的崛起和现代化进程,都需要加强对欧洲以外的地区历史的研究,中国学者应该对中国和欧洲以外地区的历史保持和拥有话语权,这不仅是一个国家综合实力的体现,也是建设中国世界史编纂体系的基础工程。

再比如,中国的世界中古史发展离不开学术园地,我国只有一本专业的世界史杂志《世界历史》,中古史没有专门的杂志,这与国外差距极大。许多社科类杂志规定只发表中国史论文,有些杂志虽然发表世界史论文,但只要古代史或近现代史,拒绝中古史。可以说,中古史论文的发表园地是最少的,因此发表论文时不仅没有稿酬,往往还被迫交纳版面费,在客观上十分不利于中古史学科的发展。解决中古史论文发表难的问题,需要国家、学会和单位共同努力,国家应该在"985"、教育部重点研究基地和国家重点学科建设中增加对本学科刊物建设的要求,有实力的单位也要像国外大学一样建立自己的专业刊物,中世纪史学会的会刊可否考虑创造条件正式出版,由不定期过渡到定期。学科建设还有其他问题,如资料问题等,近年来,资料问题在改善之中,但与实际需要相比,差距仍然较大,任重而道远。

3. 人才培养

中国的世界中古史研究一靠资料,二靠人才,人才培养是立身之基、事业之本。人才可以通过留学培养,所谓"海归"是也,但主要还得立足国内,"土鳖"和"海归"各有所长,关键是我们如何更加重视世界史人才的培养工作。一般而言,世界史(外国史)人才培养比中国史难度大,对语言要求高,加上跨文化因素,必须经历更长的培养周期。面对中国不断走向世界、需要大批了解世界的专业人才的形势,国家应该在重点大学全面开办世界史专业,在语言和专业课程学习上制定相应要求,为研究生阶段输送高素质生员。而目前情况是,重点大学历史系的本科生员是一流的,但由于世界史学习难度大、社会需求少,因此相当多的毕业生没有报考世界史的研究生,而是投考中国史或非历史专业的研究生,致使世界史研究生考生多来自非专业和非重点院校。当然,英雄不问出身,世界史人才不一定都是来自重点院校的本科生和研究生。但重点院校无疑应该发挥培养世界史人才主要渠道的作用,否则就对不起"重点"的地位。而要达此目的,我们需要有特殊的政策和办法,吸收优秀生员,延长培养周期,有针对性地进行教育,并给予更加优惠的条件。唯有如此,中国的世界中古史才会后继有人,我们的事业才能做大做强,中国的世界中古史学家才能在世界史坛拥有一席之地。

原载《中国人民大学中国人文社会科学发展研究报告》,中国人民大学出版社2007年。

中世纪晚期英国农村的
变迁与现代化的启动

——评《现代化第一基石》

  天津社会科学院出版社 1991 年 10 月出版的《现代化第一基石——农民个人力量与中世纪晚期社会变迁》(以下简称《现代化第一基石》)一书,是目前我国中世纪史学研究者的第一部系统研究现代化在英国农村发生过程的著作,也是第一部将中英封建晚期农村现代化进程进行比较研究的力作。作者侯建新在观察视角上独辟蹊径,始终把封建晚期最基本的生产者——农民作为主要考察对象,从农民个人力量发展与社会结构关系的角度对于现代化问题进行了大胆而深入的探索,提出了独立的见解。作者的这些见解和研究,或填补了国内研究的空白,或使以往的研究更加深入和系统。这部著作的出版必将对我国世界中世纪史领域的研究产生积极的影响。

一

  《现代化第一基石》一书由九章构成。作者用近 2/3 的篇幅集中论述了英国中世纪农民个人力量——物质力量和精神力量——的发展和壮大及其与现代化的关系,余下的篇幅则对封建晚期的中英农民进行了多向度、多层次的比较研究。

  第一章"导论:经久不衰的大论战"。自 20 世纪 50 年代初以后特别是 70 年代后期至 80 年代初,欧美学者就自然经济解体及其向近代社会过渡动因问题展开了两次大规模论战。作者对这两次大论战进行了"较全面、系统的介绍与评论",不仅"对这一经久不衰的大论战是一个尝试性归纳,更重要的是,前人的研究成果应成为我们继续深入探讨问题的基础"(《现代化第一基石》第6页,以下本书引文只注明页码)。这两次大论战提出了众多发人深省的问题,其中最重要的并具普遍意义的是:封建制度崩溃的原动力是什么?资本主义首先起源于农业还是其他行业?在回答上述问题时,产生了"贸易根源说""人口根源说""阶级斗争推动说""世界体系论"和"产权革命说"等主要流派和观点。在寻找"过渡"的动因时,每派各执一端。除"贸易根源说"将远距离贸易视为促成新生产体系诞生的主要动力,持外因主导论外,其他诸说都主张从封建社会内部寻找资本主义起源的动力,但侧重点则有所不同。"人口根源说"把纯人口学和与此相关的市场波动当作西欧封建社会发展的决定因素;"阶级斗争推动说"则把特定的阶级结构的形成看作是农业近代化的必要前提;"世界体系说"从世界格局的形成及各地区的相互作用说明资本主义的产生;"产权革命说"视近代产权观念与制度的诞生为工业社会兴起的基石。毫无疑问,诸说都有一定的道理和价值,有助于人们深化对"过渡"问题的认识与思考。可是,作为一种独立体系,则存在着显而易见的缺憾:或立论基础狭小,经不起广泛的验证;或解释本身是更为深层原因的结果,无法从根本上说明问题。作者逐一评说得失后,引出本书的两个主要论点:"农业是近代经济基础";"基本动力来自农民个人力量的壮大"。

第二章"英国农业生产力考察"。它是全书立论的基础,也是作者匠心独运的阐发。农民构成封建社会劳动者的主体,其个体经济发展的强弱,直接关系到封建自然经济向商品经济的转变。作者指出,"考察以劳动生产率和储蓄率为中心的农业生产力,是透视英国向近代社会转型时期的最基本的社会层面"(第36页),同时也是社会分工与商品生产的基础。作者认为,施肥和除草技术的改进,重犁和三圃轮作制的出现,现代挽具和水车以及挽畜的普遍使用,都标志着中古中期英格兰农业生产力的长足进步。这一时期英格兰在庄园领主自营地上的农业收入的成倍增长,以及农奴份地的亩产量有时甚至超过经营条件较好的领主自营地,也证明了这一点。但是,"农产绝对总量的增长还不足以完全说明经济增长的实质。要科学地论证这一时期的农业生产力,最可靠的途径还是考察农业劳动生产率"(第

45页)。根据中世纪农业生产特点,农业劳动生产率"就是指一个典型的农户在一年内生产出多少农产品"(第45页)。综合各家的估算,作者认为,在庄园经济鼎盛时期的13—14世纪,半维尔格特(在三圃制下实际播种面积是10英亩)大约可视作英国一般农户的耕作面积,每英亩产量约为10.32蒲式耳(或237公斤)。这样,每户的劳动生产率则为103蒲式耳(或2369公斤),它是英国中世纪农业发展的一个重要台阶。而15、16世纪之交是英国以庄园农奴制为代表的封建制的重要转折时期,其间存在"一条历史的接缝"。主要表现为,13、14世纪传统佃户地产的均衡性不复存在,两极分化日益加剧。一方面,社会上出现了大量脱离农业的雇工;另一方面,靠牺牲普通农民起家的大农经济作为一股强劲力量登上历史舞台。此时一般农户持有地数量扩大为20英亩(在三圃制下,实际播种面积约15亩),亩产量增长到16蒲式耳(或368公斤),每户的劳动生产率提高为240蒲式耳(或5520公斤)。农业劳动生产率的提高,刺激了人们物质需求和生产的多样化,促使乡村产业结构发生变化。养羊业的迅速发展成为推动这一变化的契机。13世纪末英国每农户平均存栏22—26只,到15世纪增至每户66.5只。养羊业的发展又带动了以呢布业为龙头的乡村工业的振兴。农业劳动生产率提高使农户农产商品率和储蓄率的提高成为可能。但高生产率并不直接导致高商品率和高储蓄率。它受到多种社会和个人的因素制约。因此,关键"还要看劳动产品如何分配即生产者从中获得多少属于自己支配的产品,包括多少进入生产领域,多少进入流通领域,最后又有多少形成扩大再生产和改善生产者及其后代体力智力发展的基金"(第67页)。据作者估算,13—14世纪英国中等农户的商品率为45%,剩余率为15%,也就是说,其劳动产品有将近一半进入市场,因而还是半个小商品生产者;而15—16世纪,"相当大多数的农户的主要经济活动已经与市场联系在一起,基本纳入商品经济运转的体系"(第76页)。英国农民个人财富的积累,"终于使农业成为资本主义生长的温床"(第78页)。

第三章"历史遗产的效应",旨在阐明英国中世纪农民的财富何以随劳动生产率的提高而增加。作者认为,英国农民具有一个促使个人力量得以发展的良好政治空间,根据传统力量和历史遗产建立的农村基层司法体制对农民有一定的保护作用,它使农民个人"财富的独立发展"有可能转变为现实,并且不自觉地充当了农奴争取自由的工具。

第四章"自由劳动:农民的第一个'所有'"。从 12 世纪开始,英国农村掀起了波澜壮阔的要求劳动者人身解放的潮流。初步积累起个人力量的英国农民企盼得到对自身劳动力的自由支配权。在农村,农民取得支配自己劳动力的重要标志是 13 世纪流行并在 14 世纪占主导地位的劳役地租的折算。它使农村全部农奴赢得了对自己劳动力的自由支配权。它一方面削弱了传统社会组织对劳动者人身的束缚,另一方面为资本主义雇佣关系开拓了广阔的发展前景,从而在生产关系上为现代工业的发展铺平了道路。西欧中世纪城市主要是由"获得解放的农奴重新建立起来的",其"兴起与农奴的逃亡运动几乎同步发生","新兴城市乃是农奴解放大潮的一个创造物",因此"农业生产力的发展以及与此相联系的生产者要求自由劳动的解放运动",归根结底成为西欧中世纪城市兴起的根本动因(第 129 页)。

第五章"英国农村社会生活与交往",详细考察了英国农民个人力量获得相当程度的积累和拥有自由支配自身劳动力的权利之后,横向交往范围的扩大,即劳动者交往的空间活动范围的扩大。它无疑随商品生产和商品交换活动的增强而扩大。13 世纪以后,劳动力自由流动的规模和范围一直在不断扩大。在农村内部又兴起以经济行为为中心的新型交往方式,表现在农户间相互借贷和租赁行为空前活跃,并由此发展为资本主义雇佣关系的萌芽。这种具有资本主义性质的雇佣关系在 14 世纪后的英国农民经济中普遍地存在着。有些地区在 14 世纪中佣工占 35%,到 16 世纪初即达到 54%。大农经济的成长,使乡村政治权力集中到农民"头面人物"手里。他们急切盼望农村社会结构的创新。

第六章"英国农村社会结构的创新",是英国中世晚期农民个人自主活动发展在社会结构层面上的总结,它标志着资本主义生产关系在封建母体内已孕育成熟,具体表现为农村中产权制度、流通结构和阶级结构已大体完成了向近代社会的过渡。作者指出,上述转变"是在经济力的作用下逐渐形成的,而那样的经济力本身又主要是由农村普遍的劳动者们推动的"(第 193 页)。领主自营地的肢解,小农土地转手,使英国中世晚期的土地在新的机制上集中起来。土地向有较强的经济实力和经营能力的大农一方集中,"并最终形成一种以个人所有权占主导地位的土地制度"(第 193 页),

进而建立资本主义租地农场,成为封建晚期地产运动的基本轨迹。由此,农村经济的控制权也发生了转移:乡绅、租地农场主和富裕约曼成为主要经营者。此外,农村还形成了"生产流通结构一体化"的新型市场流通结构。作者强调,商品经济并非都是自然经济的对立物,关键看"交易活动是由谁进行的,与生产者和生产过程是否发生关系"(第222页)。"只有生产者投身到流通过程中,直接成为市场的主要卖方和买方,生产和交换一体化,这样的商品生产和交换才能从根本上动摇自然经济。"当然,这要"以生产者个人物质生产和物质交换能力的发展为基本条件"(第223页),中世晚期英国农村中"农民—市民市场"的形成,即是这种生产流通一体化结构建立的证据。社会结构创新的另一个标志是以乡绅为首的"中间阶级"在农村的崛起,这个阶级的形成,是内战爆发前英国农村阶级结构变化的结果。他们是现代农业的发起人,也是农业资本主义生产关系的真正创立者。

第七章"中国农业生产力考察及其与英国的比较"。作者推算,明朝中期,每个农户劳动生产率为2173公斤,清代降至1941公斤。劳动生产率的这种迟滞与倒退导致农户商品率和储蓄率停留在较低的水平上。至清中叶,农村经济最发达的江南地区,每个农户的商品率仅为14%,储蓄率也只有6.7%,远远低于英国13—14世纪的水平。如果微弱的物质生产和交换能力,根本无法冲破沉积了两千多年的封建自然经济结构,产业机构也无法调整。因此,中国封建社会中,单一的自给自足的小农种植业结构始终处于主导地位。

第八章"中国农民社会生活与社会组织及其与英国的比较"。由于中国封建晚期农民个人物质力量的积累远未达到英国农民那样的程度,故其社会交往、思想观念和斗争实践都始终没有摆脱封建体系的窠臼。加之农村封建基层组织和宗法家族制度的严密控制,中国农民很难发展自己的物质力量和精神力量,突破几千年强固起来的社会制度和政治制度。

第九章"中国农村社会结构变化及其与英国的比较"。直到明、清时期,中国农民个人的物质力量和精神力量仍未得到实质性的发展。中国农村的封建社会结构表现出异乎寻常的稳定性和持续性。在产权结构上,大地产经济虽然成为中国封建社会晚期的重要现象,但这些土地却多为封建官僚或宗法缙绅地主把持,其生产关系完全是封建性的。直到鸦片战争前,广大农村基本上仍处于自然经济状态,农民也基本上与商品生产和商品交换隔绝。在阶级关系上,中国封建社会晚期的农村中,不曾出现过资产阶级化的乡绅和资本主义租地农场主。相反,农民贫困化,缙绅地主僵而不衰。这是一种典型的"单轨"社会,即权力支配一切。

二

《现代化第一基石》一书在内容、理论和方法上都独具特色。

农业经济特别是具有专业化、企业化和商品化生产特点的大规模农业经济的发展,决定着英国封建生产关系解体和资本主义的产生,这是《现代化第一基石》论证的主要内容。

资本主义在哪一类经济部分最先站住脚而成为新型经济因素的策源地?首先起源于农业还是工商业?这是个争议较多的问题。在前述的西方两次有关"过渡"动因的论战中,除"贸易根源说"外,其他几种观点虽强调重点各异,但有一点是相同的,即论者都从农业内部因素的发展寻找西方向现代过渡的动力。近十余年来,国内学者探讨封建主义向资本主义过渡的原因时,"农业劳动者个人力量决定封建制度解体论"和"经济结构制度论",也都突出强调农业与农村经济变化的至关重要性。"城市作用论"[①]和"市场经济论"[②]在谈到商品关系、货币关系和市场经济的发展时,却回避或抛开了农村经济的作用。

最早重视农业在西欧向近代社会转型中作用问题的,是重农学派。马克思对此曾给予明确肯定:"重农学派正确地认为,一切剩余价值的生产,从而一切资本的发展,按自然基础来说,实际上都是建立在农业劳动生产率的基础上的。……超过劳动者个人需要的劳动生产率,是一切社会的基础,并且首先是资本主义生产的基础。"[③]英国13世纪以来农业的发展也充分证明了这一观点的正确。

---

① 赵文洪:《国内关于西欧从封建向资本主义过渡问题》,《世界历史研究动态》1991年第11期。
② 何顺果:《市场在西欧的兴起及其历史意义》,《历史研究》1991年第3期。
③ 《马克思恩格斯全集》第25卷,人民出版社1974年,第885页。

有关英国小麦亩产量的最早记载是 13 世纪。那时小麦的平均每英亩产量为 8—9 蒲式耳,小麦、燕麦和大麦的混合亩产量平均为 11 蒲式耳。可以肯定,那时英国国内的粮食并不匮乏,相反还略有剩余。领主和农民都是如此。以温彻斯特主教地产为例,其所属的 32 所庄园中,1208—1209 年平均每一庄园小麦出售量占生产量的 48.5%,到这个世纪结束时,同一主教地产所属 42 所庄园小麦出售量平均每一庄园占生产量的 70%。① 可以推测,这些在市场进行交易的粮食中,余粮占一定比例。《现代化第一基石》估计 13、14 世纪英国一般农户的储蓄率已达 15%,证明农民也不缺乏剩余粮食。正因为如此,英国在 13—14 世纪便出现了地区性粮食市场。15—16 世纪,农业经济的进步更显而易见。无论是单位产量,还是一般农户的劳动生产率,都较前一时期有较大幅度的增长,并跃居欧洲农业先进国家的行列。除供全家自身消费外,这一时期劳动者每年还有 20%—30% 的盈余。到 18 世纪的农业革命,粮食剩余量更增至 50% 以上,"从而为工业革命铺平了道路"。② 但在英国中世纪,仅 15% 左右的粮食剩余已经可以使农村封建经济产生变化,20%—30% 的剩余无疑会为这种变化提供更加有利的条件,随着剩余不断增加,最终导致自然经济的解体。

如果说促使封建主义的农业社会向资本主义的工业社会转变的主要力量来自于农村是普遍规律,那么,以大规模农业经济改造小农生产,从而大大加快向资本主义农业过渡的速度,增强彻底性,则是英国自身的特点。中世纪晚期至近代早期,农村商品化、农奴解放和农民分化过程相互交织,成为英国农村社会关系变革的重要环节。农村向商品生产转变后,对金钱的支配比对人的支配更重要。中世纪的土地观念向着现代土地观念变化,即由把土地视为政治功能和权力基础转变为把它作为产生利润的投资。土地经营的商品化摧毁了整个英国农村传统的社会结构。16 世纪后半叶和 17 世纪,土地所有制关系发生了空前广泛和深刻的变化。伊丽莎白时代,特别是斯图亚特时代,是土地转让最突出的时期。1561—1600 年间,在 2500 个庄园中有 1/3 换了主人,而 1600—1640 年间则更换了 1/3 以上的地主。在

---

① [美]N. S. B. 格拉斯:《英国谷物市场的演进》,哈佛大学出版社 1926 年,第 32—64、110—111 页。

② [意]卡洛·M. 齐波拉主编:《欧洲经济史》第 3 卷,商务印书馆 1988 年,第 363 页。

这个时期某些郡的地主变动率达到了40%。① 当然，土地市场的繁荣，从根本上说，是面向市场的农业生产结构所致。正像巴林顿·摩尔所说："如果没有农业生产结构方面的转化，就可能不会出现这种繁荣。因此，这可以被理解为生产结构变化的结果。"②正因如此，这种变化并未导致封建性的土地兼并，而是向以土地产权私有化为基础的农业资本主义规模经营迈进。

诚然，商品生产并不等于资本主义生产。要使商品生产成为真正的资本主义生产，必须首先使劳动者获得人身自由，并通过土地私有化这一过渡阶段使劳动者的物质精神力量获得相对充分的发展。据陶内统计，16世纪的英国农村中，自由世袭地持有者占19.5%，公簿持有者占61.1%。③ 自由世袭地持有者是农村中的富农。他们除自由拥有一块祖传地产外，还租种和购买土地。地产公职人员都从他们中挑选。他们还参加郡的议会议员的选举，受普通法和国王法庭保护。公簿持有农曾是构成庄园农业劳动主体的维兰，由维兰到公簿持有农，标志其获得人身自由。他们是农村里的中农。他们虽然尚未取得真正的土地私有权，但却根据手里掌握的庄园法庭记录的一份"公簿"，也对土地拥有了比较固定的实际所有权。英国许多公簿持有农正是以此为基础跃入约曼和乡绅行列的。至封建制解体时期，公簿持有农已被排斥在农村公务管理之外，庄园的解体又使其失去了拥有土地的合法依据。以乡绅为柱石的国家非但没有为其土地所有权提供法律保障，反而自1677年颁布关于非法占有案，宣布一切不是根据文件和正式契约而使用的土地，都成为地主任意支配的租地。公簿农的分化由此加剧。在这一过程中，自由世袭持有者和公簿持有者中间一部分幸运者逐渐发财致富，形成英国农民中的富裕上层，即所谓约曼阶层，他们的利益也很快同乡绅融为一体。④

中世纪晚期，英国走上农场化的资本主义农业发展道路，根源于农村中以乡绅和富裕约曼为代表的"中产阶级"的迅速崛起（第249页）。这个阶

---

① [英]施脱克马尔：《十六世纪英国简史》，上海人民出版社1958年，第50页。
② [美]巴林顿·摩尔：《民主和专制的社会起源》，华夏出版社1987年，第5页。
③ [英]R. H. 陶内：《16世纪农业问题》，朗曼出版社1912年版，第23页。
④ 参见[苏]塔塔里诺娃：《英国史纲》，生活·读书·新知三联书店1962年，第15—16页。

级具有以下特点:其一,人数多。据威尔逊估计,1600年英国有骑士500人,平均年收入在1000—2000镑之间;一般乡绅1.6万人,平均年收入在500—1000镑之间。① 此外,根据雷戈·里·金估计,在17世纪末,年收入在55—90镑的自由持有者共有16万人左右。② 这同马克思引用马考莱的资料完全相同。③ 其二,经济实力强。一项有关17世纪中叶英国社会土地所有权分配的估计表明,50%的土地属于乡绅,还有15%属于有称号的贵族。④ 布伦纳教授也认为:"到17世纪末,英国土地控制了耕地的大部分,可能是70%—75%。"⑤如果再加上富裕约曼的土地,不难想象土地所有权的集中程度。土地集中到大农手里,是土地市场放开的必然结果。其三,流动性大。由于土地所有权的频繁转移,农村内部、城乡之间各阶层的流动经常发生。有些公簿持有农、租地农通过购买土地成为约曼,也有些幸运的乡绅加入贵族的行列。但更多的是约曼上升为乡绅。在林肯郡,1562—1634年间,乡绅的数量发生很大变化。稍后,新出现的78个乡绅家庭中,24个来自外郡,约有一半是从约曼上升的。⑥ 同样的情况也出现在累斯特郡。在1540—1600年间,成千上万亩土地通过购买转入约曼手中。到该世纪末,较大约曼已上升到大乡绅行列,但更多的人成为小乡绅。⑦ 此外,城乡间各阶层的双向流动也日趋频繁。商人阶级的上层从拥有土地的家族中得到补充,但更多的是,富商、士兵、医师、律师、水手、牧师等在城里积累了相当可观的财富后,又回到农村做乡绅。⑧ 因此,城乡中等阶级中的许多人都有双重身份与地位。

乡绅的崛起是伊丽莎白时代的显著特征。巴林顿·摩尔曾以"推动农

---

① [英]F.J.费希尔编:《托马斯·威尔逊的〈1600年的英国〉》,伦敦皇家历史协会1936年,第23页。
② 转引自[英]阿什利:《英国的经济组织》,朗曼出版社1928年,第123页。
③ 《马克思恩格斯全集》第23卷,第784—785页(190)注。
④ [英]基思·赖特森:《英国近代早期的社会等级》,载王觉非主编:《英国政治经济与社会的现代化》,南京大学出版社1989年,第200页。
⑤ [美]罗伯特·布伦纳:《前工业欧洲农村的阶级结构和经济发展》,《世界历史译丛》1980年第5期。
⑥ [英]A.L.罗斯:《伊丽莎白时期的英国》,伦敦麦克米兰公司1951年,第225页。
⑦ 前揭A.L.罗斯书,第226页。
⑧ 前揭A.L.罗斯书,第235—236页。另参见前揭基思·赖特森文,第201页。

业资本主义演进的贵族力量"为题,分析英国资产阶级革命渐进保守的特点。无疑,这种贵族力量也推动和决定了英国传统农业改造的道路。16和17世纪,英国已具备了乡绅以大规模农业经济改造封建小生产的一切极为有利的条件。

从理论上说,作者始终把劳动者个人的物质实践活动和社会生活的发展程度,作为推动封建制向资本主义过渡的最终推动力。作者从农民个体研究入手,首先考察农民物质实践活动的发展和物质力量的积累,进而再探究其社会生活的开拓和精神量的变化,指出在前两者发展的基础上,中世纪的社会结构也得到同步改变。由此强调劳动者的个人力量的发展是农村变迁之"因",社会结构则是上述力量变化之"果"。无疑,这种思路是符合唯物史观的。

马克思、恩格斯认为,"劳动发展史"是"理解全部社会史的锁钥"。[①] 当然,也确如他们一再强调的那样,"这种观察方法并不是没有前提的。它从现实的前提出发,而且一刻也不离开这种前提。它的前提是人",[②]而且"是现实中的个人,也就是说,这些个人是从事活动的,进行物质生产的,因而是在一定的物质的、不受他们任意支配的界限、前提和条件下能动地表现自己"。[③] 同时,"交往形式"是马克思、恩格斯在唯物史观初创时期经常使用的一个概念,它们"始终标志着直接从生产和交往中发展起来的社会组织,这种社会组织在一切时代都构成国家的基础以及任何其他的观念的上层建筑的基础"。[④] 那么,它与生产力的关系如何呢?对此,马克思、恩格斯指出:"生产力与交往形式的关系就是交往形式与个人的行动或活动的关系。"它们是不可分割的,因为"只有在这些条件下(指按一定的交往形式——引者注),生存于一定关系中的一定的个人才能生产自己的物质生活以及与这种物质生活有关的东西,因而它们是个人自主活动的条件,而且是由这种自主活动创造出来的"。[⑤] "社会结构和国家经常是从一定个人的

[①] 《马克思恩格斯选集》第4卷,人民出版社1972年,第254页。
[②] 《马克思恩格斯选集》第1卷,人民出版社1972年,第31页。
[③] 《马克思恩格斯选集》第1卷,第29—30页。
[④] 《马克思恩格斯选集》第1卷,第41—42页。
[⑤] 《马克思恩格斯选集》第1卷,第78—79页。

生活过程中产生的"。① 同时,由于"在再生产的行为本身中,不但客观条件改变着……而且生产者也改变着,炼出新的品质,通过生产而发展和改造着自身,造成新的力量和新的观念,造成新的交往方式,新的需要和新的语言",②因而,这种作为劳动者自主活动条件的交往形式也应进行相应的调整,即"已成为桎梏的旧的交往形式被适应于比较发达的生产力,因而也适应于更进步的个人自主活动类型的新的交往形式所代替"。③ 因之,马克思、恩格斯把人类历史直接作为劳动者个人自主活动的历史,"从而也是个人本身力量发展的历史",④把唯物史观称为"关于现实的人及其历史发展的科学"。⑤ 他们提出的著名的"三大社会形态"理论,也是以个人力量的发展作为划分条件和标准的:当"人的生产能力只是在狭窄的范围内和孤立的地点上发展着"的时候,社会必然处于以"人的依赖关系"为主要特征的最初的社会形态下;而当劳动者一旦"形成普遍的社会物质变换,全面的关系,多方面的需求以及全面的能力的体系"的时候,那么社会也就必然向着"以物的依赖性为基础的人的独立性"的第二大形态演进;最后,当那种"建立在个人全面发展和他们共同的社会生产能力成为他们的社会财富这一基础上的自由个性"达到一定的发展程度时,整个社会必然会向着那种既摆脱了人的依赖关系,同时又摆脱了物的依赖关系的自由人的联合体飞跃。⑥

　　作者正是把唯物史观的上述思想具体应用到封建社会晚期中英历史研究中。如此,不仅获得了从微观个人到宏观社会这样一幅中世晚期历史的整体画卷,而且还从中领悟到发展的层次关系和因果关系。这是一部有血有肉、有源有流的历史。前述当代西方两次有关过渡问题的争辩中,论者在不同程度上都没有坚持现实的人是历史发展第一推动力的观点,即没有坚持从一定个人的生活过程和个人力量的发展中考察社会变迁的轨迹。相

---

① 《马克思恩格斯选集》第1卷,第29、79页。
② 《马克思恩格斯全集》第46卷上,人民出版社1979年,第494页。
③ 《马克思恩格斯选集》第1卷,第79页。
④ 《马克思恩格斯选集》第1卷,第79页。
⑤ 《马克思恩格斯选集》第4卷,第237页。
⑥ 《马克思恩格斯全集》第46卷上,第104页。

反,都把过渡的动因归结为各种不同的模式。似乎这些模式是凭空产生的,独立于劳动者物质生活活动之外。社会结构难道有生命、有意识,能自行运转,而人反而成了被动的客体?诸如商品贸易那样的经济结构和阶级组合那样的社会政治结构,一旦形成,对人、对社会的制约力不容置疑,然而那样的"结构"又是如何产生的?自然经济转变的基点在哪里,我们的研究是"从现实的、有生命的个人本身出发",或者说,"我们的出发点是从事实际活动的人"呢,还是以归根到底是从一定个人的生活过程中产生的"结构"为出发点,这是历史研究中一个带有根本性的理论问题。

《现代化第一基石》在方法论上的主要特色是运用了比较研究的方法。

人类历史具有普遍和共同的规律,但同时各民族、社会历史之间又存在着差异。不同社会历史背景便会导致不同的社会演进路线。在封建社会解体和资本主义起源问题上进行中西或西方各国历史间的比较,既能清楚地看到资本主义在中世纪西欧赖以萌发、成长的特殊环境,看到西方各国资本主义发展的各自特点,又能深化对东西方封建社会差异性和不同发展道路的认识,有助于我们提出问题,找到理解历史现象的钥匙。历史比较的类型是多种多样的,有寻找相异点的比较,有寻找相同点的比较,还有既找相同点又寻相异点的比较。《现代化第一基石》在比较方法上采用了求异法,即通过考察中国封建社会晚期农民的物质生产实践活动、社会生活和社会结构等方面与英国相关历史的差别,从而回答造成中英封建社会延续时间长短不同的原因,以及从封建社会向资本主义过渡的动力来自何处等一些具有重要理论和现实意义的问题。

中国封建社会何以长期延续?中国几代学者为此倾注了经久不衰的研究热情。20世纪30年代前期,抗日战争爆发迄新中国成立前,50年代及60年代,1978年至今,中国曾掀起四次大规模的关于中国封建社会长期停滞和延续问题的论战和讨论,比西方关于"过渡"问题的争论有过之而无不及。论者从地理环境、政治体制、经济结构、所有制形式和意识形态等多方面探讨了造成中国封建社会长期停滞或延续的原因,具有一定的启发和积极意义。但由于论者都没有同其他国家历史进行广泛深入的比较,因此讨论没有达到预期的效果。

在《现代化第一基石》的前一部分中,作者运用农民个人力量发展和社会环境变迁的双重分析框架,探讨了英国封建社会解体、农村现代化起源的条件和原因。同理,中国封建社会晚期的农村中由于不具备或缺乏如英国那样的条件和环境,因此农村中也就没有形成足够的变异力量来冲破凝积了两千多年的封建自然经济结构和封建政治结构。基于此,本书得出的导致中国封建社会长期延续的许多理论,都是通过与英国相关历史的比较取得的。

中国封建社会解体时期的农业劳动生产率非但没有大幅度提高,增长势头却逐渐放慢甚至出现衰滞局面。尽管明清两代的农产品单位产量和总产量较前都有提高,但就农业劳动生产率而言,清中叶较明中叶不是上升了,而是下降和倒退了。这同英国封建晚期农业劳动生产率成倍增长的局面形成鲜明对照。到19世纪中叶,中国人口已突破4亿大关。由于清代全国荒地已基本开拓殆尽,增加粮食产量只能走技术进步的道路。然而自然经济下的小农生产方式阻碍了农业技术进步的速度。由此,一方面是人口迅速增长,另一方面资源和生产能力已达到甚至突破承受的极限,造成生产力的萎缩、生活资源滞后于人口增长的恶性局面,人口同资源和生产能力的矛盾成为阻滞现代化在中国近代农村发生的最深层、最本质的社会问题。英国19世纪的人口较16世纪增加3—4倍,但由于农业革命和接踵而来的工业革命,生活资源超前于人口增长,这是一种良性发展的道路。农业劳动生产率的衰滞,直接制约着中国农村产业结构的调整以及农产商品率和储蓄率的发展。中国封建社会晚期农业经济区向多样化发展,但经济作物的推广并非如英国那样建立在农业生产力提高和市场需求基础上,而是封建政权干预和仅靠农产品收入难以为生的不得已而为之的结果。所以经济作物的产品基本上用于农户自身消费或交纳赋税,进入市场的比例极小。乡村棉纺业虽有较大发展,但除个别情况外,大多数农村纺织业一直囿于最传统的生产模式,没有像英国乡村工业那样从淡出的农耕业中分化并发展崛起为独立的家庭工副业。由于它们基本用来满足个人消费,故这类产品价格长期低于粮食产品价格,经营前途不大。这样,中国传统的农业结构一直没有出现英国那样有利于农产商品化和农村工业化的重大改观。

封建社会晚期中国农民极低的物质生产和物质交换能力影响了劳动者

物质力量的积累,也制约着以此为基础的社会生活的更新与开拓。中国农村个体的不发展,成为他们无法冲破专制体制,甚至在某些方面成为强化专制体制的原因。与英国相比,中国农村的社会结构表现出异乎寻常的稳定性和持续性。就广大农村而言,中国封建晚期并没有发生如英国那样的种植业劳动力向乡村工业转移的现象,也没有出现像英国那样一大批积累了相当可观财富的农民向城市和新垦区流动的趋势。中国的广大农民没有像英国公簿持有农那样获得人身自由和对其劳动力的自由支配权,更不可能如英国一部分幸运的自由世袭持有者和公簿持有者那样,上升到富裕的约曼和乡绅行列。在中国封建社会晚期的农村中,封建统治阶级里找不到英国的乡绅、骑士以及新贵族;在农村社会里找不到约曼。一句话,封建解体时期的中国农村没出现英国那样的资产阶级化了的"中间阶级"这样一支新的社会力量。封建社会晚期,大地产经济也成为中国农村一个十分突出的现象。但中国没有英国那样的资产阶级化的大农阶层,唐中叶后"国家编户"制下的自耕农小块土地所有权日益萎缩。因此,以官绅地主和宗法地主为代表的封建地主土地所有制在明清时代取得支配地位。马克思曾深刻地指出"土地的所有权是个人独立发展的基础。它也是农业本身发展的一个必要的过渡阶段"。① 包括英国在内的许多西方国家都先后经历了小块土地所有权那样必要的过渡阶段,虽然这种"所有权还隐藏在封建的招牌后面",②但它对自然经济的最终解体发挥了至关重要的作用。正是"自耕农的这种自由小块土地所有制形式,作为占统治地位的正常形式",成为"封建土地所有制解体所产生的各种形式之一"。③ 封建社会晚期的中国农村中,雇工制和租佃制虽不乏存在,但其生产关系从本质上讲仍然是封建宗法性的,根本不能同英国封建解体时期的农村里具有企业化、专业化和商品化生产特点的资本主义租地农场等量齐观。在英国封建社会晚期,对金钱的支配比对人的支配更重要,"货币是一切权力的权力"。④ 而中国政治权力仍然支配一切,"贵"可以"富","富"不能"贵",经济衔接政治的道路没

---

① 《马克思恩格斯全集》第25卷,人民出版社1974年,第909页。
② 《马克思恩格斯全集》第23卷,人民出版社1972年,第785页。
③ 《马克思恩格斯全集》第25卷,第909页。
④ 《马克思恩格斯全集》第23卷,第786页。

有打通,因此仍处于具备前资本主义的一切特点的"单轨"社会。

三

《现代化第一基石》一书结构严谨,思路富有新意和启发性。论点新颖,史料较为丰富,言之有据,体现了作者认真严肃的治学态度和较深厚扎实的学术功力。同时该书的语言生动,具有较强的个性和感染力。作者在许多问题的研究上具有创新的突破,代表了我国学者对英国农村现代化问题研究的较高水平。但是,科学没有顶峰,人们的探索也无止境。中世纪晚期的社会变迁史涉及的领域很广,需要探讨的问题也很多,限于资料和篇幅,作者对有些问题强调和论述的还不够突出和细致,有些问题也没有涉及。这些地方可以成为作者今后研究的新起点。

关于经济结构在社会变迁中的作用问题,书中论述的尚不够充分。近年来这一问题已逐渐引起国内外学者的重视。如果说农产品剩余为农村经济结构的变化提供了基础,那么,在此基础上进行的农村产业结构的调整,更直接推动了农村的自然经济向大规模的商品经济转变。

一般认为,农牧混合的经济结构在西方亘古如此,其实这是一种误解。在中古初期的欧洲,单一的小农种植业生产结构也居主导地位,完全是一种"以谷物为中心的农业制度"。法国年鉴学派第三代著名学者、中古欧洲农村经济史专家乔治·杜比曾总结说,农业的"主要目标是生产生活上必要的大宗产品,即粮食。传统的谷类食物……做成面包、麦糊或像浓汤一样的淡啤酒来消费,谷类便这样到处种植在土地上。这种农民文明已成为饮食习惯的奴隶,即使在气候条件不适宜的地方,也坚持要生产谷物","即使在像英格兰那样想象中的畜牧地区,牲畜的总头数也远比现代估计的与可耕地保持平衡所需要的最低数还低"。①

13世纪以前,英国各阶层养羊都很少。《现代化第一基石》中曾例举了诺福克的福恩赛特庄园,"诺曼征服前那里只有一只羊"。② 据《土地调查

---

① [意]卡洛·M. 齐波拉主编:《欧洲经济史》第1卷"中世纪时期",第151页。
② [英]克拉潘:《简明不列颠经济史》,上海译文出版社1980年,第148页。

册》记载,到 11 世纪后期,东诺福克全郡 516 个农庄中,共有羊 46864 只。① 这个数字初看颇为庞大,如果把羊平均分配到每个庄园中,那么各庄园就仅有 90 余只。如果进一步在每个庄园的领主和农户中平均划分,那么每户所拥有的羊指数量就微不足道了。它充其量只是家庭消费的补充。13 世纪是英国农村产业结构开始转变的分水岭。这种转变,说到底"还是在农业劳动生产率大幅度第提高以后"(第 60 页)。13 世纪,养羊业在农村经济中具有举足轻重的地位。以至于有些学者认为,养羊业的发展,推动了漂洗水车数量的增加,在 13 世纪英国农村便出现了"第一次工业革命"。② 应该说,英国中古农村深层次的变化,发轫于农业中形成的农牧混合、畜工贸一体化的产业结构。③

国内最早指出经济结构与英国封建主义向资本主义过渡之间关系的是周光远同志。④ 吴于廑教授也持类似观点。⑤ 国外一些学者也注意到经济结构的重要性。R. H. 希尔顿曾指出,"对封建主义结构的分析必须从农业基础开始……基本的生产单位要在农业中去寻找,或者最好在这种经济的混合经营部分去寻找,……我们正是要在农业基础内部去寻找封建生产方式的结构中的基本要素,它决定封建社会的健全、发展和衰亡"。⑥《现代化第一基石》所论证的作为近代经济基础的农业,并非是自然经济下那种单一的男耕女织的小农种植业,而是指农村中以土地出产为基础的种植业、畜牧业和乡村工业全面发展的混合生产结构体系。这是农村经济向交换开放的标志。

亚当·斯密曾经认为,经济发展的前提条件是分工和市场的扩大。养羊业的蓬勃发展,是农村经济在新的基础上进行分工和交换的起点。但是,单纯的养羊业和把羊毛作为初级原料出口,并不能发挥瓦解农村自然经济的作用。因为仅限于此,农村的产业结构就得不到调整,男耕女织、自给自

---

① [英]西伯姆:《英国农场的发展》,剑桥大学出版社 1927 年,第 156 页统计表 A 第一项。
② [意]卡洛·M. 齐波拉主编:《欧洲经济史》第 1 卷"中世纪时期",第 226 页。
③ 徐浩:《英国农村封建生产关系向资本主义的转变》,《历史研究》1991 年第 5 期。
④ 周光远:《经济结构与英国封建主义向资本主义过渡的关系》,《世界历史》1982 年第 1 期。
⑤ 吴于廑:《世界历史上的农本与重商》,《历史研究》1984 年第 1 期。
⑥ [英]R. H. 希尔顿:《封建主义的危机》,《世界历史译丛》1980 年第 5 期。

足的封建经济结构就不可能从根本上得到改变。"可见,为养羊业进行配套生产的近代呢绒手工业的建立和发展是英国农村封建经济结构彻底变革的突破口。"① 最关键的变化是生产领域,在于农民家庭经济中的"织"与市场发生联系,变成商品经济的组成部分而与自然经济相脱离,这是农村封建经济向资本主义蜕变的前提之一。英国乡村呢绒工业的发展具有如下特点:一是"在原料和劳动力方面都完全是英国的,一点也不借助于外国";二是具有巨大的国内国外市场;三是"它普及到各村镇,成为全国人民的主要财源"。② 从原料加工到制成品,都在农村进行。农村成为孕育近代民族工业的基地。英国"织布业多半是在不受行会组织限制的乡村和小市镇上经营;这些地方逐渐变为城市,而且很快就成为每个国家最繁荣的城市"。③ 14世纪后期,英国生产的宽幅毛呢比前期增长了3倍多,出口则增长近10倍。④ 16世纪呢绒增长幅度更加显著。如果说14世纪中叶出口呢绒只有5000匹,那么在16世纪中叶,却已达122000匹了,几乎增加了24倍。在17世纪初,出口的呢绒和羊毛大约占到英国出口总额的90%。⑤ 无疑,增长的来源,多半出自当时的乡村,即所谓的"工业村庄"。到17世纪,乡村工业已吸收大批村庄和劳动力。一位驻伦敦的威尼斯书记官说:在英国,所有的村庄和小庄子都在制造呢布。⑥ 瑟斯克认为英国当时有1/2的农业人口农闲时从事工业。⑦ 17世纪至少有1/5的人靠毛纺织业过活。⑧ 在这种变化过程中,产业结构和劳动力结构都得到了调整。乡村工业异军突起还促进商品经济在农村深入发展,使农奴重新获得自由。科斯敏斯基曾指出:"在以畜牧业,特别是养羊业为主的区域内,缺乏足以发展劳役地租的条

---

① 徐浩:《英国农村封建生产关系向资本主义的转变》,《历史研究》1991年第5期。
② [法]保尔·芒图:《十八世纪产业革命:英国近代大工业初期概况》,商务印书馆1983年,第30页。
③ 《马克思恩格斯选集》第1卷,第62页。
④ 《剑桥欧洲经济史》第2卷,剑桥大学出版社1971年,第416页。
⑤ [苏]琼图洛夫:《外国经济史》,上海人民出版社1962年,第221页。
⑥ [英]H. C. 达比:《1600年以前英国新历史地理》,剑桥大学出版社1979年,第222页。
⑦ [英]A. E. 缪森:《英国工业的成长》,纽约巴特斯福德出版社1978年,第15页。
⑧ 刘淑兰:《英国产业革命史》,吉林人民出版社1982年,第20页。

件,但却具备发展货币地租的条件。"①到 14 世纪末,英国农村已大体形成农牧混合、畜工贸一体化的经济结构。这种新型的经济结构对于社会结构的创新和整个社会的变迁,无疑产生了极其深远的影响。

在其他一些问题上,我们期待着作者今后进一步开拓和研究。如作者正确指出了农业劳动生产率的提高使农村产业结构调整的基础,但国内市场的扩大与之关系如何?农村种植业究竟有多大剩余量才能导致产业结构的转变?此外,农村中的劳动力由单纯种植业向工副业转移是产业结构调整的结果,那么究竟种植业和工副业劳动力各占多大比重适于自然经济的解体和现代化的起飞?在大规模圈地运动爆发以前,英国农村劳动力分布的数量关系如何?16—17 世纪,因制度和经济结构的变动,英国也未能避免过剩人口的盲目流动。当然过剩人口不完全等于流民,但会成为社会不安定的因素。研究过剩人口的吸收、安置的政策和途径,具有一定的历史和现实意义。再比如,人口、资源和生产能力三者之间的关系,是导致现代化能否顺利在农村发生的重要因素之一。贫困不能发展,发展来源于经济的盈余。前文已论及,中国封建社会晚期人口增长大大超过资源与生产能力所能承受的极限,单位面积产量和总产量的提高与劳动者个人劳动生产率的提高不能同步。换句话说,生产的增长满足不了人口增长带来的对生活资料的需求。而英国却成功地摆脱了马尔萨斯陷阱,实现了经济增长快于人口增长这一经济发展不可缺乏的条件。应该说,这个问题并非个别因素决定的。那么英国当时哪些条件对解决这一难题起了作用?中国何以缺少这些条件?另外,人口流动也是封建社会晚期的一个重要研究领域。人口流动包括地域间的横向流动和阶层间的纵向流动两个方面。作者谈的较多的是由乡村到城市、由老种植区到新垦区的地域间的横向流动,也涉及了自耕农上升为乡绅这类乡村内部阶层间的纵向流动,但对由城市向农村逆向横向流动和城市间阶层的纵向流动重视不够。从英国一些城市档案可以看出,15 和 16 世纪前期英国城市人口减少,从城市转移出去的劳动者主要去了农村。许多工匠在农村进一步建立手工作坊,城市商人资本也纷纷向农

---

① [苏]科斯敏斯基:《十一至十五世纪英国封建地租形态的演变》,《史学译丛》1956 年第 1 期。

村转移,主要是向乡村工业渗透,支配了乡村的家庭工业和手工工场,并向新兴工业投资。这种转移促进了乡村工业的大发展,促使乡村工业从小商品性质转变为资本主义性质,加速了乡村经济的商品经济化和资本主义化。此外,中世纪晚期英国城乡间阶层流动的重要性并不亚于农村间各阶层的流动。英国封建社会解体时期,城乡阶层也有很大流动性和模糊性。大多数乡绅具有城乡双重身份和地位。农村中的乡绅发家并非只限于农牧业,还得益于与城市相关的其他行业,他们的子弟往往被送往城市里寻找前途,成为专门家(如医师、律师、商人等)。城市中的许多专门家功成名就后又往往回到曾经养育过他们的农村,过起乡绅生活。所以,农村各阶层、城乡各阶层的交叉纵向流动,应共同构成英国中世纪晚期阶级关系变迁的内容。最后,英国中世家庭除作为生产和消费单位的经济职能外,还有无其他政治和社会的功用?其宗法血缘关系与中国相比有无差别?家庭同农村基层组织的关系怎样?该项研究可以进一步回答英国劳动者个人力量发展的政治空间与环境是否较中国农民优越的问题。

最后,在结束这篇文章时,我们还想顺便提出一个久已萦回于我们脑际的问题,即如何开展英国中世纪社会史的研究。在这方面,《现代化第一基石》是一个良好的开端。当然,我们所说的社会史,不是过去那种只限于研究底层群众各方面生活片段的历史,而是一种把底层群众历史和社会结构变迁以及社会生活方方面面的历史结合起来研究的社会史。这样的社会史不仅会使我们的历史研究变得更加丰富,而且还会使历史的解释更科学、更接近历史的真实。

原载《历史研究》1992年第3期。

戴尔新说：英国社会转型起于13世纪

英国是世界上率先完成从传统向现代转变的国家，但它何时、如何和为什么发生了这场人类历史上最重要的划时代变革，却成为马克思主义与非马克思主义史学家长期争论不休的重大课题，焦点在于英国中世纪晚期是否发生了转型。2005年，牛津大学出版社出版了英国莱斯特大学历史学院区域和地方史教授、英国地方史中心主任、著名中世纪史学家克里斯托弗·戴尔的最新著作《转型的时代——中世纪晚期英国的经济与社会》，再次向人们提出这个问题。不过，戴尔的这部新著并不能算是双方争论的继续，因为他的观点既不是传统的马克思主义，更不是非马克思主义，而是采取了有选择地继承和取长补短的立场，从而使这个问题的研究在理论模式的创新，以及内容的拓展与深化方面都取得重大推进。

一、前提：研究范式的调和

在《引言》中，戴尔主要讨论了经济社会史研究的历史观和方法论问题。他开门见山地对以往相关的研究范式进行了梳理：本书题目涉及一个陈旧的历史难题，对它的研究有两种传统。一是19世纪开始的科学史学，认为罗马帝国灭亡以后的那些世纪，分成中世纪和现代两个阶段，分界线在1500年前后。现代性的特征包括新的国家形式、宗教改革和文艺复兴思想的传播，政治、宗教和思想文化角度成为最早使用的分析框架。另一个则是20世纪下半期前后，那些受到马克思主义观点影响的史学家，深信资本主义取代了封建主义，虽然这种取代的时间迟至18世纪，但是1500年前后的几个十年中，圈地运动和地理大发现则可以视为那个过程的重要转折点。

过去20年，上述两种研究范式日渐式微。结果，传统马克思主义和非马克思主义的研究范式趋向调和，主要表现是经济史与社会史的结合，形成经济社会史。经济社会史以开放和务实的态度对待马克思主义方面，他们认为经济和社会历史学家早已为从封建主义向资本主义过渡提供了分析框架。比如马克思及其继承者认为，封建生产方式主要是农业的，以占统治地位的贵族向依附农民索取地租和劳役为基础。由于掌握生产资料的企业家雇佣工资劳动者，封建生产方式被资本主义所取代，从此市场力量制约了经济活动。另外，他们又指出，由于使用诸如"阶级"等过时术语，这种对历史变化的认识现在似乎是陈旧的和简单化的，亟须借鉴其他有关的研究范式与成果。

在此基础上，经济社会史形成自己有关"转型"问题的研究范式，首先在史观上坚持马克思主义有关中世纪晚期在过渡中的重要性的传统立场，保持对社会结构和生产方式等问题的传统关切，主张这场变革的推动力量包括乡绅以下的各个阶层，有时是作为牺牲者的农民。这种观点使他们强调变革的社会基础，而不单单是背景。同时，它又吸收了非马克思主义有关存在着"转型阶段"的观点，即这些变化不是一夜之间发生的，希望找到从中世纪到现代转型的过渡阶段，并高度评价这种观点为探索中世纪晚期的社会和经济趋势提供了出发点，因而比马克思主义的社会史更加重视对中世纪晚期经济和社会的长期发展趋势的考察。

除了史观外，多维方法的采用也是调和研究范式的重要内容。戴尔认为，像任何历史解释一样，如何看待中世纪，反映了历史学家对自己时代的态度。某些历史学家赞扬现代的进步，因此低估了中世纪的成就，现代早期历史的研究者就容易如此。而中世纪专家有时也不看好自己研究的这个时期，他们往往使用现代标准衡量中世纪的成就，因而必然得出中世纪经济落后的结论。可见，将现代作为唯一的参照系，致使这两种历史学家都不约而同地认为，英国决定性的变革发生在18世纪，于是中世纪的成就就被淡化与忽视了。可见，比较方法虽有助于形成历史判断，但仅仅以现代作为比较标准显然是片面的做法。

除了与现代进行纵向比较的方法外，经济社会史还提出了其他比较方法。一是与英国中世纪早期纵向比较，如把1300年与850年进行比较。尽管依照今天的观点,1300年的经济仍然是落后的和小规模的,但比照850年,它似乎又是复杂的和生产能力强的。二是将中世纪晚期的英国与同时期的大陆国家进行横向比较。如果说,13世纪英国在许多方面还落后于低地国家和北意大利,那么14、15世纪英国则缩小了与它们的差距,甚至在有些方面还实现了超越。这种多维比较在很大程度上成为改变经济史对英国中世纪晚期的悲观认识,建立起转型历史新的分析框架的方法论保障。

二、假说:一种"新中世纪"观

该书第一章标题为"一个新中世纪"(a new middle ages),它形成于经济社会史视域下,可以叫做"新中世纪"观,即一种对中世纪历史的重新解释。"旧中世纪"(an old middle ages)观来自前述的经济史,这种观念在20世纪70年代已经定型,描绘出一幅经济失败的画面。据此,该时期被划分为三个不同阶段:第一阶段是直到1300年左右的增长阶段,12—13世纪人口、农业、商业、城市、货币流通和领主收入等持续地扩张和上升。但这是一种没有发展的增长,或称为"过密化"。因此,1300年前后是一个贫穷的时期,人口减少和从边际土地撤退。第二阶段始于14世纪危机,1315—1317年的大饥荒和传染病,特别是1348—1349年的黑死病阻止了经济扩张并使其改变了方向。14世纪晚期到16世纪早期是第三阶段,充满着增长与衰落、黄金时期与贫困化等截然矛盾的现象。

尽管坚持旧经济史观的学者在研究范式和论证上不尽相同,但他们似乎都将人口因素作为唯一的决定因素,人口升降引发价格、工资、地租、贸易、货币流通的相应变化。但无论如何变化,中世纪都被认为是不发达(underdevelopment)与紧张状态(constraint)的代名词,因此也就没有真正意义上的发展与进步,"过渡"更是无从谈起。但这些或现或隐的人口论,却很难在中世纪得到一以贯之的验证:为什么1300年左右人口的高压状态导致人口锐减,而14世纪晚期至16世纪早期人口的低压状态却与人口下降长久并存不悖?对此,经济社会史研究者主张,历史变迁不能仅仅考虑经济因素,还要联系社会因素的作用,两者必须统筹兼顾。

新中世纪观反对中世纪中期是没有发展的增长或虚幻的增长的观点,

认为,虽然英国社会结构和生产方式的更新发生在"延长的15世纪"(1350—1520),但中世纪晚期大量的经济特征却能够上溯到13世纪甚至更早。因此,戴尔的中世纪晚期始于13世纪,终于16世纪早期。这样,不仅15和16世纪,而且13和14世纪也被纳入转型历史的范畴之中。对中世纪历史,既不能像浪漫主义史学那样将其理想化,也要防止另一种极端,即将中世纪等同于不发达。

结构上,城乡大部分经济组织与主要基础建于1300年前,实际上是1100年前。多数村庄的地界是在中世纪早期建立和命名的,并对各类生产生活用地做出了安排。12世纪前,农业景观的主要类型即平原农村(champion country)和森林地(woodlands)已经形成。前者实行核心村(nucleated villages)和敞田,后者盛行小村庄(hamlets)与圈地。

12和13世纪耕地面积的扩展,当时约有200万英亩的森林或沼泽等被辟为耕地与草地。不过,这种内部殖民只是增加了已有的资源利用的高水平,耕地面积从1086年的800万英亩上升到1300年的1000万英亩。集约化农业是12和13世纪的另一个变化,创造了以东北诺福克为代表的东海岸地区的耕作制度:多耕、灭草、重肥、连播以及偶尔休耕几年甚或完全取消休耕。许多其他手段也被用于增加产出,如池塘养鱼,圈围的园地种植亚麻、大麻、染料等工业作物以及水果和蔬菜,大的建筑圈养牲畜等,一个发达农村的发展历史正在为人所知。

中世纪城市网络的起源只是近来才清晰起来。12和13世纪的多数时期,城市体系尚未成熟,在这两个世纪中,英格兰中心城市的数量增加大约500个。新城市填补了已有中心之间的缺口,但也引起新旧城市的激烈竞争。领主建起2000个市场和几乎同样数量的市集(fair),它们大多数位于村庄,有的"村市"(village market)上升为市镇(market town),但绝大部分不久或在一两个世纪后销声匿迹。截至1300年,商业中心竞争的第一阶段结束,获胜城市在中世纪晚期和以后继续存在。城市不是封建社会的异己力量,交换关系没有削弱而是加强了领主的力量。1349年以后又出现新的不稳定因素,尤其在那些工业地区,引起新城市增长。城市发展的这个新阶段值得重视,因为它通常在被描绘为衰落和收缩的阶段中被人忽视,但该发展与前一阶段有所不同,属于地方化和小规模的城市化。15世纪的城市衰落也影响了许多城市,但该时期城市损失的数量不会多于13世纪和14世纪早期。得失相抵,由此,16世纪20年代英国城市总数约有650个,接近于1300年的水平。

市场行为方面,到1300年相对成熟的市场体系建立起来,而连接城乡或各城市之间的运输体系是市场体系存在的前提与保障。中世纪的运输体系并不像以往认为的那样一团糟;相反,城乡或各城市之间修建了新的道路,此外还大力建设桥梁。截至16世纪早期,个别情况下在1300年,桥梁数量堪与18世纪早期相比。1300年时,陆路运费较高,每吨货物每英里为1.5便士,只有葡萄酒等价格高的商品才能负担得起长途运费,建筑材料、价格低廉的谷物、燃料、干草和稻草等货物的长途运输,在经济上并不划算。大部分地区不能就近通航,因此短途陆路运输仍十分重要。

史学家已经承认这个时期存在各种规模和类型的城市,城市包括那些居民从事多种非农业职业的任何地方,只有几百居民的小市场城市也在其中。新的城市定义不再考虑制度特点,只注重其经济与功能,因此,对中世纪英国城市化水平的重新估计成为必要。以往认为中世纪晚期城市人口只占1/10或者更少,但1377—1378年的人头税报告和16世纪早期的世俗赞助金表明,英国各郡的城市人口为15%—25%,平均为20%,这也很可能是1300年城市化水平最高时期的城市人口比例。平均1/5的城市化水平在1500年前已经达到了。

如此之高的城市化水平需要城乡之间的交换,交换又促进了分工、专业化和生产率的发展与提高。某些史学家主张,领主索要货币地租,国家征收货币赋税,农民是被迫进入市场的。但上述因素不能完全解释农民出售产品的行为,购买生产生活资料也是重要诱因。农民是城市商品的顾客,而来自农民的需求鼓励了城市更多的专业工匠增加生产。同时,城市需求对自营地的技术和谷物生产造成强烈刺激。在东北诺福克,小麦亩产量达到当地18世纪初的水平。市场需求也促使农民更用心地经营自己持有的土地,他们不仅使用马车将产品运往市场,而且比领主更依赖马耕,提高了生产率。可见,城市不是单纯吸引贵族的奢侈品市场,也为所有生产者和消费者提供了市场交换的网络,促进了城乡之间的交换、专业化生产和技术进步。

关于中世纪晚期的危机,经济社会史学者否认中世纪一二阶段的变化是由于"马尔萨斯陷阱",以及第一阶段中稠密人口与贫困之间存在直接和简单的关联。对于该时期使用更加集约的方法生产的人们而言,劳动是一笔财富,可以投入到农业和工业之中。12—13世纪边际土地的开发不仅最大限度地扩大了产出,而且为工业发展提供了有利环境,缓解了危机。人口下降不仅仅决定于死亡率,也是1300年以前早婚和高成婚率转变为后来的晚婚、低成婚率和少要孩子的结果,如此才能解释中世纪晚期人口长期徘徊不前的原因。

经济社会史学者进一步提出,危机的结果不仅是人口、生产和贸易的收缩,也促进了结构变迁。劳动力短缺引发耕地转变为牧场,国内外对布匹需求的增加促进了畜牧地区织布业的发展。在这个过程中,贵族收入下降,工资劳动者等较低社会等级的人生活得以改善,1500年时,相当富裕的农民不再只是个别人。结构调整还使农村政治权力此消彼长,领主对农民的司法权趋向瓦解,农民在与领主的关系中更加自信。国家不仅承认农民自治,还期望他们与中央政府合作,国王法庭保护他们的土地保有权。

社会控制方面,以往认为中世纪劳动者在农村受习惯法、在城市受行会法、在教区受布道和其他劝诫的控制,上述控制行为的最极端形式是农奴制。而事实上,决定农奴实际的法律地位和生产生活中权利义务的法律不是普通法,而是庄园习惯法,后者不仅使农奴可以继承持有地,还可以将地租、各种奴役性税收习惯化(固定化),使之不因为通货膨胀和农奴收入增加而相应提高,从而农奴财产积累具有普遍的可能性和现实性。同时,农奴在很大程度上拥有人身自由和自治权利,领主对农奴的各种限制不是法律问题,而是财政问题,农奴交纳罚金就可以突破任何限制,其中最显著的例子就是大量农奴向城市的迁徙,缩短了村庄—庄园人口替代率的周期。庄园法庭既是领主权的工具,也是农奴自治的工具。就整体而言,它维护了领主和农奴各自的利益,农村阶级关系趋于平衡。此外,"维兰制"不仅确立时间晚,也不具有普遍性,自由土地持有者在当时人口中不少于1/3或1/2,他们多数人持有土地的面积不如农奴大,却可以负担更少的义务和享受更多的权利,自由土地保有权一直受到普通法的护佑。正是由于社会控制呈现弹性而非刚性的特点,社会结构中横向、纵向流动非常普遍,易于打破传统的社会结构,产生新的社会阶层。15世纪开始,农民分为雇工、农夫和约曼,小贵族分为绅士、缙绅和骑士,城市居民、农村的工匠和小商人以所从事的职业确定其身份,社会阶层的层次化带来社会结构的复杂化。

综上所述,新中世纪观反对将中世纪中期作为没有发展的增长,反对将商业化作为农民迫不得已的行为,反对将中世纪晚期的危机简单地视为衰落倒退,也反对将农民当成消极的被统治者和受压迫者。基于以上认识,新中世纪观在从封建主义向资本主义过渡问题上坚持过渡论,反对非过渡论。作为第一个吃螃蟹者,1250—1750 年是英国漫长的转型期,商业农业、原始工业化、消费革命和欧洲霸权悄然发生,而工厂制和工资劳动者的增长,农业生产率的迅速提高则出现在 1750 年以后。

三、实证:从五种关系中见证转型

第二—六章是包括戴尔在内的经济社会史学家近几十年来有关中世纪英国转型问题的实证研究,为了突出转型的特点,戴尔将其归纳为五种关系。在一定意义上,它们中的前者是传统,后者则更多地体现了现代的特点,这些特点是戴尔意义上的中世纪晚期不断成长壮大,成为转型的时代界标。

(一)共同体与私人权利

中世纪英国,村庄和教区是领主、农奴和自由持有农的共同体,而土地为个人拥有,住宅是私人空间,公共义务和私人权利之间也存在张力。以往将上述矛盾简单化,仅仅归结为中世纪晚期领主侵占公地(公共牧场和荒地)和驱逐农民的阶级斗争。

在 14 世纪早期前,土地短缺,失去劳动能力的父母将土地交给子女,后者负责赡养前者。继承是取得土地的主要途径,1270—1348 年伍斯特郡的黑尔索温庄园,63%的土地转移发生在亲属之间,家庭内部继承占据极高比例。14 世纪早期商业发达的萨福克郡的雷德格雷夫庄园,土地多在非亲属之间流动,但家属成员之间的转让仍占到 46%。这里还通行诸子析产的可分割继承制度,并通过临终让渡和土地市场使无继承权者获得土地,阻碍了农民土地的积累。

中世纪晚期英国农民的私人权利处于进步之中。首先,私密(privacy)

观念出现，表现为住宅中私人空间日益重要。中世纪富裕农民以上的家庭居住着仆役，以往主仆甚至人畜混居，大厅堂几乎是唯一的生活空间。1200年起农民引领了中世纪的住宅革命，特别注重住房的功能分割和隐私权：在二层小楼中，作为公共活动区域的厅堂面积缩小，增设2—3个内室或卧室，成为存放贵重物品和睡眠的私人空间，楼梯之下的空间专供仆役居住，此外还建有厨房、粮仓等。其次，农奴的土地产权不断强化。13世纪惯例土地保有权在理论上属于领主，但可以世袭继承。14世纪佃农获得庄园法庭记录的副本，土地保有权从此有了书面证据。15世纪公簿持有地可以寻求王室法庭的保护，1500年它实际上成为佃农的财产。

圈地是共同体和个人争夺资源的焦点，其源甚早。12和13世纪早期人口和物价上升，为了出售更多的农畜产品，圈占公地的例子屡见不鲜，导致个人与共同体严重冲突，涉案者被起诉到庄园法庭甚至王室法庭。1270—1350年是争端最为白热化的时期，为此村庄颁布村法（by-laws），旨在平衡放牧权，但也无法阻止私权的膨胀。由于产权得到强化，圈地并不是剥夺农民的份地。圈围者中虽有领主，但主要是上层农民。在商业化浪潮中，他们不能像领主那样拥有面积较大的自营地，而以小宗买卖为主的土地市场又难以满足他们的需求，只好通过圈围公地的途径扩大生产规模，自主经营，发展商业化农业。14世纪晚期到15世纪晚期经历了短暂的土地丰裕。但其后人口增加，家庭内部转让抬头。在诺福克郡的赫文哈姆庄园，1425—1443年亲属间的土地转移不足13%，1498年以后则上升为30%以上。因此，上层农民往往通过圈围公地的方式扩大畜牧业生产。富裕农民的上升以牺牲村庄多数人的公权作为代价，但他们并没有为富不仁，放弃对村庄和教区的义务，而是积极承担村庄与教区的公职、出资修建教堂和救济穷人。

（二）权威与自由

中世纪英国的权威来自国家和贵族，国家提供了统一的法律、货币和税收的环境，但它对经济社会生活的直接干预不如贵族。教俗贵族在中世纪拥有强大的权力，1350年之前尤其如此。1200年至14世纪早期，领主收入翻了一番，坎特伯雷主教座堂所属的小修道院，1200年的收入只有1406镑，1331年则上升为2540镑。但即使在危机之前，贵族的权力也没有以往认为的那样大。首先，贵族的生产能力不如农民。在自营地集中经营时期，自营地占总耕地的 1/4—1/5（1500 年降至不足 10%）。自营地的收入不到领主总收入的一半。1298—1299 年伊利主教的自营地利润只有 1400 镑，而货币地租和法庭利润却为 2100 镑。农民拥有大部分土地和牲畜，每个普通农民持有地虽然只有 3—4 头牛和 30 只羊，但他们的持有地将近 100 万个，而贵族自营地只有 2 万个。14 世纪早期出口巅峰时期每年出口的 1000 万袋羊毛中 3/4 是农民生产的，工业作物和城市市场的农副产品也主要由农民生产，因此贵族供应市场的能力远逊于农民，这也是领主组织垦荒和建立城市的原因。

其次，领主对农民的控制也是有限度的。1300 年，仅 8% 的自营地劳动由惯例佃农承担，农奴在很大程度上拥有了对自己劳动的支配权。领主权无疑影响了农奴的生产生活，但彼此也不是简单的压迫与被压迫关系。领主管理其地产的能力受到担负管理责任的佃农的制约。没有担任庄官的农民，庄园就无法运作；庄园法庭依靠十户长和首席保人提供的信息而行使其职能，法庭裁决由陪审员作出，罚金数量由定价员规定，再由差役收取，保人必须确保每个农民交纳各租税和行为端正。一句话，农民自治是领主在庄园行使权力的前提。农民担任庄官不仅出于经济目的，而且也为了提升自己在共同体中的地位、权威和影响，这都会削弱领主的权力。

这种借助于农民自治而行使的领主权是农民自由的成长温床。自由不单纯指农奴通过赎买而得到解放，也包括领主对他们控制的减弱。1380—1420 年期间，自营地全部出租，1381 年农奴家庭只剩下几万个，领主权走向衰落。国家没有填充他们留下的空间，贵族以下的阶层获得了更多的资源，如承租领主的自营地，并在地租和税收水平较低时扩大自己的收入，这是农民建立租地农场的重要条件。1430 年以后，英格兰东部保留下来十分丰富的遗嘱，包含了死者的职业、土地、房屋、财产、家庭和社会关系的许多细节。立遗嘱者主要是乡绅以下的城乡富裕群体，在农村有积累了大量持有地、承租自营地并经营农村贸易和制造业的佃户（农夫和约曼），在城市包括小商人（布料商、叫售小贩）和工匠（木匠和漂洗工等）。

此时的土地持有更加灵活，15 世纪后期有进取心的佃户从两个以上的领主那里持有土地，这些土地分布在不同村庄。农民的土地积累依赖圈占公地和租佃自营地,此外自由持有者和农奴还彼此交叉租佃惯例土地和自由持有地。东盎格利亚的富裕农民投资于贸易和制造业,并在城市拥有房屋、摊位等财产,而城市的小商人和工匠也经常在农村购买土地。他们的财产拥有量使他们当之无愧地成为城乡的中产阶级:1485年小裁缝的工具价值只有11先令,大商人的货船等价值则高达200—300镑,而城市小商人和工匠的生产资本有30镑或更多;富裕农民仅仅牲畜和羊群的价值就有20镑或者更多。在这种情况下,他们生产的商业化和交往已经不同于传统意义上的农民与工匠,而呈现出鲜明的时代特征。

(三)消费与投资

消费与投资彼此存在着竞争,但投资也促进消费。黑死病后的150年(1375—1520)社会中低阶层增加了购买力。高工资和低物价(主要是谷物价格)使雇工的实际收入上涨了至少3倍,妇女儿童的充分就业表明,农民家庭没有像恰亚诺夫理论揭示的那样以生活需要量决定劳动量,而是追求收入的最大化。上述经济形势并不利于拥有15英亩土地的农民家庭,他们虽然衣食无忧,但剩余现金减少,不过他们通过变耕地为牧场和在工商业中寻找就业机会而摆脱困境,增加了收入。农场主和牧场主是更富裕的群体,收入从十几镑到一二百镑。由于农奴制解体和自营地出租,贵族是唯一减少收入的阶层。

黑死病后,食品和工业品的消费类型发生决定性变革。大众人均的食品支出增长,14世纪晚期和15世纪,成年人每天食物支出1便士,是1300年雇工的两倍多。食品结构极大改善:用于烤面包的谷物增加而煮粥的谷物减少,小麦面包增加而黑麦和大麦面包减少,肉和酒的消费上升,鲜肉鲜鱼增加而腌肉腌鱼减少,大麦酿酒增加而燕麦酿酒减少。15世纪一个雇工家庭每日食物开支3便士,而收入超过6便士,多余现金则用于住房、穿衣和工业品的支出,其他阶层更是如此。内需(特别是肉、酒、布匹和住房)扩大,时尚观念也出现了,下层模仿上层、农村模仿城市的生活方式(红酒、香料、服装和房屋结构等),极大地刺激了领主、佃户、工匠和农民的生产性投资。

黑死病至16世纪早期经历了消费数量和质量的重要变化,但上升的消费品支出并没有阻止投资。一般认为领主缺乏生产性投资的积极性,在黑死病之前他们返回农业生产的现金收入不到5%,但晚近对温彻斯特主教等地产的研究表明这类投资则提高到约10%。黑死病之后,领主的生产资本支出有所增加,为了吸引佃户并获得较高的地租,领主在自营地上建设磨坊和谷仓,15世纪50年代至60年代坎特伯雷主教座堂的小修道院地产的资本支出每年为7%—16%。乡绅一般缺少系统的地产经营档案,但相对收入而言他们似乎具有更高的投资水平。柴郡牛顿庄园的账簿显示,1498—1506年汉弗莱·牛顿直接经营250英亩耕地,每年地租收入14镑。1502年他为土地施肥支出了5镑18先令2便士。农民的生产性投资更不能小觑。牲畜是他们的重要生产资本,饲养300只羊、20头牛和几匹马的农民并不少见。他们还投资于各种生产性建筑,如谷仓(有的长达60英尺,足可存放160英亩土地的谷物)、羊栏、马厩和牛棚,以及存放两轮和四轮马车的车棚。购买、承租和合并土地进行规模化和商业化生产,也是大宗的投资。

磨坊是农业和手工业的投资领域,1300年时领主建设了1.5万个风力和水力磨坊(一说1万个),出租给磨坊主用于磨粮和漂洗呢绒。1500年仍有8000个磨坊(当时人口只剩下一半),而建设和维修多由农场主、企业家和工匠投资,为采矿、冶金和纺织业等工业生产提供动力。呢绒商是企业家的代表,1490年格洛斯特郡德斯雷的罗伯特·理查德的原材料和制成品价值有173镑,另有若干未到手的销售款,他的遗嘱还提到在两个市镇拥有房产。其他呢绒商拥有牧场、羊群、漂洗磨坊、晒布院、染坊、布店和各种纺织工具,包买商或家内制是主导的产销形式。

(四)生存和市场

生存似乎没有太大的争议,中世纪晚期英国人的生存状况得到较大改善,除了雇工的实际工资上升3倍外,农夫也有了更好的生活境遇。15世纪农民充分利用地价低廉的形势积累土地,自给自足农户的比例上升。如果12—15英亩土地可以供给一个家庭需要的全部谷物,那么1280年英格兰东部至少42%的农户需要购买食物,而1480年米德兰2/3的农户有足够的土地满足家庭消费。

但市场要复杂得多,一方面"从市场退却",表现为交易数量、物价和货币支付的下降。在莱斯特郡的迈尔顿·莫伯雷城,13世纪末领主每年收到的市场税和市集税为20镑,而在1427—1496年的多数年份市场税下降为3—6镑,市集税为1—4镑(两者最保守的估计也下降一半)。消费者减少的速度比耕地变牧场更快,致使谷物和羊毛等主要产品的价格持续走低。15世纪中叶帕斯顿家族的大麦在萨福克市场获利减少。由于货币短缺,佃户缴纳的货币地租比例下降,1411年考文垂小修道院让其在沃里克郡庄园的农场主向修道院交纳一定数量的谷物和其他食品,雇主支付部分实物工资的做法也相当普遍。

另一方面,"市场延续"也是不争的事实。中世纪晚期人均货币流通量上升了,1300年人均只有3—7先令,而1480年增加到8先令。但人均小额货币(便士、相当于2便士的1/2格罗特和格罗特)数量确实较少,1422年人均只有1—2先令,客观上带来日常交易的困难。尽管如此,在缴纳货币地租和税收后,农民在地方市场继续从事各种交易活动,如买卖商品、雇佣劳动力、为转租来的土地支付地租、所有商品和劳务都以货币定价,但因手头拮据,农民多采用记账(reckoning)、分期付款(instalment)和实物交换等形式。在筹集资金时,城乡居民还广泛使用信贷方式,遗嘱等材料中记载了放贷和借债的大量信息,商人、兄弟会、教区教堂成为放贷者。1400年,劳役全部折算为货币地租,领主在低物价时不再去各个庄园就地消费,而依赖从市场上购买生活用品。

城市市场税确实减少了,但它并不能提供城市贸易数量的精确指数,批发减少和免除市场税都是原因。更为重要的是,贸易从来不局限于拥有特许状的市场、市集或特权城市。在生产者和消费者便捷的地方,新的市场建立起来,成为没有领主管理和不征收市场税的贸易中心。许多交易在农场、仓库和小旅馆私下进行,机构和贵族家庭也以类似的方式购买谷物、干草或牲畜,它们可以称之为"隐藏的贸易"。以往,隐藏的贸易以及大量工业村庄的贸易没有受到重视,制约了对中世纪晚期商业活动的估计。

对中世纪晚期商业衰落的最有利反驳是农场主阶层的崛起。农场主在1379年人头税征收中初露锋芒,当时大部分农民、工匠和雇工只缴纳4便士,而庄园和教区的农场主与小乡绅、富兰克林和旅店主却要根据地产面积,缴纳1先令至6先令8便士,但当时人数尚少,主要来自庄官。15世纪英国已有几千个农场主,来自中等和富裕农民、木匠和漂洗匠等工匠、羊毛商和呢绒商等商人、教士和乡绅。农场主产生于低价格和低利润之时,他们租佃自营地,与农夫最大的不同是为市场生产,3/4 的农产品需要出售。并不是所有的农场主都获得了成功。1524—1525 年的补助税征收时,大多数雇工的财产和工资为 1—2 镑,富裕农民为 3—12 镑,而农场主为 20—100 镑。

(五) 工作与闲暇

这里"工作"一词是狭义的,即工资劳动。工资劳动是中世纪经济的组成部分,12 世纪由于奴隶劳动结束,自营地的大部分日常工作改由仆役承担。11 世纪村庄中茅舍农和边地农受雇于富裕农民。持有 30 英亩土地,缺少家庭劳动力的维兰则雇佣全职仆役。还有许多人在城市家庭和作坊做仆役,或短期受雇于手工业或提供运输等服务。1086 年,在自营地和富裕农民份地,以及城市和贵族家庭的仆役大约有 15 万人,加上 10 万户依赖打短工贴补生活的小土地持有者,工资劳动者在 250 万人口中占 1/10。12、13 世纪经济增长,大部分自营地使用工资劳动而非劳役,小土地持有者人数攀升,农业集约化和商业化,迁移者拥入新老城市等,工资劳动队伍进一步扩大。

中世纪英国的工资劳动者有多种类型,最独特的是仆役。许多人希望在人生某一个阶段受雇于他人,前工业社会仆役劳动力主要是十几岁到二十出头的未婚者,即"生命周期仆役"。大量年轻人在各种家庭、作坊、货栈和农业中充当仆役,他们居住在雇主家里,雇主供给吃穿住行并付给少量现金。仆役在雇主家里获得阅历和训练,为成年以后的独立生活作准备。生命周期仆役来自社会各个阶层,从为农民和工匠工作的最贫困茅舍农的孩子,到在贵族家庭工作的绅士仆役,因此仆役不是一个特定阶层,许多人在二十几岁时通过取得土地和作坊后开始独立谋生。

雇工和茅舍农是工资劳动者的另一支队伍,但雇工和雇主各自都没有形成同一阶级或社会阶层,两者之间也无社会鸿沟。尽管拥有小土地的雇工和茅舍农需要打工补贴家用,城市小房主也离不开打日工补贴家用,但打短工者中还有城乡富裕阶层。雇主也不都是富裕阶层,除了领主、机构、商人、工匠和富裕佃户外,他们还包括城乡缺乏劳动力的家庭、寡妇等。城市拥有仆役的家庭比例颇高,16 世纪 20 年代考文垂达到 39%,所以仆役绝不限于富裕家庭。中世纪晚期工资劳动者稳定与变化并存。1377—1381年的人头税报告、1522年的军事调查和1524—1525年的世俗赞助金表明,在这144年中工资劳动者数量没有重大变化,大部分郡中主要靠工资为生的人不足一半,而从肯特到林肯的东部诸郡则在一半以上。1300年也大体如此,将近1/5的人口生活在城市,大多数依靠工资。农村中2/5的佃农(东部大部分地区为4/5)是小土地持有者,土地不能满足家庭开支。此外还有大量的二佃户、房客、无地雇工、流浪者和其他社会边缘人群,需要挣工资为生。因此1300年的工资劳动者像1381年和16世纪20年代一样多。

中世纪晚期雇佣类型发生了某些变化,雇工供不应求,流动性增强,报酬上升。雇工除了接受自营地、城市和租地农场等雇佣外,还集中分布于租地牧场和农村工业。社会形成了不同于以往的工作伦理,即赞美勤劳和反对懒惰,以及慈善伦理,即救济失业者、病人和老年人而鄙视本身健康的流浪汉和乞丐,雇工也获得了更多的消费与闲暇。但16世纪中期雇工仍是小生产者而非真正意义上的无产阶级。也就是说,尽管产生了拥有生产资料的企业家和商业生产这两个资本主义的重要因素,但劳动还不是依靠主要以工资为生的工人提供,马克思所说的资产阶级与无产阶级的阶级对立还未出现,因而英国尚不是现代资本主义经济,转型仍在继续。

以上大致是经济社会史关于转型问题研究的一些重要变化:在研究范式上调和了传统马克思主义和非马克思主义;在中世纪发展趋势上既反对理想化和简单化,也反对悲观论;在实证研究上扩大了马克思主义的社会史和经济史的视野,重视社会底层在长时段的社会经济变革中的基础作用。由此,英国的转型不是15和16世纪发生和完成的,而是持续于13—18世纪的漫长而艰巨的历史进程,其最终标志是前工业社会中形形色色的小生产者转变为工资劳动为生的无产阶级,而18世纪的圈地运动成为了这一转变的最终杠杆。

原载侯建新主编:《经济-社会史评论》第四辑(2008)。

戴尔《转型的时代——中世纪晚期英国的经济与社会》中译本序

戴尔教授的《转型的时代——中世纪晚期英国的经济与社会》一书的中文版即将出版,作为这项工作的发起人,我想利用这个机会简要地谈谈翻译这部书的缘由,戴尔其人及其中世纪研究,以及他这部书的内容和价值等几个问题,作为此书的中译本序言。

一

先说翻译这部书的缘由。这项工作的两个主题词"戴尔"和"转型"(即从封建主义向资本主义的转型,以往译为"过渡")都是在我学生时代进入我脑海的。我知道戴尔的名字大约是 20 世纪 80 年代中期在天津师范大学攻读中世纪史硕士学位的时候,我当时对他那部在博士论文基础上修改出版的《变化社会中的领主和农民:680—1540 年伍斯特的主教地产》①印象颇深。相比之下,我对"转型"问题的了解还要更早一些。起初在天津师范大学读本科时我知道了资本主义萌芽问题曾经是中国史学界的"五朵金花"之一,后来又知道了西方在 20 世纪 50 年代和 70 年代分别经历过两次从封建主义向资本主义转型问题的国际性大讨论。中国资本主义萌芽问题讨论的焦点是明中叶是否出现了资本主义萌芽,以及为什么资本主义萌芽没有发展成为资本主义社会。西方从封建主义向资本主义转型的国际性大

---

① Christopher Charles Dyer, *Lords and peasants in a changing society: the estates of the Bishopric of Worcester, 680–1540*, Cambridge; New York: Cambridge University Press, 1980.

讨论不存在是否出现过资本主义萌芽的问题,争论的焦点是资本主义是何时和如何起源的。中国和西方围绕资本主义起源问题的讨论在有些方面是相似的,比如资本主义萌芽出现的时间及其表现;有些则是相反的,比如前者考察资本主义萌芽为什么没有发展起来(即制约因素),后者探讨何为西方从封建主义向资本主义转型的动因。而要回答这个问题,势必要将中国和西方的前资本主义历史加以比较。读研时我通过简单对比发现,近代中国饱受西方列强欺凌是由于没有像后者那样从封建主义转型为资本主义。可以说,中国为什么没有转型为资本主义社会而西方又是如何转型为资本主义社会的问题是我读研究生阶段主要思考的问题,也是后来成为中世纪史学者以后长时期研究的课题,同样是近代以来每一位拥有现代化情结的中国人想弄清楚的问题。

翻译戴尔著作的想法由来已久。1999 年我在英国伯明翰大学做访问学者时,戴尔是我的联系教授(host professor),他在各方面给予我很大的帮助。回国后一直想为他做点什么,而将他的著作翻译成中文,让更多中国读者了解,可能是最可行的办法。但是究竟翻译他的哪本书,一直悬而未决,时间也就这么一点一点地流逝了。直到见到这部书的书名,大致浏览了它的目录以及内容以后,我觉得这是继 20 世纪 50 年代和 70 年代以后的西方对转型问题的又一次重要讨论,并可以把纠结半个多世纪的转型问题的讨论和为戴尔做点事的想法结合起来,于是便欣然决定选择这本书来翻译。

二

再来谈谈戴尔及其中世纪史的研究。我和戴尔相识于 1999 年。10 年后的 2009 年,我再次到伯明翰大学做访问学者,专程去莱斯特大学拜访戴尔,他也来伯明翰看望我。我将在伯明翰审校的译稿给戴尔看,他虽然不懂中文,但还是非常高兴。我们当即决定双方再为这部书的出版做些什么,并约定如下:戴尔撰写中文版序言,主要介绍这部书出版后的相关问题在国外研究的最新进展;我来写中译本序言,重点谈谈他的中世纪史研究以及他这部书的内容与价值。

戴尔的中世纪史研究与他的求学和工作经历密切相关。戴尔的全名是

戴尔《转型的时代——中世纪晚期英国的经济与社会》中译本序

克里斯托弗·查尔斯·戴尔(Christopher Charles Dyer),他生于1944年。1955—1962年,戴尔就读于莎翁故乡、英国中部沃里克郡埃汶河畔的斯特拉特福德城的爱德华六世国王中学;1962—1967年就读于伯明翰大学,获得硕士及博士学位。著名中世纪史专家、英国马克思主义史学家希尔顿(R. H. Hilton,1916—2002)教授是其博士生导师,是他治学道路的引路人。从伯明翰大学毕业后,1967—1970年戴尔曾到爱丁堡大学工作,英国前首相戈登·布朗是他的学生。之后,他回到其母校伯明翰大学任教至2001年,与希尔顿成为同事。希尔顿反对教条式的马克思主义,倾心农民问题,重视阶级斗争,坚持"从底层向上看",对转型问题具有浓厚兴趣,关注对米德兰(中部)地区的研究,以及在封建主义的框架内研究小城市等,这些无不对戴尔影响深远。戴尔非常敬仰希尔顿,在希尔顿逝世后他亲自撰写讣告,高度评价希尔顿的学术思想与成就,以及他对推动伯明翰大学中世纪史研究的卓越贡献,并称以希尔顿为核心的这个中世纪史学术共同体为"伯明翰学派"(the Birmingham school)。他还与其他史学家一起编辑了《社会关系与思想:纪念希尔顿文集》和《罗德纳·希尔顿的中世纪史:历史问题研究》来深切缅怀这位伟大的历史学家。①

戴尔于1990—2001年在伯明翰大学担任中世纪社会史教授。为减轻教学负担,将更多时间用于学术研究,他于2001年转至莱斯特大学,任该校英国地方史中心(the Centre for English Local History)的地区和地方史教授、主任。在他之前,霍斯金斯(W. G. Hoskins)、芬伯格(H. P. R. Finberg)、埃弗瑞特(Alan Everitt)和费西安·亚当斯(Charles Phythian-Adams)等名家分别担任过该中心主任,这里以其独具特色的地方史研究被称为"莱斯特学派"。戴尔的研究兴趣为经济社会史,重点是中世纪时期,主要探讨农村和农业史,城市和商业史,区域、共同体和家庭的社会史,定居和景观史,中世纪考古学和物质文化,英国建筑,心智和大众文化等。戴尔在伯明翰大学时主要研究西米德兰(格罗斯特郡、斯塔福德郡、沃里克郡和伍斯特郡),到莱

---

① C. Dyer, T. Aston, P. Coss and J. Thirsk, eds., *Social Relations and Ideas: Essays in Honour of R. H. Hilton*, Cambridge, 1983; Christopher, Dyer, Peter Coss and Chris Wickham, eds., *Rodney Hilton's Middle Ages: An Exploration of Historical Themes*, Past and Present Supplement 2, Oxford, 2007.

斯特大学后开始研究东米德兰（白金汉郡、莱斯特郡、诺桑普顿郡）和东盎格利亚，尤其是诺福克郡。

戴尔十分勤奋，成果丰硕，可以被视为他的重要著作的有《变化社会中的领主和农民：680—1540年伍斯特的主教地产》《中世纪晚期的生活标准》《中世纪英国的日常生活》（1991年出版西班牙文版）、《中世纪的生活：850—1520年的英国人民》，以及《转型的时代——中世纪晚期英国的经济与社会》等。① 此外，他还有一些著作和论文集，例如，《中世纪英国的农业定居：对M.W.贝尔斯福德和J.G.赫斯特德的研究》《村庄、小村和土地：英国中部变化的定居》《中世纪的城市与乡村：反差、接触与交往》《自治的村庄：1250—1900年乡村共同体的社会史》等。②

戴尔被公认是一位研究"日常生活"（everyday life）的历史学家，③就上述研究成果来说这个评价是非常准确的。无论是他早年的中世纪社会史，还是近年来的经济社会史，变化的是历史研究的长度和广度，不变的是研究的出发点和归宿点。它们始终都是日常生活，特别是构成中世纪社会基础的普通人的日常生活。表面上看，戴尔研究的范围非常宽阔，包括农村与城市，农业和工商业，经济、社会、心态和文化不一而足，但贯穿其中的主线是日常生活。透过中世纪的人们尤其是中下层人民的日常生活这个特定的角度，戴尔执着地实践着"从底层向上看"这一英国马克思主义史学的重要方法论原则，为揭示英国中世纪向现代社会转型的历史轨迹及其原因作出了十分重要的贡献。戴尔的成就获得高度评价，他不仅承担过多种重要的社

---

① C. Dyer, *Standards of living in the later Middle Ages: Social change in England, c. 1200-c. 1520*, Cambridge, New York: Cambridge University Press, 1989; *Everyday life in medieval England*, London, 1994; *Making a Living in the Middle Ages: The People of Britain, 850-1520*, New Haven and London, 2002; *An Age of Transition? Economy and Society in Late Medieval England*, Oxford, 2005.

② C. Dyer, C. Lewis and P. Mitchell-Fox, *Village, Hamlet and Field: Changing Medieval Settlements in Central England*, Manchester, 1997; *The Rural settlements of medieval England: studies dedicated to M. W. Beresford and J. G. Hurst*, edited by Michael Aston, David Austin, and Christopher Dyer, Oxford, UK; New York, NY, USA: Blackwell, 1989; C. Dyer, Kate Giles, *Town and Country in the Middle Ages. Contrasts, Contacts and Intercommunications*, Leeds, 2005; *The Self-Contained Village? The Social History of Rural Communities, 1250-1900*, Hatfield, 2007.

③ Christopher Dyer, Wikipedia, http://en.wikipedia.org/wiki/Christopher-Dyer.

会兼职,还在1994年当选英国学术院院士(FBA),2008年被授予不列颠帝国三等爵勋章(CBE)。

三

最后聊聊这部著作的内容与价值。① 此书的题目来自2000—2001年的福特讲座(The Ford Lectures),该讲座设置于1960年,已成为英国史最著名的系列讲座。每年都有一位历史学家,以英国历史为题,在牛津大学举行为期一年的讲座,卡鲁斯-维尔森(E. M. Carus-Wilson, 1964—1965)、埃尔顿(Professor G. R. Elton, 1971—1972)、希尔顿(1972—1973)和瑟斯克(I. J. Thirsk, 1974—1975)等名家都担任过主讲人。戴尔是新世纪福特讲座的第一个讲演人,他选择了"转型"这个属于"在已有之的历史学困境"的讲题。转型问题起源于19世纪现代史学两个主要流派——传统的政治史和马克思主义史学的历史认识,双方都将1500年前后作为西方从封建主义向资本主义转型的分水岭。19世纪末至20世纪,西方经济史细致地研究英国前资本主义社会,其中尤其以波斯坦为代表的"剑桥学派"对中世纪的研究最为深入。在此情形下,20世纪50年代和70年代西方两次转型问题的大讨论主要是在经济史和马克思主义史学间进行的。剑桥学派的新人口论认为人口和资源的关系是贯穿中世纪中晚期历史的一条主线,伯明翰学派的马克思主义史学则坚持认为,农民利用中世纪村庄—庄园中原始民族和地方自治原则反抗封建剥削、捍卫自己权利的持续抗争扮演了中世纪历史发展的原动力。戴尔认为经济史和马克思主义史学在方法论上都有可取之处:前者将中世纪中后期作为"转型阶段"进行实证性研究,后者特别强调生产关系特别是农民大众在历史变革中的重要性。但无论是经济史还是马克思主义史学都错误地认为中世纪社会贫穷落后、中世纪社会与现代社会二元对立、中世纪的普通人并非转型时代的受益者。应该说,这是文艺复兴以来流行的"旧中世纪观",而注重实证性的"新人口论"经济史又给这种旧

---

① 参见徐浩:《戴尔新说:英国社会转型起于13世纪》,侯建新主编:《经济-社会史评论》第4辑,生活·读书·新知三联书店2008年。

中世纪观披上学术的外衣,因而戴尔将其视为旧中世纪观的典型,作为"反面教材"予以批驳。

戴尔转型问题研究的立足点既不是新人口理论的经济史,也不是希尔顿式的以劳动者反抗压迫的阶级斗争为主题的马克思主义史学,而是20世纪六七十年代发展起来的经济社会史。① 它在方法论上吸收了经济史和马克思主义史学的长处,将中世纪中晚期作为转型时代进行长时段考察,将社会基础即普通人作为观察历史变革的主要对象。在具体历史层面,经济社会史将经济史和社会史结合起来,从更宽广的范围考察中世纪中晚期的历史变迁,从而颠覆了经济史和马克思主义史学对中世纪贫困落后,以及中世纪与现代二元对立的历史认识。基于此,戴尔称经济社会史所重绘的中世纪图景为"一种新中世纪观"。这种新中世纪观认为中世纪晚期(即1350—1520年的所谓"延长的15世纪")英国发生了广泛的结构性变迁,这种变迁的上限可以追溯到13世纪,并一直持续到整个现代早期(16—18世纪)。新中世纪观是包括戴尔在内的西方学者近几十年来对英国中世纪史的重新评估,但他们并没有以新正统自居。戴尔以开放的态度和不断的研究看待经济社会史的成果,因而用"转型的时代?"这样的设问句式作为自己著作的标题(鉴于中文书名有自己的表达习惯,中译本删除了英文书名标题的问号),②旨在吸引更多的学者来参加英国中世纪晚期是否是转型时代问题的讨论。

戴尔在导论和第一章中主要概括了经济社会史的新中世纪观,反驳了以经济史为代表的旧中世纪观;第二至第六章则从转型问题的特定角度,阐述了他本人对英国13世纪,特别是延长的15世纪所涉及的政治、经济、社会、文化等领域的一系列重大的结构性变迁,例如从共同体中心到个人本位,从领主权强制到个人自由,从生活性消费到投资性消费,从糊口经济到商品生产,从劳动到闲暇等。戴尔认为这些变化的主角是全社会成员,但主要的受益者却是贵族以外的普通人。他们在中世纪中晚期长达300年的历史变迁中既不完全是人口压力和饥荒瘟疫的受害者,也不单纯是封建义务

---

① 对英国经济社会史的评价,参考侯建新主编:《经济-社会史:历史研究的新方向》(商务印书馆2002年)中侯建新和笔者的相关文章。

② 承蒙侯建新教授和赵文洪研究员对该书名译法的建议,特致谢忱。

的反抗者和圈地运动的受害者。相反,在这几百年中,贵族减少和失去了特权,而普通人相应地扩大和获得了许多权利。中世纪中晚期的历史就是在贵族和普通人权利的此消彼长中进行着从封建主义向资本主义的转型的。戴尔还认为这种转型并未因为中世纪的结束而终结,而是一直持续到工业革命时期。只有到那时,生产资料和劳动者才完全分离,马克思所分析的以不占有生产资料和雇佣工人为标志的资本主义生产关系才最终建立起来。可见,经济社会史的转型时代有600年之久,是一个长期和持续的历史演变过程。中世纪只能算是转型时期的"前半段",因而将1500年或15、16世纪作为分水岭无疑是误判了转型的起点和终点。

除了对英国中世纪晚期历史提出了新史观和新知识外,戴尔这部书对中国史研究也许还有某些借鉴价值。五种生产方式理论认为世界上所有国家都要依次经历奴隶社会、封建社会和资本主义社会,所以史学界才有中国是否存在过奴隶社会和资本主义萌芽的讨论。现在看来,中国资本主义萌芽是何时产生的,以及为什么明中叶的资本主义萌芽没有结果等似乎已是"假问题",①因为中国从秦汉至明清是否是封建社会,以及这种社会的现代化道路问题都还需要研究讨论。在西方,封建主义和资本主义都是客观实在和史学界的共识,因而西方从封建主义向资本主义转型是一个"真问题"。其研究可以有助于我们认识什么是真正的资本主义,以及什么样的历史环境可以使资本主义顺利地起源与成长。

转型问题还应有更宽泛的内涵,即从传统社会向现代社会的转型。戴尔曾问过我这样一个问题:为什么这么多的中国学者研究英国史?我当时的回答是:英国是第一个现代化国家,中国从近代以来一直探索现代化的道

---

① 这里借用了何兆武先生使用过的"假问题"的概念,何先生认为,中国封建社会的长期性是个不能成立的假问题,因为它只比西欧长,并不比世界上的大多数的封建社会长。早于中国自行进入资本主义的只有西欧一个特例(参见何兆武:《历史研究中的一个假问题——从所谓中国封建社会的长期停滞论说起》,《百科知识》1989年第5期;又见何兆武:《何兆武学术文化随笔》,中国青年出版社1998年,第200—207页)。这里所说的"假问题"与何兆武先生有所不同,即中国古代社会究竟是一个马克思所讲的东方社会(亚细亚社会),还是西方式的封建主义?如果是前者,按照马克思的论述,它不可能自行转型到资本主义。就此而言,中国资本主义萌芽问题的讨论很可能是一个假问题,它建立在对中国古代社会性质和经典作家论述双重误读的基础上。

路,所以我们需要以英国为借鉴。中国资本主义的起源虽然很可能是一个假问题,但中国现代性的起源却是个真问题。世界潮流浩浩荡荡,无论是西方的封建主义还是东方的专制主义最终都要走向现代化,从而完成从传统向现代的转型。历史学既是实证学科,也是反思学科,各国历史学家需要就共同关心的题目进行交流,而转型问题正属于这样一个东西方历史学家共同关注的课题。作为已经转型为资本主义和现代化的国家,西方学者的相关研究可能更有价值,对中国人研究英国史或中国史总会或多或少有所帮助。所谓他山之石可以攻玉,我们衷心希望戴尔的这部著作不仅对重新审视英国的转型问题,而且对反思中国现代性的起源都有所助益。

在此书将要付梓之际,作为这项翻译工作的发起人,我要感谢作者戴尔在整个过程中的支持和耐心,感谢译者莫玉梅博士为此的所有付出,感谢社会科学文献出版社杨群副总编辑帮助将这部书列入"精品译库",感谢对这部译著的出版做过这样那样努力的所有朋友。

原载[英]克里斯托弗·戴尔:《转型的时代——中世纪晚期英国的经济与社会》,莫玉梅译,徐浩审校,社会科学文献出版社 2010 年。

王向梅《中世纪英国农村妇女研究》序

英国是世界上妇女史研究起步最早的国家之一。19 世纪中期到 20 世纪早期,某些中产阶级妇女兼做妇女史,这些业余女历史学家描绘了英国许多阶层的妇女形象。1844 年,英裔(一说爱尔兰裔)旅法诗人和历史学家路易莎·S. 科斯特洛耶(1799—1870)出版《英国杰出妇女回忆录》,①成为早期现代最早的英国上层妇女传记。1896 年,博学家和历史学家莉娜·霭堪斯泰因(1857—1931)出版《修道生活下的妇女:500 和 1500 年间的神圣学问和女修道院生活记述》,②考察了中世纪修女的生活全景。1919 年,女商人和历史学家艾丽斯·克拉克出版《17 世纪妇女的劳动生活》,③探讨了英国妇女解放运动风起云涌,上述业余女历史学家大都是女权主义者。她们不仅积极争取现实生活中的妇女权利,也开始关注历史上各种妇女的境遇,当之无愧地成为英国妇女史的开拓者。

作为第一次妇女解放运动的余波和受到传统史学向新史学转型的影响,20 世纪初英国妇女史研究启动职业化,艾琳·鲍尔(1889—1940)是 20 世纪上半叶最重要的经济社会史学家之一,也是早期妇女史职业化的奠基者。1907 年鲍尔进入剑桥大学格顿学院学习,在校期间加入妇女选举权学会全国联盟,积极投身争取妇女选举权的斗争之中。1911 年鲍尔获得伦敦政治经济学院(简称伦敦经济学院,LES)的乔治·肖伯纳研究奖学金,作为研究生开始研究中世纪妇女。1913 年起她先后在剑桥大学格顿学院

---

① Louisa S. Costello, *Memoirs of Eminent English Women*, London, 1844.
② Lina Eckenstein, *Woman under Monasticism: Chapters on Saint-Lore and Convent Life between A. D. 500 and A. D. 1500*, Cambridge, 1896.
③ Alice Clark, *Working Life of Women in the Seventeenth Century*, London, 1919.

(1913—1921)、伦敦经济学院(1921—1924,1910年该学院并入伦敦大学)和伦敦大学(1924—1931)任教,主要研究中世纪妇女史和社会史。应该说,伦敦经济学院成就了鲍尔的社会史和妇女史研究。那里是英国经济史研究的中心,韦伯、陶内和贝弗里奇等著名经济史学家曾先后在此工作,潜移默化地形成了劳工社会主义和基督教社会主义的中左翼传统,学术空气比较开放和包容,这对一位研究妇女史和社会史的女历史学家来说是十分难能可贵的。1919年起,鲍尔出版了多种重要的社会史和妇女史著作,例如《科吉歇尔的佩考克斯家族》、《中世纪英国的女修道院,1275—1535》、《中世纪的人们》、《历史上的男孩和女孩》、《中世纪的遗产》中的第七章《妇女的地位》,以及演讲集《中世纪妇女》。① 鲍尔的研究充满人文关怀,大多以中世纪的普通人作为主角,与传统史学的英雄史观形成鲜明对照。

身为一位女历史学家,妇女史自然而然地成为鲍尔社会史研究的重要内容。完全可以肯定地说,妇女史是鲍尔毕生的学术追求。《中世纪妇女》是其未完成的遗著,由著名中世纪经济史学家、鲍尔的丈夫 M. M. 波斯坦(1899—1981,1937年与鲍尔结婚)编辑出版。在为该书撰写的"序言"中,波斯坦饱含深情地指出了妇女史在鲍尔学术生涯中的重要地位:②

> 艾琳·鲍尔(Eileen Power)作为一位学者,一生潜心钻研中世纪妇女的历史。鲍尔的抱负是要在这个领域进行更加全面的研究,超出现有的任何著作。同时,在其他方面,主要是在中世纪的贸易方面,她也花费了大量的时间与精力。但是,她从来也没有停止过为中世纪妇女的研究所进行的材料收集与整理工作。在她专心致志的研究中,她还有《中世纪的英国女修道院》、《巴黎的贵族》(似应译为《巴黎的古德曼》——引者注)、《圣母玛利亚的奇迹》这些副产品。但更大量、或许是更具有吸引力的是她就这个专题多次在剑桥、伦敦经济学院、美国各

---

① Ileen Power, *The Paycockes of Coggeshall*, 1919; *Medieval English Nunneries, C. 1275 to 1535*, Cambridge University Press, 1922; "The Position of Women" in C. G. Crump & E. F. Jacob, eds., *The Legacy of the Middle Ages*, Oxford University Press, 1926, pp. 401-433; *Medieval Women*, Cambridge University Press, 1975([英]艾琳·鲍尔著,乐爱国译:《女性与上帝》,辽宁教育出版社1989年)。

② [英]艾琳·鲍尔:《女性与上帝》,第1—2页。

地以及广播电台上所进行的通俗讲演。这些通俗的文章大概除《中世纪的遗产》中的某一章外一直没有正式发表。

鲍尔的演说集涉及了中世纪的妇女观,以及贵族、城市和农村以及修道院中的所有妇女,全面展示了中世纪人对妇女的看法和各阶层妇女的生存状态,成为鲍尔妇女史研究的扛鼎之作,同时也是英国中世纪妇女史研究的代表作之一。现实关怀则是鲍尔史学研究的另一重要特点。20世纪30年代第一次妇女解放运动归于沉寂,资本主义世界陷入严重的经济危机,历史学向经济史转向。从20世纪30年代直至去世,鲍尔将研究重点暂时转向中世纪经济史,这也是她通常被认为是中世纪经济史学家的原因。她在30年代曾担任伦敦大学、伦敦经济学院和剑桥大学的经济史教授。1926、1927年分别创立经济史学会和《经济史评论》,著有《15世纪的英国贸易》(与波斯坦合著,1933),《英国中世纪史中的羊毛贸易》(1941),与R. H. 陶内主编《都铎经济文献》(三卷,1924),与克拉潘主编《剑桥欧洲经济史》第一卷"中世纪的农业生活"(1942)等。但天不假年,1940年鲍尔在51岁时因心脏病去世,再没有机会完成她的中世纪妇女的著述计划,这不能不说是英国中世纪妇女史研究无法挽回的重大损失。

中世纪妇女史真正蓬勃发展出现在20世纪七八十年代以来。60年代随着第二次女权运动兴起和社会史转向,妇女史研究进入繁荣时期。七八十年代以来,妇女史研究迅速走向专业化,并发展为历史学中最受欢迎和最有前途的分支学科之一。[①] 在此过程中,中世纪妇女史异军突起,成为妇女史研究的重要领域。截至20世纪末,妇女史研究成果突飞猛进地增长,梅薇思在1999年出版的《中世纪英国社会中的妇女》一书的"导言"中开篇感叹道:"上个15年出版的中世纪妇女史著作比以前的150年还要多。"[②]中世纪妇女史研究涉及妇女史的史料收集、妇女地位与权利和妇女角色等一系列重要问题,大多已初步达成了共识。

从事中世纪妇女史研究首先遇到的问题是史料从何而来。毋庸讳言,

[①] 徐浩、侯建新:《当代西方史学流派》,中国人民大学出版社1996年,第195—199页。
[②] Mavis E. Mate, *Women in Medieval English Society*, Cambridge University Press, 1999.

由于史料的匮乏,写作中世纪妇女史成为一件极为困难的事情。中世纪妇女很少识字,大多数人没有机会记录自己的思想、感情和态度。大多数的中世纪档案都是由男人为男人写的,因而专门记载甚至包括妇女信息的文献少之又少,中世纪早期尤其如此。目前为止,中世纪妇女史学家使用的原始材料主要有以下几种:一是教会妇女的劝谕性书信;二是贵族妇女向丈夫通报家务等事项的通信;三是妇女遗嘱;四是少数妇女的自传和女性读本;五是男性撰写的有关妇女生活、本性和地位的评论;六是法庭案卷,特别是庄园或城市法庭案卷中透露了大量妇女劳动、婚姻状况、参加公共生活、家庭和朋友网络、犯罪和土地所有权的信息;七是记录土地转让的特许状,有时透露了女性所有权;八是考古发掘等。① 这些原始材料对研究中世纪各阶层妇女有不同价值,其中遗嘱和庄园、城市的法庭案卷等是研究普通妇女的珍贵史料。

中世纪妇女地位是妇女史研究讨论的另一个重要问题。妇女究竟在中世纪社会中处于何种地位？总的说,中世纪妇女的地位低于男子,苏拉密斯·萨哈将自己研究中世纪欧洲妇女的专著名为"第四等级",②即为明证。所谓第四等级是与11世纪的三等级理论相对而言的,按照这一理论,僧侣、武士和劳动者自上而下构成三个社会等级,分别负责祈祷、保护和生产。上述三个等级显然都是男子,没有为妇女留下一席之地。有鉴于此,妇女在中世纪社会中便迫不得已沦为继三个男性等级之后的第四等级。中世纪妇女地位低于男子完全是教会和贵族的偏见所致,除教会法将人类原罪的根源归咎于妇女的始祖夏娃外,世俗法也认为妇女智商低、轻浮、狡猾和贪婪等。中世纪妇女地位低于男性的重要标志是她们被剥夺了担任公职的权利,换言之,妇女不能像男子那样承担和履行公共职务。尽管"不同婚姻地位、不同阶层的妇女所拥有的权利是不同的,但是,有一些法律上的限制针对全体妇女,这也是等级文学把妇女看作一个特定阶层的原因之一。根据法律,妇女不能够参加国家和社会的任何管理,不能在政府和军队中任职,不能担任

---

① Sandy Bardsley, *Women's Roles in the Middle Ages*, London: Greenwood Press, 2007, pp. 3–12.
② [以]苏拉密斯·萨哈著,林英译:《第四等级——中世纪欧洲妇女史》,广东人民出版社2003年。

律师和法官。从封建领主的宫廷到城市自治机构,从皇家御前会议到欧洲各国的议会,所有这些政府机构的大门都对妇女关闭,等级文学明确宣布,妇女绝对不能担任任何公职,她们应献身于女性和家庭的事务"。①

尽管中世纪妇女在理论上属于第四等级,但这并不意味着当时的两性关系势不两立,或者说妇女在实际生活中完全是被统治者和被压迫者,真实情况绝非如此。鲍尔甚至还提出了截然相反的看法,对中世纪日常生活中的两性关系做出了非常乐观的估计:"妇女的社会地位决不仅仅是由理论上的看法来决定的,它更取决于必然存在的事实,取决于日常生活中妇女的奉献与获得。由这些事实决定的妇女在中世纪的地位既不是高贵的,也不是卑贱的,而是一个与男人大致平等的地位。因为在日常生活中,男人不可能没有女人。他依靠她安排舒适的家庭,要依赖她在他外出时照料他的事务,这几乎在任何时期都是这样。的确,男人与女人的关系属于伴侣关系,这在中世纪随时可以看到,甚至在教士有关妇女的作品中也可以看到。"②因此说,妇女作为"第四等级"并不是绝对的,中世纪两性关系更多地表现为合作而非对抗,有些妻子在家庭中的地位甚至超过丈夫。

除了性别上的不平等外,中世纪妇女权利还依据阶层和婚姻状况的不同而存在着这样那样的差异,换言之,不同阶层和婚姻状况的妇女享受不同的权利。例如,贵族妇女比其他阶层妇女享有更崇高的地位。"在中世纪,上层阶级的贵妇人无论从何种意义上说都是有地位的人。按照骑士看来,她是受敬慕的人,是所有风流韵事的源泉和一切崇拜的对象,只要她一声令下,他便效犬马之劳,赴汤蹈火也在所不辞。"③再如,中世纪有些妇女出于宗教狂热和摆脱婚姻束缚的目的自愿进入修道院成为修女,但修道院却往往出于经济考虑而拒绝贫困妇女成为修女。"理论上,任何拥有自由人身份的妇女都可以进入修道院,实际上,本笃会和其他新修会中的修女几乎全部出身贵族和市民家庭,来自社会下层的女子只能做俗人修女(Lay sister)和修道院中的女仆。"④此外,妇女的权利也会受到婚姻状况的影响,女孩、

---

① [以]苏拉密斯·萨哈:《第四等级——中世纪欧洲妇女史》,第11页。
② [英]艾琳·鲍尔:《女性与上帝》,第23页。
③ [英]艾琳·鲍尔:《女性与上帝》,第24页。
④ [以]苏拉密斯·萨哈:《第四等级——中世纪欧洲妇女史》,第41页。

成年未婚女性、已婚妇女、单身妇女和寡妇的权利有所不同,其中已婚妇女权利最小,既不能独立处理家庭财产,对外也无独立人资格。"在夫妇共同生活期间,(至少法律规定)妻子不经丈夫同意,无权出卖、抵押、转让和交换她自己的财产,没有丈夫的同意她也不能自立遗嘱分配财产,但她自己的衣服和珠宝除外。"同时,"已婚妇女受到丈夫的监护,换句话说,她在某种程度上又恢复到未成年者的地位上,她的法律权利很有限,法律一般认为未经丈夫同意已婚妇女不能签署、借贷或就民事纠纷向法院起诉,这不仅是因为丈夫掌管财权,更是因为已婚妇女的地位"。① 成年未婚妇女、单身妇女和寡妇在上述方面却与已婚妇女大不一样,在很大程度上拥有对财产的自主处置权和独立法人地位,城市和农村普通人家的成年未婚妇女、单身妇女和寡妇甚至比已婚贵族妇女具有更多被法律承认的民事权利。

妇女在中世纪社会承担着多种角色。首先,妇女可以担任修女。整个中世纪,修女通常来自社会上的富裕阶层,因为女修道院需要进入者交纳类似于嫁妆的一笔费用。各国修女数量不一,以修女数量最多的中世纪中期为例,1250年德意志有2.5万—3万人,而英国仅有2500—3000人。其次,妇女承担操持家务和赚钱糊口或补贴家用的角色。中世纪妇女所从事的工作依据社会地位(农民妇女、城市妇女或贵族妇女)相差悬殊,不同阶层的妇女可以酿酒、纺织丝绸、照顾婴儿、贷款、出售食品、做妓女出卖身体和管理富裕家庭等。妇女工作的共同特点是经常同时从事多种工作,而非像男人那样长时间做一件工作。再次,中世纪妇女角色也与婚姻状况密切相关,女孩、未婚青年女性、终生未婚妇女、已婚妇女、母亲和寡妇等不同婚姻状况的女性扮演不同的角色。此外,中世纪个别妇女也从事文学艺术工作,女艺术家、女作家、女音乐家和支持上述工作的女赞助人不乏记载。②

国外中世纪妇女史早已成为显学,但令人遗憾的是国内却几乎鲜有人问津,读者现在看到的王向梅女士的这部著作对于改变这种不正常局面作出了积极的努力。向梅是我完整带的第一届博士生(与她同届的还有李化成),于2003年开始在中国人民大学历史系学习中世纪史,2006年获得博

---

① [以]苏拉密斯·萨哈:《第四等级——中世纪欧洲妇女史》,第99—100页。
② Sandy Bardsley, *Women's Roles in the Middle Ages*, pp. 39,59.

士学位。毕业后继续从事妇女学和妇女史的研究和教学工作,取得许多骄人的成绩。她的博士学位论文《中世纪英国农村妇女研究》以妇女中的绝大多数人作为考察对象,在广泛收集史料的基础上,以实证方法全面展示了中世纪英国农村妇女的地位、权利和角色,是国内学生、学者和对历史感兴趣的人士了解中世纪英国农村妇女状况的不可多得的参考书。该著出版前,向梅索序于我,尽管事情非常多,但我还是很高兴做这件事情。在此也衷心希望向梅今后再接再厉,在中世纪妇女领域不断做出新业绩。

是为序。

2014年1月于世纪城

原载王向梅:《中世纪英国农村妇女研究》,中国社会科学出版社2013年。

中世纪西欧与现代社会的起源

麦克法兰长期致力于研究英国现代性的起源,从《英国个人主义的起源》(1978)到《现代世界的诞生》(2013)等一系列著作见证了他的思想历程。他的研究工作既反映了近几十年来史学范式转换的共性,同时又具有鲜明的个性特征。后者主要表现在对现代性起源的时间和地域的极端认识上,立论的基础都是中世纪,人们的批评也集中于此,因而笔者也就麦克法兰有关现代性起源于 13 世纪的英国这一核心观点谈谈意见。

一、20 世纪七八十年代以来对传统经济史模式的修正

中世纪中期(始于 11 世纪左右)以来的西欧究竟是一个传统社会,还是一个处在从传统向现代转型的社会?对此经济史和经济社会史拥有不同的答案。传统经济史或多或少具有左翼或马克思主义的传统,它们认为整体上说中世纪是农业社会,城市人口很少,且带有强烈的农业性质。农民是小生产者,受到超经济强制和马尔萨斯陷阱的双重压力,现代社会是以牺牲他们的利益或消灭他们为代价建立起来的。由此,从马克思、韦伯直到几乎所有经济史家都将 16 世纪或英国资产阶级革命乃至工业革命作为划分资本主义和工业社会的分水岭,无论马克思的原始资本积累、韦伯的新教伦理、波斯坦和拉杜里的中世纪中晚期和早期现代的人口周期理论、布罗代尔的 15 世纪的商业资本主义理论等等莫不如此。造成经济史对中世纪乃至早期现代历史存在片面认识的根本原因在于其研究范式的局限性,经济史家一般都眼光向上,主要研究大中城市、对外贸易、行会工业和庄园自营地经济,忽视小城市、国内贸易、工业和农民等,从而造成认知上的偏差。

20世纪中期西方史学范式发生巨变,出现了社会史转向,经济史在七八十年代也相应经历了重大调整,产生美国新经济史、联邦德国(西德)的计量社会史、英国经济社会史等新范式。尽管在使用计量方法上存在区别,但它们都反对经济史的贵族眼光,特别是英国的经济社会史长于研究中世纪和早期现代,将研究指向国内市场、技术、工业、农民、小城市和城市化、原始工业化等长期被忽视的领域,积累了大量令人耳目一新的优秀成果,足以修正经济史的固有观点,有助于重新认识中世纪在西欧历史发展中的地位。从这个意义上说,作为人类学家和历史学家,麦克法兰将英国现代性的起源回溯到中世纪中期,正是近几十年来英国经济社会史修正经济史工作的组成部分,他既不是先行者,也没有孤军奋战,人口史、家庭史、农业史和地方史等为他和经济社会史学家提供了必要的基础。鉴于此,麦克法兰的学术反思与战后西方新史学范式取代传统史学范式完全是相辅相成的。

二、经济社会史全方位揭示了中世纪中期以来西欧的历史转型

以经济社会史为代表的修正史学都主张中世纪千年(500—1500)取得了前所未有的巨大进步,它不应简单归结为经济增长,而是一种全面的和真正的发展。但该过程从何时开始,学者们看法并不一致。尽管一些学者主张许多变化始于诺曼征服以前很久,但更多学者还是将这种全方位的历史转型追溯到中世纪中期,尽管仍有波折,但英国自此以后基本上进入了结构变迁的轨道。第一,伯尔曼将西方的法律传统视为11世纪末教皇革命的结果,此次革命不仅"导致了第一个西方近代法律体系即罗马天主教'新教会法'的形成,并且最终导致了王室的、城市的和其他新的世俗法律体系的形成"(伯尔曼:《法律与革命》导论,第2页)。伯尔曼提出超越马克思、超越韦伯的口号,认为促使西方法律得以在11—13世纪欧洲形成的主要历史与社会因素包括中央集权的、具有系统化法律的教会先于近代世俗国家而出现,教权与王权的合作与竞争,神学、科学以及法律之间存在着辩证的紧张关系,西方社会在若干世纪中革命与进化之间的辩证互动等,而这类因素却是非西方社会所不具备或不能同时具备的。虽然伯尔曼不是经济社会

史学家,但他的研究已为中世纪经济社会史学家的大量成果所证实。这种法律传统对权力进行了切割、限制和问责,成为中世纪西欧现代权力和法律成长的重要前提。第二,通过对农业劳动生产率的研究,揭示了中世纪中晚期农民人均劳动生产率的成倍增长,以及农民生活水平的改善,其中食品、衣着、住房和文化等消费明显提高。第三,证明中世纪中晚期包括乡绅、城市工商业者和专业人士、富裕农民等组成的社会中间阶级的形成,他们的出现改变了中世纪早期的三等级理论中的教、俗贵族和劳动者的架构,形成类似现代以中产阶级为主的社会结构。第四,商业化研究揭示了中世纪中晚期的技术进步、城市化、货币化和专业化等一系列结构性变迁。由此,中世纪经济不再仅是农业经济和农村经济,还包括工商业经济和城市经济。鉴于此,人口和资源的矛盾也不再是中世纪经济的唯一决定力量,相反,如商业化强调的制度创新的作用愈益增强。第五,对土地市场、工资劳动者、资本市场、资本主义起源、历史转型等问题的探讨表明中世纪与传统社会渐行渐远。上述研究成果基本都是在20世纪晚期以来出现的,麦克法兰既是参与者也是见证者。

三、从异教徒到同路人的麦克法兰现象

纵观麦克法兰研究英国现代性起源四十年的经历,可以发现一种所谓的麦克法兰现象,即从学术共同体的异教徒到同路人的发展过程。例如他1978年出版的《英国个人主义的起源——家庭、财产权和社会转型》曾引起轩然大波,原因不在于他揭示了中世纪英国农民家庭普遍使用仆人和雇工等非家庭劳动力,以及农民家庭土地从继承到买卖的转变,而是据此认为13世纪的英国已经彻底告别依靠家庭劳动力生产和坚守家族财产权的农民社会,成为依靠雇工和仆人等非家庭劳动力生产和具有绝对个人主义土地所有权的现代社会。尽管当时工资劳动者和农民土地市场的研究成果已经陆续出现,但研究者一般认为13世纪的农民土地市场是人口压力所致,土地买卖没有破坏标准份地,这与中世纪晚期更多出于经济原因的土地买卖有所区别。另外,一般认为,封建化后西欧基本不存在除国王外的个人土地所有权,贵族和农民只有有条件但却十分坚固的土地占有权和使用权。

现在看来,麦克法兰的上述结论仍较为极端、偏激,学术界仍不认可其13世纪的英国是非农民社会和存在个人土地私有权的观点。在近年出版的《转型的时代——中世纪晚期英国的经济与社会》中,戴尔尽管将马克思主义的16世纪转型的时间提前到"延长的15世纪"(即1350—1520),并可上溯于13世纪,向后一直持续到现代早期,主张中世纪晚期与现代早期的社会极其相似,但他并不认为中世纪已经成为现代社会,而只是转型的前半期。既然如此,中世纪中期就不可能是真正意义上的现代社会。

有趣的是,麦克法兰的部分观点近来已经悄然改变,因而其冲击力也大不如前。在《现代世界的诞生》一书中,麦克法兰为现代社会制定了5个标准,并继续认为英国的现代性从文献上看可追溯到13世纪,实际发生可能在11、12世纪,似乎并未被视为离经叛道,其中原因可能在于他接受了历史转型期的概念,即现代社会特别是原发型的现代社会的诞生是一个漫长的结构变迁过程,麦克法兰将其定在13—18世纪,应该说这种观点已是学术界的共识。由此,麦克法兰放弃了其先前坚持的13世纪是现代社会这一激进观点,从一个学术界的另类、异教徒转变为同路者。当然,这并不是说麦克法兰没有自己的坚守,例如将英国视为现代性的唯一故乡,换言之,只有英国才能孕育出现代性,从而把英国与西欧其他国家分裂开来甚至对立起来,这在今天的学术界应属于另类。而目前的共识是,鉴于中世纪西欧文明在很大程度上是一个整体,应该说,现代世界建立在整个欧洲文明而非单个英国文明基础上,尽管这两种文明的主体是相同或相近的。

原载《中华读书报》2014年11月26日第9版,清华大学·中华读书报主办清风雅集·第六辑《现代世界的诞生》会评。

莫玉梅《中世纪英国犹太人研究1066—1290》序

中世纪英国犹太人究竟是一个怎样的群体？无疑很值得研究。由于中世纪英国犹太人也属于历史和欧洲现象，因而我们不妨将探讨的时空扩大到古代和欧洲大陆，以便比较从古代到中世纪、从英国到欧陆犹太人的异同。

中世纪英国犹太人何时在这个岛国定居的？从现在证据看，中世纪英国在此方面显然晚于欧洲大陆。犹太人曾定居于古代罗马，中世纪早期的最初几个世纪欧洲就有对他们的记载。多普施认为，6世纪左右犹太商人已经在高卢和德意志的城市拥有了居留地。① 杜哈德也认为，中世纪早期欧洲大陆城市已经居住着犹太人。② 与此相反，中世纪英国犹太人的定居却是在诺曼征服以后。坎宁安认为，犹太人似乎直到11世纪才进入英国。③ 梅特兰也持有同样看法。他说，犹太人在诺曼征服者之后来到英国。虽然我们不敢说在1066年之前犹太人未曾在英国居住过，但即使有的话，他们也没有留下任何我们觉得重要的存在证据。④ 晚近的研究者们也确认了上述观点。里格比认为，威廉一世将犹太人从里昂带到了伦敦。当他们

---

① [奥]阿方斯·多普施著，肖超译：《欧洲文明的经济与社会基础》，大象出版社2014年，第332、344页。

② R. Doehaerd, *The Early Middle Ages in the West: Economy and Society*, Translated by W. G. Deakin, Amsterdam, New York and Oxford: North-Holland Publishing Company, 1978, p. 51.

③ W. Cunningham, *The Growth of English Industry and Commerce during the Early and Middle Ages*, Third Edition, Cambridge: Cambridge University Press, 1896, p. 150.

④ F. Pollock, & F. W. Maitland, *The History of English Law: Before the Time of Edward*, second edition, Vol. I, Cambridge: Cambridge University Press, 1899, p. 468.

的人数增加后,犹太人从伦敦散布到那些重要的王室城市,如约克、牛津、诺维奇、布里斯托尔、林肯和温切斯特,最后又扩散到科尔切斯特、埃克塞特、林恩、贝德福德和伯里圣埃德蒙兹。截至 1194 年,保存犹太人借据的箱子的数量表明,他们定居在 27 个英国城市。① 由此,根据现有史料和研究我们可以确定,中世纪英国犹太人是在诺曼征服后来英国定居的,比中世纪欧洲犹太人(如果按 6 世纪的话)在大陆的定居时间晚了五六个世纪左右。

中世纪英国犹太人几乎成为放贷者的同义词,②那么,他们在古代和欧洲大陆是否也是如此呢?应该说,古代犹太人并非这样。希顿就此指出,"在古代世界,犹太人并不以金融家和商人见长,正如犹太历史学家约瑟夫斯(公元 37—100)所说:'我们不是商业民族——也不热衷于贸易。'"③进入中世纪早期,欧洲犹太人也从事农业和商业。在 8—9 世纪,犹太人在法国的几个城市的奢侈品贸易中扮演着重要作用,同时经常从事农业生产。在 768—822 年间致纳尔榜的主教以及塞蒂马尼亚和西班牙当权者的一封信函中,教皇斯蒂芬二世表达了其对居住在基督教领土上的犹太人的愤怒,后者在村庄和城郊获得自主地(allodial land),他对这些土地和葡萄园没有由基督徒农场主耕种的事实予以了谴责。同样在 9 世纪,犹太人也在法国米迪的几个城市经营农业。④ 直到中世纪中期前,欧洲犹太人仍然从事农业和贸易,如福西耶所说:"在传统的历史记载中,犹太人常常被描述为放贷人或医生,但是 1150 年前,犹太人能够耕种土地、种葡萄、灌溉土地、携带武器。在朗格多克,他们还可以控制盐、皮革和奴隶贸易。"⑤相关的证据可

---

① S. H. Rigby, *English Society in the Later Middle Ages*, *Class*, *Status and Gender*, New York: Macmillan Press ITD, 1995, pp. 284-285.

② 毋庸置疑,放贷者也不是中世纪英国犹太人的唯一职业,除此之外,他们充当各种小商人,甚至于工匠等。米勒和哈彻认为,中世纪英国犹太人与其城市邻居的差别不应被夸大,例如某些犹太人也是小商人,葡萄酒酿造者、鱼贩子、奶酪贩子、呢布贩子、犹太人的当铺老板有时也翻修未赎回的珠宝、盘子和衣服以便出售,还有犹太人的金匠和医生等等不一而足(E. Miller, & J. Hatcher, *Medieval England-Towns*, *Commerce and Crafts*, London: Longman, 1995, p. 383.)。

③ H. Heaton, *Economic History of Europe*, New York and London: Harper & Brother Publishers, 1936, p. 193.

④ R. Doehaerd, *The Early Middle Ages in the West: Economy and Society*, p. 51.

⑤ [法]罗伯特·福西耶主编,李增洪等译,李增洪校:《剑桥插图中世纪史(950—1250 年)》,山东画报出版社 2008 年,第 373 页。

以佐证福西耶的观点,例如1182年法王腓力·奥古斯都1182年没收犹太人的土地和房屋,将他们逐出法国,而此前这些法国犹太人的不动产包括房屋、土地、葡萄园、谷仓、葡萄榨汁机等。① 此外,犹太人至少还可以成为金匠,这与他们所从事的金融业这一职业有关。中世纪早期城市仍存在工匠经营的手工业作坊,有些作坊的经营者是外国人,例如6世纪一个叫君士坦丁的希腊金匠在里昂从事这门行业。此外,格里高利教皇在该世纪末的书信中也几次提到犹太金匠们,当然这些手工业作坊绝大部分都掌握在当地人手里。② 可见,中世纪早期欧洲犹太人可以从事农业,经营手工业(大概主要是金匠),成为放贷者和商人等,而只能充当放贷者和商人应该是中世纪中期开始的。

必须指出,中世纪英国和欧洲犹太人只能从事金融业及商业并非是其有意为之。希顿对此评价说,当犹太人在中世纪早期成群结队地来到西欧时就被称为"叙利亚人",成为出售葡萄酒、食用油、奴隶和贩运商品的商人。基督教欧洲将他们当作外来者,禁止其从事与当地人竞争的职业。因此,犹太人承担了那些"当地人出于无知或故意"而无人问津的工作。犹太人不能从事的工作大概有农业和工业,但是通常除了贸易和金融业外他们也不能从事其他所有职业。③ 中世纪早期的基督教认为,放贷业和商业都是通过不正当手段获取财富,因而禁止基督徒为之,但异教徒确是例外的。勒高夫在谈到基督教的重要作用时指出,"高利贷在基督徒中遭禁,但在异教徒——换言之,即犹太人——中是允许的"。④ 应该说,中世纪欧洲和英国犹太人专门从事放贷业乃至商业主要是生计所迫,不得已而为之。

中世纪英国犹太人的法律地位对国王来说是低下的,许多学者对此进行了论述。例如梅特兰认为,中世纪英国犹太人在1066年征服者威廉之后来到英国,其身份是国王的依附者和农奴。12世纪上半叶《忏悔者爱德华的法律》的作者对犹太人的法律地位做了如下描述:"众所周知,所有犹太

---

① J. R. Marcus, *Jew in the Medieval World, A Source Book, 315-1791*, Cincinnati: Hebrew Union College Press, 1990, pp. 24-26.

② R. Doehaerd, *The Early Middle Ages in the West: Economy and Society*, p. 167.

③ H. Heaton, *Economic History of Europe*, p. 193.

④ [法]雅克·勒高夫著,徐家岭译:《中世纪文明(400—1500年)》,上海人民出版社2011年,第154页。

人,无论其在王国何处,都处于国王的君主般的监护和保护之下;未经国王的同意,他们中的任何人都不能委身于任何富有之人,因为犹太人及其所有财产都属于国王,如果任何人扣留他们或其财产,国王可以像自己的一样去索取它们。"① 坎宁安也认为,中世纪英国犹太人作为享受国王保护的财产,只有服从来自于他的敲诈。他们没有自己的地位,只是作为国王财产本身的一部分而存在。他们所拥有的一切都不是自己的,只属于国王。② 由于国王在法理上拥有犹太人的财产,所以对它们加以管理便理所当然。1194年,国王下令在一些自治城市建立起保存犹太放贷者借据的约柜制度,还在几年后成立了集财政权和司法权于一身的犹太财政署,负责处理国王与犹太人、基督徒和犹太人的贷款事务。约柜制度和犹太财政署表面看来是保护犹太人的债权,实际上主要是在维护国王作为犹太人财产所有者的利益。

从古代和中世纪欧洲的角度看,中世纪英国犹太人在与国王关系上的无权(disabilities)和奴役地位绝非新的或者孤立的现象。马库斯认为,对于犹太人来说,中世纪始于罗马帝国的君士坦丁大帝(306—337)。他是第一个发布激进地限制犹太人作为罗马帝国公民权利法律的皇帝,而上述权利是在212年由罗马皇帝卡拉卡拉(186—217)授予的。当基督教的权力在罗马帝国壮大时,教会影响了皇帝更多地限制犹太人的民事和政治权利。罗马法中有关犹太人及其历史的重要性在于其对后来的基督教和穆斯林的法律都产生了深远影响,像君士坦丁法典一样,犹太人的二等公民的地位在中世纪世界得以确立。他认为,犹太人的中世纪时期的起止时间为315—1791年。前面这一年,君士坦丁大帝在基督教宗教宽容政策的影响下,开始颁布贬损犹太人权利的法律,这些法律最终使犹太人沦为二等公民的地位。在随后的世纪中,犹太人自愿选择或被强加于一种法律,与占统治地位的基督徒或穆斯林的法律截然不同。后面这一年,法国宪法赋予犹太人公民权,欧洲犹太人的中世纪终于结束。③ 可见,不仅中世纪英国,4世纪以来

---

① F. Pollock,& F. W. Maitland, *The History of English Law: Before the Time of Edward*, p. 468.

② W. Cunningham, *The Growth of English Industry and Commerce during the Early and Middle Ages*, p. 150.

③ J. R. Marcus, *Jew in the Medieval World, A Source Book, 315–1791*, p. 3.

的罗马帝国,中世纪至18世纪的欧洲,反犹情绪从未停止,犹太人的中世纪就是他们在法律上沦为二等公民的黑铁时代!诚然,古代罗马、中世纪英国和欧洲大陆国家也并非所有时期和每个王侯都对中世纪犹太人采取同样歧视性法律,例如罗马帝国皇帝朱利安(361—363),奥地利公爵好战者弗雷德里克,以及中世纪西班牙的《七章法典》(the Seven——Part Code)等,虽然不能脱离反犹和排犹的大背景,但相对而言较为温和,有时还可以适当考虑到犹太人的利益。① 总的来说,中世纪英国国王的反犹政策在1290年前也是不断升级,愈演愈烈的。

　　行文至此,梅特兰对中世纪英国犹太人法律地位双重性的论点似乎也存在可议之处。梅特兰主张,中世纪英国犹太人相对于国王而言是不自由的,其财产和人身都不得不依附于国王。然而,他们对除国王以外的其他所有人来说却是自由的,这种自由受到财政署的充分保护。他们在法律诉讼上与英国人差别不大,但却垄断了放贷业。他们可以毫无顾忌地为放贷利息讨价还价,征收45%的年利息。在禁止犹太人成为大土地持有者的法律出台前,没有任何法律阻止他们持有土地。他们只居住在拥有放贷登记处的自治城市,从不在其他城市生活。② 实际上,如上所述,犹太人垄断高利贷与其说是一种特权,倒不如说是一种歧视更合适。一般认为,《圣经》反对放贷取息,例如作为基督教次经的《德训篇》第31章第5节说:"凡贪爱金钱的,不能称为义人;凡追求利益的,必走入迷途。"③不仅如此,"《圣经》中的3段文字(《出埃及记》22:25;《利未记》25:35—37;《申命记》23:19—20)谴责了犹太人之间附带利息的借贷"。④ 可见,基督教不仅反对基督徒放贷取息,也诅咒犹太人这样做。但中世纪英国和欧洲又不能没有信贷市场,那么犹太人不下地狱谁下地狱?如果将这种中世纪教会认为是下地狱的事情也作为一种特权,不知犹太人是否可以坦然接受?此外,他们也

---

① J. R. Marcus, *Jew in the Medieval World, A Source Book, 315-1791*, p. 3.
② F. Pollock, & F. W. Maitland, *The History of English Law: Before the Time of Edward*, pp. 468-469.
③ 转引自[法]雅克·勒高夫著,周嫄译:《钱袋与永生——中世纪的经济与宗教》,上海人民出版社2007年,第3页。
④ [法]雅克·勒高夫著,徐家岭译:《中世纪文明(400—1500年)》,上海人民出版社2011年,第243页。

不能像基督徒那样占有土地,正如坎宁安说的:"至于他们持有的土地,它只不过是放贷的抵押品而已,并非拥有完全保有权的地产。"①没有完全的土地保有权,意味着持有者对该土地处置权利不同程度的丧失,例如买卖、租赁、抵押、转让和继承等。中世纪中期包括农奴在内的几乎所有的英国人都获得了上述权利,而犹太人的放贷抵押土地却没有,难道这也是特权吗?更严重的是,这些歧视性的政策对中世纪英国犹太人来说也难以持久。从13世纪中叶起,国王剥夺犹太人的所谓的特权,禁止他们持有土地和放贷获利。由此,犹太人在英国彻底失去生计,等待他们的唯一出路就是被驱逐。欧洲其他国家犹太人的命运也大同小异。例如1182年法国犹太人被驱逐,1198年又重返法国;黑死病期间弥漫欧洲多国的对犹太人的屠杀,1492年西班牙驱逐犹太人,1506年里斯本对新皈依基督教的犹太人进行大屠杀等。

  以上所论难以全面和深入,不过是抛砖引玉而已,在此方面莫玉梅博士已有近十年的研究。莫玉梅博士于2006—2009年跟随我在职攻读博士学位,学位论文研究中世纪英国犹太人。她毕业后返回青岛理工大学英语系任教,在繁重的教学和行政工作之余,仍继续从事中世纪英国犹太人研究,独立翻译了《新编剑桥中世纪史》第五卷,可谓巾帼不让须眉。现在,其博士学位论文《中世纪英国犹太人研究1066—1290》经过多年修改和补充后即将出版,这是我国第一部研究中世纪英国犹太人的专著,结束了我们长期以来在此领域缺少系统而深入研究的历史,值得高兴和祝贺。借此机会,我想郑重向读者推荐莫玉梅博士的这部大作,也希望她能在此领域不断耕耘,勇于探索,继续谱写我国中世纪英国犹太史研究的新篇章。

  原载莫玉梅:《中世纪英国犹太人研究1066—1290》,人民出版社2016年。

---

① W. Cunningham, *The Growth of English Industry and Commerce during the Early and Middle Ages*, p. 200.

后　记

　　本文集收录的文章时间跨度长,并且散乱在各类出版物中。绝大部分发表于杂志的文章可以找到 PDF 文档,但还需要将其转化为 word 文档。另有少量文章见于书籍中,没有 PDF 可循,需要重新录入,费时费力。博士生杨东东将所有需要收入的文章转化和录入后汇总在一起,付出了辛勤劳动;姜启舟帮忙通读了最后校样,挑出了不少错误,在此对他们一并致谢。此外,我还要感谢中国人民大学历史学院领导和学术委员会对本文集出版的大力支持,感谢中国人民大学给予的出版资助,感谢人民出版社杨美艳编审、刘畅编辑为编辑本书所做的一切。

责任编辑:刘 畅

图书在版编目(CIP)数据

他山石集/徐浩 著.—北京:人民出版社,2019.10
ISBN 978－7－01－021226－5

Ⅰ.①他… Ⅱ.①徐… Ⅲ.①史学-文集 Ⅳ.①K0-53

中国版本图书馆 CIP 数据核字(2019)第 189552 号

他山石集
TASHANSHI JI

徐 浩 著

人民出版社 出版发行
(100706 北京市东城区隆福寺街 99 号)

北京汇林印务有限公司印刷 新华书店经销

2019 年 10 月第 1 版 2019 年 10 月北京第 1 次印刷
开本:710 毫米×1000 毫米 1/16 印张:21.5
字数:340 千字

ISBN 978－7－01－021226－5 定价:88.00 元

邮购地址 100706 北京市东城区隆福寺街 99 号
人民东方图书销售中心 电话 (010)65250042 65289539

版权所有·侵权必究
凡购买本社图书,如有印制质量问题,我社负责调换。
服务电话:(010)65250042